DICKER TEUFEL UMSTÄNDEHALBER
IN LIEBEVOLLE HÄNDE ABZUGEBEN

Sebastian Niedlich

Dicker Teufel umständehalber in liebevolle Hände abzugeben

Roman

SCHWARZKOPF & SCHWARZKOPF

INHALT

1. KEIN ANSCHLUSS UNTER DIESER NUMMER 7
2. HÖLLE 14
3. AUFSICHTSRAT 23
4. CHEFVISITE 37
5. ICH PACKE MEINEN KOFFER UND NEHME MIT 52
6. JUNIOR UND DIE HÖRNCHEN 65
7. DER TEUFEL AUS DER VORSTADT 80
8. ONLINE 90
9. DIE ERSTE VERABREDUNG 109
10. FRAUEN IM INTERNET UND IN DER REALITÄT 117
11. VERLORENE TAGE 130
12. DIE ANDEREN OPTIONEN 141
13. DIE MUSIKALISCHE HÖLLE 159
14. EIN HAUFEN TRÖDEL UND EINE NETTE FRAU 172
15. KEIN RENDEZVOUS 190
16. ENGEL 201
17. DIE HÖHLE DES LÖWEN 211

18. DER GUTE NACHBAR	222
19. ROMANTISCHE KOMÖDIEN BIETEN DIE ANTWORT	231
20. KRANKENBESUCH	239
21. BLUMEN UND BLÄTTERTEIG	251
22. EIN SPAZIERGANG IM PARK	258
23. LOVE IS IN THE AIR	264
24. SCHULD UND SÜHNE	275
25. WENN DAS KEIN BEWEIS IST	282
26. WISSENSWERTES ÜBER DIE HÖLLE	293
27. QUÄLEN FÜR FORTGESCHRITTENE	303
28. NEUE IDEEN FÜR EINEN SEHR ALTEN KOPF	311
29. DER LETZTE TAG	321
30. ZURÜCK IN HIMMEL UND HÖLLE	329
31. EINE NEUE TAGESORDNUNG	337
32. DAS ENDE	346
NACHWORT	356
DANKSAGUNG	357

KAPITEL 1

KEIN ANSCHLUSS UNTER DIESER NUMMER

Der Wind schüttelte die Baumkronen, und der Mond schien hinunter auf das Pärchen, das sich einen Weg zwischen den alten Grabsteinen hindurch suchte. Beide waren ganz in Schwarz gekleidet. Das war für einen Friedhof zwar passend, aber für diese Uhrzeit auf einer Straße eher unangebracht. Derartig dunkel gekleidet würden sie von Autofahrern schlecht gesehen und gegebenenfalls erfasst werden. Da sich der Verkehr auf Friedhöfen zu nachtschlafender Zeit allerdings tendenziell gen null bewegte, war das kein Problem für die beiden, zumal sie quer über Gräber liefen, zwischen die ohnehin kein Auto gepasst hätte.

Der junge Mann, dessen schwarz gefärbte Haare und Bart im Mondlicht glänzten, hielt die junge Frau mit den roten Haaren, die gerade mal 18 Jahre alt war, bei der Hand und führte sie sicher zwischen den gemeißelten Grabmälern hindurch. Sie schaute sich mit besorgtem Blick um und fühlte sich offenbar nicht recht wohl.

»Findest du es nicht etwas unheimlich hier?«

»Nein«, sagte der Mann kurz angebunden und lenkte sie um einen weiteren Grabstein herum.

»Und du sagst, deine Freunde sind hier irgendwo?«

»Die sind vermutlich schon da und bereiten alles vor. Die Gruft ist gleich da vorn.«

In der Tat konnte sie einen leichten Lichtschimmer aus einer der Grüfte sehen, die dort nebeneinander aufgereiht waren. Er zog sie hinter sich her, bis sie schließlich im Eingang der schwach erleuchteten Gruft auf einen Mann stießen, gekleidet in eine schwarze Robe, deren Kapuze hinten spitz zulief.

»Wie ich sehe, hast du heute einen Gast mitgebracht, Klaus.«

»Das ist richtig, Meister«, sagte Klaus und verneigte sich leicht vor dem Mann mit der Robe. »Sie möchte uns bei der Beschwörung helfen.«

Der Mann in der Robe musterte die junge Frau. »Sag, mein Kind, bist du noch Jungfrau?«

Sie runzelte die Stirn, zuckte leicht mit den Schultern und wurde rot. »Äh, also … was soll denn die Frage jetzt?« Sie schaute unsicher zu Klaus und dann wieder zurück zum Mann in der Robe. »Und warum ›mein Kind‹? Du bist doch kaum älter als ich.«

Der Robenträger trat beiseite und wies ihnen mit dem linken Arm den Weg in die Gruft.

Klaus zog sie hinter sich her, die Treppen hinab, aber sie drehte sich noch einmal zu dem Mann um und sagte betont enthusiastisch: »Selbstverständlich hatte ich schon Sex. Es war toll.«

Sie gingen die Stufen herunter, bis sie in einen Raum gelangten, an dessen Seiten sich mehrere Särge stapelten. Kerzen waren überall aufgestellt, und auf dem notdürftig gesäuberten Fußboden war mit roter Farbe ein Kreis gemalt, in dem sich ein fünfzackiger Stern befand. Die junge Frau hoffte, dass es sich um rote Farbe handelte und nicht um etwas anderes. Vier weitere Gestalten in Roben hatten sich um den Kreis verteilt, und am gegenüberliegenden Ende der Treppe stand am Rand des Kreises etwas, das wie ein klappriger Notenständer aussah. Darauf lag ein Buch.

»Zieh dich aus und leg deine Sachen dahin«, sagte Klaus zu ihr.

Sie sah ihn skeptisch an. »Ich soll mich ausziehen?«

»Ja. Deine Jacke zum Beispiel. Oder wie willst du die Robe da drüberziehen?«, fragte Klaus.

Er zog selbst seinen langen schwarzen Mantel aus, um darunter einen noch schwärzeren Kapuzenpullover zum Vorschein zu bringen, den er ebenfalls abstreifte. Darunter trug er ein schwarzes T-Shirt mit dem Aufdruck einer Black-Metal-Band, deren Namen man kaum lesen konnte, weil es aussah, als hätte jemand bei der Beschriftung einen epileptischen Anfall gehabt.

Sie tat wie geheißen und zog ebenfalls Jacke und Pullover aus, um sich dann das Gewand überzustreifen, das ihr Klaus reichte. Der Mann, den Klaus »Meister« genannt hatte, schloss derweil die Tür zur Gruft und ging hinüber zum Notenständer.

Sie beobachtete alles argwöhnisch. Als Klaus ihre Hand nahm, folgte sie ihm zum Kreis und stellte sich an die Stelle, die er ihr zeigte, bevor die vermummte Gestalt neben ihr ihre Hand ergriff, sodass sie nun alle den Kreis umschlossen.

Der Mann, der sich »Meister« nannte, begann mit der Zeremonie, schlug das Buch auf und murmelte irgendwelche Sätze in einer Sprache, von der sie nur annehmen konnte, dass es Latein war. Nach ein paar irgendwie ominösen Sätzen wandte er sich an die Versammelten.

»Bringt das Opfer!«

Klaus ließ ihre Hand los und fummelte umständlich an seinem Gürtel.

Der Meister schaute ihn verwirrt an. »Was jetzt?«

»Hab's gleich. Hat sich nur verhakelt.«

»Kann ich dir vielleicht helfen?«, fragte die junge Frau.

»Nee, danke, Suse, geht schon. Hab's gleich. Da, jetzt!«

Klaus hielt ein Messer mit einem verzierten Griff hoch, und der Meister deutete mit der flachen Hand auf die Mitte des Kreises.

»Das Opfer, bitte.«

»Ja, doch«, sagte Klaus und griff wieder nach Suses Hand. Die rührte sich jedoch nicht von der Stelle.

»Was ist denn?«, fragte Klaus.

»Was soll denn das mit dem Opfer? Hast du mich etwa hergeschleppt, damit ich das Opfer sein kann?«

»Na ja ...«

»An einer schwarzen Messe teilzunehmen ist eine Sache, aber von dieser Opfergeschichte war nie die Rede. Schon gar nicht, dass ich das sein soll.«

Klaus zog an ihrer Hand. »Ich wollte dich nicht verunsichern. Wir wollten das doch gemeinsam tun.«

»Bleib bloß mit dem Ding weg!«, rief Suse und riss ihre Hand aus Klaus' Umklammerung.

Die vermummte Gestalt auf ihrer anderen Seite hielt sie allerdings umso fester, und es gelang ihr nicht, freizukommen. Suse schrie.

»Suse, nun warte doch mal ... bitte ... das ist doch gar nicht ... hör doch mal auf zu schreien. Wir haben doch darüber gesprochen.«

Der Meister stöhnte vernehmlich. In dieser Gruft hallte es furchtbar, ganz besonders Schreie.

Die Gestalt, die Suse festhielt, brachte sie nach vorn und stellte sie nah an die Mitte des Kreises und des auf den Boden gemalten Fünfecks.

Suse zappelte wie wild. Klaus und der Meister wechselten einen Blick, und der Meister gab Klaus wortlos zu verstehen, er solle sich beeilen.

»Suse, nun halt doch mal still. Ich will doch nur ... wir brauchen doch bloß einen Tropfen.«

Suse hielt still. »Was?«

»Wir brauchen doch bloß einen Tropfen von deinem Blut.«

»Wieso das denn?«

»Für die Beschwörung brauchen wir einen Tropfen Jungfrauenblut.«

»Aber ich habe doch vorhin gesagt, dass ich schon Sex hatte.«

Der Meister rollte mit den Augen. »Ja, sicher.«

Suse schaute ihn an. »Was soll das denn heißen? Dass ich nicht hübsch genug bin, um schon Sex gehabt zu haben?«
»Suse, du bist wunderhübsch«, sagte Klaus.
»Wenn du glaubst, dass ich dich danach noch ranlasse, hast du dich aber geirrt.«
Der Meister schlug auf das Pult, das dabei fast umfiel. Er fing es auf, bevor das Buch abstürzte. »Was ist denn jetzt? Wir haben nicht die ganze Nacht Zeit, ich muss morgen früh zur Arbeit.«
Klaus machte ein betretenes Gesicht, trat einen Schritt vor, griff Suses Hand, die immer noch zappelte, und pikte den Dolch in eine Fingerspitze.
»Aua!«
»Tut mir leid, Suse. Ich will das ja auch nicht, aber du hast gesagt, dass wir das durchziehen. Ich liebe dich.«
»Und ich steck dir das Messer hinterher noch wohin.«
Klaus hielt den Finger über die Mitte des Kreises und wartete, bis ein Blutstropfen herunterfiel. Dann traten er und der andere Vermummte wieder aus dem Kreis.
Etwas geschah in der Mitte des Pentagramms. Erst war ein kleines Zischen zu hören, dann kräuselten sich ein paar vereinzelte Rauchfäden nach oben.
Suse lief rückwärts aus dem Kreis und starrte auf die Stelle, an der jetzt immer mehr Qualm entstand und sich langsam eine Art Rauchsäule erhob, bis sie zur Decke der Gruft reichte.
Suse war sich nicht ganz sicher, aber sie meinte, Rot und Schwarz darin zu erkennen. Etwas zeichnete sich schemenhaft zwischen all dem Rauch ab, und alle blickten sie an der Rauchsäule nach oben, aus der sicher gleich etwas Gewaltiges heraustreten würde.
Ein paar der Beschwörer hielten sich die Nase zu, weil der Schwefelgeruch unangenehm wurde. Dann stürzte die Rauchsäule plötzlich geräuschlos in sich zusammen, und alles, was übrig blieb, war eine Gestalt in der Mitte des Kreises, gekleidet in einen schwarz-roten Frotteemantel, mit kurzen schwarzen Haaren, einem

Schnurrbart und Kinnbärtchen und mit zwei kleinen Hörnern an den Geheimratsecken.

Die meisten Beschwörungsteilnehmer zogen überrascht die Luft ein. Suse wollte einen Schrei ausstoßen, aber es kam nur ein gequetschtes Fiepen heraus.

Der etwas untersetzte Teufel machte dicke Backen und hustete einen Moment lang, bevor er sich die Menschen, die ihn gerufen hatten, genauer ansah.

»Dominus!«, sagte der Meister. Er und die anderen Gestalten um den Kreis herum warfen sich zu Boden. Klaus und Suse schauten sich kurz an, bevor sie es ihnen gleichtaten.

Der Teufel verzog das Gesicht. »Sagt mal, seid ihr eigentlich komplett bescheuert?«

Die Beschwörer hoben unsicher die Köpfe.

»Habt ihr mal auf die Uhr geschaut?«

Die Beschwörer wechselten Blicke.

»Es ist mitten in der Nacht, stockfinster draußen, und andere Leute wollen vielleicht schlafen. Weshalb müssen diese bekloppten schwarzen Messen eigentlich immer mitten in der Nacht stattfinden? Warum nicht mal nachmittags um zwei? Auf den Malediven? Oder auf einer schönen griechischen Insel? Wer rennt mitten in der Nacht auf einem Friedhof herum? Ernsthaft. Was soll der Mist?«

Der Meister erhob sich. »Wir, äh, dachten, das sei die korrekte Vorgehensweise…«

»Die korrekte Vorgehensweise? Knutsch mir die Kimme. Zum Glück hatte ich meinen Bademantel an, sonst müsste ich mich jetzt nackt mit euch unterhalten. Idioten.«

Der Meister kratzte sich am Kopf. »Wir wollten … wir wollten fragen … wir wollten fragen, ob …«

»Meine Fresse, komm zum Punkt, Junge. Ich hab nicht die ganze Nacht Zeit, ich wollte mich nämlich gerade eben hinlegen.«

»Wir wollten fragen, ob …«

»Jaja, ob ich euch bei irgendwas helfen kann. Ganz viel Geld, Erfolg im Beruf, eine bestimmte Person, die euch lieben soll, ein Ferrari. Irgendwie so was, ja?«

Die Gestalten schauten sich an und nickten.

»Und dafür soll ich dann eure Seelen oder so bekommen, ja? Jedenfalls sagen das immer alle.«

Die Gestalten nickten erneut.

»Und kann mir mal einer erklären, was ich mit euch Arschlöchern in der Hölle soll? Da ist es eh schon voll. Warum soll ich euch bei irgendwas helfen, was mir nur Arbeit macht, wenn ihr mich mitten in der Nacht aus dem Bett werft? Macht gefälligst, dass ihr Land gewinnt, oder ich werde ungemütlich.«

Einige der vermummten Gestalten, darunter Klaus, ließen sich das nicht zweimal sagen. Sie stürzten die Treppe hoch, öffneten die Tür der Gruft und rannten schnell davon. Nur der Meister und Suse blieben völlig überrumpelt zurück. Als der Teufel Suse entdeckte, trat er an sie heran, befeuchtete sich mit der Zunge einen Finger, strich sich die Augenbrauen glatt und sagte: »Hallo.«

Daraufhin rannte auch Suse weg.

Der Meister war noch dabei, das Buch einzusammeln, als der Teufel es ihm aus der Hand riss.

»Das bleibt jetzt bei mir. Sonst kommt ihr irgendwann wieder auf so eine bekloppte Idee. Kein Anschluss unter dieser Nummer mehr, ist das klar?«

Der Meister sah ihn mit weit aufgerissenen Augen an.

»Tüdeldu!«, sagte der Teufel und deutete mit einer Handbewegung an, dass er sich davonmachen sollte. Was der Meister daraufhin auch tat.

»Diese Dinger hätte ich schon vor Jahren konfiszieren sollen«, sagte der Teufel und löste sich in einer Rauchschwade auf.

KAPITEL 2

HÖLLE

Rauch drang aus einer der Bodendielen vor dem Kamin des gemütlichen, im englischen Landhausstil eingerichteten Raums. Das Feuer darin warf flackerndes Licht auf die braunen Ledermöbel und das enorme Buchregal, das sich an einer kompletten Seite des Raums entlangzog und bis in die letzte Ritze mit Büchern, Heften und Papier gefüllt war. Auf der anderen Seite hingen Gemälde aus verschiedenen Epochen, und diverse Kunstgegenstände aus der Frühzeit bis zur Gegenwart standen in Vitrinen oder auf dem Schreibtisch, als wäre es ein kleines Museum.

Der Rauch türmte sich schnell auf und bildete kurz eine Säule vom Boden bis zur Decke, bevor der Teufel hustend darin erschien und sich der Rauch in nichts auflöste. Er stöhnte, rieb sich die Augen und schlurfte in Richtung einer reich verzierten, doppelflügeligen Tür, die komplett aus Cumarú-Tropenholz geschnitzt war. Er stieß eine Seite der Tür auf und stolperte ins Schlafzimmer, als er ein gehauchtes »Hi« vernahm.

Auf dem ausladenden Bett, das aussah, als wäre es aus dem Schlafzimmer eines französischen Königs aus dem 18. Jahrhundert gestohlen worden, räkelte sich eine nackte Frau. Ihr schwarzes Haar war lang und üppig. Fast so üppig wie ihre Brüste, die von einer strategisch platzierten Bettdecke so weit zugedeckt waren, dass die Fantasie keine Mühe hatte, den Rest zu erahnen.

Der Teufel stöhnte. »Wer bist du? Was willst du hier?«

Die Frau schaute überrascht und fiel kurz aus ihrer Rolle als lüsterne Verführerin, fing sich aber sogleich wieder. »Begehrst du nicht diesen Körper?«

Sie strich sich mit den Händen über die Brüste und fuhr mit der Zunge über ihre Lippen, aber der Teufel stand da und schaute sie an, als hätte ihm gerade jemand einen Eimer Yak-Milch über den Kopf geschüttet.

»Azazel!«, rief er, und keine zwei Sekunden später gab es ein leises »Plopp« neben ihm, und ein etwa 50 Zentimeter großer Dämon schwebte in einer sich auflösenden Schwefelwolke an seiner Seite.

Was Dämonen anging, so war Azazel keiner von der Sorte, bei der man sofort in Schreikrämpfe verfiel. Er wirkte nicht bedrohlich, was natürlich überwiegend seiner Größe geschuldet war. Dazu kam, dass er einen Frack samt Krawatte trug, der sich von seinen menschlichen Pendants nur darin unterschied, dass er wesentlich kleiner war und auf dem Rücken Aussparungen für die Flügel hatte. Die übergroße Hakennase verlieh ihm zudem einen leicht snobistischen Touch. Die Tatsache, dass er nur einen halben Meter groß war und in der Luft zu schweben pflegte, sorgte dafür, dass die meisten Leute, die ihn zu Gesicht bekamen, sich spontan dazu hinreißen ließen, »Ach, ist der niedlich!« zu rufen.

»Ach, ist der niedlich!«, juchzte die nackte Dame im Bett des Teufels.

Der Teufel und sein Handlanger wechselten einen Blick. Azazel hob eine Augenbraue und flatterte unbeeindruckt in Augenhöhe seines Meisters. Die Frau klatschte fröhlich in die Hände, hielt aber inne, als sie die konsternierten Blicke des Höllenfürsten und seines Dieners sah.

»Azazel, was ist das da in meinem Bett?« Der Teufel zeigte mit einem Finger abfällig in Richtung der leicht bekleideten Dame.

Der kleine geflügelte Dämon warf einen Blick aufs Bett. »Wenn mich nicht alles täuscht, so hat sich eine nackte Menschendame in Euer Schlafzimmer geschlichen. Ihrer fehlenden Kleidung nach zu urteilen, würde ich vermuten, dass sie vorhatte, mit Eurer Unholdigkeit Geschlechtsverkehr zu haben, Sir.«

»Schnackelschnick! Und kannst du mir erklären, wie es dazu kommen konnte, dass eine der verdammten Seelen in mein verdammtes Schlafzimmer schleichen konnte?«

»Meine Vermutung ist, dass der Umstand des Schleichens daran einen maßgeblichen Anteil hatte, Sir.«

Der Teufel schaute den kleinen Dämon streng an. Der zuckte daraufhin ein wenig zusammen.

»Ich wollte natürlich sagen, dass ich dem nachgehen werde, Sir.«

Der Dämon verschwand in einer bescheidenen Rauchwolke, und der Teufel schüttelte den Kopf.

»Azazel!«

Der kleine Dämon erschien erneut. Wieder in einer Schwefelwolke, weswegen sich der Teufel kurz die Nase zuhielt. »Euer Unholdigkeit?«

Der Teufel nickte mit dem Kopf in Richtung Bett, wo die nackte Dame zwischen ihm und seinem Helfer hin- und herblickte.

Der Dämonen-Butler seufzte, schwebte hinüber zu der Dame und erklärte ihr freundlich, dass sie nun zu verschwinden hatte.

Die Frau stürzte auf den Teufel zu, flehte ihn an und versicherte, dass er alles mit ihr machen könne. »Ich will nur nicht weiter gefoltert werden.«

Der Teufel stand regungslos da und schaute ihr genervt nach, als Azazel sie aus dem Zimmer schob. Der Teufel rief ihm hinterher, dass er den Rest der Nacht nicht gestört werden wollte. Der kleine Dämon sah für einen Moment so aus, als wollte er salutieren, besann sich dann aber eines Besseren.

Als die Tür zum Schlafgemach endlich ins Schloss fiel, seufzte der Teufel und starrte einen Moment mit hängenden Schultern weiter Richtung Ausgang. Dann zog er am Frotteegürtel, öffnete den Morgenmantel und hängte ihn an einen der Garderobenhaken, der wie eine Messingversion von Edvard Munchs »Der Schrei« aussah.

Er schlug das Laken beiseite, um nach seinem Schlafanzug zu suchen, und fand ihn auch gleich. Passend zum Morgenmantel und dem Rest der Einrichtung des Schlafzimmers war er in Rot-Schwarz gehalten und bestand aus teurer Kaschmirseide. Dann verschwand er unter der Decke und drehte sich um, um zu schlafen.

Aber der Schlaf wollte nicht kommen. Mehrere Minuten warf er sich hin und her, bevor er einsah, dass er nicht zur Ruhe kommen würde. Er griff nach der Fernbedienung auf dem Nachttisch, drückte einen Knopf, und ein Fernseher von der Breite des Bettes senkte sich von der Decke.

Das Logo von Hellflix prangte auf dem Bildschirm, und der Teufel klickte sich durch zu den Liebesfilmen.

Am nächsten Tag gegen Mittag – falls man in der Hölle überhaupt von Tageszeiten sprechen konnte – flog Azazel ins Zimmer seines Meisters, um ihn zu wecken. Neben dem Kamin, der immer noch gemütlich flackerte, stand die Stereoanlage im Schrank. Der kleine Dämon schaltete sie ein, wählte ein Lied aus und spulte 30 Sekunden vor. Die ersten Akkorde von Iron Maidens *Number Of The Beast* ertönten. Der kleine Dämon seufzte, schüttelte den Kopf, steckte sich die Zeigefinger in die Ohren und wartete, bis der Teufel aufwachte.

Als der Sänger anfing, laut zu schreien, räkelte sich der Teufel im Bett und schlug die Augen auf.

»Guten Morgen, Sir«, sagte der kleine Dämon, zog die Finger aus den Ohren und verzog das Gesicht zu einer Grimasse. Er griff nach dem Morgenmantel und reichte ihn seinem Meister.

»Geh weg«, sagte der Teufel.

»Wie Eure Unholdigkeit wünscht, Sir«, antwortete der Diener. Er wollte den Morgenmantel weghängen, wurde aber unterbrochen.

»Nein, bleib. Ich hab das ja nur so gesagt.«

»Wie bitte, Sir?«, sagte Azazel und versuchte, den Lärm der Musik zu übertönen.

Der Teufel griff nach einer der Fernbedienungen, die auf seinem Nachttisch lagen, und schaltete die Musik aus. Der Dämonen-Butler seufzte erleichtert.

»Ich sagte, bleib. Ich hab's nicht so gemeint.«

»Sehr wohl, Sir.«

Langsam rollte sich der Teufel aus dem Bett und blieb müde auf der Kante sitzen.

»Sir?«

»Wie spät ist es?«

»Es ist kurz vor zwölf, Sir.«

»Auf was für einer Zeit sind wir denn gerade?«

»Mitteleuropäisch, Sir.«

»Und letzte Woche?«

»Krasnojarsker Zeit, Sir.«

»Das erklärt so manches.«

Der Butlerdämon unterdrückte ein Gähnen.

»Das mit den Zeitumstellungen alle paar Wochen war keine so gute Idee, was?«, fragte der Teufel.

»Sir, Ihr wolltet, dass es für alle Höllenbewohner unangenehm ist. Ich denke, Ihr habt Euer Ziel erreicht.«

»Aber ist es nicht eine dämliche Idee, wenn ich selbst darunter leide?«

Er sah seinen Helfer müde an, aber der verzog keine Miene, sondern hielt ihm lediglich den Morgenmantel hin.

Als sein Herr nicht gleich reagierte, fragte der Diener: »Ist alles in Ordnung, Sir? Ist es die Zeitumstellung?«

Der Teufel antwortete nicht, sondern stieß nur lange, lange Zeit die Luft aus und schaute in die Ferne.

»Na, na«, sagte der kleine Dämon und hängte den Morgenmantel zurück. Dann flog er herüber zu seinem Meister, tätschelte ihm mit stoischem Gleichmut die Schulter und sagte: »Wird schon.«

»Was wird schon?« Der Teufel schnippte die Hand des Dieners weg.

Azazel hob eine Augenbraue und flog in sichere Entfernung. »Ich weiß nicht, Sir. Was schlägt Euch denn auf den Magen?«

Der Teufel grübelte. »So genau kann ich das nicht sagen, Azazel. Irgendwie ist alles so … traurig.«

»Dürfte ich fragen, was für Filme Ihr letzte Nacht geschaut habt? Vielleicht solltet Ihr Eure nächtlichen Filmexzesse lieber mit einer Komödie beenden.«

Der Teufel hob eine Augenbraue. »Exzesse?«

»Ich meinte Eure Filmnächte«, sagte der Dämon in einem Ton, der an einen gelangweilten Nachtportier erinnerte.

»Ich *habe* Komödien gesehen. Und vielleicht hat gerade das meiner Stimmung so einen Dämpfer versetzt.«

»Vielleicht sollte Euer Unholdigkeit lieber Horrorfilme schauen, falls Euch das mehr amüsiert, Sir.«

Der Teufel legte die Stirn in Falten. »Nein, tut es nicht.«

»Sehr wohl, Sir.«

Der Teufel stand auf und ließ sich von Azazel in den Morgenmantel helfen. »Steht heute irgendetwas an?«

»Sir, in circa eineinhalb Stunden habt Ihr die Sitzung mit dem Aufsichtsrat.«

Der Teufel stöhnte erneut lautstark. »Weißt du, ob sie dabei ist?«

»Anzunehmen, Sir.«

Wieder stöhnte der Teufel. »Auch das noch. Nun denn …« Er stand auf.

»Möchtet Ihr gleich ins Bad oder erst einmal einen Blick hinauswerfen?«

»Ein Kaffee wäre schön. Schwarz. Ich nehme ihn auf dem Balkon zu mir. Während du das vorbereitest, begebe ich mich kurz ins Bad.«

»Sehr wohl, Sir.«

Azazel zog die Decke des kleinen Tisches auf dem Balkon glatt und stellte das Tablett mit Kaffeekanne und Tasse ab. Daraufhin nahm er sorgfältig das Porzellan vom Servierbrett und positionierte alles perfekt. Er schenkte den Kaffee ein und achtete darauf, dass kein Tropfen aus der Kanne die Tischdecke ruinierte. Er nahm gerade das Tablett weg, als der Teufel durch die Tür schritt und sich setzte.

Der Fürst der Hölle ließ den Blick schweifen. Rauchschwaden hingen in der Luft. In der Ferne waren die Geräusche von Maschinen und vereinzelte Schreie oder Stöhnen zu hören.

»Ein wunderbarer Tag, nicht wahr, Sir?«, sagte Azazel.

Der Teufel seufzte nur.

Plötzlich erklang ein »Pling«, und kurz darauf flog eine glühende menschliche Seele panisch schreiend am Balkon vorbei.

Über das Gesicht des Dämonen-Butlers huschte der Hauch eines Lächelns, aber der Teufel starrte gedankenverloren weiter vor sich hin. Azazel hatte seinen Chef noch nie so erlebt und runzelte die Stirn.

»Der Toaster scheint seine Tests gut zu durchlaufen. Es sollte bei der Eröffnung keine Probleme geben.«

Ein »Hm-mh«, das alles bedeuten konnte, war die Antwort.

»Sir, wenn ich mir die Bemerkung erlauben darf, irgendwas stimmt in letzter Zeit und besonders heute nicht mit Euch.«

»Wieso, Azazel?«

»Gerade ist eine Seele aus dem Toaster vorbeigeflogen, und Ihr habt nicht einmal gelächelt. Irgendwas scheint Euch auf den Magen geschlagen zu sein.«

»Ich, äh, bin einfach nur noch nicht ganz wach«, sagte der Höllenfürst.

»Dann würde ich den Kaffee empfehlen, Sir.« Er deutete demonstrativ auf die Tasse, die direkt vor seinem Herrn auf dem Tisch stand.

Der reagierte nicht und starrte weiter ins Leere.

Azazel schwirrte um den Tisch herum und schaute ihn prüfend an. »Sir?«

Der Teufel nahm die Tasse, hielt sie in der Hand und starrte auf die andere Seite des Tisches, an der Platz für ein weiteres Gedeck gewesen wäre.

»Sir, es liegt mir fern, Euch unter Druck zu setzen, aber die Zeit drängt etwas, wenn Ihr Euch vor dem Besuch des Aufsichtsrates noch einkleiden und den Rundgang abschließen wollt.«

Der Teufel nickte, hob die Tasse an den Mund und leerte sie in einem Zug. »Natürlich, keine Zeit, einfach mal den Morgen mit der Liebsten zu genießen, stattdessen ruft sofort die Arbeit.«

»Der Liebsten, Sir?«

Der Teufel runzelte die Stirn. »Habe ich von der Liebsten gesprochen? Ich meine einfach nur … also … du musst dich da verhört haben, Azazel.«

»Zweifellos, Sir. Vielleicht zur Sicherheit noch einen Kaffee, Sir?« Azazel hob die Kanne an, bereit, einzugießen.

»Schon gut. Ich denke, ich sollte mich ankleiden. Ich denke, ein schwarz-roter Anzug wäre angebracht.«

Der Butler verzog das Gesicht. »Schwarz-rot. Natürlich, Sir.«

Der Höllenfürst folgte seinem Diener zurück ins Schlafgemach, wo dieser den Schrank öffnete, in dem lauter Kleidungsstücke in Schwarz-Rot hingen.

»Möchtet Ihr lieber den schwarz-roten Anzug mit dem leicht ins Orange gehenden Rot oder lieber den schwarz-roten Anzug mit dem Futter in Burgunder?« Azazel verdrehte die Augen, als er beide Varianten präsentierte, und dem Teufel entging das nicht.

»Möchtest du mir etwas sagen, Azazel?«

»Schwarz-rot ist so Mittelalter.«

Der Teufel hob warnend eine Augenbraue, was den Diener sofort dazu veranlasste, ein Stück nach hinten zu schweben.

»Stellst du meinen Farbgeschmack infrage, Azazel?«

»Ich wollte damit lediglich ausdrücken, dass es durchaus im Bereich des Möglichen läge, auch mal Kleidung in einem anderen Farbton zu besorgen. Vielleicht in einer frischen Farbe.«

»Schwarz-gelb?«

»Ich hatte eher an etwas weniger … Schwarzes gedacht.«

»Dunkelgrau?«

Der Diener verzog das Gesicht. »Das wäre denkbar, aber ein hellerer Farbton stünde Eurer Unholdigkeit vielleicht auch ganz gut zu Gesicht. So etwas wie Mauve vielleicht.«

»Moof?«

Die Mundwinkel des Butlers zuckten. Er sprach es langsam vor. »Mo-we.«

»Was soll das denn für eine Farbe sein?«

»Ein Lilaton, Sir.«

Wieder hob der Teufel eine Augenbraue. »Azazel, ich bin kein Gameshow-Moderator aus den Achtzigerjahren. Ich bin der Teufel. Ich trage keine lila Anzüge.«

»Ich bin mir sicher, dass die Farbe ein Comeback erleben wird.«

Der Teufel sagte nichts, starrte seinen Diener nur an und brummte eine sarkastische Zustimmung.

»Sehr wohl, Sir. Aber vielleicht dürfte ich vorschlagen, zumindest die Umhänge zu … entsorgen. Die sind doch sehr retro.«

»Retro?«

»Niemand trägt heute mehr Umhänge. Es sei denn, man ist Vampir.«

»Azazel, dein Modetick geht mir auf die Nerven. Einen Anzug, bitte!« Der Teufel deutete ungeduldig aufs Bett, damit der Diener die Kleidung ablegte.

»Natürlich, Sir.« Er hängte den etwas dunkleren Anzug weg und legte den anderen auf die Bettdecke. »Ich warte dann im Salon, Sir.«

KAPITEL 3

AUFSICHTSRAT

Mit weiten Schritten lief der Teufel durch eine Straße, in der sich Wohngebäude und das ein oder andere Geschäft abwechselten. Die Gebäude waren krumm und schief und sahen wenig einladend aus, zumal manche von ihnen abenteuerlich übereinandergebaut waren, als wäre es ein brasilianischer Slum. Auch die Pferdekarren und Autos, von denen keines ein Baujahr nach 1920 aufwies, machten den Eindruck, bald auseinanderzufallen. Aber der Höllenfürst nickte wohlwollend, als wäre alles in Ordnung. Azazel flog ihm, so gut es ging, hinterher, allerdings musste er sich ziemlich anstrengen, um mithalten zu können.

Ein paar Dämonen auf der anderen Straßenseite schauten zu ihnen herüber, und der Teufel grüßte freundlich, als sich ihre Blicke trafen. Nicht viele der Dämonen, die ihnen begegneten, waren begeistert, ihren Boss zu sehen, aber ein paar – besonders weibliche – scharten sich um ihn, und er schüttelte brav ein paar Hände, Klauen und was auch immer ihm sonst entgegengestreckt wurde. Aber er blieb nicht stehen, weil er befürchtete, sonst nicht mehr weiterzukommen.

»Herr, ich liebe Euch!«, rief ein weiblicher Dämon und überschüttete ihn mit Liebesbekundungen. Der Teufel erkannte sie nur deshalb als weiblich, weil sie a) von sich selbst in der weiblichen Form sprach und b) die Augenlider geschminkt hatte. Aus ihrer Gestalt war es schwer zu schließen, denn im Grunde war sie nur ein wandelnder, übergroßer Kopf, aus dem fünf Arme wuchsen.

Ein paar andere weibliche Dämonen stimmten ein. Weniger als ein Viertel davon sah ansatzweise menschlich aus. Und auch die, die vielleicht aus der Ferne als Mensch durchgegangen wären, hatten bei genauerer Betrachtung entweder ein überproportionales Problem mit eitrigen Pusteln oder der Anzahl ihrer Extremitäten.

»Entschuldigt mich bitte, ihr Hübschen«, sagte der Teufel. »Ich muss wirklich zu einem dringenden Termin, und ich vermute, ihr habt alle auch viel Arbeit.«

Ein Murren machte sich breit, aber die Fans blieben zurück, als er weiterging. Ein Dämon rief ihm nach, dass er etwas wegen der Überfüllung unternehmen sollte. Das nahm er durchaus zur Kenntnis, wollte aber im Moment nicht darüber reden.

»Das habt Ihr geschickt gemacht, Sir«, sagte Azazel. »Wenn wir stehen bleiben, kommen wir hier nicht mehr weg.«

Der Teufel schaute auf die andere Seite der Straße, wo eine Dämonin, die aussah wie eine Schnecke in einer Schürze, gerade einem anderen Dämon eine kleine Tasche reichte und im anderen Arm einen Kinddämon hielt. Plötzlich fuhren die Augäpfel der Dämonin auf den kleinen Stielen herum und nahmen ihn ins Visier.

»Aaaaaah«, brüllte sie, setzte das Kind ab und rutschte mit überraschender Geschwindigkeit zu ihm herüber. »Der Herr Boss persönlich. Da muss ich mich doch gleich mal beschweren.«

»Vielleicht könnten Sie sich einfach an mein Büro wenden«, sagte der Teufel, aber die Schneckendämonin hatte sich direkt vor ihn positioniert und blockierte den Weg. Sie stemmte die Arme in das, was man mit viel Wohlwollen als Hüften bezeichnen könnte, und plapperte drauflos.

»Mein Mann kommt jeden Tag später nach Hause und hat schon seit Jahrhunderten keine Gehaltserhöhung mehr bekommen. Ich dachte, Sie wollten da Abhilfe schaffen?«

»Natürlich sind wir stets bemüht …«, setzte der Teufel an, aber die Dämonin ließ ihn nicht ausreden.

»Bemüht. Es muss doch mal was gegen diese Flut von Seelen unternommen werden. Mein Mann bringt jetzt schon Arbeit mit nach Hause.«

Sie zeigte auf den Dämon, dem sie die Lunchtasche gegeben hatte – ein übergroßer Torso mit Stummelbeinen, der drei menschliche Seelen an einer Kette hinter sich herzog. Er stand noch auf der anderen Straßenseite, winkte dem Teufel schüchtern zu und entblößte ein Gebiss mit drei Zähnen, als er versuchte zu lächeln.

Der Teufel nickte. »Frau, äh …«

»Knochenbrecher«, sagte die Dämonin. »Kroberta Knochenbrecher. Geborene Mollusca.«

»Roberta, ich darf doch Roberta sagen, oder?«

»Wenn schon, dann Kroberta.« Sie wandte sich um und schrie ihren Mann an. »Krätze, komm doch mal her! Und bring Krakel gleich mit.«

Der Teufel stutzte wegen des Namens. »Liebe … Kroberta, natürlich versuchen wir, die Arbeitsbelastung und Entlohnung so adäquat wie möglich zu halten, aber der anhaltende Strom von menschlichen Seelen, gerade in den letzten 150 Jahren, stellt uns natürlich vor schwierige Aufgaben. Ich versichere dir, dass wir uns bemühen, eine Lösung zu finden. Tatsächlich bin ich gerade auf dem Weg zu einem Treffen mit dem Aufsichtsrat, um genau über dieses Thema zu sprechen.«

»Aber wir brauchen jetzt eine Lösung!«, beharrte sie.

»Und ich habe eigentlich jetzt dieses Meeting«, sagte er und schaute sie scharf an.

»Na gut«, sagte Kroberta und verzog enttäuscht den lippenlosen Mund. »Dann will ich Sie nicht aufhalten.«

Mittlerweile war auch der Mann auf seinen Stummelbeinen zu ihnen herübergewankt.

»Hallo«, sagte der große Torsodämon. »Schön, Sie mal kennenzulernen.«

Der Höllenfürst nickte. »Ich muss nun wirklich …«

Kroberta rutschte aus dem Weg und gesellte sich zu ihrem Mann.

»Falls es mal irgendwo eine andere Stelle gibt«, sagte der Torsodämon schüchtern, »würde ich mich dafür interessieren.«

»Wieso? Was würden Sie denn lieber machen?«, fragte der Teufel.

»Statt Knochenbrechen? Hm … Stricken vielleicht.«

Seine Frau wedelte mit den Armen. »Ach, so ein Scherzkeks, unser Krätze.« Sie wandte sich an ihren Mann. »Du musst jetzt auch los, sonst kommst du zu spät zur Schicht, nicht wahr, Schatz?«

Sie verabschiedete ihn mit einem Kuss, und er wackelte los. Die menschlichen Seelen, die er an der Kette hinter sich herzog, stöhnten bei jedem Schritt, zumal ihre Extremitäten in komischen Winkeln abstanden.

Als der Teufel sich verabschieden wollte, merkte er, dass das Kind seine Schuhe angemalt hatte.

»Ach, Krakel, schmier doch nicht immer alles voll!«, rief die Mutter.

»Schon gut. Ich hoffe, der Aufsichtsrat schaut mir nicht auf die Schuhe. Und vielleicht kann mein Butler das vorher noch putzen.«

Azazel stöhnte.

»Es tut mir wirklich sehr leid«, sagte die Dämonin erneut.

Der Butler und sein Herr schritten weiter die Straße entlang. Der Teufel ließ den Kopf hängen und seufzte ein paarmal tief.

»Sir, ich weiß nicht, was Euch so auf den Magen schlägt, aber ich halte es für eine schlechte Idee, in dieser Stimmung den Termin mit dem Aufsichtsrat wahrzunehmen.«

Der Teufel reagierte nicht.

»Sir, so habe ich Euch noch nie erlebt. Seid Ihr sicher, dass alles in Ordnung ist?«

Der Teufel drehte sich zu ihm um. »Azazel, hast du eigentlich eine Frau?«

Der kleine Dämon setzte kurz einen Flügelschlag aus, weil er von der Frage so überrascht war. »Nein, Sir.«

»Oder einen Mann, falls das deine Neigung sein sollte. Ich meinte einfach nur einen Partner.«

Der kleine Dämon runzelte die Stirn und zog die Nase kraus. »Nein, Sir, ich habe auch keinen Partner.«

»Aber alle anderen scheinen jemanden zu haben, der zu ihnen passt.«

Azazel verdrehte die Augen und wackelte mit dem Kopf.

»Ich wünschte«, sagte der Teufel, »dass auch ich jemanden hätte, mit dem ich das alles hier teilen könnte.«

»Sir, wenn ich eine Frage stellen dürfte?«

»Nur zu, Azazel.«

»Was für Filme genau habt Ihr denn letzte Nacht geschaut?«

»Komödien.«

»Romantische Komödien?«

Der Teufel glich seine Gesichtsfarbe dem Futter seines Jacketts an. Genauer gesagt: Er wurde rot. »Nun ja …«

»Sir, wollt Ihr mir sagen, dass Euch eine Gefährtin, Kameradin, Begleiterin fehlt?« Der Butler schürzte die Lippen.

Der Teufel sah ihn skeptisch an. »Willst du damit sagen, dass ich mich so fühle, weil ich eine Frau brauche?«

»Was sprach denn gegen die leicht bekleidete Dame in Eurem Bett, die ich letzte Nacht entfernen musste? Ihr seid sonst nie so wählerisch gewesen.«

»Die hatte doch gar kein Interesse an mir, Azazel. Die wollte es in der Hölle nur etwas leichter haben und es sich mit Sex erkaufen.«

»Aber hätte das nicht zunächst Eure Gelüste befriedigt?«

Der Teufel schüttelte den Kopf. »Es geht nicht um Gelüste, Azazel. Dazu hatte ich bereits in der Vergangenheit genug Gelegenheit, falls du dich erinnerst.«

Der kleine Dämon schüttelte sich, als er sich an die ein oder andere Begegnung erinnerte.

»Ich will mehr«, sagte der Teufel. »Eine Frau, die mich versteht, die für mich da ist.«

»Sir, mit Verlaub, Ihr seid der Herr der Hölle. Man erwartet von Euch, dass Ihr promiskuitiv seid. Nehmt Euch doch einfach irgendeine Frau, macht sie eine Zeit lang zu Eurer Begleiterin und nehmt Euch dann die nächste.«

»Ich will aber die eine, die zu mir passt. Ich will, um es mal so salopp auszudrücken, meine Seelenverwandte.«

Azazel flatterte ein Stück nach oben. »Sir?«

»Azazel?«

»Vielleicht solltet Ihr in Zukunft davon Abstand nehmen, romantische Komödien zu schauen. Die bringen Euch auf seltsame Gedanken.«

Der Höllenfürst seufzte.

Sie gingen weiter die Straße entlang. Hin und wieder starrten sie ein paar Dämonen an, aber niemand hielt sie auf.

Der Teufel sah sich die Gebäude an und fragte sich, ob er den Aufsichtsrat bei der Inspektion hier hindurchführen konnte.

»Das hier scheint vorzeigbar«, sagte er. »Es ist einigermaßen aufgeräumt, die Dämonen sind freundlich, und falls die Herrschaften noch etwas von der Folterei sehen wollen, können wir rüber in die Frittenfabrik gehen.«

»Sir, ich bin mir nicht sicher, ob der Aufsichtsrat wirklich an freundlichen Dämonen interessiert ist. Bisher war mein Eindruck immer, dass es ihnen um möglichst effizientes Quälen geht.«

Der Teufel schritt weiter aus. »Die sollen aber ruhig mal sehen, unter welchen Bedingungen die Dämonen hier hausen. Seit Jahrhunderten versuche ich, bessere Arbeits- und Lebensbedingungen durchzusetzen, aber der Chef stellt sich ja taub.«

»Nur der Chef?«, murmelte Azazel, aber der Teufel hatte das nicht gehört.

»Oh, eine neue Ausgabe von *Schöner Quälen!*« Der Höllenfürst hielt an einem Zeitungsstand an und blätterte durch ein Magazin, während der männliche Dämon, der den Stand betreute, so große Augen machte, dass ihm buchstäblich eines aus dem Schädel fiel. Generell machte der Dämon den Eindruck, als wären seine äußerlichen Merkmale eher lose. Sein rechtes Ohr rutschte ein paar Zentimeter nach unten, während eine Nase gleich gar nicht vorhanden war.

Azazel verzog angewidert das Gesicht, während der Dämon auf dem Boden des Standes nach seinem Auge tastete, und wollte seinen Herrn gerade zum Weitergehen drängen, als ihm eine Ausgabe der *Vogue* ins Auge fiel. Er griff danach und blätterte sie interessiert durch

Der Dämon hatte sein Auge wieder in die dafür vorgesehene Höhle gestopft und schnaubte verächtlich, als er seine potenzielle Kundschaft wieder sehen konnte. »Wollt ihr jetzt kieken oder koofen?«

Der Teufel und sein Diener sahen hoch. Schließlich antwortete der Teufel: »Weder noch. Wir müssen weiter. Ich nehme das hier allerdings mit, denn wer, wenn nicht ich, sollte das lesen? Beschwerden bitte an die entsprechende Abteilung.«

Azazel platzierte sein Magazin wieder dort, wo er es hergenommen hatte, der Teufel ignorierte den Verkäufer, als der ihn fragte, welches denn die entsprechende Abteilung sei. So gingen sie weiter, während der Verkäuferdämon ein mürrisches Gesicht machte, was vielleicht auch daran lag, dass sein Unterkiefer wegrutschte.

»Was hast du eigentlich immer mit deinen Modemagazinen?«, fragte der Teufel. »Die Kleider würden doch ohnehin keiner Dämonin passen, oder?«

Azazel seufzte. »Aber wäre es nicht schön, wenn sie es täten?«

Der Teufel zuckte mit den Schultern.

Nach ein paar Minuten kamen sie an ein gut befestigtes Tor in einer Mauer aus Wackersteinen, die wiederum in einem Gebirgszug aus Vulkangestein endete, dessen oberes Ende nicht zu sehen war. Links und rechts gab es jeweils einen Durchgang, bewacht von riesigen Dämonen, die in Richtung Hölle schauten und sicherstellten, dass keine der verdammten Seelen entkam. An den Durchgängen gab es außerdem Abfertigungsschalter, an denen man vorbeimusste, ehe man in die Hölle gelangte.

Der Teufel stellte sich vor das Tor und rief laut: »Torwächter!«
Sie schauten zu ihm. Mit einer kreisenden Handbewegung wies er sie an, das Tor zu öffnen.

Die beiden riesigen Dämonen drehten an Rädern, die das Tor langsam und quietschend hochzogen. Azazel verzog das Gesicht.

»Könnte auch mal wieder etwas Öl vertragen«, sagte der Höllenfürst.

Die Massen von Seelen, die vor dem Tor aufgereiht standen, starrten ihnen entgegen, zum Teil mit angsterfüllten Gesichtern, weil sie befürchteten, etwas Grausiges würde erscheinen, aber sie entspannten sich, als lediglich die untersetzte rot-schwarz gekleidete Gestalt und ihr Helfer auftauchten.

Hier und da gab es Gemurmel. »Ist das etwa der Teufel? Den habe ich mir ja ganz anders vorgestellt.«

Der Teufel atmete tief durch.

Eine der männlichen Seelen sah sich erstaunt um und starrte nicht den Teufel, sondern die anderen Seelen an. »Gibt es hier gar keine Alten? Die sehen ja alle so jung aus.«

In der Tat schienen alle Seelen zwischen 20 und 40 zu sein.

Der Teufel antwortete: »Der Vorteil einer unsterblichen Seele. Hier ist man buchstäblich so jung, wie man sich fühlt. Sie werden aber schon bald sehen, dass Sie unter Umständen sehr schnell sehr alt aussehen können.«

Der Mann ließ den Kopf hängen.

Plötzlich erschien ein gleißendes Licht auf der freien Fläche direkt vor dem Tor, und eine laute Stimme rief: »Betrachtet die Herrlichkeit der Seraphim! Betrachtet die Herrlichkeit der Seraphim! Betrachtet die Herrlichkeit der Seraphim!«

Ein Raunen ging durch die Menge der verdammten Seelen. Hier und dort wurde »Oh« und »Ah« gerufen.

»Der Aufsichtsrat ist pünktlich«, sagte Azazel.

Der Teufel und sein Butler blinzelten, bis das Licht langsam nachließ und drei in Weiß gekleidete Gestalten mit ausgebreiteten

Armen zu erkennen waren, deren weiße, gefiederte Flügel nahelegten, dass es sich um Engel handelte. Außerdem hatten alle wallende, blonde Locken, die ihnen bis über die Schultern fielen, und sie waren wunderschön.

Der Nachteil war allerdings, dass sie sich so ähnlich sahen, dass man sie kaum auseinanderhalten konnte, bis auf die Tatsache, dass einer von ihnen weiblich war.

Alle drei Engel öffneten ihre Münder, sprachen unisono und in einer Lautstärke, die jeden Stadionlautsprecher neidisch gemacht hätte: »Wir grüßen dich, Luzifer, der Gefallene, Geißel der verbannten Seelen, Herrscher der Dämonen!«

»Mephistopheles oder Mephisto oder ganz einfach nur Mephy reicht mir völlig«, sagte der Teufel. »Luzifer ist schon lange passé und mittlerweile unpassend. Und wenn ihr das mit der Stimme lassen könntet und jeder für sich spricht, wäre das auch hilfreich. So macht ihr nur den Dämonen Angst.«

»So sei es!«, sagten alle drei gleichzeitig.

Der Teufel – Mephy – rollte mit den Augen und murmelte vor sich hin. »Diese verdammten Seraphim brauchen immer den großen Auftritt.«

Der erste Engel trat vor und schüttelte Mephy die Hand.

»Samuel«, sagte Mephy.

Der zweite Engel trat vor und schüttelte ihm die Hand.

»Manuel«, sagte Mephy.

Der dritte Engel, der weibliche, nahm seine Hand und legte sie zwischen ihre Brüste. »Hallo, Al«, hauchte sie.

»Seraphina«, sagte Mephy wenig begeistert und zog die Hand weg, um die Engel mit ausgestrecktem Arm hereinzubitten.

»Ich habe gedacht, wir machen einen kleinen Rundgang, damit ihr euch ein Bild machen könnt, und dann sprechen wir bei mir daheim.«

Samuel trat an ihn heran. »Wir haben leider kaum Zeit und würden lieber gleich mit dem Gespräch beginnen.«

Mephy runzelte die Stirn »Es gibt aber einiges zu bereden. Außerdem, was macht ihr schon großartig, außer Halleluja zu singen und euch gegenseitig mit euren Harfen zu nerven?«

»Diese Diskussion werden wir heute nicht führen, Gefallener«, sagte Manuel.

Mephy grummelte und zeigte ihnen den Weg in ein angrenzendes Gebäude.

»Wenn die Herren etwas wünschen, zögern Sie bitte nicht zu fragen«, sagte Azazel.

Die Engel, die Mephy am Konferenztisch gegenübersaßen, machten alle dieselbe abschätzige Handbewegung, und der Butler zog pikiert davon.

Samuel sprach: »Wir überbringen Nachricht vom Allmächtigen, dem Schöpfer von …«

»Ja, ja, ja, ja«, unterbrach Mephy. »Ich weiß schon, von wem du sprichst. Sag einfach, was er wegen der Massen von Seelen zu tun gedenkt, und lass den Firlefanz weg.«

»Der Herr hat gesprochen, dass sich nichts ändern wird.«

Mephy riss die Augen auf. »Wie bitte? Hat er einen Knall?«

»Mäßige dich, Gefallener!«, sagte Manuel.

»Ach, quatsch nicht, Locke«, sagte Mephy genervt, und der Engel blieb vor Überraschung stumm. »Es gibt immer mehr Menschen und somit auch immer mehr Seelen, die irgendwie verteilt werden müssen. Hätte er damals nicht so komische Regeln aufgestellt, wäre das mit der Verteilung zwischen Himmel und Hölle etwas gerechter. Und ich habe ihm damals schon gesagt, dass wir die Anzahl der Menschen irgendwie begrenzen müssen. Aber hat er auf mich gehört? Natürlich nicht.«

»Willst du etwa sagen, dass der Herr nicht gerecht ist?«, fragte Samuel.

»Ihr habt doch die Massen draußen vor dem Tor gesehen. Und das sind nur die Seelen, die noch nicht offiziell angenommen sind.

Meine Dämonen machen Überstunden und müssen zum Teil ihre Arbeit mit nach Hause nehmen. Das kann nicht angehen.«

Seraphina beugte sich vor. »Was hindert die Seelen eigentlich daran, einfach wegzulaufen?«

»Nichts«, sagte der Teufel. »Allerdings ist das Gelände dahinter so angelegt, dass sie nur an einem weiteren Hölleneingangstor herauskommen, wo sie sich wieder anstellen müssen. Sie könnten fliehen, aber sie haben nichts davon.«

»Aber warum dann überhaupt der ganze Aufwand mit den Kontrollen?«, fragte sie und warf ihm einen Blick zu, der wohl verführerisch sein sollte.

»Wir machen das nur, weil es nervig ist. Und für die Buchführung natürlich. Haben wir uns bei der Grenze der alten DDR abgeschaut. Die waren Meister darin, allen einen richtig schlechten Tag zu machen. Abgesehen davon nimmt es ein wenig die Last von den Dämonen, die ohnehin schon mehr arbeiten, als sie sollten. Eine dauerhafte Lösung ist das allerdings nicht.«

»Der Herr hat gesprochen«, sagte Samuel.

»Leute, das kann doch nicht euer Ernst sein«, erwiderte Mephy. »Das sind doch höllische Zustände.«

Die drei Engel sahen sich stirnrunzelnd an.

»Okay«, sagte Mephy, »vielleicht nicht die beste Wortwahl.«

»Machst du dir etwa Sorgen um die Menschen?«, fragte Seraphina.

»Ich mache mir Sorgen um meine Dämonen. Wenn er schon nicht die Anzahl der verdammten Seelen einschränkt, dann sollte er zumindest mal wieder den Werkzeugkoffer rausholen und über eine Erweiterung der Hölle nachdenken.«

»Wir werden ihm das vortragen«, sagte Samuel. »Beim nächsten Treffen des Rates werden wir sein Urteil überbringen.«

Mephy schüttelte den Kopf. »Leute, das letzte Meeting liegt Jahrzehnte zurück, und das mit der Arbeitsbelastung habe ich euch schon vor Jahrhunderten mitgeteilt.«

»Wir. Werden. Ihm. Das. Vortragen«, sagte Samuel noch einmal.

Mephy zog an seinem Kinnbart und presste den Mund zusammen, während die Engel aufstanden.

»Wir wollen noch einen kurzen Blick auf die Folterungen werfen«, sagte Samuel.

»Natürlich wollt ihr das.«

Ein paar Minuten später ließen sich Samuel und Manuel von Azazel durch die Frittenfabrik führen, während Seraphina Mephy am Eingang beiseitenahm.

»Denkst du noch manchmal an uns zurück, Al?«, fragte sie und versuchte, seine Hand zu ergreifen.

Er wich aus. »Ich versuche, es zu vermeiden. Und es wäre schön, wenn du mich nicht mehr Luzifer oder Al nennen würdest. Mephy ist jetzt mein Name.«

»Aber es war doch toll mit uns damals«, sagte sie und wollte ihn umarmen.

»Lass das.« Er löste sich und trat einen Schritt zurück.

Ein paar Dämonen beobachteten das Geschehen, gingen aber schnell wieder ihren Tätigkeiten nach, als er ihnen einen scharfen Blick zuwarf.

»Aber du bist so knuffig, vor allem weil du ein wenig zugelegt hast.« Sie zwickte ihn in die Seite.

»Das ist Kummerspeck! Und fass mich nicht an!«

Sie nahm den Arm weg und sah enttäuscht aus. »Ich bin extra wegen dir in den Aufsichtsrat gegangen. Weil ich dich wiedersehen wollte.«

»Du erzählst mir jedes Mal dasselbe. Und auch ich kann mich nur wiederholen: Es erinnert mich daran, wie sehr du mich gekränkt hast. Dass die anderen Engel einen Rückzieher gemacht haben, kann ich noch verstehen, auch wenn sie in meinen Augen rückgratloses Federvieh sind. Dass du mir aber in den Rücken gefallen bist, war eine schlimmere Strafe, als zum Höllenfürsten zu werden.«

Mephy verabschiedete die Engel am Höllentor. Seraphina warf ihm noch einen Kuss zu, den er spielerisch fing und dann so tat, als würde er ihn auf dem Boden zertreten. Seine Stimmung war nicht die beste, als sie wieder zurück waren und er sich in den Sessel fallen ließ.

»Sir, ich fürchte, es ist noch etwas früh dafür, aber möchtet Ihr ein stark alkoholhaltiges Getränk?«

»Nein, ich will ein richtiges Leben und nicht ... das hier«, sagte Mephy, ohne nachzudenken.

Der kleine Dämon spitzte die Lippen. »Sir, Ihr wirkt heute seltsam überfordert. Ich verstehe, dass Euch der Besuch von Seraphina auf den Magen schlägt, aber das ist es nicht allein, oder?«

Der Teufel sah ihn kurz an und verzog das Gesicht. Vielleicht war es nicht die beste Idee, vor seinem Diener, einem der Höllenschergen, zu bekennen, dass ihm die Herrschaft über die Hölle nicht mehr sehr behagte. Aber das war eigentlich auch nicht das Hauptproblem.

»Seraphina zu treffen, hat mich nur daran erinnert, wie schön es ist, geliebt zu werden.«

»Aber, Sir ...«

»Ja, im Endeffekt hat sie sich als unzuverlässiges Biest erwiesen. Ich weiß, ich weiß.«

Der Butler nickte zustimmend.

»Trotzdem weiß ich noch, wie ich mich damals gefühlt habe. Welches Gefühl mir ihre Liebe gegeben hat. Und ich bin mir sicher, dass sie mich geliebt hat. Und es war uneigennützig, ganz im Gegensatz zu den Frauen, die sich mir hier sonst an den Hals werfen.«

»Was ist mit Euren dämonischen Fans, Sir? Wäre darunter vielleicht ...«

»Ernsthaft, Azazel? Würdest du eine Frau haben wollen, die wie eine Schnecke aussieht? Also buchstäblich?«

»Na ja, es wäre immerhin ...«, murmelte der Butler.

»Nein, natürlich willst du das nicht.« Mephy sprang auf und schritt durch den Raum.

»Sehr wohl, Sir.«

Der Teufel zog sich am Kinnbart.

»Sir«, sagte sein Butler, »wenn es nicht die Menschen hier in der Hölle oder eine der Dämoninnen sein soll, wie ist dann dieses Problem zu lösen?«

Mephy hielt inne. »Ich gehe auf die Erde und werde mir da eine Frau suchen!«

»Aber, Sir, wie stellt Ihr Euch das vor?«

»Ich muss natürlich vorher erst den Chef fragen. Aber nachdem er wieder keine Höllenerweiterung vornehmen will, habe ich was gut bei ihm.«

»Soll ich einen Termin machen, Sir?«

»Nein, ich werde einfach direkt zu ihm gehen.« Der Höllenfürst atmete tief durch, denn es war das erste Mal seit Jahrzehnten, dass er ihm wieder gegenüberstehen würde.

KAPITEL 4

CHEFVISITE

Die Fahrstuhltüren öffneten sich lautlos und gaben den Blick frei auf den marmorverkleideten Gang. Mephy schüttelte leicht den Kopf, denn er hatte noch nie recht verstanden, warum der Chef ausgerechnet Statuen von anderen Gottheiten den Gang säumen ließ. Er vermutete, dass es seinem Ego zu schulden war, immerhin hatten alle Völker irgendwie versucht, ihre Welt mit den Handlungen von Göttern zu erklären, während der echte Chef lieber irgendwo Golf spielte, als sich um ihre Belange zu scheren.

Links und rechts wechselten sich griechische Götter mit indischen, römischen, japanischen und nordischen Gottheiten ab. Jedes Abbild zeigte eine Szene aus der jeweiligen Sagenwelt. Und da sie mannigfaltige Geschichten enthielten, war die Sammlung entsprechend groß. Platz war nicht das Problem, denn der Gang, der zum Empfangstisch des Chefs führte, war so lang, dass man mit dem Auge kaum besagten Tisch erkennen konnte.

Mephy seufzte, murmelte etwas von »Kein Frühstück gehabt«, obwohl ihm sein Diener natürlich eines gemacht hatte, was er aber in der Hektik des Morgens vergessen hatte zu essen. Er richtete die rote Krawatte über dem schwarzen Hemd, zog den Anzug glatt und machte sich auf den Weg.

Die Statuen waren nicht nur nach Mythologie geordnet, sie waren auch nach Thema sortiert, wobei die Bereiche »Krieg« besonders umfangreich waren. Aber ihm fiel auf, dass auch der Liebe viel Raum beigemessen wurde. Vor der Statue von Amor und Psyche blieb er einen Moment stehen, allerdings nicht nur, um das Werk zu bestaunen, sondern auch, weil er außer Puste war. Als er sah, wie die weibliche Psyche ihren Liebhaber Amor ansah, kam er nicht umhin, sich zu wünschen, auch mal so von jemandem angeschaut zu werden. Dann seufzte er und ging weiter den Gang entlang.

Nach einer gefühlten Ewigkeit kam er am Ende an und wischte sich den Schweiß von der Stirn. »Hallo, Petrus, der Chef könnte wirklich mal ein Rollband für den Gang aus einem Stück Lehm oder vielleicht besser Eisen machen.«

»Petra, wenn's recht ist«, sagte die Person mit dem wallenden Haar hinter dem Tresen.

Mephy verengte die Augen zu Schlitzen. »Äh, Entschuldigung. Kennen wir uns?«

Petra schaute genervt unter ihrer Haarpracht hervor, die ein wenig an Farrah Fawcetts Dauerwelle erinnerte. »Ich bin's. Petrus. Nur möchte ich ab jetzt Petra genannt werden. Aus offensichtlichen Gründen.«

Der Teufel klappte den Mund auf und zu und brauchte einen Moment, um sich zu sammeln. »Ich, äh … entschuldige … aber was … was ist mit dir passiert?«

Petra schaute so, wie man eben schaut, wenn man eine Frage schon zig Male gehört hat. Sie atmete tief durch und sprach dann ruhig: »Ich bin Transgender. Und weil ich es satthatte, immer im falschen Körper herumzulaufen, habe ich mich eben entschlossen, etwas daran zu ändern.«

Mephy nickte. »Okay. Schön für dich. Glückwunsch oder so?«

»Ja, danke«, sagte Petra kurz angebunden und schaute, als würde er ihr nur die Zeit rauben. »Also, was willst du hier? Und mach es bitte kurz.«

»So viel zu tun?«, fragte Mephy und schaute den leeren Gang hinunter.

»Was willst du?«

»Ich warte auf den Bus«, sagte er, aber Petras Miene blieb steinern. »Na, was glaubst du, was ich will? Natürlich will ich zum Chef.«

»Hast du einen Termin?«

»Nein, aber in Anbetracht der Tatsache, dass ich der Teufel bin, habe ich gedacht, dass er ein offenes Ohr für mich hätte.«

»Er ist sehr beschäftigt.«

»Ja, sicher«, sagte Mephy sarkastisch.

Petra verzog keine Miene.

»Schlimmen Morgen gehabt?«

»Es gibt hier keinen Morgen, das weißt du doch.«

»Ich meine ja auch nur im übertragenen Sinn.«

Petra rührte sich nicht.

»Kannst du vielleicht mal nachfragen, ob er sich kurz mit mir zusammensetzen will oder nicht?« Langsam war er von Petras Attitüde genervt.

»Wie ich schon sagte, er ist sehr beschäftigt.«

Mephy atmete tief durch. »Wie ich ihn kenne, spielt er gerade Golf oder denkt sich neue Krankheiten aus. Also nichts, was nicht etwas warten kann, zumal sein wichtigster Mitarbeiter um ein Gespräch bittet.«

Petra fing an, laut zu lachen. »Sein wichtigster Mitarbeiter, hahahaha!«

Der Teufel wartete geduldig, bis sie sich beruhigt und eine Träne aus dem Augenwinkel gewischt hatte.

»Wenn du noch zu den himmlischen Heerscharen gehören würdest, vielleicht«, sagte Petra.

»Ja? Was machen die denn schon großartig?«

»Gottes Aufträge ausführen, natürlich. Pfft.«

»Und was meinst du, was ich mache?«

»Du sitzt in der Hölle rum.«

Mephy stützte sich auf die Empfangstheke und starrte Petra unbewegt in die Augen. »Ich bin der Hauptverantwortliche für die Bestrafung und Läuterung von 98 Prozent der menschlichen Seelen, habe mehrere Hunderttausend Mitarbeiter unter mir, circa 100 Milliarden verdammte Seelen zu bewirtschaften und habe das Ganze über 2000 Jahre lang ohne größere Zwischenfälle geschafft. Und du willst mir erzählen, dass die himmlischen Heerscharen, die mit ihren Harfen durch die Gegend fliegen und Halleluja singen, wichtiger sind als ich?«

Petra schluckte.

Der Teufel lächelte. »Mit anderen Worten: Ich will einen Termin. Jetzt. Sofort.«

»Dir ist klar, dass er sehr ungern gestört wird, oder?«

»Du kannst dich sicher noch daran erinnern, dass ich vermutlich derjenige bin, der am ehesten weiß, was er gut findet und was nicht.«

»Ich kann mich erinnern, dass er deine Ideen nicht sehr mochte. Ich wollte nur andeuten, dass du besser seine Zeit nicht vergeudest. Und deine.«

»Ich muss ihn um etwas bitten, also kann ich jetzt durch oder nicht?«

Petra deutete mit der Hand auf die Tür. »Noch einmal: Verärgere ihn lieber nicht, denn dann kriegst du wahrscheinlich gar nichts.«

Mephy machte ein undefinierbares Geräusch und sagte schließlich: »Geht doch.«

Er ging zu der Tür, auf der ein dreieckiges Auge abgebildet war, klopfte, wartete aber nicht auf eine Antwort, sondern trat sofort ein.

Statt des Marmorbodens war da plötzlich Gras, das sich anfühlte und roch wie frisch geschnitten. Das war kein Raum mehr, sondern ein Golfplatz, gelegen in einer leicht hügeligen Gegend in frischer Frühlingssonne. Die Tür, durch die er gerade getreten war, stand einsam in der Gegend, und kurz bevor sie zuklappte, konnte er noch Petras Gesicht sehen, die über ihre Schulter schaute, um sich zu vergewissern, dass sie endlich weiter Solitaire spielen konnte.

Der Höllenfürst spazierte auf den nächsten Hügel zu und überlegte noch, warum das alles so künstlich aussah. Dann fiel ihm auf, dass es weit und breit keine Bäume gab. Er hatte auch schon eine Vermutung, woran das lag, aber das sollte der Chef ihm selbst bestätigen.

Als er den Hügel erklommen hatte, sah er die Gestalt in weißblau gemusterter Hose und weißem T-Shirt am unteren Ende des nächsten Hügels stehen, ihm den Rücken zugewandt. Der Mann bereitete sich gerade auf den nächsten Schlag vor. Breitbeinig holte er aus … und schlug daneben. Daraufhin nahm er den Golfball und schmiss ihn von sich, wo er in 20 Metern Entfernung vom Blitz getroffen wurde.

»Herrgottnochmalsoeine…«, sagte der Mann ohne Punkt und Komma, rupfte ein paar Grasbüschel aus, die er zu einem Ball formte, der kurz darauf auch aussah wie ein echter Golfball, um ihn an die Stelle des vorherigen Balls zu legen.

Mephy war etwas abseits stehen geblieben, strich sich über den Kinnbart und überlegte, ob gerade der passende Zeitpunkt war, den Chef um etwas zu bitten. Aber da er nun einmal da und am Fuß des Hügels angekommen war, räusperte er sich und sprach.

»Hallo, Chef.«

Der Chef blickte über die Schulter, während er noch Maß für den nächsten Schlag nahm. »Hallo, Mephy! Na, von dir habe ich ja lange nichts gehört.«

»Na ja, da war diese ganze Sache mit der Verbannung und so, falls du dich noch daran erinnerst.«

Der Chef antwortete nicht. Er nahm immer noch Maß, holte aus und schlug. Der Ball flog in hohem Bogen und landete in der Nähe des Grüns, das in der Ferne zu erkennen war.

»Ha, beim ersten Mal!«, freute er sich und stemmte die Fäuste in die Hüften.

»Ja, sicher«, murmelte Mephy.

»Wie war das?«

»Guter Schlag.«

»Fett bist du geworden«, sagte der Chef und musterte Mephy von oben bis unten.

Der legte die Stirn in Falten und verschränkte die Arme. »Brauchen wir jetzt nicht mal mehr fünf Minuten, bis du anfängst, mit mir zu streiten? Außerdem ist das kein Fett. Es ist Kummerspeck.«

Der Chef schaute skeptisch. »Sicher ist es das. Wollen wir uns beim Laufen unterhalten, Mephy?« Er wartete die Antwort gar nicht erst ab, sondern schritt gemütlich voran. »Nimm mein Cart Bag«, sagte er und deutete auf die Tasche mit den Golfschlägern.

Mephy verzog das Gesicht. »Cart Bag«, nuschelte er abfällig. Den Caddy wollte er eigentlich nicht spielen, aber da er als Bittsteller gekommen war, blieb ihm kaum etwas anderes übrig. Er war zumindest froh darüber, dass die Tasche Rollen hatte, so musste er sie wenigstens nicht tragen. Also zog er am Griff und hastete dem Chef hinterher.

»Du könntest öfter vorbeikommen und meine Tasche nehmen.«

»Wie gesagt, da war das mit der Verbannung und so.«

»Verbannung, sagst du? Waren wir darüber nicht längst hinweg?«

»Ich schätze, das kommt ganz auf die Betrachtungsweise an«, sagte Mephy und zog an der Tasche, die doch schwerer war als gedacht.

»Was für eine Betrachtungsweise?«, fragte der Chef und kratzte sich gedankenverloren unter dem Bart.

»Nun, es ist ja nicht so, dass ich mir die Verbannung ausgesucht hätte. Du hast mich in die Hölle geschickt.«

»Aber als Herrscher und Vollstrecker über die verlorenen Seelen, nicht als Insasse.«

»Auch das ist wohl eine Frage der Betrachtungsweise.«

»Du scheinst vieles anders zu sehen als ich.«

»Deswegen wollte ich ja auch den Betriebsrat gründen, damit du vielleicht mal ein paar andere Meinungen hörst. Konnte ja nicht ahnen, dass ich deswegen gleich in der Hölle lande. Aber ich schätze, abweichende Meinungen sind im Himmel nicht gefragt.« Mephy sprach mit gereiztem Unterton und kaute auf der Unterlippe.

»Bist du gekommen, um dich über diese Ungerechtigkeit zu beschweren, Mephistopheles?«

Mephy hob eine Braue. »Ah, bin ich wieder Mephistopheles, ja? Der ganze Name. Vermutlich kriege ich gleich wieder Gottes Zorn zu spüren. Immerhin hast du mich nicht Luzifer genannt. Das passt ja schon lange nicht mehr.«

»Du hast meine Frage nicht beantwortet.«

»Bist du nicht allwissend? Dann müsstest du doch wissen, weshalb ich hergekommen bin.«

»Muss man dir alles aus der Nase ziehen?«

»Also gut, also gut. Ich will auf die Erde.«

Der Chef runzelte die Stirn. »Die Erde? Bist du da nicht öfter bei diesen verirrten Seelen, die beschlossen haben, lieber dich anzubeten als mich?«

Mephy verzog das Gesicht. »Ja, ich habe ab und zu mit ein paar dieser merkwürdigen Leute zu tun, aber ich möchte für längere Zeit auf die Erde.«

Mittlerweile hatten sie das Grün erreicht, wo der Ball, den der Chef geschlagen hatte, gute drei Meter vom Loch entfernt lag. Der Chef streckte die Hand in Richtung Tasche aus und wedelte damit herum. Mephy schaute hin und her und wusste nicht genau, was er wollte.

»Was meinst du genau? Du willst Urlaub?«, fuhr der Chef fort, während er weiter die Hand ausstreckte.

Mephy betrachtete die Schläger in der Tasche. Schließlich zuckte er mit den Schultern, griff hinein, nahm einfach irgendeinen und reichte ihn dem Chef.

Dieser stellte sich in Position und konzentrierte sich auf Entfernung und Gefälle. Er blickte hinunter zum Ball, nur um dann gleich mit erhobener Augenbraue Mephy anzuschauen.

»Ein Neuner-Eisen?«

»Äh, wie bitte?«

»Du gibst mir ein Neuner-Eisen für das Putten?«

»Falscher Schläger?«, fragte er in einem Ton, mit dem er einer Seele geantwortet hätte, die nach Gnade verlangte.

»Natürlich ist das der falsche Schläger«, polterte der Chef, schob den Schläger zurück und nahm sich einen anderen, der am unteren Ende wesentlich gerader aussah. »Neuner-Eisen, also wirklich.«

Er nahm wieder Maß, aber nach einem kurzen Moment schaute er auffordernd den Teufel an.

»Was?«, fragte Mephy.

»Die Stange. Du musst die Stange aus dem Loch nehmen, sonst kann ich nicht putten.«

Mephy machte dicke Backen, denn er wusste nicht, wovon der alte Mann sprach, bis der schließlich auf das Loch und die Stange mit dem Fähnchen zeigte. Also lief Mephy hin, hob die Stange heraus und wartete, bis der Chef seinen Schlag beendet hatte.

Natürlich ging der Ball daneben, prallte aber so geschickt von Mephys Fuß ab, dass er schließlich doch noch ins Loch kullerte.

»Ein vortrefflicher Schlag«, sagte Mephy mit leicht sarkastischem Unterton. »Wilhelm Tell hätte es nicht besser machen können.«

Gott sah ihn mit zusammengezogenen Brauen an, schien die Bemerkung aber überhören zu wollen. Mephy fischte den Ball aus dem Loch und gab ihn dem Chef zurück.

Der nickte gefällig und schritt weiter zum nächsten Abschlag. Mephy wollte schon mitgehen, da fiel ihm ein, dass er die Tasche vergessen hatte. Er rannte zurück und zog sie keuchend hinter sich her.

»Du willst dir also ein paar Tage freinehmen«, sagte der Chef mit Blick über den Golfplatz.

Mephy befürchtete, dass sein Anliegen nicht gut ankommen würde, aber er wollte auch nicht drum herumreden. »Na ja, genau genommen hatte ich an etwas mehr als ein paar Tage gedacht.«

»Ein paar Wochen?«

Mephy schüttelte den Kopf.

»Jahre?«

Mephy lächelte verkrampft.

Der Chef warf ihm einen scharfen Blick zu und zog eine Augenbraue hoch. »Du kannst doch nicht deinen Posten für ein paar Jahre verlassen? Wo kämen wir denn da hin? Nachher wollen auch alle anderen, dass ich ihnen Urlaub gebe. Das wäre ein schönes Chaos.«

»Oder ordentliche Arbeitsbedingungen«, nuschelte Mephy.

»Wie war das?«, fragte der alte Herr.

»Nichts.«

»Was willst du überhaupt so lange machen?«

»Dies und das«, sagte Mephy.

Gott schaute ihn fragend an. »Du kommst her, um mich um Urlaub zu bitten, willst mir aber nicht sagen, warum du Urlaub haben willst? So läuft das nicht.«

»So sollte es aber in einem ordentlichen Betrieb zugehen«, murmelte Mephy.

»Kommst du mir schon wieder mit diesem Quatsch, dass alle Engel und Dämonen ordentliche Arbeitsbedingungen und zugesicherten Urlaub haben sollten?«

»Das ist kein Quatsch, das ist sozialer Umgang mit Arbeitskräften, denen Mitbestimmung und ordentliche Entlohnung zustehen.«

»Wir sind hier im Himmel, das ist schon Entlohnung genug.«

»Und was ist mit denen, die nicht im Himmel sind? Steht denen wenigstens etwas zu?«

Der Chef blieb stehen und sah ihn lange an. »Ich dachte, deine Mitarbeiter würden bereits entlohnt. Hattest du nicht Geld in der Hölle eingeführt?«

»Ja, wobei das nicht unser Problem ist.«

»Nicht? Geld ist die Wurzel allen Übels.«

Mephy rollte mit den Augen. »Unser Problem ist die Tatsache, dass du die Hölle nicht erweitern willst.«

»Der Aufsichtsrat hat dir doch sicherlich darüber berichtet.«

»Jaja.«

»Und belohnt werden sollen deine Mitarbeiter nun auch noch? Hättest du das nicht mit dem Aufsichtsrat besprechen können?«

Mephy stöhnte. »Aber wo ich schon mal da bin …«

»Die Erweiterung der Hölle muss erst mal warten«, sagte der Chef. »Ich bin sehr beschäftigt und habe dafür gerade keine Zeit.«

Mephy machte ein ärgerliches Gesicht und zeigte auf die Golfschläger, aber der Chef ging nicht darauf ein.

»Und was die Entlohnung angeht«, fuhr der Chef fort, »hast du ja schon eine interne Lösung gefunden.«

Mephy gab ein Grunzen von sich.

»Und warum sollte es Urlaub geben? Sinnlos.«

»Das dient der Mitarbeitermotivation und stärkt die Moral«, sagte Mephy.

»Moral. In der Hölle.« Der Chef sah ihn skeptisch an.

»Wenn bei uns keiner Moral hätte, warum sollte dann irgendwer irgendwen bestrafen? *Das* ergibt doch keinen Sinn. Nur weil wir Moralvorstellungen und Werte haben, können wir entscheiden, welches die angemessenen Strafen sind. Das ist aber auch alles egal, denn wir kommen vom Thema ab! Ich will auf die Erde und brauche Urlaub!«, sagte Mephy energisch.

Der Chef dachte nach. »Willst du etwas für deine Leute oder für dich selbst?«

Mephy grübelte. »Beides.«

Der Chef zog eine Augenbraue hoch. »Du kannst entweder selbst Urlaub haben, oder deine Leute kriegen Urlaub und du nicht. Was soll es sein?«

»Verfällst du wieder in dein alttestamentarisches Selbst, oder warum machst du es so schwer?«

»Ich will einfach nur sehen, wie du dich verhältst.«

Mephy verzog das Gesicht. »Na schön, ich will meinen Urlaub.«

»Das ist kein sehr selbstloses Verhalten.«

Mephy zeigte mit beiden Daumen auf sich. »Teufel.«

Der Chef dachte eine Weile nach und fuhr sich gedankenverloren durch den Bart. Dann schaute er Mephy prüfend an.

»Das ist mir alles zu unsicher. Du könntest ja auf die Erde gehen wollen, um dort alle Menschen zum Bösen zu verführen. Gib mir einen guten Grund, warum ich das tun sollte.«

»*Ich* könnte auf die Erde gehen und die Menschen zum Bösen verführen? Du mischst dich doch andauernd ein. Was hab ich denn jemals gemacht? Wenn überhaupt, habe ich dir nur gesagt, dass du dich mal ein wenig zusammenreißen solltest.«

Der Chef verzog keine Miene. »Sag mir doch einfach, warum du dorthin willst.«

Mephy seufzte. »Also schön: Ich will mir auf der Erde eine Frau suchen.«

Diesmal zog der Chef beide Augenbrauen hoch und fing an, schallend zu lachen.

Mephy ließ die Mundwinkel hängen. »Schön, dass dich das so amüsiert. Wenigstens hat einer Spaß.«

Der Chef wischte eine Lachträne aus dem Augenwinkel. »Im Ernst: Warum willst du dafür auf die Erde? Wenn mich nicht alles täuscht, gibt es genug Frauen in der Hölle, die sich dir bereitwillig hingeben würden. Von den Dämoninnen ganz zu schweigen.«

»In Anbetracht der Tatsache, dass du die Dämoninnen erschaffen hast, solltest du eigentlich wissen, wie die aussehen und wie sie so drauf sind. Nämlich ganz anders als die Engel, die du auch erschaffen hast. Dämonen sind eine völlig andere Spezies. Dummerweise bin ich aber nun der Engel …«

»Ex-Engel«, sagte der Chef.

»Bin ich der Ex-Engel, der für die Hölle zuständig ist. Und alle sind, obwohl sie sich in der Hölle befinden, irgendwie dazu in der Lage, eine bessere Hälfte zu finden, nur ich nicht.«

»Sieh es als Teil deiner Strafe.«

»Wie lange soll ich denn noch dafür büßen, dass ich konstruktive Kritik angebracht habe?«

Der Chef zuckte mit den Schultern.

»Ich will ja gar nicht aus der Hölle weg. Ich bleibe da, keine Angst. Aber ich denke, dass ich es mir verdient habe, glücklich in einer Beziehung zu leben. Mit einer Frau, die sich mir nicht nur deswegen an den Hals schmeißt, weil sie nicht in den Toaster will.«

»Toaster?«

Mephy machte eine wegwerfende Handbewegung. »Egal. Es geht mir einfach darum, eine Frau zu finden, die mich tatsächlich liebt. Als den Mann, der ich bin, nicht wegen der Rolle, die ich habe.« Etwas kleinlauter fügte er hinzu: »Oder trotz der Rolle, die ich habe.«

»Dir ist schon klar, dass nur die bösen Mädchen in die Hölle kommen, oder?«

»Was soll das denn jetzt heißen?«

Der Chef antwortete nicht, musterte ihn lediglich von oben bis unten und murmelte dann nachdenklich: »Der Teufel auf Freiershufen.«

»Ich wäre wirklich sehr dankbar, wenn wir das mit den Hufen sein lassen könnten. Du hast das ausprobiert, und du hast festgestellt, dass es wenig abschreckend wirkt, wenn der Teufel sich kaum auf den Beinen halten kann. Lass uns dieses ganze Kapitel bitte einfach vergessen.«

Der Chef dachte nach, schaute in den Himmel, zu Boden, in alle erdenklichen Richtungen, aber nicht einmal sah er Mephy an, der unsicher dastand und nicht so richtig wusste, was er mit sich anfangen sollte.

»Ist das jetzt einer von den Momenten, in denen du ein paar Jahrzehnte Bedenkzeit brauchst, während auf der Erde alles aus dem Ruder läuft?«

»So eine Entscheidung trifft man nicht in einem einzigen Augenblick«, sagte der Chef.

»Darf ich dich daran erinnern, dass du derjenige warst, der aus einer Bierlaune heraus beschlossen hat, dass Abraham Isaak opfern sollte? Wenn nicht ein paar von uns Engeln eingeschritten wären, hätte das eine echte Sauerei gegeben. Da brauchst du keine zwei Sekunden, um jemanden seinen Sohn für dich opfern zu lassen, aber wenn ich frage, ob ich mir eine Frau suchen kann, musst du erst lange überlegen?«

»Gerade weil ich daraus gelernt habe, länger über etwas nachzudenken.«

Mephy verzog das Gesicht. Die Antwort stellte ihn nicht zufrieden, aber ihm blieb nichts anderes übrig, als abzuwarten. »Trotzdem ist das nicht sonderlich motivationsfördernd. Kann ich, während du über meine Zukunft nachdenkst, noch etwas anderes fragen?«

Der Chef nickte wortlos.

»Wo sind wir hier eigentlich? Ich meine … hier sind nirgends Bäume. Das ist doch selbst auf einem Golfplatz nicht normal.«

»Wir sind auf Erde II.«

»Erde II? Was ist das? Die Fortsetzung? Ich hoffe, die Erde kriegt diesmal einen schönen Titelsong. Von Kenny Loggins.«

Der Chef sah ihn von der Seite an. »Ich weiß nicht, wovon du redest.«

»Du bist offenbar kein Fan von Filmen der Achtzigerjahre.«

»Erde II ist mein Experiment zur Verbesserung der Erde.«

»Verbessert inwiefern?«

»Mehr und weniger problematische Golfplätze.«

»Ich weiß nicht, warum ich etwas anderes erwartet habe«, murmelte Mephy. »Waren Bäume wirklich das größte Problem auf der Erde?«

»Das kommt auf die Betrachtungsweise an.«

»Ah, ein Rückgriff auf etwas, was ich eben gesagt habe, weil das den Eindruck macht, als hättest du es mir richtig gegeben. Schlau eingefädelt.«

Mittlerweile waren sie beim nächsten Abschlag angekommen, der Chef setzte den Golfball ab und deutete Mephy mit den Fingern an, dass er einen Schläger brauchte.

Mephy war ohne jegliche Idee, welcher Schläger es denn sein sollte, stand nur da und schaute den Chef an. Als er ihm nichts reichte, drehte Gott sich um.

»Einser-Holz.«

»Ich habe buchstäblich noch weniger eine Ahnung, wovon du redest, als du Ahnung von Kenny Loggins hast.«

Der Chef nahm einen der Schläger, stellte sich in Position und zielte.

»Bist du schon zu einem Schluss gekommen?«, fragte Mephy und brachte ihn damit aus der Konzentration.

»Ich versuche zu spielen.«

»Aber …«, setzte Mephy an, doch der Chef nahm schon wieder Maß.

»Ich sag dir was, Mephy. Wenn ich das Ding beim ersten Mal aufs Grün kriege, bekommst du deinen Urlaub.«

»Ist das schon wieder so ein Wettding? Warum musst du immer um alles wetten? Da kommt doch nie was Gutes bei raus. Können wir nicht eine ordentliche Diskussion darüber führen, wie Arbeitgeber und Arbeitnehmer, ohne irgendwelche Eventualitäten einfließen zu lassen? Und was ist das Grün überhaupt?«

»Das Grün ist der Bereich um das Loch. Und wenn du mich weiter bei meinem Abschlag störst, wird daraus vermutlich nichts.«

Mephy hielt den Mund. Skeptisch beobachtete er, wie der Chef einen Probeschlag ausführte, der irgendwie wenig elegant aussah. Ihm schmeckte nicht, dass das, was sein gutes Recht sein sollte, durch einen Schlag beim Golf entschieden wurde. Aber er hoffte, dass der Chef das hinbekam, zumal es seinem Ego schmeicheln würde.

Dann schlug er zu.

Der Ball flog weit, und Mephy konnte in der Ferne den runden Bereich erkennen, in dem das Gras besonders sorgfältig geschnitten war und die Fahne im Loch steckte. Für einen Moment hatte er das Gefühl, als würde der Ball gar nicht mehr herunterkommen, aber dann prallte er ein ganzes Stück vor dem Grün auf den Rasen.

Mephy schluckte, sah er sich doch wieder in die Hölle zurückkehren, ohne einen Erfolg erzielt zu haben.

Doch der Ball hüpfte ein paarmal vom Boden hoch und landete schließlich auf dem Grün.

»Scheint, als wäre heute dein Glückstag«, sagte der Chef.

Mephy lächelte erleichtert.

»Also kriegst du deinen Urlaub. Allerdings hätte ich da noch ein paar Bedingungen.«

»Es folgt das Kleingedruckte«, sagte Mephy, kam aber nicht umhin, breit zu lächeln.

KAPITEL 5

ICH PACKE MEINEN KOFFER UND NEHME MIT ...

Azazel räumte das Zimmer seines Herrn sorgfältig auf. Der Teufel hatte die Angewohnheit, alles stehen und liegen zu lassen, wo es gerade war. Es war zwar nicht seine Aufgabe, aber der hakennasige Butler konnte Unordnung einfach nicht ertragen.

Er zog gerade die Bettdecke glatt, als Mephy in einer Rauchwolke erschien. Die Krawatte, die Azazel herausgesucht hatte, war halb geöffnet, und der Bauch lugte unter dem Hemd hervor, das nicht mehr in der Hose steckte.

Azazel musterte ihn von oben bis unten mit erhobener Augenbraue. »Sir, Ihr habt Euch doch wohl nicht mit dem Chef angelegt.«

»Natürlich nicht.« Mephy setzte sich auf das frisch bezogene Bett, was Azazel einen Seufzer entlockte. »Ich habe es mir lediglich auf dem Rückweg etwas gemütlicher gemacht. Und ich habe Neuigkeiten.«

»Habt Ihr den Chef dazu überreden können, dass Ihr eine Frau suchen dürft?«

»Das habe ich.«

»Herzlichen Glückwunsch, Sir.«

»Aber das ist noch nicht alles.« Mephy fasste den kleinen Butler an den Füßen und zog ihn näher zu sich. »Du wirst mich begleiten!«

Azazel flatterte wild mit den Flügeln. »Sir, ich wäre Euch sehr dankbar, wenn Ihr so etwas unterlassen könntet.«

Mephy ließ ihn fliegen. »Freust du dich gar nicht?«

»Sir, worüber, bitte?«

»Ich habe doch gerade gesagt, dass du mich begleiten wirst.«

Die Gesichtszüge des Dämonen-Butlers verrieten keine Emotion, aber die Antwort auf die Frage ließ einen Moment auf sich warten.

»Sir, ich denke nicht, dass ich auf der Erde sein sollte. Ich befürchte, mein Erscheinungsbild würde zu viel Aufmerksamkeit auf sich ziehen.«

»Natürlich wirst du wie ein Mensch aussehen. Der Chef sagte, dass er uns für die Aufenthaltsdauer in ganz normale Menschen verwandelt. Es gibt nur einen Haken.«

Azazel sah nicht aus, als würde ihn die Aussage in irgendeiner Weise beruhigen. »Noch einen Haken, Sir?«

Mephy sah ihn skeptisch an. »Was meinst du mit *noch einen*?«

Der Dämonen-Butler schaute schräg auf ihn herab. »Nun, also wenn Ihr mich fragt, Sir, dann würde ich lieber hierbleiben und alles ordentlich …«

»Schnackelschnick!«, unterbrach Mephy. »Ich brauche natürlich Hilfe, und wer sollte da sonst infrage kommen als mein treuer Diener Azazel?« Er gab dem flatternden Butler einen kleinen Schubs mit dem Ellbogen.

»Sehr wohl, Euer Unholdigkeit. Aber was ist der andere Haken, von dem Ihr gesprochen habt?«

»Ich muss für die Zeit jemanden finden, der in der Hölle die Führung übernimmt.«

»Das ist zum Beispiel etwas, das *ich* übernehmen würde«, sagte Azazel. »Wenn Ihr mich lasst.«

Mephistopheles lachte und wischte sich eine Träne aus dem Auge. »Ja, genau. Der war gut.«

Azazel hob eine Augenbraue.

»Auf jeden Fall kannst du schon mal die Koffer packen. Für dich natürlich auch.«

»Sehr wohl, Sir.«

»Ich überlege derweil, wem ich das Zepter übergebe. Also nur symbolisch natürlich. Behemoth wäre vielleicht eine gute Wahl.«

Azazels Flügelschlag setzte einen Moment aus, was dazu führte, dass er etliche Zentimeter nach unten sackte, bevor er schnell flatternd wieder nach oben schoss. »Behemoth?«, sagte er in einem Ton, der ihn zum ersten Mal so klingen ließ, als wäre er nicht Herr seiner Sinne. »Ausgerechnet Behemoth? Sir, ich bin mir nicht sicher, ob das wirklich eine weise Entscheidung ist. Vielleicht überdenkt Ihr noch einmal, ob ich vielleicht …«

»Du standest nie zur Debatte, Azazel. Du musst ja mitkommen. Außerdem will der Chef dich an meiner Seite wissen.«

»Der Chef hat das befohlen?«

Mephy nickte, und Azazel seufzte.

»Ich werde das Gepäck Eurer Unholdigkeit vorbereiten.«

Mephy klatschte in die Hände. »Sehr schön!« Dann legte er sich auf das Bett, verschränkte die Hände hinter dem Kopf und legte ein Bein über das andere.

Azazel flatterte über ihn. »Wenn ich noch eine Frage stellen dürfte, Sir?«

»Red nicht so viel um den heißen Brei. Komm zur Sache.«

»Wann genau soll diese Reise denn stattfinden?«

»Sobald wir fertig sind.«

»Darf ich Euch daran erinnern, Sir, dass heute Nachmittag die Einweihungszeremonie für den Toaster stattfindet?«

Mephy grübelte kurz und fuhr sich über den Bart. »Eigentlich die perfekte Gelegenheit, unsere Reise bekannt zu geben.«

»Wie Ihr meint, Sir. Wenn ich noch eine Frage stellen dürfte, Sir?«

»Azazel, stell mir doch einfach alle Fragen, die du hast, und frag nicht jedes Mal nach, ob du mir eine Frage stellen darfst.«
»Sehr wohl, Sir.«
»Also?«
»Wie lange soll diese Reise denn dauern?«
Mephy schaute etwas zerknirscht drein. »66 Tage. Mehr hat mir der Chef nicht zugebilligt.«
Azazel hob eine Braue. »Der Chef erwartet von Euch, dass Ihr in knapp neuneinhalb Wochen eine Partnerin für die Ewigkeit findet?«
Mephys Gesicht sprach Bände. Manchen Menschen war auch nach mehreren Jahren noch nicht klar, dass sie nicht zusammenpassten, aber bei ihm sollten ein paar Wochen genügen? Zumal es ja nicht darum ging, nur das Leben miteinander zu verbringen, sondern vielmehr das Leben nach dem Tod. Und das war doch wesentlich länger.
Azazels Miene blieb unergründlich. Der kleine Dämon zog seine Krawatte zurecht, nickte und flatterte durch die Tür davon. Während Mephy auf dem Bett lag und grübelte, hörte er das Rumpeln, das Azazel verursachte, als er nach den Koffern suchte.

Ein paar Stunden später stand Mephy hinter einer kleinen Bühne, die vor einem riesigen Vorhang aufgebaut worden war. Er hatte ein paar Zettel mit handschriftlichen Notizen in der Hand und murmelte vor sich hin, während er versuchte, sich auf das Geschriebene zu konzentrieren. Das erwies sich als schwierig, da eine große Menge von Dämonen aller Farben und Formen sich vor der Bühne versammelt hatte und erheblichen Lärm verursachte. Einige davon hatten die Größe von Azazel oder waren sogar kleiner, andere fielen ins andere Extrem und hatten die Größe eines mehrstöckigen Einfamilienhauses. Alle sahen mehr oder weniger schrecklich aus, da ihre Gliedmaßen nicht immer zueinanderpassten, sie von eiternden Beulen übersät waren oder sie noch nie begriffen hatten, was der Sinn und Zweck eines Taschentuchs war. Dementsprechend waren die Gesichter der verdammten Seelen, die etwas abseits vom Vorhang fein säuberlich aufgereiht in einer Schlange warteten, eine Mischung aus Entsetzen, Angst und Ekel. Ihr Aufpasser, ein ganz besonders scheußlicher Dämon, der nur ein Auge hatte, das dafür aber doppelt so groß war, versuchte, sie im Zaum zu halten, indem er ihnen gut zuredete und fragte, ob sie ein Bonbon wollten.

»Zitrone. Extrasauer«, fügte er hinzu.

Azazel, der mit ihm am vorderen Ende der Schlange wartete, um einen reibungslosen Ablauf zu gewährleisten, runzelte die Stirn. Dummerweise war nicht nur das Auge des Aufpasser-Dämons übergroß, sondern auch sein Mund, von daher war es für normale Menschenseelen physikalisch gar nicht möglich, die Süßigkeit in den Mund zu bekommen, was einige der Verdammten dazu brachte, zu fragen, warum er sie so quälen musste.

»Ich wollte doch nur nett sein«, sagte der Dämon.

»Vielleicht solltest du einfach dabei bleiben, die Seelen zu quälen«, sagte Azazel, während er um ihn herumflatterte.

»Muss wohl. Aber innerlich muss ich weinen«, sagte der Aufpasser-Dämon in schüchternem Ton.

Dann war es so weit. Mephistopheles bestieg das Podium und tippte mit dem Finger auf das Mikro, was ein herbes Knacken durch die Runde schickte und die versammelte Dämonenmannschaft dazu brachte, sich die Ohren zuzuhalten. Auch Azazel schaute zu Mephy auf und hob eine Augenbraue, als sich ihre Blicke trafen. Mephy lächelte künstlich und warf einen Blick in alle Richtungen.

»Liebe Mitdämonen und Mitdämoninnen«, sagte er, und eine Rückkopplung ging durch die Lautsprecher, welche die Menge erneut aufstöhnen ließ. Azazel flatterte zum Ton-Dämon hinüber, der keine Anstalten machte, irgendwelche Knöpfe oder Schalter zu betätigen. Der Butler versuchte, ihm klarzumachen, dass er den Ton anpassen musste, aber der Ton-Dämon schrie immer nur »WAS?«, bis schließlich Azazel selbst die Regler übernahm.

»Liebe Mitdämonen und Mitdämoninnen«, sagte Mephy erneut. Diesmal blieb die Rückkopplung aus. Er nickte kurz in Richtung Azazel, und der Ton-Dämon rief erneut: »WAS?«

»Es scheint«, setzte Mephy seine Rede fort, »als wollte sich unser geschätzter Kollege einen kleinen Spaß mit uns erlauben. Oder uns quälen.«

Hier und da schmunzelten ein paar Dämonen.

»Aber nun scheint ja wieder alles in Ordnung zu sein.«

»WAS?«, schrie der Ton-Dämon, aber Azazel schaute ihn scharf an, woraufhin er verstummte.

»Ich danke euch allen, dass ihr so zahlreich erschienen seid«, begann Mephy. »Seit Jahren haben wir Klagen unserer Kunden gehört, dass die üblichen Foltermethoden einfach nicht mehr gut genug sind. Aber eigentlich beschweren die sich ja immer, was?«

Einige Dämonen kicherten gequält, andere versuchten zumindest zu lächeln.

»Auch einige von euch haben geäußert, dass Sachen wie Vierteilen oder Streckbänke nicht mehr zeitgemäß sind.«

Ein Raunen ging durch die Menge. Eine Gruppe von vielleicht 100 Dämonen, die alle ganz besonders schrecklich aussahen, stand in einiger Entfernung zum Podium und machte wilde Knurrgeräusche. Ein Dämon, dem kurz hinter dem Ohr ein gewundenes Horn aus dem Kopf wuchs und der so etwas wie der Anführer zu sein schien, stampfte mit seinem Dreizack auf den Boden. Die verdammte Seele, die auf dem mittleren der Zacken saß, maulte, dass ihr leicht übel wurde.

»Jaja, ich weiß. Einige von euch sehen das vielleicht etwas anders und denken, dass die guten alten Methoden sich bewährt haben.«

Die gesamte Mannschaft um den Dämon mit dem Dreizack brüllte bestätigend. Die Dämonen um sie herum nahmen etwas Abstand.

»Aber seien wir ehrlich: Es war tatsächlich mal wieder an der Zeit, etwas Neues auszuprobieren. Und so habe ich unsere besten Techniker und Konstrukteure beauftragt, ein neues Gerät zu bauen.«

In einer Ecke klatschten ein paar Dämonen und schlugen sich gegenseitig auf die Schultern.

»Geschätzte Dämonen und Dämoninnen, ich gebe euch: den Toaster!«

Ein dicklicher Dämon, der aussah, als hätte ihm die Hitze das Hirn geschmolzen, sah zu Azazel, der ihm mit den Armen bedeutete, an dem Seil neben sich zu ziehen. Der Dämon brauchte einen Moment, aber dann fiel der Vorhang herunter, und eine große Apparatur aus Metall, Stein und Holz kam zum Vorschein, die alle, auch die größten Dämonen, weit überragte.

Kurz vor der Reihe der Verdammten führte eine Treppe nach oben, wo sich eine Öffnung befand. Auf der anderen Seite des Geräts befand sich ein großes Rad, in dem andere verdammte Seelen offenbar einen Mechanismus am Laufen hielten. Hier und dort standen verschiedene Kreaturen und übernahmen die Koordination. Und einer von den ganz besonders großen Dämonen stand am Fuß des Mechanismus an einem Hebel.

Azazel gab dem Dämon, der die Reihe der Seelen bewachte, ein Zeichen. Der schwang eine Peitsche und hieß die Seelen, nach oben zu gehen. Jedem, der vorbeiging, hielt er seine Tüte hin und fragte: »Bonbon?«

Tatsächlich dauerte das Hinauflaufen erhebliche Zeit, weswegen sich leises Gemurmel in der Menge erhob.

»Und da wir gerade alle versammelt sind«, sagte Mephy, bevor die Unruhe sich weiter ausbreiten konnte, »möchte ich noch eine weitere Ankündigung machen: Die nächsten Wochen werden mein Diener Azazel und ich auf der Erde sein und einigen Geschäften nachgehen.«

Das Gemurmel wurde plötzlich lauter.

»Was ist mit der Erweiterung?«, rief ein Dämon von der Seite. Etliche andere Dämonen murmelten zustimmend.

»Das sollte doch schon vor Jahrzehnten fertig sein«, kam es von der anderen Seite.

»Also nicht mehr dieses Jahr?«, rief ein anderer.

Mephy sah sich gezwungen zu antworten. »Zum momentanen Zeitpunkt lässt sich bezüglich der Eröffnung eines neuen Höllenabschnitts nichts Konkretes sagen. Ich kann euch allerdings versichern, dass wir darüber intensive Gespräche führen und hoffentlich bald eine Ankündigung machen können.«

Die Menge war mit der Antwort nicht zufrieden, aber zumindest gingen weitere Fragen im allgemeinen Gemurmel unter.

»Was den weiteren Betrieb angeht: Ich bin mir sicher, dass in der Zwischenzeit alles so gut weiterläuft, wie es das üblicherweise tut. Für den Fall, dass irgendwelche Fragen zu beantworten sind, könnt ihr den Dämon fragen, den ich für die Zeit zu meiner Vertretung ernannt habe: Behemoth!«

Mephy schwenkte den Arm zur Treppe der Bühne, wo ein riesiger Dämon schwerfällig hinauftappte. Die Kreatur war eine Mischung aus Troll und Flusspferd, und die Balken stöhnten unter der Last, als der leicht bekleidete Behemoth seine elefantenartigen Füße darauf setzte.

Ein paar Dämonen in der Menge klatschten, andere standen stirnrunzelnd da und verschränkten die Arme vor der Brust. Hier und dort wurde gefragt, wie viele Wochen genau der Teufel denn weg wäre. Eine andere Frage war, ob Behemoth denn wirklich der geeignete Stellvertreter war.

Mephy verzog das Gesicht. Er beugte sich noch einmal zum Mikrofon vor, sagte, dass Behemoth alle weiteren Fragen beantworten würde, und wünschte allen viel Spaß mit dem Toaster. Dann trabte er von der Bühne und stellte sich neben Azazel, um das weitere Treiben zu beobachten.

Die Menge starrte derweil auf Behemoth, der das Mikro um etliche Meter überragte. Seine unterschiedlich großen Augen starrten ausdruckslos geradeaus, während er versuchte zu lächeln und seine gelben Zähne entblößte. Immer noch kamen Fragen von den Dämonen, die etwas unruhig wurden. Schließlich beugte sich Behemoth tief herunter und sprach: »Gnpf! Hurr-hm.«

Azazel zog eine Braue hoch und schaute zu seinem Meister, der lediglich mit den Schultern zuckte.

Behemoth sprach noch ein wenig weiter, aber es war kaum mehr als ein Grunzen zu verstehen. Schließlich gab ihm der Aufpasser-Dämon ein Zeichen, und Behemoth richtete sich wieder auf, um ganz laut »Toasta!« zu rufen und nach oben zu zeigen.

Die Menge richtete ihre Aufmerksamkeit auf das obere Ende des Toasters, in dem bereits zwei Seelen während Behemoths Rede getoastet worden waren. Kleine Rauchschwaden erhoben sich aus den Öffnungen, und gedämpfte Schreie waren zu hören. Dann legte der große Dämon am Fußende den Hebel um, und plötzlich schossen die Seelen in hohem Bogen aus den Öffnungen, schreiend und leicht verkohlt. Die Blicke der Menge folgten ihnen. Als die Seelen schließlich den Scheitelpunkt ihrer Flugbahn erreicht hatten und in den Sinkflug übergingen, erhob sich erster Beifall. Als beide in einem Lavasee landeten, gab es für die versammelten Dämonen kein Halten mehr, und Jubel brach aus.

Einer der Dämonen hinter der Bühne schaute leicht wehmütig am Toaster hoch und sagte, dass er das auch gerne mal ausprobieren wollte. Und Behemoth raunte noch einmal »Toasta!«, was die Menge zum Kochen brachte.

Mephy sah zu Azazel. »Ich denke, die kommen die nächsten Wochen klar.«

Azazel wandte sich ihm zu. »Ich muss gestehen, Sir, dass es eine brillante Idee war, die Ankündigung Eurer Vertretung zwischen die Enthüllung und die Demonstration zu setzen.«

»Ich habe andauernd brillante Ideen, Azazel.«

»Wenn Ihr das sagt, Sir.«

Mephy bedachte ihn mit einem skeptischen Blick und betraute ihn dann mit den letzten Vorbereitungen für die Reise.

»Wo soll es denn eigentlich hingehen, Sir?«, fragte Azazel, als sie zurück in Mephys Arbeitszimmer waren.

»Eine gute und berechtigte Frage.« Mephy trat an eines der Buchregale und nahm einen in Leder gebundenen Atlas heraus. Dann ging er zu seinem Schreibtisch und schlug ihn auf.

»Sir, wenn ich eine Frage stellen dürfte?«

»Azazel, wie oft soll ich dir noch sagen, dass du nicht immer fragen sollst, ob du mir eine Frage stellen darfst. Du hast mir dann nämlich schon eine Frage gestellt.«

»Sehr wohl, Sir. Habt Ihr eine Vorstellung davon, wie alt dieser Atlas ist?«

»Er ist nicht mehr ganz aktuell.«

»Sir, Namibia ist dort noch als Deutsch-Südwestafrika geführt.«

»Aber die Städte sind schon noch da, wo man sie vermutet, oder?«, sagte Mephy kurz angebunden, woraufhin Azazel pikiert die Lippen schürzte.

Er blätterte eine Weile durch den Atlas, kam aber zu keinem rechten Schluss. »Ich nehme an, dass Paris schon ganz in Ordnung wäre. Immerhin ist es die Stadt der Liebe.«

Azazel rümpfte die Nase. »Ich weiß nicht, warum sie diesen Titel trägt. Es ist eine Stadt wie alle anderen auch. Sicherlich kulturell ansprechend, aber ›Stadt der Liebe‹ ist sie wohl nur, weil das in Filmen so kolportiert wird«, sagte Azazel.

»Was hast du denn gegen Paris?«

»So schön die Innenstadt auch ist, je weiter man rauskommt, desto hässlicher wird es.«

»Woher weißt du das überhaupt? Du warst doch noch nie auf der Erde, oder?«

»Ich bilde mich durch Dokumentarfilme und Bücher fort, Sir. Ich habe eine Vorstellung davon, wie es dort ist.«

»Hm«, machte Mephy. »Dann vielleicht New York?«

»Laut und rüde.«

»London?«

»Ich weiß nicht, wie Ihr Euch unseren Aufenthalt in finanzieller Hinsicht vorgestellt habt. Kann ich davon ausgehen, dass wir unbegrenzte Mittel haben?«

Mephy grübelte. »Ehrlich gesagt, habe ich das mit dem Chef gar nicht besprochen.«

Azazel zuckte mit der Nase. »Ich fürchte, London wird dann eher nicht unserem Budget entsprechen. Genauso wenig wie irgendeine andere Metropole, wenn man es genau nimmt.«

»Sei doch nicht so negativ. Wir stürzen uns in ein Abenteuer. Das sollte dich doch freuen.« Mephy boxte Azazel in die Seite. Der flatterte ein paar Zentimeter weiter, um außer Reichweite zu kommen.

»Vielleicht sollten wir ganz logisch vorgehen, Sir.«

»Wie meinst du das?«

»Habt Ihr vor, Eurer Zukünftigen zu sagen, dass Ihr der Teufel seid, Sir?«

»Vielleicht nicht gleich, aber zur richtigen Zeit … selbstverständlich.«

»Dann sollten wir uns vielleicht von allzu gläubigen Gegenden fernhalten. Damit fallen Bereiche wie Südamerika, Südeuropa, der Großteil von Afrika, die arabische Welt und ein paar muslimisch geprägte Gegenden in Asien weg.«

»Was bleibt denn dann überhaupt noch?«

»Genug. Schränken wir es weiter ein. Habt Ihr irgendwelche ethnischen Präferenzen?«

»Ethnische Präferenzen? Du meinst, ob sie schwarz, weiß, asiatisch oder so was ist?«

Azazel hob eine Augenbraue und wiederholte leise: »Oder so was.«

»Nein«, sagte Mephy. »Ich bin der Teufel. Bei mir sind alle gleich.«

»Aber Ihr habt doch sicher eine Präferenz, was ihr Aussehen angeht, oder etwa nicht?«

»Ich bin mehr an ihrem Charakter interessiert.«

»Was für ein nobler Zug von Euch, Sir.«
»So bin ich eben.«
Der Diener überging diese Bemerkung. »Trotzdem würde es vielleicht helfen, wenn wir anhand anderer Anhaltspunkte, wie zum Beispiel der Haarfarbe, das Ganze etwas einschränken könnten.«
»Du meinst, weil es in Deutsch-Südwestafrika …«
»Namibia, Sir.«
»Du meinst, weil es in Namibia weniger Frauen mit blonden Locken gibt?«
»Das ist korrekt.«
»Blonde Locken sind definitiv nicht mein Favorit.«
Azazel seufzte.
»Also, vielleicht mag ich ja dunkle Haare, vielleicht nicht ganz so dunkel wie meine …«
»Sir, drei Viertel der Menschheit hat dunkle Haare. So kommen wir nicht weiter.«
Der Teufel warf ihm einen Blick zu, der Azazel dazu brachte, zwei Flügelschläge nach hinten zu tun. »Ich mag, was ich mag, Azazel.«
»Wie Ihr meint, Sir. Ansonsten wäre in Anbetracht unseres Budgets vielleicht das russische Hinterland adäquat.«
»Du meinst Sibirien? Nein danke. Da war ich schon mal, und es war mir entschieden zu kalt. Australien kannst du übrigens auch gleich aus der Gleichung lassen, denn da ist es mir entschieden zu warm. Und ich will nicht aufs Land. Immerhin werde ich vermutlich viele Frauen treffen müssen, da ist eine Großstadt hilfreicher.«
»Sehr wohl, Sir. Damit hätten wir es grob auf Nordeuropa und Nordamerika sowie Korea oder Japan eingeschränkt.«
Mephy grübelte einen Augenblick. »Also, Japan und Korea machen schon sehr merkwürdige Filme. Ich weiß nicht, ob ich da wirklich hinwill, wenn die repräsentativ für das ganze Land sind.«
»Dürfte ich anmerken, dass Euer Urteilsvermögen im Hinblick auf Frauen und Orte durch Zelluloidstreifen eventuell etwas getrübt ist?«

»Willst du darauf wirklich eine Antwort?«

Azazel hob nur eine Augenbraue.

»In Nordamerika kämen eigentlich nur die USA infrage. Aber New York hatten wir schon ausgeschlossen, und Los Angeles ist mir zu künstlich.«

Azazel gab einen tiefen Ton von sich, der wohl Überraschung ausdrückte.

»Nur weil ich Filme mag, heißt das nicht, dass ich in die Filmhauptstadt fahren muss.«

»Wenn Ihr das sagt, Sir.«

Mephy blätterte im Atlas und stoppte bei einer großen Karte von Mitteleuropa. »Berlin«, sagte er schließlich und tippte mit dem Finger auf die Landkarte.

»Kulturell vielfältig, einigermaßen preiswert und eine Großstadt. Ich beglückwünsche Euch zu dieser Wahl, Sir.«

Mephy stutzte. »Äh, okay. Denke ich.«

»Zumal Ihr dort nicht weiter auffallen solltet, so wie Ihr Euch wandet. Man wird Euch nur für einen weiteren Sonderling halten.«

Mephy sah ihn scharf an.

»Äh, ich meinte natürlich, dass man Euch nur für einen weiteren Mann von Welt halten wird.«

Mephy schien der Erklärung nicht recht zu glauben, hakte aber nicht nach.

»Habt Ihr schon einen Plan, wo wir dort unterkommen werden, Sir?«

Mephy klatschte in die Hände. »Das schauen wir, wenn wir da sind.«

»Sir, es wäre vielleicht ratsam, etwas planvoller vorzugehen.«

»Schnackelschnick. Jetzt finden wir eine Frau! Bring die Koffer!«, rief Mephy.

Azazel seufzte tief, tat aber wie geheißen.

KAPITEL 6

JUNIOR UND DIE HÖRNCHEN

NOCH 66 TAGE

Eine Rauchsäule erschien plötzlich auf dem Spielplatz, wo ein Haufen junger Mütter und ein einzelner Vater ihren Kindern beim Spielen zusahen. Als die beiden Höllenbewohner hustend aus dem Rauch heraustraten, waren sie von Kindern umringt, die anfingen zu klatschen und »Noch mal! Noch mal!« riefen, während ihre Elternteile mit offenen Mündern am Rand des Platzes standen.

»Ah, Berlin!«, sagte Mephy und schaute sich erfreut um.

Sein Butler war mehr mit sich selbst beschäftigt. Azazel blickte an sich herab und schaute über die Schultern, nur um festzustellen, dass seine Flügel verschwunden waren. Aber am meisten überraschte es ihn, dass er nun größer war als sein Chef.

Mephy bemerkte Azazels Blick, als der ihn von oben herab musterte. »Komm nicht auf die Idee, über meine Größe Witze zu machen.«

Azazel schüttelte den Kopf und ging wieder dazu über, sich selbst zu begutachten, sich an die Arme zu fassen und sein Gesicht zu überprüfen – was er nur mit der Hand tun konnte, da mitten auf dem Spielplatz verständlicherweise kein Spiegel stand.

Auch Mephy musterte seinen Diener, der nicht nur größer war als er selbst, sondern auch etwas von seiner Hakennase eingebüßt hatte. Sie war zwar noch da, aber nicht mehr ganz so groß. Im Grunde sah er – groß, schlank und mit halbwegs normaler Nase – wirklich attraktiv aus. Ganz anders als er selbst, denn er fühlte sich neben dem ansehnlichen Diener klein, fett und knubbelnasig. Mephy spürte, wie ihn Azazel von oben herab anstarrte und dann den Blick auf die herumstehenden Leute lenkte.

»Was?«, fragte Mephy.

»Sir.« Azazel tippte sich mit dem Finger seitlich an die Stirn.

Mephy fasste sich an den Kopf und bemerkte, dass noch immer die Hörner aus den Geheimratsecken schauten.

»Scheiße«, sagte er, und einige der Kinder standen da mit offenen Mündern. Andere grinsten, weil er was Schlimmes gesagt hatte.

»Mama, Mama, der Mann hat das S-Wort gesagt!«, rief ein Kind aufgeregt und lief zu seiner Mutter, die es sofort bei der Hand nahm, um vom Spielplatz zu verschwinden.

Ein kleines Mädchen in einem geblümten Kleid stand mit hinter dem Rücken verschränkten Armen vor Mephy und starrte ihm in die Augen. »Scheiße sagt man nicht, Scheiße macht man.«

»Und weißt du, was man auch nicht macht?«, fragte Mephy amüsiert und sprach mit sanfter Stimme und einem Lächeln im Gesicht weiter: »Fremde Männer ansprechen, die gerade in einer Rauchwolke erschienen sind, denn die könnten aus der Hölle kommen und kleine Kinder essen.« Das Mädchen verzog das Gesicht und trat ihm gegen das Schienbein. Mephy hüpfte einen Augenblick mit schmerzverzerrtem Gesicht auf einem Bein, während das Mädchen zu seiner Mutter rannte und sagte, der Mann sei böse.

Die Mutter, Anfang 30 und recht ansehnlich, kam daraufhin zu ihm und forderte ihn auf, gefälligst ihr Kind in Ruhe zu lassen.

»Aber das Kind hat mich doch getreten!«

»Wenn Sie hier so einen Zaubertrick veranstalten und sich kleiden, als wären Sie der Teufel, mit Hörnern und allem, kann es ja wohl keine Überraschung für Sie sein, wenn Sie die Kinder erschrecken. Also halten Sie sich gefälligst vom Spielplatz fern!«, rief die Mutter, und ein paar andere Mütter nickten bekräftigend. Als sie sich umdrehte, schaute sie kurz zu Azazel und zwinkerte ihm zu.

Mephy wusste nicht, was los war. »Aber ich hab doch gar nichts ... ich wollte doch nur einen Scherz machen.«

»Verschwinden Sie!«, riefen die Mütter.

Azazel schob Mephy mit den Koffern langsam in Richtung Straße.

»Ich hatte mir die Ankunft auf der Erde als Mensch etwas anders vorgestellt.«

Azazel starrte seine Hörner an, woraufhin Mephy ärgerlich wurde.

»Die verdammten Hörner. Da muss ich mal ein Wörtchen mit dem Chef reden.«

Mephy schloss die Augen und versuchte, sich zu konzentrieren, um sich per Rauchwolke zu transportieren, aber nichts passierte.

Die Frauen vom Spielplatz schauten noch zu ihnen herüber, und Azazel waren die Blicke unangenehm, zumal Mephy dastand wie ein bockiges Kind.

»Sir, ich glaube, dass das so nicht funktioniert.«

Mephy riss die Augen auf. »Du kannst auf die Erde, hat er gesagt. Als Mensch, hat er gesagt. Viel Glück, hat er gesagt. Und offenbar bin ich Mensch genug, um nicht mehr in die Hölle zurückkehren zu können, aber die Hörner hat er mir gelassen. Dem werde ich ein paar Takte erzählen.«

Mephy stampfte los in Richtung der Mütter. Azazel versuchte noch zu intervenieren, aber sein Herr war zu agil für ihn – auch deswegen, weil er keine Koffer trug.

Die Frauen verschränkten die Arme oder waren bereits dabei, ihre Handys aus den Taschen zu ziehen, als Mephy ihnen entgegenkam.

»Entschuldigen Sie bitte, meine Damen. Aber könnten Sie mir sagen, wo die nächste Kirche ist?«

Die Frauen sahen sich überrascht an, und eine zeigte mit dem Finger hinter sich.

»Vielen Dank«, sagte Mephy und war schon dabei, zu gehen, als er sich noch einmal umdrehte. »Ach, und was ich noch fragen wollte: Ist vielleicht eine von Ihnen Single?«

Azazel gelang es, ihn wegzuziehen, bevor die Frauen irgendwas auf ihn hätten werfen können.

»Ich weiß gar nicht, weshalb die so überreagiert haben. Ich war doch ganz freundlich.«

Azazel seufzte. »Sir, vielleicht könnten wir uns erst einmal um das Unterkunftsproblem kümmern.«

»Nein, erst reden wir mit dem Chef.«

Als sie der Straße folgten, die die Frau ihnen gewiesen hatte, sahen sie schon den Kirchturm hinter der nächsten Ecke.

»Sir, wollt Ihr wirklich ...«

Aber Mephy ließ sich nicht beeindrucken. Mit schnellen Schritten ging er voran, bis sie am Portal standen, und krempelte die Ärmel hoch.

»Bin gleich wieder da«, sagte er, schritt durch die Tür und ging hastig den Mittelgang entlang, vorbei an den wenigen Gläubigen, die im Stillen beteten.

Die Kirche war keines dieser verschnörkelten Gebäude, in denen man vor Putten und goldenem Tand eine Genickstarre bekam. Sie war ein relativ simpel gehaltenes Steingebäude, dessen Holzbänke keinerlei Komfort boten, damit die Gläubigen nicht bei der Messe einschliefen. Ganz am Ende des Gangs stand der steinerne Altar, und darüber hing ein großes Kreuz mit einer geschnitzten Jesusfigur.

Etwas abseits des Altars unterhielt sich der Pfarrer mit einem Gemeindemitglied, einem Herrn in der zweiten Hälfte der Achtziger, der aus seinem Leben erzählte und dabei nichts Spannendes zu berichten hatte, weil ihm nie etwas Spannendes widerfahren war. Nun, am Ende seines Lebens, stellte er sich die Frage nach dem Sinn, und dem Pfarrer wollte darauf keine rechte Antwort einfallen, zumal er durch das schlecht sitzende Gebiss des Gemeindemitglieds abgelenkt war, was den alten Mann aussehen ließ, als wäre sein Kiefer ausgerenkt.

Der in Schwarz gekleidete Pfarrer überlegte bereits, wie er den Mann so schnell wie möglich loswerden konnte, als Mephy aufgebracht durch den Mittelgang stapfte und jeder Schritt in der Kirche widerhallte.

»Jesus sagt: Etliches fiel auf gutes Land und trug Frucht, etliches hundertfältig, etliches sechzigfältig, etliches dreißigfältig«, kam es aus dem Mund des Pfarrers. Er fasste den alten Mann an der Schulter und nickte wohlwollend, ehe er schnellen Schritts Mephy entgegentrat.

»Was soll denn das bedeuten?«, fragte der alte Mann und ging, sich am Kopf kratzend, davon.

Der Pfarrer hatte mittlerweile den Mittelgang erreicht und wollte gerade Mephy anhalten, als ihm die kleinen Hörner an seinem Kopf auffielen.

»Tag«, sagte Mephy und nickte ihm zu, ohne an Geschwindigkeit zu verlieren.

Stirnrunzelnd sah der Pfarrer dem Teufel hinterher, der sich nun vor den Altar stellte und zum Kreuz mit dem hölzernen Jesus aufsah.

»Junior, wir müssen reden«, sagte Mephy, verschränkte die Arme vor der Brust und starrte hinauf.

»Entschuldigen Sie bitte«, sagte der Pfarrer, »aber bitte seien Sie etwas leiser, um die anderen Gläubigen nicht im Gebet zu stören. Und ich denke, dass die Hörner in unserem Gotteshaus etwas unangebracht sind.«

Mephy sah nur kurz zu ihm hin. »Ja, genau deswegen bin ich ja hier. Wenn Sie mich nur kurz mit Junior reden lassen, haben wir das hoffentlich gleich geklärt.« Er zeigte nach oben zur Jesusfigur. »Junior, nun komm schon. Lass mich nicht hängen.« Er dachte kurz nach. »Sorry, schlechte Wortwahl.«

Die Jesusfigur erwachte plötzlich zum Leben und bewegte den Kopf etwas hin und her, als wollte sie eine Verspannung lösen. »Au! Au! Also, diese Haltung ist wirklich Gift für meinen Nacken«, sagte Jesus.

Dem Pfarrer stand der Mund offen.

»Hallo!«, sagte Jesus. »Schön, Sie zu sehen! Tut mir leid, dass ich Ihnen nicht die Hand geben kann, aber Sie sehen ja.« Er wackelte mit den Fingerspitzen.

»Hallo, Junior«, sagte Mephy.

»Mephy, altes Haus! Wie läuft's?« Er musterte ihn von oben bis unten. »Bist ganz schön fett geworden, was?«

Mephy verzog das Gesicht. »Das ist kein Fett. Das ist Kummerspeck.«

»Na, wenn du das sagst. Aber vielleicht solltest du abends die Schokolade vor dem Fernseher weglassen. Was treibst du denn auf der Erde?«

»Der Chef hat mir etwas Urlaub gewährt, damit ich mir eine Frau suchen kann.«

»Tolle Sache! Schön für dich! Ich wünsche dir viel Glück«, sagte der Gekreuzigte freundlich.

»Danke«, erwiderte Mephy. Er war einen Moment dadurch abgelenkt, dass der Pfarrer mit offenem Mund zwischen ihm und dem Kruzifix hin- und hersah.

Mephy schaute sich um, ob noch irgendwer sonst auf das sprechende Kruzifix reagierte. Ein älterer Herr saß ein paar Reihen weiter hinten und versuchte, sein Hörgerät wieder in Gang zu bringen, und eine Frau zwei Reihen hinter Mephy hatte so große Brillengläser, dass er meinte, darin Koi-Karpfen schwimmen zu sehen.

»Hey, Mephy, pass mal auf. Was sagte Petrus, als ich ihn das erste Mal beim Fischerboot traf?«

Mephy seufzte.

»Er sagte: Ich hab mal einen Fisch gefangen, der war so groß!« Jesus winkelte die Finger an beiden Händen an und schaute zwischen seinen beiden ausgebreiteten, angenagelten Armen hin und her. »Verstehst du? Na? So groß! Knaller, oder?«

Der Pfarrer bekam immer größere Augen, und auch Mephy fand das Ganze mittlerweile etwas unangenehm.

»Hör mal, Junior. Ich dachte eigentlich, dass die Hörner für meinen Aufenthalt hier wegkämen. Kannst du deinen Alten fragen, ob er das noch korrigieren kann?«

»Na, klar doch. Warte mal einen Moment.«

Die Jesusfigur am Kruzifix wurde wieder steif. Aus der Ferne hätte man vielleicht keinen Unterschied bemerkt, aber aus der Nähe sah man, dass die beiden Zeigefinger nach vorne gestreckt waren, Jesus zwinkerte und ein Lächeln auf den Lippen hatte. Keine sehr traditionelle Darstellungsweise der Kreuzigung.

Der Pfarrer ging vor dem Kruzifix auf und ab und starrte entsetzt die Figur an. Dann schaute er zu Mephy, der lediglich mit den Schultern zuckte.

»Aber, aber ...«, stammelte der Pfarrer.

»Keine Bange, der schaut nachher bestimmt wieder ganz traurig«, entgegnete Mephy.

»Sie sind ... Sie sind der Teufel!«, sagte der Pfarrer aufgeregt.

Mephy nickte.

»Weiche von mir!«

Mephy verdrehte die Augen. »Ich komme Ihnen schon nicht zu nahe. Keine Bange.«

Plötzlich ertönte hinter ihm eine weibliche Stimme. »Ach du Scheiße!«

Mephy drehte sich um und erkannte das schwarz gekleidete Mädchen mit den roten Haaren, das er in der Friedhofsgruft kennengelernt hatte. Er lächelte. »Hey, du warst doch bei dieser nächtlichen Beschwörung mit den Trotteln, oder?«

Der Pfarrer sah zwischen dem Mädchen und dem Teufel hin und her und bekreuzigte sich. »Suse, du warst bei einer Teufelsbeschwörung?«

Das Mädchen wurde rot. »Darüber reden wir ein anderes Mal, okay?« Sie wandte sich Mephy zu. »Was machen Sie hier? Das ist doch eine Kirche. Müssten Sie nicht in Flammen aufgehen oder so was?«

»Wieso sollte ich das tun?«

»Na ja, der Teufel auf heiligem Boden und so.«

Mephy verzog verständnislos das Gesicht, während der Pfarrer begann, mit den Fingern Kreuzzeichen in die Luft zu malen.

»Ich bin nur hier, um kurz mit Junior zu reden«, sagte er, wich den Fingern aus und deutete auf das Kruzifix. Das Mädchen schaute unweigerlich hin und stutzte, als sie den lächelnden und zwinkernden Jesus sah.

»Ist der neu?«, fragte sie den Pfarrer, der aber zu beschäftigt mit seinen Kreuzzeichen war. Sie wandte sich wieder Mephy zu. »Sie wollen also zu Gott sprechen?«

»Nein, nicht mit Gott, mit seinem Sohn. Junior halt.«

Der Pfarrer fuchtelte mit dem Finger vor Mephys Gesicht herum und machte ein Kreuzzeichen nach dem anderen.

»Ganz ehrlich: Könnten Sie das bitte lassen? Das geht mir echt auf den Nerv.«

Die Worte schienen den Pfarrer nur noch mehr anzuspornen, bis Mephy schließlich die Hand wegschlug.

Der Pfarrer fiel auf die Knie und schaute seine Hand an, als hätte er sie in einen Mixer gesteckt.

»Aaaaaaaaaaaaaaaaaah!«, schrie er, was endgültig die Aufmerksamkeit der anderen Kirchenbesucher auf ihn lenkte.

»Was hat er denn?«, fragte Suse.

»Woher soll ich das wissen?«, sagte Mephy und fasste den Pfarrer am Arm, um ihm aufzuhelfen. Daraufhin schrie der Gottesmann noch lauter, und Mephy stolperte erschrocken ein paar Schritte zurück.

Das Mädchen gab dem Pfarrer eine Ohrfeige. Man hörte das kollektive Einatmen der anderen Kirchenbesucher, und dann ... Stille.

»Entschuldigung«, sagte das Mädchen. »Aber Sie schienen hysterisch zu werden.«

Der Pfarrer gewann langsam seine Fassung wieder und starrte auf den Arm, den Mephy angefasst hatte. »Ich dachte, es würde brennen, wenn der Leibhaftige mich berührt.«

Mephy vollführte eine kreisende Fingerbewegung an der Schläfe.

Der Pfarrer stand auf und beruhigte die anderen Leute in der Kirche. Dann wandte er sich dem Mädchen zu. »Danke, Suse.«

Sie nickte. »Gerne wieder.«

»Hey!«, sagte plötzlich die Jesusfigur, und sowohl der Pfarrer als auch Suse zuckten zusammen.

»Meine Fresse«, entfuhr es Suse, und der Pfarrer bekreuzigte sich.

»Und? Hast du den Chef sprechen können?«, fragte Mephy.

»Natürlich. Und er hat gesagt, dass du mit den Hörnern klarkommen sollst, denn du hast gewollt, dass die Frauen dich so lieben, wie du bist.«

Mephy runzelte die Stirn. »Wie? Was? Er macht die also nicht weg?«

»Nein«, sagte Jesus.

»Aber er hat doch davon gesprochen, mich für die Zeit menschlich zu machen. Was glaubt er denn, wie ich auf der Erde mit solchen Hörnern ankomme?«

»Hey, nun kreuzige nicht gleich den Boten, ja? Du weißt doch, wie er ist«, sagte Jesus lächelnd und zwinkerte Suse zu.

»Ein schöner Mist ist das«, grollte Mephy.

»Hey, immerhin hat er dir nicht wieder Hufe und einen Schwanz verpasst, oder?«

»Vielen Dank für die Erinnerung.«

»Also, alles klar so weit?«, fragte Jesus.
Mephy sah absolut unzufrieden aus. »Ja, muss wohl.«
»Äh, hi, Jesus«, sagte Suse.
»Hallo, Kleine!«, erwiderte der freundlich. »Geht's dir gut? Hast du alles, was du brauchst?«
»Ja … doch … schon. Ich wollte eigentlich nur mal ›Hi‹ gesagt haben. Man spricht ja nicht alle Tage mit Jesus, nicht wahr?«
Sie schaute den Pfarrer an, der verstört den Kopf schüttelte.
»Hey, wollt ihr noch einen Witz hören?«
Mephy seufzte.
»Der ist über mich, also eigentlich könnte ich direkt sagen, dass *ich* das und das gemacht habe und …«
Mephy machte eine Handbewegung, dass er zum Punkt kommen sollte.
»Ich bleibe aber bei der dritten Person, weil man den so besser weitererzählen kann, ja?«
Mephy seufzte erneut und setzte seinen »Womit habe ich das nur verdient?«-Blick auf.
»Warum hat Jesus den See Genezareth nicht in Wein verwandelt? Na? Na?« Jesus schaute gespannt zwischen Mephy, Suse und dem Pfarrer hin und her.
Suse runzelte die Stirn.
»Weil er auf Wasser stand!«, sagte Jesus und wartete gespannt auf die Reaktion, die aber ausblieb – abgesehen von Mephys Stöhnen.
»Ich stand auf Wasser. Versteht ihr nicht?«
»Ich glaube, das ist mir irgendwie zu hoch«, sagte Suse und schaute Hilfe suchend zu Mephy, der sich aber lediglich bei Jesus bedankte.
»Na gut«, meinte Jesus. »Schweres Publikum heute. Ich muss sowieso auch wieder los. Hab noch ein Lamm im Ofen. Bleibt sauber, Leute!« Er zwinkerte Suse ein letztes Mal zu, dann nahm die Figur wieder die normale Haltung ein, und er sah leidend aus.
»Ist … ist er immer so?«, stammelte der Pfarrer.

Mephy nickte. »Und da heißt es immer, dass die Hölle schrecklich ist, nicht wahr? Noch einmal vielen Dank, dass ich kurz mit ihm reden durfte. Leben Sie wohl.«

Mephy stapfte weit weniger entschlossen zurück, als er gekommen war, aber Suse musste trotzdem rennen, weil er so schnell war.

»Moment mal. Nicht so schnell, bitte! Habe ich das richtig verstanden, dass Sie eine Frau auf der Erde suchen?«

Mephy wurde etwas langsamer. »Das ist korrekt.«

Suse blieb überrascht stehen und schaute ihm hinterher.

Er bemerkte ihr Zögern und blieb vor dem Ausgang stehen. »Was? Kann sich keiner vorstellen, dass der Teufel eventuell auch Gefühle entwickeln könnte? Gar zu Liebe fähig ist? Ich war ein verdammter Engel, Herrgott noch mal.«

»Ich … Entschuldigung, ich war nur neugierig.«

Mephy wiegte den Kopf, schaute aber immer noch grimmig.

»Gibt es in der Hölle denn keine Frauen?«

»Natürlich gibt es da Frauen. Dachtest du, dass man nicht in die Hölle kommt, nur weil man eine Frau ist?«

»So war das doch gar nicht gemeint. Ich hätte nur gedacht, dass die Auswahl doch recht groß sein müsste.«

»Na ja, so gesehen.« Mephy strich sich durch den Kinnbart. »Das Problem ist nur, dass ich eine will, die mich wirklich liebt. Trotz der Person, die ich bin. Nicht *weil* ich der Teufel bin.«

»Was soll das heißen?«

»Ich werde in der Regel nicht geliebt. Zumindest nicht gefühlsmäßig. Physisch schon, aber das ist eben nicht alles. Im Grunde haben alle Angst vor mir, dabei mache ich auch nur meine Arbeit. Na ja, du kennst das ja, immerhin bist du auch schon vor mir weggerannt.«

Sie schaute ihn an. »Das klingt irgendwie traurig.«

Mephy grübelte über ihre Worte und nickte dann zögerlich. »Und ich wundere mich, warum ich das einer Wildfremden erzähle.«

Er wünschte ihr noch einen angenehmen Tag und trat dann durch das Portal nach draußen.

Azazel saß auf einem der Koffer gegenüber dem Eingang und starrte mit hochgezogener Augenbraue ein paar Jugendliche an, die an ihm vorbeigingen und laut Musik auf einem Handy laufen ließen, sodass die ganze Straße etwas davon hatte. Als er Mephy sah, sprang er auf, stutzte aber, als er dessen Stirn erblickte.

»Sir?«, sagte er und tippte sich an die Schläfe.

»Jaja«, erwiderte Mephy. »Es muss irgendwie so gehen.«

»Hallo, ich bin Suse«, sagte das Mädchen, das Mephy gefolgt war, und streckte ihre Hand Azazel entgegen, der sie von oben herab merkwürdig beäugte. Schließlich streckte auch er die Hand aus.

»Guten Tag.«

»Wer sind Sie denn?«, fragte sie und fummelte schon wieder ihr Handy aus der Tasche, weil es brummte.

»Suse, mein Butler Azazel. Azazel, Suse.« Mephy schaute missmutig, weil er sich doch eigentlich gerade erst von ihr verabschiedet hatte.

»Butler? Kommen Sie auch aus … na, Sie wissen schon.« Sie schaute kurz aufs Handy, stöhnte und schob es zurück in die Hosentasche.

»Falls die Frage darauf abzielt, herauszufinden, ob ich ein Dämon bin oder nicht: Ja, ich bin einer.« Er wandte sich seinem Herrn zu. »Sir, wenn ich eine Frage stellen dürfte?«

»Azazel, wie oft …«

Azazel unterbrach ihn. »Ich vergaß, Sir. Kann ich die Anwesenheit dieses«, er musterte Suse von oben bis unten, »Mädchens dahin gehend deuten, dass Ihr bereits eine potenzielle Partnerin gefunden habt?«

Suse stutzte. »Moment mal, Sie denken, ich würde auf den Teufel stehen?«

»Warum sollten Sie sich sonst mit ihm abgeben? Ich meine, er ist der Teufel.«

»Was soll das denn heißen?«, fragte Mephy.

Aber Suse lachte nur. »Nee, beim besten Willen. Der ist doch viel zu alt für mich. Und obendrein noch der Teufel, obwohl er ein recht netter Kerl zu sein scheint.«

»Und was soll das jetzt heißen?«, fragte Mephy. »Ich sehe doch keinen Tag älter aus als 30.«

Suse lachte. »Was? Ende 30 vielleicht. Mit Wohlwollen.«

Azazel unterdrückte ein Kichern und erntete eine düstere Miene von seinem Herrn. Er versteifte sich wieder und wurde ernst. »Sir, vielleicht sollten wir, bevor wir in einer Konversation feststecken, die uns erst einmal nicht weiterbringt, zunächst das Unterkunftsproblem lösen.«

Suse sah sie überrascht an und fummelte erneut ihr Handy aus der Hosentasche. Es brummte. Sie sah kurz auf das Display, verdrehte die Augen und stopfte es zurück.

»Wissen Sie zufällig ein preiswertes Hotel in der Nähe, das Naturalien annimmt?«, fragte Azazel.

Mephy warf ihm einen verwirrten Blick zu.

»Mir ist kein Hotel bekannt, das irgendetwas anderes als Geld annimmt«, sagte Suse. »Aber wenn ihr erst mal was für die Nacht braucht, könnt ihr ein, zwei Tage bei mir unterkommen, bis meine Eltern aus dem Urlaub zurück sind.«

Mephy schaute die junge Frau skeptisch an. »Warum bist du so erpicht darauf, uns zu helfen? Vor allem da du weißt, dass wir Teufel und Dämon sind.«

»Nächstenliebe«, sagte Suse.

Mephy und Azazel wechselten einen Blick. Schließlich sprach Mephy. »Wir sind ganz Ohr.«

Suse zog den Schlüssel aus der Tür und schaltete das Licht ein. »Macht keinen Scheiß, ja? Meine Eltern dürfen nicht erfahren, dass ich Besuch hatte. Schon gar keinen männlichen Besuch. Der auch noch aus der Hölle kommt. Was mache ich hier eigentlich?«

»Ich dachte, wir hätten etabliert, dass es um Nächstenliebe ging«, sagte Azazel.

»Außerdem gibt's keine Rückzieher.« Mephy schob sich an Suse vorbei.

»Das war nur eine rhetorische Frage«, sagte sie. »Übermorgen müsst ihr wieder raus sein. Und es wäre schön, wenn nicht plötzlich irgendwelche Schwefellöcher im Teppich erscheinen würden oder so.«

»Vielen Dank«, sagte Mephy. »Wir versuchen, uns auf Lavatropfen von der Decke zu beschränken.«

»Ich meine das ernst. Kein Höllenscheiß hier, sonst machen mir meine Eltern die Hölle heiß.«

Azazel hob eine Augenbraue. »Das hat sich fast gereimt.«

Mephy meinte: »Was ist das für eine dämliche Redewendung? Hölle heißmachen? Das ist sie doch bereits. Also zumindest immer ein angenehmes, nordafrikanisches Klima.«

Sie standen im Flur einer normalen Dreizimmerwohnung. Ein paar Fotos der Familie und ein schmuckloses Kreuz hingen an den Wänden. Die Tür schräg rechts hinten war eindeutig die von Suses Zimmer, da ein großes Poster einer Black-Metal-Band angeklebt war. Links daneben befand sich eine geschlossene weiße Tür ohne jegliche Verzierung. Eine andere geschlossene Tür, gleich links vom Eingang, wies ein kleines Metallschild auf, welches das Manneken Pis aus Brüssel zeigte. Ganz offensichtlich war das die Toilette.

In einem Rahmen befand sich gar keine Tür. Man konnte hindurchsehen, und dahinter befand sich ein großes Bücherregal. Mephy nahm an, dass dies das Wohnzimmer war. Blieb nur noch die dem Wohnzimmer gegenüberliegende Tür, in der eine Milchglasscheibe Umrisse der dahinterliegenden Küche erkennen ließ.

»In welches Zimmer kann ich denn den Koffer Seiner Unholdigkeit bringen und in welches meinen?«

Suse schaute Azazel an. »Reden Sie immer so?«

»Wie meinen?«

»Unholdigkeit?«

»Ich könnte ihn auch als Höllenfürsten bezeichnen.«

Suse schaute skeptisch. »Okaaaay. Wie auch immer. Ihr könnt im Ehebett meiner Eltern schlafen.«

Mephy und Azazel wechselten einen Blick. Schließlich fragte Mephy: »Wir beide?«

»Ja«, sagte Suse. »Oder habt ihr damit ein Problem?«

»Er ist immerhin mein Diener«, sagte Mephy.

»Und er demnach mein Vorgesetzter, wenn man so will«, sagte Azazel. »Aber ich kann auch auf der Couch im Wohnzimmer schlafen. Das wird schon gehen.«

Suse runzelte die Stirn. »Nein, auf der Couch schläft keiner. Ich bin einmal während des Fernsehens darauf eingeschlafen und habe heute immer noch das Gefühl, ich kriege meinen Nacken nicht mehr gerade. Außerdem haben Sie doch«, sie schaute Azazel an, »die ganze Zeit die Koffer geschleppt. Wenn überhaupt, müssen Sie sich ordentlich ausruhen.«

Mephy und Azazel sahen sich ratlos an.

»Also wenn ihr wirklich nicht zusammen in einem Zimmer schlafen könnt, dann könnt ihr auch schauen, ob ihr woanders unterkommt.«

»Es wird schon irgendwie gehen«, sagte Mephy und verzog die Mundwinkel.

KAPITEL 7

DER TEUFEL AUS DER VORSTADT

NOCH 65 TAGE

Am nächsten Morgen stand ein elend aussehender Azazel in der Küche und machte Kaffee. Suse tapste barfüßig aus ihrem Zimmer und wünschte ihm einen guten Morgen, schaute dann aber irritiert auf die Schlafzimmertür, hinter der ein gewaltiges Schnarchen dröhnte. Dann sah sie Azazel an und zählte eins und eins zusammen.

»Lassen Sie mich raten: Sie haben bei dem Gedröhne kaum ein Auge zugemacht.«

»Das ist korrekt«, sagte Azazel.

»Da wird es wohl schwierig, jemanden zu finden, der neben ihm schlafen will.«

Azazel lächelte schwach.

Suse verschwand kurz im Bad und kam dann zurück in die Küche, um sich einen Kaffee zu holen. Kurz darauf schlurfte Mephy gähnend aus dem Schlafzimmer, gekleidet in seinen schwarz-roten Satinschlafanzug. Azazel begrüßte ihn und fragte, was er denn gerne zum Frühstück hätte.

»Ein Kaffee sollte zunächst genügen«, sagte Mephy. »Vielleicht später noch ein paar verschieden belegte Toasts.«

»Sehr wohl, Sir.«

Suse schaute über den Rand ihres Kaffeebechers. »Kann ich mir auch was wünschen?«

»Ich bin nicht *Ihr* Butler«, sagte Azazel.

»Na, dann hätten wir das ja geklärt. Aber wie stellt ihr euch das denn vor, wenn Seine Unholdigkeit hier eine Frau trifft und bei ihr übernachtet? Ich meine, sind Sie dann auch immer dabei, oder fragt er seine Zukünftige, ob sie ihm Toast macht?«

Mephy zuckte mit den Schultern, als würde die Frage sich von allein beantworten. Azazel fasste sich ins Gesicht und schien unschlüssig.

»Ich gehe doch nicht mit der Erstbesten nach Hause«, sagte Mephy. »Man lernt sich doch erst mal kennen.«

Suse wurde klar, dass er wohl schon eine Weile kein Date mehr gehabt hatte, und sagte das auch.

»Natürlich hatte ich lange keine Verabredung mehr. Die Frauen werfen sich mir in der Regel an den Hals.« Mephy posierte stolz im Flur, was mit den wirren Haaren aber nicht ganz die erhoffte Wirkung erzielte.

Plötzlich klingelte es an der Tür.

»Wer zum Teufel ist das denn jetzt?«, sagte Suse. »Um die Uhrzeit kann das doch noch nicht die Post sein.«

Mephy runzelte die Stirn und sagte: »Wer zum *Teufel*?«

Sie ging zur Tür und öffnete sie einen Spalt. Davor stand ein verzweifelt aussehender Klaus in seinen schwarzen Klamotten.

»Suse, bitte hör mir doch zu.«

Sie stöhnte und lehnte sich an den Türrahmen. »Ist es nicht offensichtlich genug, dass ich weder auf deine Anrufe noch deine Nachrichten reagiere?«

»Suse, so lass mich doch erklären. Ich wollte doch nie…«, setzte er an, aber Suse unterbrach ihn.

»Mir irgendein Leid antun? Als Opfer bei einer Beschwörung? Oder mich in der Gruft allein zurücklassen, als dann tatsächlich der Teufel aufgetaucht ist? Ich weiß nicht, was davon mir besser gefällt.«

»Aber du wolltest das mit der Beschwörung doch auch. Können wir uns nicht kurz hinsetzen und darüber reden?«

Suse stand einen Moment in der Tür, machte aber nicht den Eindruck, als würde sie ihn reinlassen. Stattdessen blieb sie im Rahmen stehen und drückte mit einem Finger leicht gegen die Tür, die dadurch aufschwang und ihm den Blick in den Flur freigab.

Azazel schaute mit schräg gelegtem Kopf aus der Küche in den Flur. Neben ihm stand Mephy mit seiner Kaffeetasse. Ganz langsam winkte er Klaus zu.

»Aber das ... aber das ... das ist ja der Teufel!«, stotterte Klaus.

»Das hast du gut erkannt. Vielleicht solltest du doch reinkommen, und wir unterhalten uns alle kurz darüber«, sagte Suse.

»Äh«, meinte Mephy. »Ich will eigentlich gar nicht in euer Problem reingezogen werden.«

Aber Suse hatte Klaus bereits an den Kordeln seines Kapuzenpullovers gepackt, zog ihn in die Wohnung und schloss die Tür.

Die Sitzgruppe im Wohnzimmer war unglücklich belegt. Klaus saß allein mitten auf der Dreiercouch, während Mephy und Azazel gerade so auf die Zweiercouch passten.

Suse saß Klaus gegenüber im Sessel und beugte sich vor. »Nun bin ich aber gespannt, was du mir zu sagen hast.«

Klaus versuchte, sich auf sie zu konzentrieren, blickte aber immer wieder zu Mephy. Er und Azazel hatten Tassen in der Hand, Mephy trank Kaffee und Azazel Tee, den er gelegentlich umrührte. Sie nippten simultan an ihren Tassen und schauten Klaus an.

»Was machen die hier?«, fragte er.

»Ich habe ihnen angeboten, vorübergehend bei mir unterzukommen«, erwiderte Suse.

Klaus machte große Augen. »Bist du ... ich meine ... das ist der Teufel!«

»Und sein Diener«, sagte Suse. Azazel schaute von seiner Teetasse hoch und nickte Klaus zu, dessen Blick eine Mischung von Verwirrung und Entsetzen ausdrückte.

»Warum?«, platzte es aus ihm heraus.

»Weil sie Hilfe brauchten«, antwortete Suse. »Und der Pfarrer sagt immer, dass wir uns in Nächstenliebe üben sollen.«

»Aber doch nicht dem Teufel gegenüber!«

»Warum denn nicht?«, fragte Suse. »Er scheint ein ganz netter Kerl zu sein, wenn man sich mal mit ihm unterhält.«

Mephy lächelte Klaus an und klimperte mit den Wimpern. Klaus runzelte nur noch mehr die Stirn.

»Er ist das Böse in Person!«

»Hey, vorsichtig, ja?«, sagte Mephy. »Nur weil ich für die Hölle zuständig bin, heißt das nicht, dass da alle böse sind. Wir machen nur unsere Arbeit. Sicher, manche haben mehr Spaß daran als andere ...«

»Häh?«, entfuhr es Klaus.

Mephy wandte sich an Suse und zeigte abfällig auf ihren Bekannten. »Du bist sicher, dass du dich mit dem weiter befassen willst?«

»Ja«, sagte sie und drehte den Kopf zu Klaus. »Aber ich würde vor allem gerne wissen, was du mir sagen wolltest.«

»Müssen die dabei sein?«, fragte der junge Mann mit den schwarzen Klamotten.

»Sie können mitentscheiden, ob du irgendwas sagst, worüber es sich nachzudenken lohnt.«

Klaus schluckte. »Ich wollte mich nur für das entschuldigen, was neulich Nacht passiert ist.«

Es war Mephy, der reagierte. »Du meinst, als ihr mich im Bademantel aus meinem Bad geholt habt? Ach, das ist doch Schnee von gestern.«

»Ich meinte eigentlich, dass ich sie zu einer Teufelsbeschwörung mitgenommen habe und sie das Opfer sein sollte.«

»Alles eine Soße«, sagte Mephy.

»Aber ich will mich bei ihr entschuldigen, nicht bei Ihnen«, sagte Klaus.

Mephy beugte sich vor. »Du betrittst dünnes Eis, mein Freund.«

Klaus zuckte zusammen. »So war das jetzt auch wieder nicht gemeint. Ich wollte doch nur … ich sage doch nur … also wegen Suse … ich hatte doch nie vor, dass sie … dass du … weißt du?«

Er schaute nervös zu Suse. Die bemerkte im Augenwinkel, dass Mephy ihr zuzwinkerte, und musste selbst ein Lächeln unterdrücken.

»Na schön«, sagte sie. »Dann hast du dich jetzt eben entschuldigt. War's das jetzt?«

Klaus war immer noch völlig verunsichert. »Ich liebe dich, Suse. Ich will dich nicht verlieren. Ich hab doch gedacht, dass du einfach gern dabei sein wolltest. Mir war doch klar, dass dir nichts Schlimmes passieren würde.«

Mephy runzelte die Stirn. »Ihr wolltet den Teufel beschwören und seid einfach davon ausgegangen, dass schon nichts Schlimmes passiert? Das kann man bestenfalls als naiv bezeichnen.«

»Oder als selten couragiert«, sagte Azazel tonlos und nahm noch einen Schluck Tee.

»Du bist einfach abgehauen, nachdem der da«, Suse zeigte auf Mephy, »aufgetaucht ist, und hast mich allein stehen lassen.«

»Ich hatte Angst!«, verteidigte sich Klaus. »Plötzlich stand der Teufel da und motzte uns an.«

»Und mit Recht!«, warf Mephy ein.

»Wenn dir wirklich was an mir liegen würde, wärst du dageblieben«, sagte Suse.

Klaus sah aus, als würde er jeden Moment anfangen zu weinen.

»Ich werde dich nie wieder im Stich lassen, Suse.«

»Ich weiß nicht«, sagte sie.
Mephy und Azazel schauten zwischen den beiden hin und her.

Kurze Zeit später fanden sich Mephy und Azazel allein im Wohnzimmer wieder, während merkwürdige Geräusche aus Suses Zimmer drangen. Immerhin machten die Laute den Eindruck, als hätte sie ihren Spaß.

»Sir, ich bin mir nicht ganz sicher, was gerade vorgefallen ist, aber ich fühle mich extrem fehl am Platz und denke, es ist unangebracht, dass wir weiter diesen Menschen beim Liebesspiel lauschen.«

»Ich habe das in dieser Form nicht kommen sehen, und das Wiederaufleben ihrer Beziehung war deutlich schneller als gedacht.« Mephy beugte sich interessiert lauschend vor, zuckte aber zurück, nachdem Suses Stimme kurzzeitig zum Jodeln überging.

»Was macht der bloß mit ihr?«, fragte Azazel. »Vor allem hätte ich nicht erwartet, dass er bei der Angst, die er Euch gegenüber gezeigt hat, in der Lage wäre, so eine Performanz zu gewährleisten.«

»Ich bin mir nicht sicher, ob ich das so genau wissen will. Wie auch immer, wenn du einen Vorschlag hast, was wir stattdessen machen könnten ... ich bin ganz Ohr.«

»Wir müssen unser Unterkunftsproblem lösen. Außerdem müssen wir uns überlegen, wie wir Eure Hörner verdecken könnten. Aber in erster Linie müssen wir uns um die Finanzen kümmern.«

»Finanzen? Ich bin der Teufel. Die Leute werden schon kooperieren.«

»Sir, obwohl ich denke, dass es im Sinne völliger Offenheit angemessen ist, wenn Eure Zukünftige weiß, dass Ihr der Teufel seid, halte ich das im Fall der breiten Allgemeinheit für eine weniger gute Idee. Meiner Meinung nach sollten wir die gängigen Zahlungsmittel benutzen.«

»Ich habe aber nun mal keine Geldkarte.«

»Sir, aus diesem Grund habe ich mir die Freiheit genommen und einige antike Stücke aus Eurer Sammlung eingepackt.«

Mephy schaute ihn mit großen Augen an. »Du hast was?«

»Sir, mit Verlaub, viele der Artefakte, die Ihr in Euren Regalen stehen habt, dienen nur dazu, dort Staub zu fangen. Ich dachte deswegen, dass wir sie gut gegen Barzahlungsmittel eintauschen könnten.«

»Die sind zum Teil Tausende Jahre alt!«

»Das ist mir durchaus bewusst, Sir. Aber die Artefakte erhalten weder die korrekte Pflege, noch werden sie angemessen aufbewahrt. Das, was Ihr damit tut, könnte man bestenfalls als ›horten‹ bezeichnen.«

»Wie viele?«

»Drei«, sagte Azazel.

»Welche?«

Azazel zählte die Stücke auf, die er entnommen hatte:

1) Der Stein aus der Wüste, auf den Mephy gedeutet hatte, damit Jesus ihn in Brot verwandeln sollte, was er aber dann gar nicht tat.
2) Ein Salzstreuer von Lot aus Sodom.
3) Ein paar Goldmünzen von Hiob, bevor er arm wurde.

Für einen Moment sah es so aus, als würde Mephy in Schnappatmung verfallen, aber nachdem er etwas Zeit gehabt hatte, darüber nachzudenken, sah er ein, dass es keine schlechte Idee war. Zumal er abwog, was ihm wichtiger war: irgendwelche Artefakte oder die Chance, die eine Frau zu finden, die wie für ihn gemacht war.

»Okay«, sagte er kleinlaut.

»Sir, dann würde ich vorschlagen, dass wir das sofort erledigen.«

Mephy schien jedoch wenig enthusiastisch.

»Sir?«

»Ich glaube, dass diese beiden mir dabei helfen könnten, eine Frau zu finden. Sie wissen, wie es auf der Erde zugeht. Ich werde warten, bis sie fertig sind, und sie dann darauf ansprechen.«

»Aber Sir, ich kann doch unmöglich allein … ich meine, Ihr habt zumindest etwas Erfahrung auf der Erde.«

Er packte den Butler mit festem Griff an der Schulter und nickte ihm aufmunternd zu. »Du schaffst das schon, Azazel.«

Der Dämon schluckte, akzeptierte aber sein Los. Er verschwand im Schlafzimmer, wo er sich ankleidete. Als er in seiner Butler-Uniform herauskam, wies Mephy ihn darauf hin, dass es ungewöhnlich war, so in der Öffentlichkeit herumzulaufen. Azazel zog daraufhin etwas miesepetrig die Jacke aus und verließ die Wohnung nur im Hemd.

Mephy blieb im Wohnzimmer sitzen und schaute auf die Uhr. Die Geräusche aus dem Nebenzimmer nahmen an Lautstärke wieder zu. Er übertönte sie mit dem Fernseher und merkte so gar nicht, als die Liebenden endlich aufhörten und kurz darauf im Wohnzimmer erschienen. Sie lächelten selig, und Mephy war sich nicht sicher, wie er reagieren sollte.

»Ich weiß nicht, ob ich gratulieren oder angewidert sein soll«, sagte er und schaute die beiden konsterniert an.

»Zumindest kann ich jetzt nicht mehr bei irgendwelchen Beschwörungen das Opfer sein«, sagte Suse.

»Zu viel Information. Und definitiv zu viele Geräusche.«

Suse und Klaus setzten sich auf den Dreisitzer.

»Wo ist ... der andere? Wie heißt der noch mal?«, fragte Suse und ergriff die Hand von Klaus.

»Azazel heißt er«, sagte Mephy kurz angebunden. »Und er versucht, etwas Geld aufzutreiben, damit wir euch nicht mehr stören müssen, wenn es euch wieder überkommt.«

Suse und Klaus schauten sich verliebt an, und Mephy hatte den Eindruck, als brächte er sie gerade auf Ideen. Er verzog das Gesicht.

»Bitte, nicht gleich wieder!«

Suse und Klaus schauten schelmisch.

»Wir wollten Ihnen ... dir ... also ... wie sprechen wir Sie denn jetzt eigentlich an?«

»Mephistopheles ist mein Name. Oder Sir. Oder Höllenfürst. Oder ›Euer Gnaden‹.«

»Euer Gnaden? Ernsthaft?«

»Wenn ihr es etwas persönlicher wollt, geht auch Mephy. Selbst der Chef nennt mich so.«

Klaus grübelte einen Moment. »Und mit Chef meinen Sie Gott?«

Mephy wandte sich an Suse. »Na, da hast du dir ja wirklich einen Raketenwissenschaftler an Land gezogen, was?«

»Woher wissen Sie, dass er Luft- und Raumfahrttechnik studiert?«, fragte Suse.

Mephy sah zu Klaus. »Die nehmen jetzt auch jeden, was?«

Klaus lächelte nicht mehr, sondern schien auf seinem Sitz zusammenzusacken.

»Ich wollte euch fragen, ob ihr mir bei meiner Suche nach einer Partnerin etwas unter die Arme greifen könnt.«

Klaus sah wenig begeistert aus und setzte zu einem Kopfschütteln an, aber ehe er das zu Ende bringen konnte, hatte Suse schon »Okay« gesagt.

»Wie können wir denn helfen?«, fragte sie.

Mephy grübelte. »Keine Ahnung, wo habt ihr euch denn kennengelernt?«

»In der Kirche«, sagte Suse, und Mephy wusste einen Moment lang nicht, was er dazu sagen sollte.

»Ich will das nur noch mal für mich ganz klar fassen, ja? Als ich euch beide das erste Mal gesehen habe, wart ihr gerade auf einer schwarzen Messe, um mich zu beschwören, richtig?«

Suse und Klaus nickten.

»Und jetzt wollt ihr mir erzählen, dass ihr euch vorher in der Kirche kennengelernt habt?«

»Na ja, bei der Beschwörung waren wir nur aus Interesse. Wenn das mit dem Teufel klappt, dann ist ja auch klar, dass es Gott gibt, oder?«, sagte Klaus.

»Ihr seid nur bei einer Beschwörung gewesen, weil ihr euch eures Glaubens nicht sicher gewesen seid?«

Sie nickten.

»Ihr habt beide die Weisheit nicht mit Löffeln gefressen, was?«

»Willst du nun unsere Hilfe oder nicht?«, fragte Suse.

Mephy kratzte sich am Bart und grübelte. Für eine spontane Antwort grübelte er etwas zu lange. Seinem Blick nach zu urteilen, wollte er ihnen nicht mal ein Buttermesser anvertrauen.

»Wo lernt man denn mittlerweile am besten Leute kennen?«, fragte er schließlich. »Abgesehen von der Kirche, aus offensichtlichen Gründen.«

Suse und Klaus sahen sich kurz an, zuckten mit den Schultern und sagten. »Internet.«

KAPITEL 8

ONLINE

NOCH 65 TAGE

Mephy saß auf dem Balkon und kniff die Augen zusammen, weil die Sonne ihn blendete. Er versuchte zu lächeln, aber mit den Augenschlitzen sah es eher so aus, als hätte er irgendeine Droge genommen.

»Schau doch einfach ganz normal in die Kamera«, sagte Suse, hielt ihr Handy mit beiden Händen hoch und versuchte, einen Bildausschnitt zu erwischen, der nicht total dämlich aussah.

»Ich hab so viele Fragen zur Hölle«, sagte Klaus, und Mephy schnaubte kurz.

»Jetzt nicht, Klaus«, sagte Suse und wackelte mit dem Handy.

»Aber wir haben die einmalige Gelegenheit, direkt etwas vom Höllenvorsteher zu erfahren!«, lamentierte der junge Mann mit den schwarz gefärbten Haaren.

»Ich fände es gut, wenn wir uns mal aufs Wesentliche konzentrieren«, sagte Mephy. »Ich habe nämlich das Gefühl, mir fallen gleich die Augäpfel raus.«

»Soll ich ihm nicht doch die Sonnenbrille geben?«, fragte Klaus und hielt die Brille hoch.

»Wenn die Frauen ihn so im Internet sehen, macht das den Eindruck, als hätte er irgendwas zu verbergen.«

»Aber du willst seine Hörner mit Photoshop rausschneiden oder was?«

»Das ist doch was völlig anderes.«

»Leute«, sagte Mephy, »wenn ich noch weiter in die Sonne starren muss, tränen mir die Augen, und dann sehe ich erst recht nicht ansprechend aus. Vielleicht ist dieses Online-Dating doch nichts für mich.«

Suse wollte davon nichts hören. »Das ist *genau* das, was du brauchst. Also noch ein Versuch.«

Mephy lächelte und versuchte, die Augen ein Stück weiter zu öffnen, als der erlösende Klick auch schon kam.

Das Ergebnis sah zwar immer noch merkwürdig aus, aber immerhin war es brauchbar, sodass er wieder reingehen konnte. Als er an Suse und Klaus vorbeistiefelte, informierte er sie, dass es in der Hölle nun mal kein Sonnenlicht gab und das Ganze daher eine Tortur gewesen war.

»Wir versuchen nur zu helfen«, sagte Suse.

»Ja, vielen Dank«, entgegnete Mephy und ließ sich wieder auf die Zweiercouch fallen. »Und was passiert jetzt?«

»Jetzt bearbeiten wir das Bild noch ein bisschen, schneiden es etwas zu, damit man die Hörner nicht sieht, und dann machen wir dir ein Online-Profil.«

Mephy runzelte die Stirn. »Ich weiß nicht recht. Dieses Online-Dating ist doch eher abstrakt. In den Filmen geht es immer viel einfacher und schneller. Man kann so ja niemandem einen Drink ausgeben. Oder mit einer schönen Frau tanzen. Oder ihre Hand halten.«

»Ja, äh, das kommt dann später«, sagte Klaus.

»Was hast du denn gedacht?«, fragte Suse. »Du gehst in eine Bar und quatschst da irgendwelche Frauen an?«

Mephy nickte.

»Das ist voll creepy«, sagte sie.

»Wie bitte?«

»Also, ich finde es als Frau nicht so toll, wenn ich irgendwo bin, um mich zu amüsieren, und dann quatscht mich ein schmieriger Typ von der Seite an, weil er mir einen Drink ausgeben will, in den er vielleicht noch eine Droge gekippt hat, damit er mich in irgendeiner Gasse vergewaltigen kann.«

Mephy runzelte die Stirn. »Das klingt für mich jetzt doch recht abwegig und speziell. Außerdem: Soll das heißen, dass ich einen schmierigen Eindruck auf dich mache?«

»Wenn du mich in einer Bar anquatschen würdest, vermutlich schon.«

Mephy starrte perplex geradeaus.

»Vielleicht sollten wir einfach erst mal beim Online-Dating bleiben«, sagte Klaus. »Zumal man da viel schneller Leute findet. In der Bar kannst du dich am Abend mit wie vielen unterhalten? Einer oder zwei vielleicht? Online kannst du gleich ein Dutzend anschreiben.«

Mephy und Suse starrten ihn an.

»Also ... theoretisch ... meine ich. Ich hab das ... jedenfalls ... so gehört.«

Mephy war sich immer noch nicht sicher, wie das genau ablief. »Gut. Ihr macht also mein Profil fertig, die Frauen melden sich bei mir, und dann sehen wir, welche infrage kommt?«

Suse schüttelte den Kopf.

»Ich weiß ja nicht, welche Filme du gesehen hast, aber die Frauen warten hier nicht auf dich. In der Regel ist es so, dass die Männer die Frauen anschreiben, die dann zurückschreiben. Dann schaut man, ob man irgendwelche gemeinsamen Interessen hat, und dann trifft man sich irgendwo.«

Mephy stöhnte. »Ach, so umständlich. Das ist in etwa so, wie man es zur Zeit der Romantik gemacht hat. Da hat man sich auch Briefe geschrieben, bevor man sich zum Tête-à-Tête traf.«

Klaus wiegte nachdenklich den Kopf. »Ich weiß nicht, ob man das wirklich miteinander vergleichen kann.«

Suse wedelte mit dem Handy. »Ich gehe kurz das Bild bearbeiten, ihr könnt euch mittlerweile einen Text überlegen, den wir auf sein Profil stellen.«

Klaus nickte und schaute ihr hinterher. »Das Besondere am Online-Dating ist ja, dass man vorher Personen ausschließen kann, mit denen man nicht so viel gemeinsam hat«, erklärte er. »Ganz im Gegensatz zu einer Bar, beispielsweise.«

»In Ordnung«, sagte Mephy immer noch skeptisch. »Und was soll da für ein Text hin?«

Klaus ging zum Sessel und rückte ihn näher an Mephy heran, bis dieser mit einer kleinen Handbewegung andeutete, dass das nah genug war.

»Das Ganze soll nur ein kurzer Text sein, der Ihrer potenziellen Partnerin klarmacht, was Sie für eine Person sind. Also wenn Sie zum Beispiel irgendwelche Hobbys haben oder irgendwelche Bücher besonders toll finden, dann können Sie das da hinschreiben.«

»Hast du mal ein Beispiel? Was würdest du denn über dich schreiben, wenn du so etwas machen müsstest?«

Klaus überlegte kurz. »Also, ich würde schreiben, dass ich gern Metal höre, aber auch gerne lange Spaziergänge am Strand mache, um zu zeigen, dass ich auch eine emotionale Seite habe.«

Mephy legte genervt den Kopf schief. »Lange Spaziergänge am Strand. In Berlin.«

»Berlin hat einige Strände!«, verteidigte sich Klaus.

»Und was soll diese emotionale Seite sein?«

»Die Frauen mögen es, wenn man sich auch mal gefühlvoll zeigt.« Klaus war beleidigt. »Ich wollte nur helfen und ein Beispiel geben. Was würden Sie denn schreiben?«

»Hm«, machte Mephy und grübelte einen Augenblick. »Ich bin Mephistopheles. Ich liebe Kaffee, lange Spaziergänge durch die Hölle und das Quälen von Sündern.«

»Ich glaube, Sie nehmen mich nicht ernst.«

»Mal abgesehen davon, dass ich dachte, es wäre offensichtlich, ist das durchaus korrekt. Ich mag das Quälen von Sündern.« Er zeigte mit beiden Daumen auf sich selbst. »Teufel.«

»Okay.« Klaus grübelte, wie man das Ganze etwas angenehmer formulieren könnte. »Aber vielleicht sollte man das den Frauen, die Sie online kennenlernen wollen, nicht ganz so deutlich sagen.«

»Ich soll also lügen?«

»Das würde ich nicht sagen. Eher die Wahrheit etwas anpassen.«

Mephy verzog die Mundwinkel. »Was soll das genau heißen?«

»Na, in Ihrem Fall könnte es zum Beispiel heißen, dass Sie es mögen, an einem warmen Tag Kaffee zu trinken und dem Treiben in Ihrer Umgebung zuzuschauen.«

»Ah, ich glaube, ich verstehe jetzt, was du mit Wahrheit anpassen meinst.«

»Also, können wir das so festhalten?«

»Von mir aus, aber so richtig schlägt mir das noch nicht die Eisen von den Hufen.«

Klaus runzelte die Stirn.

»Ach«, meinte Mephy, »das ist so ein Sprichwort aus der Hölle. Ja, von mir aus, dann nehmen wir das erst einmal so.«

Klaus nickte zögerlich und schrieb dann den Satz, auf den sie sich geeinigt hatten, auf einen Zettel.

Suse kam aus ihrem Zimmer und balancierte ihren aufgeklappten Laptop auf dem linken Arm. Sie setzte sich auf den mittleren Platz der Dreiercouch und stellte das Gerät auf den Tisch. »So, das Bild ist fertig. Lasst uns das Profil anlegen.«

Klaus und Mephy setzten sich neben sie und schauten auf den Bildschirm. Suse hatte bereits das Browserfenster auf und öffnete mehrere Tabs darin. Dann rief sie verschiedene Portale auf, deren Startseiten alle irgendwelche hübschen Menschen in verschiedenen Stadien des Verliebtseins zeigten. Auf einer der Seiten liefen Texte durch, die verkündeten, dass sich hier etliche glückliche Paare gefunden hatten.

Mephy las munter mit. »›Unser Sohn Bosse ist nun vier Monate alt. Ohne euch wäre das alles nie passiert!‹ Bosse? Wer nennt denn sein Kind Bosse?«

»Hipster, vermutlich«, sagte Suse. »Oder jemand, der ›Wir Kinder aus Bullerbü‹ gelesen hat.«

»Was sind denn Hipster?«, fragte Mephy.

»Wie kann man denn Filme schauen und auch sonst alles über die Welt wissen, aber keine Ahnung haben, was Hipster sind?«, wunderte sich Suse.

Mephy zuckte mit den Schultern. »Ich musste mich bis jetzt nicht damit befassen.«

»Das sind Leute, die krampfhaft versuchen, irgendwie andersartig zu sein, aber in ihrer Andersartigkeit so sehr den Trends hinterherhecheln, dass sie schon wieder Mainstream sind.«

Mephy dachte darüber nach. »Ich habe immer noch keine Vorstellung davon, wenn ich ehrlich sein soll.«

»Bei Kerlen«, setzte Suse fort, »erkennt man das meistens daran, dass sie entweder Vollbart oder ein umständlich geschnittenes Bärtchen haben. Und Hosen tragen, die ihnen zu kurz und zu eng sind. Oder generell Klamotten, die nicht zueinanderpassen. Nicht zu vergessen: eine Brille, ob sie die brauchen oder nicht. Wenn man dann versucht, mit ihnen über normale Dinge zu reden, sagen wir mal, Musik, finden sie alles scheiße, was nicht supermerkwürdig ist.«

Mephy warf einen Blick auf Klaus und musterte ihn von oben bis unten. Der schaute überrascht zurück.

»So«, sagte Suse. »Also, hier kann man sich anmelden. Ich bin ... ein Mann«, sagte sie und klickte etwas auf der Seite an. »Ich suche ... eine Frau. Mein Geburtstag ist ... was tragen wir da denn ein?«

»20 Minuten nach der Schöpfung?«, sagte Mephy.

»Ich glaube nicht, dass das zu den Auswahlmöglichkeiten gehört«, sagte Suse, und Klaus blickte starr ins Leere, weil er immer noch nicht wahrhaben wollte, dass sie gerade für den Teufel ein Datingprofil anlegten.

»Dann bin ich eben Mitte 30«, sagte der Höllenfürst.
Suse taxierte ihn.
»Mitte 30«, sagte Mephy erneut. »Keine Diskussion.«
Suse machte die entsprechenden Einstellungen. »Ich habe jetzt einfach mal festgelegt, dass du am sechsten Juni Geburtstag hast.«
Mephy fand, dass er demjenigen, der ihn als Erster mit der Zahl 666 in Verbindung gebracht hatte, noch mal besondere Aufmerksamkeit zukommen lassen sollte.
»Wie willst du denn heißen?«
»Wie? Mephistopheles heiße ich.«
»Nein, ich meine, welchen Nick willst du?«
»Nick?«
»Nickname. Wie soll dein Handle sein?«
»Mädchen, wovon sprichst du?«
»Du brauchst einen Benutzernamen. Wie soll der lauten? Meine Güte, habt ihr kein Internet in der Hölle?«
»Die meisten nicht. Ich schon. Aber ich musste noch nie irgendwo irgendwas eingeben. Liegt vielleicht daran, dass es in der Hölle wirklich gute Computerfachleute gibt, die dankbar sind, wenn sie mal nicht telefonische Anfragen von Benutzern beantworten müssen.«
Suse seufzte. »Also, Benutzername.«
Mephy zuckte mit den Schultern. »Mephistopheles?«
Suse seufzte erneut und tippte den Namen ein. »Der ist schon belegt.«
»Jemand ist da schon mit meinem Namen angemeldet?«
»Wundert mich nicht unbedingt.« Sie schaute Mephy an, der eine Augenbraue gehoben hatte. »Wegen Faust und so.«
»Der alte Goethe-Schinken?«
»Genau das. Also welchen Namen willst du denn nun?«
Mephy stöhnte. »Was weiß ich?«
Suse schüttelte den Kopf und tippte etwas ein. »So, jetzt brauchen wir deine eMail-Adresse.« Sie drehte sich zu Mephy, aber

der schaute sie nur mit großen Augen an. »Alles klar«, fügte sie hinzu, öffnete einen weiteren Tab und legte bei einem eMail-Anbieter ein neues Konto an. »Eigentlich wollen die ja einen korrekten Namen und eine korrekte Adresse, aber ich trage hier einfach mal irgendwas ein. Denn irgendwie habe ich das Gefühl, dass du keinen Nachnamen hast und dass die Hölle als Wohnort auch nicht möglich ist.« Sie schrieb ein paar Infos auf einen Zettel und reichte ihn Mephy. »Das hier ist deine eMail-Adresse und dein Passwort dafür. Aufheben.«

»Sehr wohl«, sagte Mephy und schob sich den Zettel in eine Tasche.

Suse wechselte wieder in den Tab der Dating-Seite, gab die eMail-Adresse ein und beendete die Anmeldung. Dann editierte sie das Profil.

»MephyInLove?«

»Dein Benutzername.«

»Aber ich bin doch gar nicht verliebt. Ich will mich doch erst noch verlieben.«

Suse verdrehte die Augen. Sie machte ein paar Angaben und lud das Bild hoch, das sie von Mephy gemacht hatte. »Und welchen Text habt ihr euch ausgedacht?«

Klaus reichte ihr den Zettel, auf den er Mephys angepasste Beschreibung geschrieben hatte. Sie runzelte die Stirn, als sie den Text las, und sah skeptisch zu Klaus, aber der konnte auch nur mit den Schultern zucken.

»So«, sagte Suse. »Das Profil ist so weit fertig. Ich würde an deiner Stelle noch ein paar Anpassungen und ein paar nähere Angaben zu deinen Hobbys und so weiter machen, aber jetzt kannst du dir schon mal ein paar Frauen anschauen und ihnen vielleicht schreiben.«

Sie schob den Laptop zu ihm herüber, und er las sich alles aufmerksam durch. Dann fing er an zu tippen und beschwerte sich nach kurzer Zeit, dass der Platz nicht ausreiche.

Suse rückte an ihn heran und schaute, um was es ging. »Was zum Teufel ist ›östliches Taa‹?«

»Eine Sprache in Namibia.«

»Vielleicht sind irgendwelche Frauen davon beeindruckt, aber die Wahrscheinlichkeit ist eher gering. Wenn du mehrere Sprachen sprichst, dann reicht es, wenn du nur die wichtigsten angibst.«

»Ich spreche 6842 Sprachen. Da wird man doch mal mit angeben dürfen.«

Klaus riss die Augen auf, aber Suse schüttelte den Kopf. »Es wird dir niemand glauben. Schreib hin, dass du Englisch, Französisch, Spanisch und von mir aus Russisch kannst. Das ist schon beeindruckend genug.«

Mephy schien wenig begeistert von dem Vorschlag, beschränkte sich aber auf einige wenige Sprachen. Er schaute, was es noch auszufüllen gab, fand es langweilig und ging auf die Suche. Eine ganze Reihe Bilder von Frauen baute sich auf dem Bildschirm auf. Was ihm sofort ins Auge fiel, war die unterschiedliche Qualität der Fotos. Während manche von einem professionellen Shooting stammen konnten, sahen andere aus, als hätte der Fotograf vorher Tomatensaft auf die Linse geschmiert. Manche Frauen lächelten verträumt, manche machten einen Kussmund. Wieder andere machten ein Gesicht, als wären sie gerade von einem Mord nach Hause gekommen und hätten nun Probleme damit, das Blut aus der Kleidung zu waschen. Andere schauten, als hätte ihnen gerade jemand gesagt, dass ihnen in zehn Minuten ein Bein abfallen würde.

Mephy war erst skeptisch, was die Bilder anging, hatte dann aber zumindest das Gefühl, dass sein eigenes Foto nicht zu schrecklich war. Es dauerte nicht lange, bis er sich vollkommen konzentriert der Seite widmete und Suse und Klaus völlig vergaß. Aber sie merkten, wie er immer wieder die Stirn runzelte und ärgerlich auf der Maus herumklickte.

»Stimmt was nicht?«, fragte Suse.

»Die meisten können gar nicht richtig schreiben!«, rief Mephy aufgebracht. »Rechtschreibfehler noch und noch!«

»Nun hab dich doch nicht so. Vielleicht sind sie Legasthenikerinnen.«

»Bei einer Person könnte man das ja vielleicht annehmen, aber das ist bei fast allen so. Die eine hier hat statt ›einfach‹ immer ›eifnach‹ geschrieben. Und fast alle schreiben nur klein.«

»Ach, das mach ich auch«, sagte Klaus. »Das spart Zeit.«

Mephy hingegen fand, dass korrekte Orthografie keinen erhöhten Zeitaufwand bedeutete, wenn man wusste, wie man schrieb. Suse unterstützte die Aussage. Klaus lehnte sich beleidigt zurück und hielt den Mund.

»Pass auf«, sagte Suse. »Ich bin voll bei dir, wenn du sagst, dass ordentliche Rechtschreibung eine gute Sache ist. Aber willst du wirklich die Chance vertun, deine bessere Hälfte zu finden, nur weil sie vielleicht nicht richtig schreiben kann?«

»Wenn mein erster Eindruck von ihr wäre, dass sie ein Schnappi ist, sicherlich.«

»Schnappi?«

»Ich meine, wenn es mir vorkommt, als hätte sie 'ne Schacke.«

»Schacke?«

»Wenn ich denke, sie läuft nicht ganz rund.«

»Das machst du nur an der Rechtschreibung fest?«

»Nein, aber wenn jemand schon keinen Elan in die Rechtschreibung steckt oder, noch schlimmer, keine Ahnung hat, wie man richtig schreibt, dann kann man eine Aussage über die geistigen Fähigkeiten des Individuums machen und Rückschlüsse ziehen, wie sich die Person sonst so geben wird.«

Suse verzog halb nickend, halb kopfschüttelnd das Gesicht. Sicher war sie sich offenbar nicht.

»Wenn dann noch dazukommt«, fuhr Mephy fort, »dass sie gerne Daily Soaps schaut und Urlaub nur auf Mallorca infrage kommt, lässt das außerdem Rückschlüsse auf ihr Interesse an Kultur zu.«

»Mein Gott, Sie sind aber wählerisch«, sagte Klaus.

Mephy beugte sich etwas vor. »Meiner Meinung nach war sie«, er nickte in Richtung Suse, »nicht wählerisch genug.«

Suse wandte sich Klaus zu. »Warum siezt du ihn eigentlich? Er hat uns doch gestattet, ihn beim Vornamen zu nennen.«

Klaus schaute, als wäre die Antwort offensichtlich. »Er ist der Teufel. Ich kann doch nicht den Teufel duzen!«

Suse grübelte kurz darüber nach, zuckte dann aber mit den Schultern.

»Aha!«, sagte Mephy plötzlich. Er hatte eine Frau gefunden, die ihm zusagte: Ende 20, dunkles Haar, nettes Lächeln. Eines ihrer Profilbilder zeigte sie im Judoanzug, wie sie eine andere Person im Schwitzkasten hatte. Ihr Profilname war SenseiWoman. »Die quält offenbar auch sehr gern Leute«, sagte er und las sich das Profil durch.

Klaus beugte sich zu Suse. »Warum helfen wir ihm noch mal?«

Er bekam keine Antwort.

»Sie mag Judo, Actionfilme und steht auf Techno«, sagte Mephy. »Letzteres finde ich ja schlimm. Da kann man sich auch rhythmisch mit der Bratpfanne eins auf den Schädel geben«, fuhr er fort. »Vielleicht schaue ich doch nach einer anderen.«

»Nur weil sie andere Musik mag, willst du ihr nicht schreiben?«, fragte Suse.

»Sie soll ja zu mir passen«, sagte Mephy.

»Aber vielleicht schreibst du ihr einfach mal und schaust, was passiert. Vielleicht hört sie ja auch nur gelegentlich Techno und ansonsten die Charts.«

»Die Charts mag ich auch nicht.«

»Das ist nicht der springende Punkt. Schreib ihr doch erst mal und schau, was passiert. Wenn es nicht klappt, hast du immerhin was daraus gelernt.«

»Wie zum Beispiel, dass ich nicht auf dich hören sollte?« Mephy kicherte, und Klaus fragte erneut, warum sie ihm halfen.

Trotzdem nahm Mephy den Rat an. Er klickte auf das Nachrichtensymbol und schrieb ihr einen Text.

Suse beugte sich vor, um mitzulesen. Sie runzelte die Stirn und unterbrach ihn. »Halt, halt, halt!«

»Was denn?«, fragte Mephy.

»Das kannst du nicht schreiben. Du klingst ja wie Schiller oder einer aus der Zeit. So was sagt doch kein Mensch mehr heutzutage.«

Klaus zeigte sich neugierig, und Mephy las vor: »Deine Liebe ist mir wie der Morgen- und Abendstern; er geht nach der Sonne unter und vor der Sonne wieder auf. Ja, wie ein Gestirn des Pols, das, nie untergehend, über unserm Haupt einen ewig lebendigen Kranz flicht.«

Klaus versuchte, einen Lacher zu unterdrücken, und presste stattdessen ein merkwürdiges Geräusch durch die Nase. Suse schmunzelte.

»Bin ich zu forsch?«, fragte Mephy.

»Vielleicht lockst du damit eine Bibliothekarin hinter dem Ofen hervor, aber ich bezweifle, dass viele andere sich davon beeindrucken lassen. Am besten schreibst du erst mal etwas wie ›Hey, ich fand dein Profil interessant, hast du vielleicht Lust auf ein Treffen‹. Oder so.«

Der Teufel sah wenig begeistert aus. »Das hat so gar keine persönliche Note.«

»Aber dein Geseier von Morgenstern und Abendstern?«

Mephy schnaubte verächtlich. »Ich sehe schon, dass sich die Standards in den letzten Jahrhunderten gesenkt haben.«

Er übernahm Suses Formulierung und schickte die Nachricht ab. Dann wollte er den Laptop zu ihr zurückschieben, aber sie insistierte, dass er es bei weiteren Frauen versuchte.

»Aber ich kann doch nicht um mehrere Frauen gleichzeitig werben, das wäre wie Ehebrechen, was eine Sünde ist. Und ihr wollt nicht wissen, was in der Hölle mit Ehebrechern passiert.«

Klaus beugte sich vor. »Was passiert denn mit Ehebrechern?«

Suse wischte die Frage mit einer Handbewegung weg. »Jetzt nicht.« Dann wandte sie sich wieder an Mephy. »Du bist doch nicht mit denen verheiratet. Außerdem willst du sie ja erst kennenlernen. Da ist es schon okay, mehrere anzuschreiben. Das tun die ja auch.«

Mephy runzelte kritisch die Stirn. »Ich konkurriere also mit anderen Männern auf dieser Seite? Dann muss ich mir die genauer anschauen, damit ich weiß, wie ich ihnen schaden kann.«

Klaus stöhnte laut und sah Suse mit zerknirschtem Gesicht an. Die schüttelte nur den Kopf.

»Konzentriere dich doch einfach darauf, dich selbst in einem guten Licht darzustellen. Mehr nicht.«

»Licht, Licht«, murmelte Mephy. »Als ich noch Luzifer war, wären die gegen mein Licht nicht angekommen.«

Klaus hob zaghaft die Hand, aber Suse sagte erneut: »Jetzt nicht.«

Sie riefen noch einmal die Übersichtsseite mit den Vorschlägen auf.

»Hast du denn irgendeine Vorstellung, wie sie aussehen soll?«

Mephy grübelte kurz nach. »Wie Meg Ryan, schätze ich. Also zu ihrer besten Zeit. Vor dem Botox. Und ohne die blonden Locken. Blonde Locken gehen gar nicht.«

»Warum das denn nicht?«

»Erinnert mich an eine Arbeitskollegin.«

Klaus wollte wieder die Hand heben, kam aber nicht dazu.

»Also, du willst eine, die wie Meg Ryan aussieht, aber eigentlich auch wieder nicht?«, fragte Suse.

»So könnte man es ausdrücken.«

Suse zeigte auf eine Frau, die mit dem offensichtlich gefärbten schwarzen Haar, dem schwarzen Lippenstift und dem käsigen Hautton der Goth-Ecke zuzuordnen war.

»Wäre die nicht was?«

Mephy schüttelte den Kopf. »Fröhlich sollte sie schon sein. Außerdem erinnert sie mich daran, dass ich spät in der Nacht auf irgendwelchen Friedhöfen beschworen werde.«

Klaus schaute an die Decke.

»Und was ist mit der hier?«, fragte Suse und zeigte auf eine Frau in Lederklamotten, die so aussah, als würde sie gerade ihr Motorrad ablecken wollen. »Die sieht ein bisschen tough aus.«

»Nicht nur das. Sie sieht aus, als wäre eines ihrer Hobbys Kneipenschlägereien.«

»Passt das nicht zu dir? Immerhin kommen da Leute zu Schaden. Ich meine, das ist doch dein Ding als Teufel, oder?«

Mephy sah sie kritisch an. »Ich will eigentlich nur eine ganz normale Frau.«

»Was soll das heißen?«

Er dachte einen Augenblick nach. »Ich will jedenfalls keine Frau, vor der *ich* Angst haben muss. Eine, die nicht wie eine Barbie aussieht, aber auch nicht wie ein angefahrener Mantelpavian.«

»Das klingt alles sehr oberflächlich«, sagte Suse, und Klaus nickte.

»Na, was soll ich denn jetzt sagen? Auf dieser Seite wird offenbar nach Aussehen ausgewählt. Oder gibt es eine Möglichkeit, die Suche nach ›Schaut gern Fernsehserien und kuschelt dabei‹ einzuschränken?«

Klaus und Suse wechselten einen verwirrten Blick.

»Ihr braucht gar nicht so zu schauen. Meine Zukünftige soll Witz und Esprit haben, aber eben auch mit mir meine Serien schauen. Wenn sie auch noch gut aussieht, ist das ein Bonus. Außerdem möchte ich mit ihr eine ordentliche Unterhaltung führen können. Dazu muss sie vielleicht nicht Nietzsche gelesen, aber zumindest mal von ihm gehört haben.«

Suse und Klaus blickten weiter verwirrt.

»So viel dazu«, sagte Mephy.

Suse deutete auf ein weiteres Bild in der Galerie. »Und die hier?«

Mephy fand das Foto ansprechend und sah sich das Profil genauer an. »Ich bin mir nicht sicher, ob eine Frau, die sich bei so einem Portal Schluckbiest81 nennt, wirklich meinen Kriterien entspricht.«

Sie besuchten noch ein paar weitere Seiten und schrieben Profile mit illustren Namen wie DarwinsWurmfortsatz, Wunderalice oder verschiedene Kombinationen von Miss/Girl/Berlin/Sunshine an. Zwei Frauen antworteten ihm fast umgehend, darunter SenseiWoman, die Judo-Frau, der er als Erstes geschrieben hatte.

»Hey, siehst ganz nett aus, aber bevor wir uns treffen, würde ich dich gerne erst mal etwas kennenlernen«, las Suse vor. »Was machst du denn so beruflich und in deiner Freizeit?«

»Na toll«, meinte Mephy. »Ich dachte, wir würden uns treffen, um uns da kennenzulernen. Was soll ich ihr denn nun erzählen?«

Klaus und Suse zuckten mit den Schultern. Schließlich meinte Klaus, dass er die Wahrheit eben wieder anpassen müsse.

»Hallo, SenseiWoman, beruflich kümmere ich mich intensiv um andere Leute, und in meiner Freizeit sehe ich gerne die neuesten Serien. Findest du dafür neben deinen Judo-Übungen auch Zeit?«

Klaus nickte, nachdem Mephy fertig vorgelesen hatte. Suse fand seine Antwort schwammig, meinte aber, dass es so wohl ginge. Also schickte Mephy die Nachricht ab und las die Antwort von DarwinsWurmfortsatz, die ihm freundlich, aber bestimmt mitteilte, dass sie kein Interesse hatte.

Mephy klickte sich weiter durch die Übersicht und wartete auf weitere Mails, die auch kamen. SenseiWoman blieb oberflächlich in ihren Nachrichten, und andere Frauen taten es ihr gleich, weil sie sich zunächst über das Texten einen Eindruck von Mephy machen wollten. Eine stimmte schließlich einem Treffen zu, und da Mephy keine Vorstellung hatte, wo man sich treffen könnte, gaben ihm die beiden Helfer auch hier Tipps.

Mephy scrollte sich den halben Nachmittag durch das Dating-Portal und schrieb Nachrichten. Am frühen Abend stand dann plötzlich Azazel wieder in der Tür, einen Koffer in der einen und eine Schachtel in der anderen Hand. Außerdem hatte er einen Anzug an, was Suse dazu veranlasste, laut zu pfeifen.

»Schnieke«, sagte sie.

»Vielen Dank«, sagte Azazel.

Er setzte sich neben Mephy, legte die Schachtel auf den Boden neben den Tisch und schob den Laptop etwas beiseite, um Platz zu schaffen für den offenbar schweren Koffer. Dann griff er in die Tasche seines Jacketts, holte ein Handy hervor und reichte es seinem Herrn.

»Ein mobiles Telefon?«, fragte Mephy.

»Ich hatte den Eindruck, dass der Besitz eines solchen Geräts eine allgemeine Notwendigkeit ist, da ich jede Menge Menschen gesehen habe, die mit so etwas herumlaufen.«

»Das ist definitiv hilfreich«, sagte Suse.

Azazel zeigte seinem Herrn die Nummer des Apparats, und Suse programmierte gleich ihre Nummer unter den Kontakten ein.

»Und was ist das?«, fragte Mephy und deutete auf den Koffer.

»Ein Problem weniger, Sir«, sagte Azazel und öffnete den Koffer.

Darin war Geld bis an den Rand gestapelt, allerdings durchaus unterschiedlicher Wertigkeit. 50-Euro-Bündel, 20-Euro-Bündel, 10-Euro-Bündel ... alles fein säuberlich hineingelegt.

»Es gelang mir, Hiobs Goldmünzen zu verkaufen. Komischerweise wollte keiner Lots Salzstreuer. Oder den Stein, der fast mal ein Brot geworden wäre.«

»Wieso das denn nicht?«

»Der Mann im Leihhaus meinte, dass es einfach nur ein Stein wäre und man nicht beweisen könne, dass das mit dem Brot tatsächlich stimmt. Seltsamerweise fügte er hinzu, dass er an einem 2000 Jahre alten Brot auch nicht interessiert sei.«

»Das wäre vermutlich mittlerweile auch eher ein Stein«, sagte Suse.

»Aber ich nehme an«, sagte Azazel schließlich, »dass das Geld reicht, um die 66 Tage zu überstehen. So lange ist das schließlich nicht.«

»Alles klar«, sagte Mephy und wandte sich wieder dem Laptop zu.

Suse und Klaus starrten ihn verwundert an, während Azazel in aller Ruhe den Koffer schloss.

»Was?«, fragte Mephy die beiden Menschen.

»Wollen Sie sich gar nicht bedanken?«, fragte Klaus.

»Weswegen?«

»Na, er hat gerade dafür gesorgt, dass Sie die nächsten Wochen in Geld schwimmen, aber Sie tun so, als wäre das ganz normal.«

Mephy sah zu Azazel, dessen Gesicht keinerlei Gefühlsregung andeutete.

»Fein gemacht«, sagte Mephy.

»Sehr wohl, Sir.«

»Nicht mal ein Danke gibt es?«, fragte Suse.

Mephy sah nicht vom Laptop hoch, deutete mit beiden Daumen auf sich und sagte: »Teufel.«

Klaus stieß Luft durch die Nase. Azazel hingegen schien das Verhalten seines Herrn nicht zu wundern.

»Sir, ich würde es in Zukunft vorziehen, wenn wir Besorgungen gemeinsam erledigen könnten. Der Aufenthalt auf der Erde ist für mich doch etwas ungewohnt.«

»Ja, aber ich muss hier erst mal ...«, sagte Mephy abwesend.

Suse wandte sich an Azazel. »Du warst noch nie auf der Erde? Äh, ich meine natürlich Sie.«

Azazel nickte ihr wohlwollend zu, was andeuten sollte, dass er mit der Anrede kein Problem hatte. »Ich bin in der Hölle entstanden und aufgewachsen. Kenne nichts anderes.«

»Dann muss das für dich doch überwältigend sein. Ich meine, ist mal was anderes als Pech und Schwefel, oder?«

»Mein Herr und ich leben in einer üppigen Wohnung. Ganz so anders ist es also nicht.«

»Aber habt ihr Geschäfte? Oder Straßen? Oder ... was weiß ich, Museen?«

Mephy, der mit halbem Ohr hingehört hatte, strich sich über den Bart und murmelte etwas von einem Foltermuseum, über das man mal nachdenken könnte, aber Azazel ging darauf nicht weiter ein.

»Es ist schon etwas anders, das muss ich wohl gestehen. Es ist ungewohnt, Bekleidungsgeschäfte zu sehen, deren Ware ich sonst nur aus Modemagazinen kannte.«

Suse horchte auf. »Es gibt Modemagazine in der Hölle? Ich meine, du interessierst dich für Mode?«

»Natürlich«, erwiderte Azazel leicht vorwurfsvoll. »Ich finde, ein Mann sollte immer bestmöglich gekleidet sein. Und ja, es gibt Modemagazine in der Hölle. Ich schätze, weil rund um die Entstehung von Mode so viel Böses geschieht, werden wir damit reichlich bestückt. Apropos bekleidet«, er wandte sich zu Mephy um. »Sir, ich habe mir die Freiheit genommen, Euch eine ansprechende Kopfbedeckung zu besorgen, um Euer … kleines Problem zu verdecken.«

Mephy schreckte hoch. »Was? Was ist los?«

»Sir, eine Kopfbedeckung. Ihr braucht eine. Ich habe eine besorgt. Es sei denn, Ihr wollt überall erklären, was Ihr dort am Kopf habt.«

Mephy verdrehte die Augen. »Ist ja gut, ist ja gut.«

Azazel hob die Schachtel vom Boden, öffnete den Deckel, nahm den Hut heraus und setzte ihn Mephy auf den Kopf, sorgfältig über die Hörner gezogen. Als er die Hände wieder wegnahm, sah er sehr zufrieden mit sich aus. Mephy schaute etwas unschlüssig und wandte sich an Suse und Klaus, die ebenfalls skeptisch schauten.

»Wie sieht das aus?«, fragte der Höllenfürst.

Suse kratzte sich an der Stirn. »Also ganz abgesehen davon, dass es in Kombination mit einem Morgenmantel eher merkwürdig wirkt … Weißt du noch, als wir vorhin von den Hipstern gesprochen haben?«

Mephy nickte.

»Du siehst aus wie ein Hipster. Ein alter Hipster. Mit etwas zu viel auf den Hüften.«

»Das ist Kummerspeck!«

»Ja, wie auch immer, ich weiß nicht so recht«, sagte Suse.

Klaus nickte zur Bestätigung. »Ich glaube, er wird wie ein Filmgangster aussehen, wenn er das Ding zu einem Anzug trägt.«

Azazel wollte das nicht hören. »Sir, wenn ich darauf aufmerksam machen dürfte, dass die Kritik von zwei Personen stammt, die der Meinung sind, angemessene Kleidung bestünde aus einem Pullover mit unleserlichem Aufdruck …«

»Schon gut«, sagte Mephy und nahm den Hut ab. »Habt ihr eine bessere Idee?«

Suse sagte: »Ganz normale Klamotten. Jeans, vielleicht ein Hemd, bequeme Schuhe. Und ein Basecap oder so.«

Azazel gab ein lautes »Pffft!« von sich. »Ein Stetson hat hundertmal mehr Klasse als ein Basecap.«

»Das mag ja sein«, sagte Suse. »Aber ich weiß nicht, ob Mephy wirklich den Eindruck vermitteln will, dass er in seiner Freizeit Schutzgeld eintreibt, Frauen auf den Strich schickt oder alles scheiße findet, was Mainstream ist.«

Azazel legte den Kopf in den Nacken, als würde er bewusst weghören.

»Ein Vorschlag«, sagte Suse. »Ich werde auch morgen die Schule schwänzen und gehe mit dir einkaufen. Für dein Date morgen Abend musst du irgendwas anziehen, was ein normaler Mensch tragen würde.«

»Du hast die Schule geschwänzt, um mit ihm«, Mephy zeigte auf Klaus, »du weißt schon?«

Klaus hob die Arme und ließ sie gleich wieder fallen.

»Na, dachtest du, dass ich an 'nem Montag einfach nur daheim abhängen kann?«, fragte Suse. »Jetzt ziehen wir das durch, und dein Kumpel da kann mitkommen, vielleicht lernt er ja auch noch was.«

»Das möchte ich bezweifeln«, sagte Azazel.

»Und wer weiß«, fügte Suse hinzu, »vielleicht triffst du ja sogar eine nette Frau.«

KAPITEL 9

DIE ERSTE VERABREDUNG

NOCH 64 TAGE

Mephy saß in seinen neuen Sachen – Jeans und ein kariertes Hemd – in einer Bar in Berlin-Kreuzberg und schaute sich das Etablissement genau an, weil er sich nicht ganz sicher war, warum sich das »Bar« nannte. Sicher, es gab eine Bar, aber es war mehr eine Mischung aus Bar und Restaurant, auch wenn die Speisekarte übersichtlich war und nur einfache Dinge enthielt, die sich schnell machen ließen. Er kratzte sich am Basecap, das er über die Hörner gezogen hatte, fühlte sich aber mit der Kopfbedeckung innerhalb eines Gebäudes unwohl. Andererseits hatten ihm sowohl Azazel als auch Suse geraten, dass er in Bezug auf die Hörner nicht mit der Tür ins Haus fallen sollte. Er nippte an seiner Saftschorle.

Azazel saß ein paar Tische weiter und studierte mit gerümpfter Nase die Speisekarte. Seiner Meinung nach war der Ort überhaupt nicht für ein erstes Treffen geeignet. Ihm kam das Ganze zu billig vor. Aber irgendwie hatte Suse Mephy dazu gebracht, auf sie zu hören. Und nun saß sein Herr in wenig ansprechender Kleidung in diesem unterdurchschnittlichen Restaurant und versuchte, einen guten Eindruck zu machen. Er sah den Zug schon gegen die Mauer prallen.

Die Tür ging auf, und eine Blondine kam breit lächelnd herein. Sie schaute sich um, erblickte Mephy und winkte ihm überschwänglich zu.

Mephy stand auf, als sie an seinen Tisch kam. Er wusste nicht mehr so genau, wie ihr Nickname auf der Website lautete, irgendwas in Richtung MissSunshineBerlin oder so, aber sie hatte in einer der Nachrichten erwähnt, dass sie Bea hieß und Mitte bis Ende 20 war. Mephy schätzte, dass sie ihr Alter nach unten korrigiert hatte.

»Hallo, hallo, hallo!«, sagte sie und deutete einen Kuss auf jede Wange an. Dann schmiss sie ihre durchaus üppig zu nennende Tasche, die an einen großen Beutel erinnerte, auf den Stuhl neben sich und setzte sich freudig erregt hin. Die Tasche war in der Tat so groß, dass sich Mephy einen Moment lang fragte, ob sie ihren gesamten Wocheneinkauf mitgeschleppt hatte.

Ein kurzer Blick zu Azazel bestätigte ihm, dass er Bea beobachtete und ihren Modestil analysierte. Mephy vermutete, dass er, wie er selbst auch, zu dem Schluss kam, dass sie eigentlich gar keinen hatte. Vor seinem geistigen Auge riss sie alle Klamotten aus dem Schrank und zog das an, was ganz oben auf dem Haufen lag.

»Ich bin total aufgeregt. Meine Freundin meinte, dass ich das gar nicht sein müsste, aber ich finde alle Dates immer so aufregend. Nicht, dass ich das jetzt so oft machen würde, aber wenn ich ein gutes Gefühl habe, dann bin ich eben aufgeregt. Deswegen habe ich auch zugesagt, als du gefragt hast, ob wir uns schon am nächsten Tag treffen könnten. Wartest du schon lange?«

»Ich, äh, nein«, sagte Mephy.

»Dann ist ja gut. Ich hab schon gedacht, ich bin zu spät. Die U-Bahn war wirklich voll, und ich dachte, ich komme gar nicht mehr durch. Ich glaube, dass ein Zug ausgefallen ist, wahrscheinlich wieder Probleme mit den Bremsen, darüber habe ich nämlich neulich etwas in der Zeitung gelesen. Aber es wäre natürlich möglich, dass sich irgendwo jemand vor einen Zug geworfen hat. Na, wollen wir mal nicht hoffen. So was nimmt mich immer mit, wenn ich davon höre. Wie verzweifelt muss man sein, dass man sich vor einen Zug wirft? Aber ich wollte auch gar nicht so lange von der Zugfahrt reden. Wie bist du denn hergekommen? Ich darf doch Du sagen, oder? Ich meine, wir haben uns ja auch auf der Website mit Du angeschrieben und wollen uns näher kennenlernen, da können wir doch beim Du bleiben, findest du nicht?«

Mephy verengte seine Augen etwas. Die Frau sprach im Stakkato eines Maschinengewehrs. »Du ist völlig in Ordnung. Und ich bin ebenfalls ...«

»Ach, da bin ich ja froh«, unterbrach Bea. »Ich war nämlich schon mal bei einem Treffen, und der Typ sagte, dass er das mit dem Du nicht wolle, deswegen bin ich etwas vorsichtig, was das angeht. Ich will ja gar nicht gleich mit der Tür ins Haus fallen, aber ich finde, das macht die ganze Sache einfach persönlicher. Deswegen treffe ich die Leute auch lieber im echten Leben als über das Internet, denn das ist alles so anonym. Aber vielleicht sollten wir erst mal bestellen, bevor wir ...«

Der Kellner schnappte sich die Speisekarten und bewegte sich zu ihrem Platz. Als er jedoch den Tisch erreichte, holte Mephy tief Luft, stand auf und straffte seine Kleidung.

»Nun«, sagte er, »offensichtlich wird das nichts mit uns beiden. Ich werde jetzt gehen.«

»Aber, was ...«, sagte Bea überrascht.

Mephy wandte sich an den Kellner. »Was bin ich Ihnen schuldig?«

»Äh, da müsste ich erst mal an die Kasse«, sagte der überrumpelte Mann und schaute nervös zwischen Bea und Mephy hin und her. »Ich bringe Ihnen die Rechnung, falls Sie noch einen Moment warten können.«

Mephy nahm wieder Platz und versuchte, Bea zu ignorieren, aber die ignorierte ihn nicht.

»So etwas Unhöfliches ist mir ja noch nie untergekommen.«

Mephy blickte kurz zu ihr und zuckte mit den Schultern. »Du magst der Auffassung sein, dass dein gutes Aussehen reicht, um deinen verbalen Ergüssen standhalten zu können, aber das ist ein Irrtum. Damit käme ich auf Dauer nicht klar. Einfach nur nervig.«

Sie schnappte nach Luft. »Was bilden Sie sich ein?«

»Ah, ich verstehe. Jetzt sind wir wieder beim Sie.«

»Sie können sich doch nicht einfach mit mir verabreden und mich dann hier so sitzen lassen?«

»Warum nicht?«

Die Frau schnappte erneut nach Luft.

»Ich bin mir sicher, dass ich nach zehn Minuten Kopfschmerzen bekommen hätte.«

»Sie hätten das aber auch etwas freundlicher sagen können und nicht einfach nur aufstehen.«

»Sicher, ich hätte auch noch zehn Minuten Ihrem nächsten Satz lauschen können, aber so interessant schien der nicht zu sein. Aber ich stimme Ihnen zu: In der Realität ist es einfacher, die Menschen einzuschätzen. Aus Ihrem Profil hätte ich nicht entnehmen können, dass Sie eine Quasselstrippe sind, die keine Unterhaltung zulässt.«

Der Kellner kam mit der Rechnung, und Mephy rief nach Azazel, damit er sie begleichen konnte.

»Zahlen Sie nicht mal selbst?«, fragte die Frau.

»Mein Butler übernimmt das für mich.«

»Sie haben einen Butler?«

»Vielleicht hätte ich davon erzählt, wenn Sie mich zu Wort hätten kommen lassen.«

Azazel nickte ihm zu, dann gingen sie beide aus dem Restaurant und ließen Bea verwirrt zurück.

»Es war ein Desaster!«, sagte Mephy, als Suse von der Couch aufsprang und fragte, wie es gelaufen war.

»Was war denn los?«, fragte sie.

»Die Frau hörte nicht mehr auf zu reden.«

Suse schaute auf die Uhr. »Na, so lange kann sie ja nicht geredet haben, wenn ihr schon wieder zurück seid.«

»Die fünf Minuten haben gereicht.«

»Du bist gleich nach fünf Minuten wieder abgehauen?«, fragte sie überrascht. »War es wirklich so schlimm?«, wandte sie sich an Azazel. Der stand ausdruckslos in der Tür zum Flur und gab einen kurzen Abriss dessen, was vorgefallen war.

»Der Auswahlprozess muss noch einmal durchdacht werden«, sagte Mephy und hielt die offene Hand nach oben. »Man reiche mir den Laptop.«

Suse verengte die Augen. »Halt, stopp. So nicht.«

»Was?«, fragte Mephy überrascht.

»Wenn wir dir helfen sollen, dann musst du etwas freundlicher sein. Nicht nur zu mir und Klaus«, sagte sie, und Klaus nickte energisch, »sondern auch zu den Frauen, die du triffst. Auch wenn du bereits nach ein paar Minuten feststellst, dass sie dir nicht gefallen.«

Mephy verschränkte die Arme vor der Brust. »Aber warum sollte ich mit ihnen Zeit verschwenden, die ich nicht habe, wenn ich doch weiß, dass aus der Sache nichts wird?«

»Weil das eine Frage des Respekts und des Anstands ist.«

»Aber ich respektiere sie doch nicht, und Anstand ist mir egal.«

Klaus zuppelte ein kleines Kruzifix an einer Kette unter seinem Death-Metal-Pullover hervor und gab ihm einen kleinen Kuss.

»Ohne Respekt und Anstand wirst du nie eine Frau finden«, sagte Suse.

»Hat bisher auch immer geklappt«, erwiderte Mephy.

»Und warum bist du dann hier, um nach einer Partnerin zu suchen?«, fragte sie.

Azazel trat aus der Tür und stellte sich neben die Couch. »Sir, ich denke, was Miss Susanne sagen will, ist, dass Ihr Eure bisherigen Manierismen ablegen und etwas mehr wie die Leute aus Euren heiß geliebten romantischen Komödien agieren solltet.«

»Heiß geliebt?«, fragte Klaus, aber keiner der Anwesenden schien darauf eingehen zu wollen.

Mephy überlegte lange. Schließlich fragte er, ob er sich wirklich gegebenenfalls mehrere Stunden lang eine Frau ans Bein binden musste, auch wenn er genau wusste, dass die Verabredung im Endeffekt nichts bringen würde.

»Man kann es ja vielleicht freundlich unterbrechen. Die Betonung liegt auf freundlich«, sagte Suse.

Mephy schnaubte, versprach aber, sich zu bessern.

»Wann hast du denn das nächste Date?«

»Morgen Abend. Aber ich werde mir das mit dem Online-Dating noch einmal überlegen, wenn es im echten Leben so läuft.«

»Nicht gleich die Flinte ins Korn werfen«, sagte Suse und setzte sich auf die Lehne des Sessels. »So eine Suche dauert eben. Und mit den anderen hast du dich ja nun schon etwas länger unterhalten. Da wird es vielleicht besser passen.«

Mephy seufzte.

»Sir, wenn ich anmerken dürfte, dass unser vorrangiges Problem noch immer eine Unterkunft ist. Vorzugsweise mit separaten Schlafplätzen für Eure Unholdigkeit und mich.«

Einen Moment lang sagte keiner etwas. Schließlich brach Suse das Schweigen. »Ihr kommt bei Klaus unter.«

Plötzlich war Klaus hellwach und setzte sich auf. »Moment mal, was, bitte?«

»Deine WG besteht doch momentan nur aus dir, oder? Was ist mit dem anderen Zimmer? Da können doch Mephy und sein Kumpel unterkommen.«

Mephy runzelte die Stirn. »Ich würde nicht sagen, dass Kumpel das richtige …«

»Kann ich dich vielleicht mal unter vier Augen sprechen«, sagte Klaus, stand auf und reichte Suse die Hand.

»Warum?« Suse blieb ruhig auf der Lehne sitzen. »Das ist doch die beste Lösung. Die beiden brauchen nicht erst ein Hotel zu suchen, in dem sie erklären müssen, dass sie keine Ausweise haben, und du hast jemanden, der sich nächsten Monat an der Miete beteiligt. Für mich klingt das nach Win-win-Situation.«

»Aber ... aber ich habe überall noch Kartons rumstehen. Es ist einfach kein Platz da.«

»Ich habe dir schon ein paarmal gesagt, dass wir auf den Trödelmarkt gehen und den Scheiß verkaufen sollten.«

Klaus verzog das Gesicht. »Ich kann doch nicht mit dem Teufel zusammenwohnen!«

»Du hast zwei Nächte Tür an Tür mit dem Teufel gewohnt!«

»Ja, aber das ... das war doch was ganz anderes!«

»Du meinst, weil du währenddessen Ablenkung hattest? Nun, das kannst du die nächsten Tage vergessen, und ganz ehrlich: Wenn du nicht bereit bist, deinen Mitmenschen zu helfen, kannst du diese Sache zwischen uns gleich vergessen.«

Klaus sah aus, als würde er gleich in Schnappatmung verfallen.

»Also, wenn man es genau nimmt, ist das mit den Mitmenschen nicht ganz korrekt«, sagte Azazel.

»Dafür liegt sie aber mit dem Rest ziemlich gut«, sagte Mephy. Er stand auf, ging um den Tisch und legte einen Arm um Klaus, der ihn mit zunehmend größer werdenden Augen ansah. »Ich glaube, wir werden eine Menge Spaß bei dir daheim haben.«

»Na, siehst du«, sagte Suse lächelnd, aber Klaus wirkte, als würde er gleich in Tränen ausbrechen.

Klaus' Apartment lag in einem Altbau und war merkwürdig geschnitten. Der größte Raum, den er als Wohnzimmer nutzte, war ein Durchgangszimmer, und sämtliche anderen Zimmer, inklusive der Toilette, gingen davon ab. Außerdem hatte Klaus fast jeden Quadratmeter dazu genutzt, Kartons zu lagern. Mephy und vor allem Azazel rümpften die Nase, weil das Wohnzimmer aussah, als hätte eine Motorradgang darin gefeiert. Auf ihren Motorrädern. Während sie mit 100 Kilometern pro Stunde fuhren.

»Ich habe schon schönere Schwefellöcher in der Hölle gesehen«, sagte Azazel. »Und was ist mit all den Kartons?«

Klaus hob den Finger und war drauf und dran, etwas zu sagen, aber Mephy umarmte ihn lächelnd und sagte, dass sie das schon gemeinsam meistern würden.

Daraufhin zeigte Klaus ihnen das Zimmer, in dem sie unterkommen konnten. Es war sehr spärlich möbliert, und ein paar Kartons nahmen Platz weg. Aber immerhin standen ein Einzelbett und ein Sofa so im Raum, dass man sie benutzen konnte. Das Sofa erwies sich zudem als ausziehbar, sodass Mephy und Azazel erleichtert seufzten, weil sie nicht im selben Bett schlafen mussten.

KAPITEL 10

FRAUEN IM INTERNET UND IN DER REALITÄT

NOCH 63 TAGE

Klaus war schon den ganzen Tag fort und hatte einen Zettel hinterlassen, dass sie um Himmels willen keinen Lärm machen sollten, weil der Vermieter ihm sonst vermutlich kündigen würde. Außerdem wies er darauf hin, dass der letzte Joghurt im Kühlschrank sein Abendessen sei und bitte nicht von jemand anderem verzehrt werden sollte. Natürlich hatte Mephy den Zettel geflissentlich übersehen und genüsslich davon gegessen, während er ein paar Nachrichten von Frauen beantwortete, die sich zurückgemeldet hatten. Er traf ein paar neue Verabredungen und blätterte noch einmal durch die Galerie, in der Hoffnung, weitere interessante Kandidatinnen zu finden.

Als es Abend wurde, zog er wieder die Jeans/Hemd-Kombination mit dem Basecap an, und Azazel versuchte, ihn zu überzeugen, dass die Anzugvariante mit dem Stetson vielleicht einen Versuch wert wäre. Aber Mephy kommentierte das nur mit »Schnackelschnick«.

Klaus kam gerade von der Uni nach Hause, als Mephy und Azazel aufbrachen. Er nickte ihnen freundlich zu und wollte es dabei belassen, aber Mephy drehte sich in der Tür noch einmal zu ihm um.

»Übrigens, der Kühlschrank ist leer. Du müsstest mal wieder einkaufen.«

»Aber da war doch noch ... ich hatte doch ...«, stammelte Klaus und ließ die Schultern hängen.

»Außerdem müsste das Wohnzimmer mal wieder aufgeräumt werden. Das sieht ja aus wie in Troja, nachdem die Griechen fertig waren.«

Klaus stöhnte. »Ich komme gerade von der Uni. Ich muss mich erst mal ausruhen.«

Mephy hob eine Augenbraue. »Hatte ich eigentlich erwähnt, dass unordentliche Menschen auch in die Hölle kommen?«

Klaus schluckte.

»Tirili!«, rief Mephy, als er hinter sich die Tür schloss.

Das nächste Treffen fand in einem klassisch italienischen Restaurant statt. Mephy wurde wegen der Kappe, die er aufbehielt, komisch angesehen, aber er wollte sich nicht ausmalen, wie die Gäste ihn angesehen hätten, wenn er sie abgenommen hätte. Er dachte an das erste Treffen mit Bea, und es schauderte ihn ein wenig, aber jetzt hatte er ein gutes Gefühl. Und er musste auch gar nicht lange warten, bis sich die brünette Katrin zu ihm gesellte, die sich nicht an der Kappe störte und mit der er sich blendend über alle möglichen Themen unterhielt. Wie sich bald herausstellte, war Katrin in ihrer Freizeit im Feminismus aktiv und hatte allerlei Aktionen – von Plakate kleben bis Demonstrationen organisieren – gemacht. Nun wollte sie wissen, wie Mephy zu der ganzen Sache stand. In seinen Augen waren Männer und Frauen völlig gleichberechtigt.

»Alle bauen Mist. Und das Geschlecht hat nichts damit zu tun. Also, ja, ich denke, ich bin durchaus ein Feminist.«

Katrin machte den Eindruck, als wäre sie sich nicht ganz sicher, wie sie die Aussage verstehen sollte, kicherte aber kurz, weil sie offensichtlich das nette Beisammensein nicht trüben wollte.

Mephy nutzte den ruhigen Moment, um über die Schulter zu schauen und Azazel, der zwei Tische weiter hinten saß und sein Wasser trank, zu beobachten. Als einzelne Person im Restaurant, das sonst nur von Pärchen frequentiert war, wirkte er merkwürdig deplatziert, und Mephy hatte den Eindruck, dass ihm das auch sehr bewusst war.

Seine Aufmerksamkeit wanderte zu einer Familie, die kurz zuvor durch die Eingangstür gekommen war und deren fünfjähriges Kind nun laut lachend durch den Gang rannte, während die Eltern in einer Ecke Platz nahmen. Nachdem das Kind kurz am Tisch der Eltern verweilt war, hatte es nun offenbar beschlossen, das Restaurant zu seinem Spielplatz zu machen, und rannte im Kreis vorbei an allen Tischen, quer durch den ganzen Raum. Als es an Mephys Tisch vorbeilief und ein lautes Quietschen von sich gab, zuckte er zusammen.

»Magst du Kinder?«, fragte Katrin und sah dem Kind lächelnd hinterher.

Irgendwie wurde Mephy das Gefühl nicht los, dass das eine Fangfrage war. Aber er antwortete wahrheitsgemäß, dass er sich darüber bisher nicht viele Gedanken gemacht hätte.

»Ich glaube, ich möchte irgendwann mal zwei haben. Einen Jungen und ein Mädchen«, sagte Katrin.

Mephy folgte mit dem Blick noch immer dem Kind, das gerade zu einer neuen Runde ansetzte. »Ich glaube, den Eltern sollte mal jemand sagen, dass ihr Kind nervt.«

»Ach, lass es doch spielen, dafür ist es ja ein Kind.«

»Nichts gegen spielende Kinder, aber sie müssen nicht schreiend durch das Restaurant rennen und andere Leute belästigen.«

»Aber es ist doch so süß«, sagte Katrin, als das Kind gerade wieder vorbeikam, kurz stehen blieb und kreischte, bevor es eine neue Runde in Angriff nahm.

Mephy zuckte erneut zusammen und blickte zu Katrin, die ihn lächelnd ansah. Er lächelte spontan zurück.

»Ich komme gleich wieder«, sagte sie. »Muss nur mal schnell wohin.«

Sie stand auf und ging in Richtung der Toiletten. Als sie am Tisch der jungen Familie vorbeikam, teilte sie den Eltern mit, dass ihr Kind schnuckelig sei. Mephy und Azazel wechselten einen Blick. Azazel zuckte mit den Schultern, Mephy verdrehte die Augen.

Der Höllenfürst wollte gerade einen Schluck von seiner Fassbrause nehmen, als das Kind wieder an den Tisch kam und kurz freudig aufschrie. Er zuckte so heftig zusammen, dass er sich das halbe Glas über die Hose kippte. Ein Blick zu den Eltern zeigte, dass die überhaupt nicht mitbekamen, was ihr Kind trieb. Sie waren in ein Gespräch vertieft – was Mephy nur noch ärgerlicher machte.

Katrin brauchte drei weitere Runden des Kindes durch das Restaurant, bis sie wieder an den Tisch kam. Mephy hatte mittlerweile mit Servietten das Gröbste getrocknet und überlegt, wie er das Kind zum Schweigen bringen könnte, ohne dass er wie ein gemeines Arschloch dastehen würde. Nicht dass ihm das viel ausgemacht oder er unter normalen Umständen gezögert hätte, aber keiner der anderen Gäste schien sich an dem kreischenden Kind zu stören. Er vermutete, dass Katrin nicht mehr so gut auf ihn zu sprechen sein würde, wenn er zu grob reagierte. Und nach dem Ausgang des letzten Dates wollte er sich Suses Rat zu Herzen nehmen und dieses nicht sofort in den Sand setzen.

Eine einfache Lösung für das Schreikindproblem fiel ihm nicht ein. Der Punkt, an dem das Fass seiner Toleranz überlaufen würde, war allerdings nahezu erreicht. Glücklicherweise kam kurz nach Katrins Rückkehr der Kellner mit dem Essen. Mephy hoffte, dass ihn das ablenken würde.

Das Kind hatte gerade eine neue Runde begonnen und kreischte nun durchgängig. Es war mehr ein Reflex als wirklich Absicht, aber er streckte sein Bein aus, als es gerade an ihnen vorbeigelaufen kam – was dazu führte, dass das Kind lang hinfiel und anfing zu weinen.

Katrin hatte gesehen, wie er das Bein ausstreckte, und starrte ihn mit aufgerissenen Augen an. Die Eltern, die sich bisher kein bisschen um ihr Kind gekümmert hatten, sprangen plötzlich von den Plätzen auf und rannten zu ihm. Auch die anderen Köpfe im Restaurant drehten sich in ihre Richtung.

»Alles wird gut, alles wird gut«, sagte die Mutter, als sie das Kind in den Arm nahm.

Der Vater fragte nur, was passiert sei.

»Er hat dem Kind ein Bein gestellt«, sagte Katrin und zeigte mit der Gabelspitze auf Mephy, und alle Blicke lagen plötzlich auf ihm.

»Ich hab nur mein Bein ausgestreckt. Das Kind ist darüber gefallen.«

»Vielleicht sollten Sie dann etwas vorsichtiger sein«, maulte die Mutter ihn an.

Mephy sah, wie Azazel den Kopf schüttelte, als ob er zu ahnen schien, was nun kam. Und in der Tat platzte es da aus Mephy heraus: »Vielleicht sollten Sie Ihr Balg nicht schreiend durchs Restaurant laufen lassen, wo es die anderen Gäste belästigt.«

»Was fällt Ihnen ein?«, fragte der Vater. »Niemand hat sich beschwert. Das Kind hat einfach nur gespielt.«

»Geschrien hat es. Geschrien. Und ganz offensichtlich hatte einfach niemand hier im Raum die Courage oder einfach nur den Elan, Ihnen zu sagen, dass Sie ein nerviges Kind haben und als Eltern versagt haben. Sie sollten es am besten in einen Raum sperren, der schalldicht verschlossen ist.«

Die Mutter stand mit offenem Mund da, und auch der Vater holte tief Luft. Das Kind weinte mittlerweile noch viel mehr. Und Katrin schaute Mephy kopfschüttelnd an.

»Was?«, fragte er sie.

»Was bist du nur für ein Mensch?«

Mephy ignorierte das letzte Wort, da er ja eigentlich kein Mensch war. »Jemand, dem inkompetente Eltern auf den Geist gehen.«

»Wir sollten die Polizei rufen«, sagte die Mutter, und der Vater stimmte ihr zu.

»Gut«, erwiderte Mephy. »Vielleicht nehmen die Ihnen ja das Kind weg und bringen es irgendwohin, wo es ordentlich erzogen wird.«

»Fahren Sie zur Hölle«, rief die Mutter.

»Letztendlich ja«, murmelte Mephy, während die Familie zurück in ihrer Ecke verschwand, ihre Sachen zusammenkramte und das Restaurant verließ. »Wir sehen uns dann da!«, rief er ihnen noch lächelnd hinterher. »Ich denke mir was Schönes für Sie aus.«

Katrin starrte ihn an. »Ich glaube, dies ist das schlimmste Date, auf dem ich jemals war.«

»Aber eigentlich haben wir uns doch ganz gut unterhalten«, meinte Mephy.

»Bis zu dem Zeitpunkt, wo sich herausgestellt hat, dass du ein verrückter Soziopath bist.«

»Soziopath? Na ja. Verrückt? Eher nicht. Aber sagen wir mal so, ich muss dir gut genug gefallen haben, dass du dich mit mir treffen wolltest.«

Katrin schaute ihn für einen Moment an und schüttete ihm dann ihr Wasserglas ins Gesicht. Sie griff ihre Tasche und wollte aufstehen und gehen, aber er zögerte nicht lange und kippte ihr die Fassbrause über den Kopf.

Mittlerweile schaute das gesamte Restaurant wie gebannt zu, und Azazel fühlte sich genötigt einzugreifen.

»Sir, vielleicht wäre es eine gute Idee, es dabei bewenden zu lassen.«

Mephy, einen Moment durch Azazel abgelenkt, sah nicht, wie Katrin mit der flachen Hand ausholte, um ihm eine schallende Ohrfeige zu verpassen. Er reagierte ganz instinktiv und wollte ebenfalls gerade ausholen, als Azazel seinen Arm ergriff und ihn zurückhielt.

»Du hättest eine Frau geschlagen?«, sagte Katrin erbost und starrte ihn mit funkelnden Augen an.

»Du hast mich doch zuerst geschlagen«, sagte Mephy. »Die Gleichberechtigung gebietet es mir, dasselbe mit dir zu tun. Es lebe der Feminismus.«

Der Kellner war mittlerweile herbeigeeilt und fragte, was denn los sei.

»Die Dame wollte gerade die Zeche prellen«, sagte Mephy. »Wir haben lediglich versucht, sie aufzuhalten.«

Katrin wollte argumentieren, dass Mephy zahlen sollte, weil er schließlich das Rendezvous zerstört habe, aber da er bereit war, seine Hälfte zu zahlen, und sie nicht, wollte der Kellner die Polizei holen. Katrin schien einen Moment zu überlegen, ob sie es darauf ankommen lassen wollte. Mephy vermutete, dass sie auf die Unterstützung der restlichen Gäste hoffte. Die tuschelten zwar an ihren Tischen, aber keiner machte irgendwelche Anstalten, in das Geschehen einzugreifen. Katrin holte schließlich ihr Portemonnaie hervor, schmiss das Geld dem Kellner vor die Füße und stapfte davon. Mephy ließ Azazel seinen Teil der Rechnung bezahlen, verweigerte aber ein Trinkgeld, da das Restaurant das Gerenne und Geschrei des Kindes nicht unterbunden hatte. Dann wünschten sie dem genervten Kellner einen schönen Abend und zogen davon.

Klaus saß auf der Couch im Wohnzimmer. Die Kartons, die vorher quer durch den Raum verteilt gewesen waren, standen nun sauber aufgereiht an der Wand. Der Ego-Shooter, den er spielte, sollte ihm eigentlich beim Frustabbau helfen, allerdings schienen irgendwelche Kinder, die der Stimme nach halb so alt waren wie er, ihn mit Leichtigkeit zu besiegen und nannten ihn »Noob«. Als dann auch noch die Tür aufging und der Teufel und sein Handlanger eintraten, sank sein Mut endgültig.

»Oh, so schön aufgeräumt«, sagte Mephy und ließ sich neben Klaus auf die Couch plumpsen.

»Ihr seid ja schon wieder zurück.«

»Ich schätze, die Frau hatte ein Problem mit meinem Verhältnis zu nervigen Kindern«, erwiderte der Teufel.

»Nervig inwiefern?«

»Herumrennen und kreischen.«

»Aber ist das nicht eine ganz normale Sache?«

»Manchmal. Aber nicht, wenn ich versuche, eine warme Mahlzeit zu mir zu nehmen, Klausibär.«

Klaus zuckte zusammen. »Ich fänd's toll, wenn Sie mich nicht so nennen würden.«

»Was, Klausibär?«

»Genau.«

»Klausiputzi wäre dir lieber?«

Klaus seufzte. »Wie lange wollen Sie noch mal auf der Erde sein?«

»66 Tage. Also jetzt noch ... 62 Tage.«

»Wenn Sie vorher die richtige Frau finden, gehen Sie dann früher?«

»Willst du uns loswerden, Klausibär?« Mephy pulte ihm mit einem Finger an der Ohrmuschel herum.

»War nur so eine Frage«, sagte Klaus und wandte den Kopf ab, um dem Finger auszuweichen.

»Falls alles super läuft, gehen wir vielleicht eher.«

Klaus schlug Mephys Hand weg und stand auf, um aus seiner Reichweite zu treten. »Dürfte ich eine ernst gemeinte Frage stellen?«

»War sie das schon?«, fragte Mephy.

Klaus seufzte. »Wie ernst ist es Ihnen damit, eine Frau zu finden? Ich meine, wollen Sie wirklich eine finden, oder wollen Sie nur einfach irgendwelche Leute gleich hier auf der Erde quälen, weil das Ihr Ding ist?«

»Aber Klausibärchen, ich quäle doch niemanden.«

Klaus schaute verzweifelt zu Azazel, der emotionslos in der Tür stand.

»Okay, machen wir das anders«, sagte Klaus. »Was haben Sie denn aus den bisherigen Verabredungen gelernt?«

»Man kommt in aller Regel nicht dazu, zu essen«, sagte Mephy. »Übrigens, Azazel, wenn du uns allen ein schönes Soufflé zaubern könntest.«

»Sehr wohl, Sir«, sagte der Butler, deutete eine Verbeugung an und verschwand in der Küche.

»Kann ... kann ich davon was abhaben?«, fragte Klaus vorsichtig.

»Aber natürlich, Klausibär.« Mephy tätschelte einladend den Platz neben sich auf der Couch.

Klaus blieb stehen. »Was können Sie besser machen, damit es beim nächsten Mal nicht so schiefläuft?«

Mephy zeigte mit beiden Daumen auf sich selbst. »Ich? Ich soll etwas falsch gemacht haben?«

»Na ja, wenn Sie vielleicht noch einmal darüber nachdenken, fällt Ihnen eventuell ein, wie Sie Ihrer potenziellen Gefährtin den Abend hätten angenehmer gestalten können.«

»Ich? Sie hat mich doch verpetzt und verraten, dass ich dem Kind ein Bein gestellt habe.«

Klaus stutzte. »Sie haben einem Kind ein Bein gestellt?«

»Es war nervig.«

»Aber es war ein Kind!«

Mephy zuckte mit den Schultern. »Balg bleibt Balg.«

»Ich glaube nicht, dass ... also wenn das beim Date ... mit Kindern ... ich glaube, Sie sollten vielleicht in Zukunft nicht ... also generell nicht ... einfach keine Kinder verhauen, ja?«

»Ich habe es nicht verhauen. Ich habe ihm aus Versehen ein Bein gestellt, auch wenn ich denke, dass es das verdient hatte.«

Klaus kratzte sich am Kopf. »Also ... ähm ... möchten Sie keine Kinder haben?«

Mephy überlegte kurz. »Weiß nicht. Nein, erst mal nicht.«

»Gott sei Dank«, murmelte Klaus.

»Fühle mich noch etwas zu jung dafür.«

Klaus musterte ihn.

»Was?«, fragte Mephy.

»Nichts! Gar nichts!«, schoss es aus Klaus heraus. »Wir sollten dann nur ... also, Sie sollten dann vielleicht im Profil angeben, dass Sie keine Kinder wollen. Das schränkt die Suche etwas ein.«

Mephy lächelte. »Und ich dachte, dass du mich loswerden willst, Klausibär. Wenn ich die Suche einschränke, finde ich doch weniger Frauen. Und weniger Frauen bedeuten weniger Verabredungen, bedeuten weniger Möglichkeiten, mich zu verlieben.«

Klaus stand da und blinzelte nervös, während er versuchte, Mephys Logik zu folgen, und realisierte, dass er damit vielleicht recht hatte. »Aber es wären weniger schlechte Dates. Sie sortieren ja auch schon die aus, die grammatikalisch schlecht schreiben.«

Mephy nickte zur Bestätigung.

Klaus kam eine Idee. »Aber wir könnten Ihnen trotzdem mehr Dates verschaffen.«

Mephy horchte auf. »Da bin ich aber gespannt, was der Kerl, der seine Angebetete zu einer schwarzen Messe mitbringt, zu sagen hat!«

Während Azazel in der Küche das Abendessen zubereitete, zeigte Klaus Mephy weitere Dating-Sites im Internet, machte ihn aber darauf aufmerksam, dass manche von ihnen nicht ganz so seriös waren.

»Ach was«, sagte Mephy. »Liebe deine Unvollkommenheiten«, las er vom Bildschirm ab. »Und dann zeigen sie nur hübsche Menschen.«

»Und das ist eine der seriöseren«, erwiderte Klaus.

Mephy schnaubte und schaute sich noch ein paar andere an. »Ist eigentlich jede dieser Seiten Testsieger irgendwo? Und was soll das hier heißen? Deutschlands erste Singlebörse. War das die erste? Ist das die beste? Sollte man sie sich zuerst ansehen und dann vergessen?«

Klaus zuckte mit den Schultern. »Und dann gibt es noch diese hier.« Er machte ein paar neue Browserfenster auf und öffnete Seiten eher erotischer Natur. »Diese Frauen würden sich mit Ihnen wahrscheinlich eher treffen, aber wahrscheinlich sind sie nur an einem interessiert.«

»Die Höhe meiner Lebensversicherung?«, fragte Mephy sarkastisch.

»Der Teufel hat eine Lebensversicherung?« Klaus runzelte die Stirn.

»Klausibär, das war ein Scherz.« Er wandte sich wieder dem Laptop zu. »Aber elegant, wie sie da den Anmelde-Bubble so direkt über die nackte Brust platziert haben. Trotzdem, ich möchte eigentlich eine kennenlernen, die an einer etwas längeren Beziehung interessiert ist. Einer sehr langen Beziehung. Einer sehr, sehr langen, um genau zu sein.«

Klaus sah aus, als würde ihn bei dem Gedanken schaudern.

»Wenn es nur darum geht, irgendwen ins Bett zu kriegen, habe ich damit in der Hölle keine Sorgen.«

»Gut, also lassen wir die Seiten für die schnellen Abenteuer weg«, meinte Klaus.

»Schnelle Abenteuer?«, sagte Azazel, der zwei Teller hereintrug und vor den beiden auf dem Wohnzimmertisch abstellte. Das Essen dampfte, und Klaus lief beim Anblick das Wasser im Mund zusammen.

»Sex. Er meint Sex«, sagte Mephy, ohne vom Laptop aufzuschauen.

»Könnten Sie mir die Adressen dieser Seiten aufschreiben?«, fragte Azazel.

»Sicher«, sagte Klaus abwesend.

Erst dann starrten sie Azazel überrascht an.

»Was?«, fragte der.

»Was genau hast du denn mit diesen Adressen vor?«, fragte Mephy.

»Ich dachte, ich könnte vielleicht ebenfalls eine Gefährtin für die Dauer unseres Aufenthalts finden. Sofern Ihr das zulasst, Sir.«

»So weit kommt es noch«, polterte Mephy.

»Warum denn nicht?«, fragte Klaus. »Oder ist er so was wie Ihr Sklave und darf keine Frau haben?«

Azazel und Mephy starrten ihn an. Und Klaus bemerkte erst jetzt, dass er recht forsch gegenüber dem Teufel auftrat.

»Klausibärchen, das war ja schon fast eine Gegenargumentation.«

»Ich wollte gar nicht, also, ich meinte ja nur …«

»Schon gut, Klausibär«, sagte Mephy, »du hast ja eigentlich recht.« Er grübelte einen Augenblick. »Na ja, warum eigentlich nicht.« Er wandte sich an Azazel. »Solange du deine Pflichten nicht vernachlässigst.«

Azazel riss die Augen auf. »Sir, ich kann mir also eine Partnerin suchen?«, fragte er in unerwartet emotionalem Ton.

»Der Chef hat nichts dahin gehend gesagt, und mir kann es ja im Grunde egal sein.«

»Vielen Dank, Sir!«

»Jaja«, sagte Mephy und nahm den Teller mit dem Essen.

Azazel wollte wieder in die Küche gehen, als Mephy noch etwas einfiel.

»Willst du tatsächlich einfach mit irgendeiner Frau Sex haben, die du gar nicht kennst?«, fragte er. »Und dann nie wieder von dir hören lassen?«

Azazel blieb in der Tür stehen. Sein Gesicht zeigte keine Regung. »Es ist nicht so, dass ich sonst viel Zeit und Möglichkeit dazu habe, Sir. Ich erinnere Euch daran, dass mein normaler Körperbau dafür wenig geeignet ist.«

»Aber es gibt doch sicher Dämoninnen, die …«

»Gibt es nicht, Sir«, sagte Azazel, ohne eine Miene zu verziehen.

»Sollte mich eigentlich nicht überraschen«, meinte Mephy. »Hölle eben.«

»Ich finde das ja nicht so toll«, sagte Klaus mit vollem Mund. Er hatte sich bereits über das Essen hergemacht.

»Was findest du nicht toll? Sex?«, fragte Mephy.

»Nein, einfach Sex zu haben, ohne sich irgendwie näher zu kennen oder sich überhaupt näher kennen zu wollen. Da fehlt mir die Intimität. Und ich käme mir am nächsten Morgen wie ein Drecksack vor.«

»Ich würde gegebenenfalls einen Tee mit ihr trinken«, tönte Azazels Bariton aus der Küche.

Mephy nickte Klaus zu, als wollte er sagen: »Na, wenigstens etwas.«

Die Konversation ebbte ab, während sie ihr Mahl aßen. Mephy stocherte mit der Gabel in der linken Hand im Essen, während er sich mit der rechten durch Websites klickte. Er war so gebannt von den neuen Möglichkeiten, dass er darüber vergaß, Klaus weiter zu nerven. Der spielte noch etwas auf seiner Konsole und verabschiedete sich irgendwann ins Bett. Auch Azazel verschwand, nachdem er Mephy noch etwas Tee gebracht hatte.

Gegen zwei Uhr nachts hatte Mephy etliche Frauen angeschrieben und für die nächsten 14 Tage fünf Rendezvous vereinbart.

KAPITEL 11

VERLORENE TAGE

NOCH 57 TAGE

Am Mittwochnachmittag traf sich Mephy in einem Café mit einer Frau, die ihm fast zu jung erschien. Sie war Anfang 20 und hieß Liv. Mit dunklen Haaren, einem süßen Lächeln und, wie auf einem ihrer Bilder zu erkennen war, einem Poster an der Wand, das sie als Fan der BBC-Serie *Sherlock* outete, hatte sie sein Interesse geweckt. Sie hatte recht schnell auf seine Nachricht geantwortet, und sie hatten sich lange genug ausgetauscht, dass er sie sympathisch fand. Außerdem steckte sie mitten in einem Kunststudium, was ihm gefiel, da er annahm, dass sie dadurch auch an Kunst interessiert sei. Suse, die das Wochenende bei Klaus verbracht hatte und sich von Azazel hatte berichten lassen, wie es bei den anderen so gelaufen war, gab Mephy noch mit, er solle den Frauen Komplimente machen. Sie müssten ja nicht ernst gemeint sein. Mephy, der sich eigentlich weigerte zu lügen, nahm den Ratschlag schließlich an, als Suse meinte, dass er der »verdammte Höllenfürst« sei, der ja wohl in der Lage wäre, Menschen anzulügen. Mephy kam zu dem Schluss, dass es nicht schaden könnte, es mal zu versuchen.

»Du siehst in der Realität noch viel besser aus als auf den Fotos«, sagte er zu Liv und lächelte. Er musste für das Kompliment gar nicht lügen. Er fand es zwar nicht so toll, dass die dunklen Haare, die er so mochte, nur gefärbt waren und er am Haaransatz die deutlich helleren Haare erkennen konnte, aber sie war in der Tat hübsch, auch wenn sie weniger lächelte als auf den Profilbildern.

Liv tippte auf ihrem Handy herum und sah nicht auf. »Ich muss hier nur noch schnell etwas schreiben.«

»Könntest du das vielleicht weglegen, solange wir uns unterhalten? Ich finde das irgendwie unhöflich.«

»Was?«, fragte Liv. »Mein Handy?«

Mephy hob die Hände und schüttelte den Kopf.

Sie gab ein abweisendes Schnaufen von sich. »Du bist auch so ein Offliner, was?«

»Äh, wie bitte?«

»Na, du bist kein *digital native*. Na ja, vermutlich schon ein wenig zu alt dafür.«

»Stimmt mit mir irgendwas nicht, weil ich während unseres Treffens nicht aufs Handy starre?«

Liv schaute genervt und murmelte: »Offliner.«

»Schade, ich finde nämlich, dass du sehr attraktiv bist, aber man kann ja kaum dein Gesicht sehen, weil du die ganze Zeit nur nach unten schaust.«

Mephy war ganz besonders stolz auf den Satz, denn er enthielt ein Kompliment – so wie Suse es von ihm erwartete – und einen kleinen Vorwurf zugleich.

Sie packte das Handy weg, wobei sie demonstrativ mit den Augen rollte. Mephy bedankte sich, fragte sich aber insgeheim, warum sie einem Treffen zugestimmt hatte, wenn sie nur mit ihrem Handy beschäftigt sein wollte.

»Was machst du denn so, wenn du nicht gerade Kunst studierst?«, fragte Mephy.

»Ach, ich bin viel auf Instagram und Snapchat unterwegs.«

Mephy hatte keine Ahnung, wovon sie sprach, und gab lediglich ein bestätigendes »Hm« von sich.

»Ich mach manchmal auch ein wenig was für deviantArt, aber irgendwie ist mir da die Community zu elitär geworden.«

»Ach so?«, sagte Mephy.
»Ja, bist du auch auf deviantArt?«
»Nein, ich schau da nur mal ab und zu rein«, log Mephy.
Liv kramte erneut das Handy hervor. »Was ist denn dein Account, dann können wir uns dabei verbinden. Und bist du auf Instagram?«
Mephy schüttelte den Kopf.
»Twitter?«
Wieder schüttelte Mephy den Kopf, diesmal unbehaglicher.
»Facebook?«, fragte sie skeptisch.
Mephy lächelte nur noch.
»Etwa Google Plus?«
Als Mephy auch hier verneinen musste, ignorierte Liv ihn fast völlig. Sie tranken noch aus und verabschiedeten sich dann voneinander, wobei ihr im Weggehen noch einmal das Wort »Offliner« rausrutschte.

Zwei Tage später fand er sich mit einer Frau, die bereits Mitte 30 war und zwei Kinder hatte, in der Nähe des Bode-Museums in Mitte wieder. Katja sah auf den Bildern etwas verträumt aus, hatte aber in kurzen, ordentlich geschriebenen Sätzen geantwortet. Sie schrieb, dass sie ihre Zeit eher drinnen verbrachte. Mephy fand das gut, denn wenn er ehrlich zu sich selbst war, war er auch lieber drinnen, als sich irgendwo draußen aufzuhalten. Sie fanden ein paar der gleichen Fernsehserien gut, auch wenn Mephy mit ihrem Hobby Tanzen nicht viel anfangen konnte. Als Kompromiss trafen sie sich in dem Café, in dessen Biergarten man Pärchen beim Tanzen zuschauen konnte. Sie saßen etwas abseits unter den Bäumen, konnten aber genug von den Tango-Tänzern sehen, und die Musik war auch nicht zu laut, sodass sie sich unterhalten konnten.
»Kannst du auch Tango tanzen?«, fragte Mephy.
»Nein«, sagte Katja und zog am Strohhalm in ihrem Glas.
»Welche Tänze kannst du denn?«

»Ein paar.«
»Zum Beispiel?«
»Walzer.«
Mephy wartete einen Augenblick, denn vielleicht wollte Katja ja auch etwas fragen. Aber sie zog weiter am Strohhalm und schaute in die Gegend.
»Ist schön hier«, sagte Mephy.
Von Katja kam keine Reaktion.
»Bist du hier schon öfter gewesen?«
»Nein.«
»Aha«, sagte Mephy.
Diesmal war die Stille noch unangenehmer als zuvor.
»Und sonst so?«
Katja schaute zu ihm herüber und zuckte mit den Schultern.
»Gut«, sagte Mephy. »Dann hätten wir das ja geklärt.«
Katja zog noch einmal am Strohhalm, schluckte und sagte dann: »Mit dir kann man sich total gut unterhalten.«

Die beiden nächsten Treffen waren ebenfalls als Katastrophe zu bezeichnen. Inga, mit der sich Mephy zunächst gut unterhalten hatte, erwähnte irgendwann, dass sie der Flat Earth Society angehörte, deren Mitglieder daran glauben, dass die Erde flach ist. Sie insistierte, dass sie Hunderte Mitglieder rund um den Globus hätten, was ihn dazu brachte, laut zu lachen und somit den Abend deutlich zu verkürzen.

Suse hatte ihm immer wieder versucht zu erklären, dass er auf die Frauen eingehen und sich nicht über ihre Interessen lustig machen sollte. Mephy hielt dagegen, dass er sich nicht vornahm, über irgendwas zu lachen, es ihm aber nicht übel genommen werden könnte, wenn er etwas so Dämliches hörte.

Das vierte Date – eine Frau namens Nicole mit Ohrringen so groß wie Kronleuchter, die online weltoffen und nett klang – stellte sich als egozentrische, auf Statussymbole achtende Frau heraus, deren erster Konversationspunkt war, dass Mephy abnehmen müsste. Sie warf ihm vor, dass er auf dem Foto getrickst hatte, was er vehement verneinte. Sie nahm ausgerechnet Azazel, der ein paar Tische weiter saß, als Gegenbeispiel und erklärte, dass sein Äußeres von Erfolg sprach. Nachdem Mephy ihr freundlich erklärt hatte, dass Eitelkeit eine Todsünde war und sich die Verabredung damit wohl erledigt hätte, versuchte sie, bei Azazel zu landen. Der entschuldigte sich aber schnell, als er sah, dass sein Herr mit verschränkten Armen an der Tür wartete.

Am Donnerstag hatten er und Azazel ein Doppel-Date. Jessica, die Frau, mit der Mephy verabredet war, wollte sich eigentlich mit einer Freundin treffen, hatte aber vorgeschlagen, sich trotzdem zu sehen, wenn er einen Freund mitbrächte, damit sich ihre Freundin nicht wie das fünfte Rad am Wagen fühlte.

Als Mephy Azazel den Vorschlag machte, mitzukommen, schaute dieser überrascht.

»Ein Freund, Sir?«

»Nicht zu viel hineininterpretieren, Azazel.«

»Wie Ihr meint, Sir.«

Sie verabredeten sich gut eine Stunde früher als nötig in der Nähe des Potsdamer Platzes zum Freiluftkino. Mephy wollte wissen, welchen Film sie sehen würden, aber Jessica sagte, das sei nicht so wichtig, weil sie sich ja kennenlernen wollten. Sie sicherten sich gute Plätze und begannen, sich zu unterhalten.

Jessicas Freundin hieß Sonja und hatte sowohl den Haarschnitt als auch die dunkle Tönung von Jessica kopiert, was die beiden fast wie Zwillingsschwestern aussehen ließ. Sonja war sofort hin und weg von Azazel, was sich darin äußerte, dass sie immer näher an ihn heranrutschte, bis sie zu Beginn des Films praktisch miteinander kuschelten. Mephy linste nur gelegentlich zu ihnen herüber, weil er selbst mit Jessica ins Gespräch vertieft war, aber sein Diener machte den Eindruck, als wäre das alles eine völlig neue Erfahrung für ihn.

Was vermutlich stimmte. Zumindest ließ sein Gesichtsausdruck erahnen, dass es ihm gefiel. Auch Jessica schaute ab und an zu ihnen und lächelte, weil sie sah, dass sich die beiden gut verstanden.

»Scheint so, als kämen nicht nur wir gut miteinander klar«, sagte Jessica.

Mephy nickte. »Obwohl ich zugeben muss, dass ich deinem Enthusiasmus für Kubrick-Filme nur begrenzt folgen kann.«

»Ich verstehe ja, dass man von den Filmen halten kann, was man mag, aber wenn man sie sich allein vom technischen Standpunkt aus ansieht, sind sie bereits Meisterwerke. Meiner Meinung nach ist er der Vermeer des Films.«

»Auch da könnte man wieder diskutieren, was man von Vermeer als Maler hält.«

»Vermeer war der König der Details«, erklärte sie. »Und seine Lichtkompositionen sind einmalig. So wie die Kompositionen und Details in Kubrick-Filmen einmalig sind.«

»Ich gebe zu«, sagte der Teufel, »dass ich den unrealistischen Stil von Hieronymus Bosch immer ziemlich gut fand, aber Geschmäcker sind eben verschieden. Manche Leute mögen Malen-nach-Zahlen-Kätzchenbilder.«

Sie rückte näher an ihn heran. »Aber irgendwas sagt mir, dass wir uns nicht so lange unterhalten hätten, wenn ich auf Kätzchenbilder stehen würde.«

Mephy lächelte sie an. »Wahrscheinlich nicht. Zeit für den Wein?«

Sie nickte enthusiastisch.

Mephy kramte die Weinflasche hervor, die er hinter irgendwelchen Kartons in der Wohnung von Klaus gefunden hatte.

»Ich habe leider keine Gläser dabei«, sagte er, »aber ich nehme an, dass die Pappbecher dem Bouquet des hiesigen Supermarkt-Weins wenig abträglich sind.«

So waren beide ein wenig beschwipst, als der Film anfing, und lachten an den unpassendsten Stellen – was bei einem Film über die Sklaverei in Amerika eigentlich ständig war.

So war es wenig verwunderlich, dass die vier nach einer Dreiviertelstunde von einem Mitarbeiter hinausbegleitet wurden, weil sich die anderen Zuschauer beschwert hatten.

Immer noch lachend, gingen sie langsam in Richtung des Potsdamer Platzes, als Jessica Sonja beiseitenahm und mit ihr tuschelte.

»Ich habe ein gutes Gefühl bei der Sache«, sagte der Höllenfürst und stieß Azazel in die Seite.

»Ich neige dazu, Ihnen zuzustimmen, Sir.«

Jessica und Sonja hatten offenbar genug getuschelt und hielten direkt vor den beiden an. Sonja biss sich verführerisch auf die Lippe, während Jessica sprach.

»Also, Jungs, wir haben überlegt, wie wir den Abend ausklingen lassen könnten.«

»Und zu welchem Ergebnis seid ihr gekommen?«, fragte Mephy lächelnd.

»Ich wohne nicht allzu weit weg. Und da haben wir gedacht, dass wir vielleicht zu mir gehen und ein wenig Spaß zu viert haben könnten.« Sie drückte sich an Mephy.

»An was hattet ihr denn gedacht? *Mensch, ärgere dich nicht* oder *Malefiz* oder so was?«, fragte Mephy.

Jessica sah ihn überrascht an, lachte dann aber. »Du bist ein Quatschkopp.«

Sonja knabberte Azazel am Ohr, was dieser mit einem zitternden Augenlid und einem wohligen Schaudern quittierte. Aber dann flüsterte sie ihm etwas ins Ohr, was ihn die Augen aufreißen ließ. »Sir, wenn ich Euch kurz allein sprechen könnte.« Dann wandte er sich an Sonja. »Einen kleinen Augenblick, bitte, ja?«

Sie standen etwas abseits, als Azazel ihm erklärte, was genau Jessica meinte.

Mephys Augen wurden immer größer. »Ich hab ein ganz mieses Gefühl dabei!«, sagte er plötzlich.

»Das dachte ich mir, Sir.«

»Und sie wollen, dass wir zusammen ... also nicht nur sie und ich, sondern auch ...« Er zeigte auf die Frauen, auf Azazel, auf sich und machte dann wilde Handbewegungen.

»Ihr habt es erfasst, Sir.«

Mephy ging zu Jessica und stellte sie zur Rede.

»Wir alle? Wirklich? Untereinander? Ich dachte, wir hätten etwas gemeinsam.«

Jessica schaute verwirrt. »Aber in meinem Profil habe ich doch geschrieben, dass ich Swingen mag.«

»Swingen? Nennt sich das so? Ich dachte, dass du auf Benny Goodman oder Glenn Miller stehst.«

»Wer ist Benny Goodman?«

Mephy seufzte. »Komm, wir gehen, Azazel.«

Mephy machte ein paar Schritte, aber Azazel blieb bei den Frauen stehen.

»Was ist?«

»Sir, wenn Ihr nicht wollt, dann ist das völlig in Ordnung, aber hättet Ihr etwas dagegen, wenn ich ...« Azazel zeigte auf Sonja und Jessica, die verspielte Schmollmienen aufgesetzt hatten.

Mephy winkte resigniert ab und trottete schweigend davon.

Klaus saß vor dem Fernseher und spielte auf der Konsole ein Ballerspiel, um sich abzureagieren, als er hörte, wie die Wohnungstür aufgeschlossen wurde. Er verzog das Gesicht, als er Mephy sah – ganz allein. Der Höllenfürst trat ins Wohnzimmer und ließ sich stumm und mit hängendem Kopf neben ihm auf die Couch fallen. Klaus beugte sich zur Seite, sodass seine Ohren außer Reichweite von Mephys Fingern waren.

»Äh, wie ist es denn gelaufen?«, fragte er vorsichtig, nachdem er das Spiel auf Pause gestellt hatte.

»Was glaubst du denn? Siehst du mich mit meiner Angebeteten über grüne Wiesen springen und dabei eingängige Lieder singen?«

»Wäre das eine Voraussetzung, damit sie Sie zufriedenstellt?«

»Das war ein Scherz, Klausibär. Ein Scherz.«
Klaus seufzte.
»Es stellte sich heraus, dass das Doppel-Date wohl darin enden sollte, dass alle vier gemeinsam Sex haben. Das war irgendwie nicht die Vorstellung, die ich von meiner Zukünftigen hatte.«
»Und ich dachte immer, dass der Teufel allem gegenüber aufgeschlossen wäre. Oder es sogar erfunden hätte.«
»Ich bin aufgeschlossen gegenüber allem. Von mir aus können so viele, so unterschiedliche oder auch so viele gleiche Leute Sex miteinander haben, wie es ihnen gefällt, solange dabei niemand zu Schaden kommt. Nur ich persönlich wünsche mir eben eine andere Beziehung.«
»Sie wollen tatsächlich so eine romantische Hollywood-Liebelei, sehe ich das richtig?«
»Ich möchte gerne eine Frau haben, die sowohl meinen Intellekt als auch das kleine Teufelchen anspricht. Und die auch die Welt ähnlich sieht wie ich. Und nicht gleich alles vögelt, wenn ich dabei bin.«
Klaus nickte.
»Mit kleinem Teufelchen meinte ich übrigens …«
»Ich weiß schon, was Sie mit kleinem Teufelchen meinten. Sie brauchen das nicht näher auszuführen.«
»Sei doch nicht so empfindlich, Klausibär.«
»Ich bin nicht … und bitte hören Sie doch mit dem Klausibär auf.«
Mephy sah ihn mit kokettem Augenaufschlag an, der Klaus klarmachte, dass er den Spitznamen wohl nicht so schnell loswürde.
»Was spielst du da überhaupt?«, fragte Mephy.
»Duty For Battle 9: Intergalactic Warfare.«
»So ein eingängiger Titel. Zergeht auf der Zunge.«
Klaus verzog das Gesicht, aber dann bemerkte er, wie der Teufel neben ihm auf der Couch wieder in sich zusammensank.
Der Höllenfürst wollte es vielleicht nicht zugeben, aber die fehlgeschlagenen Rendezvous setzten ihm zu, und alle hatten ihm Zeit geraubt. Sicher, die anderthalb Monate, die verblieben, klangen wie

eine Menge Zeit, aber er hatte schon ein Drittel des Aufenthalts verschwendet. Er sagte sich immer wieder, dass er das schon hinbekommen würde, aber sein Bauch meinte etwas anderes. Einen Moment lang überlegte Klaus, ob es wirklich eine gute Idee war, nett zu ihm zu sein. Aber schließlich fand er, dass Mephy etwas Aufmunterung gebrauchen konnte.

»Wollen wir Fußball spielen?«

»Du meinst rausgehen und physisch aktiv sein? Ich glaube, dazu habe ich jetzt nicht den Nerv.«

»Nein, ich meinte hier, auf der Konsole.« Klaus kramte nach dem zweiten Controller.

»Auf der Couch sitzen, sich nicht bewegen und darüber meckern, dass die Spieler auf dem Bildschirm nicht schnell genug rennen? So finde ich Fußball am besten«, sagte Mephy und lächelte ein wenig.

Klaus gab ihm den Controller und wechselte das Spiel.

Ein paar Stunden später saßen sie erschöpft auf der Couch. Leere Bierflaschen lagen herum, und Pizzakartons stapelten sich, weil Mephy aus einer Laune heraus gleich mehrere Extra-Large-Pizzen bestellt hatte.

»Die kann man ja morgen auch noch essen.«

Tatsächlich hatten beide von jeder Pizza probiert, hatten sich dabei völlig überfressen und waren angetrunken. Sie lagen mehr auf der Couch, als dass sie saßen. Da kam Azazel zurück.

»Meiner Treu, hier sieht es aus, als wären die mongolischen Horden durchmarschiert.«

»Da isch er ja«, lallte Mephy. »Der treue Diener, der sisch lieber mit swei Frauen vergnügt, als sisch um seinen Herrn zu kümmern.«

Azazel sah ihn unbewegt an. »Wie ich sehe, habt Ihr Euch bereits um Verpflegung gekümmert. Anscheinend auch für die nächsten paar Tage.« Er nahm einen Pizza-Karton hoch, sah hinein und rümpfte die Nase.

»Lass das lieg'n«, nuschelte Mephy. »Das essch morgen noch.«

»Natürlich, Sir. Dürfte ich vorschlagen, dass Ihr und Euer Kumpan nun vielleicht ins Bett geht.«

»Isch musste ganz allein Pizza bestelln!«, krakeelte Mephy weinerlich.

»Und das hatta super gemacht«, lallte Klaus zur Unterstützung.

»Selbstverständlich«, sagte Azazel unbewegt.

»Der Pizzabote hat sisch bekreuzigt, alsa meine Hörner gesehen hat. Das fandsch witzig«, sagte Mephy.

Azazel half ihm, aufzustehen und sich ins Bett zu packen. Nachdem Mephy auf dem Weg zweimal fast zusammengebrochen war, gab Azazel es auf, ihn auch noch umzukleiden. Er deckte ihn zu, so wie er war, und kümmerte sich dann um Klaus, den er ebenfalls ins Bett fallen ließ, um sich dann selbst nachtfertig zu machen. Als er ins Zimmer zurückkam, in dem Mephy bereits laut schnarchte, verließ er es doch lieber und räumte die Flaschen und Pizzakartons von der Couch, um sich dort hinzulegen.

KAPITEL 12

DIE ANDEREN OPTIONEN

NOCH 48 TAGE

Am nächsten Morgen stand Azazel in der Küche und hatte aus dem, was der Kühlschrank hergab, ein Frühstück gezaubert. Rührei, Brote und etwas Kaffee für die verkaterten Mitbewohner.

Es war der Geruch aus der Küche, der Klaus aus seinem Zimmer und gegen einen Stapel Kartons stolpern ließ. Er hielt sich den Kopf und ließ sich auf die Couch fallen.

»Du hast Frühstück gemacht, Azazel?«

Azazel nickte ihm zu. »Natürlich habe ich das in erster Linie für meinen Herrn gemacht, aber in Anbetracht der Tatsache, dass es sich um Ihr Essen handelt und wir hier logieren, dürfen Sie natürlich ebenso zugreifen.«

»Äh, vielen Dank. Nehme ich an.« Klaus hielt sich den Kopf und stöhnte.

»Wenn ich vorschlagen dürfte, dass Sie Ihr Frühstück gut salzen? Ansonsten würde ich empfehlen, dass Sie vielleicht etwas Joghurt aus dem Kühlschrank essen.«

Nun stolperte Mephy ebenfalls ins Wohnzimmer. »Oh, mein Kopf«, sagte er und ließ sich neben Klaus fallen. »Klausibär, was war in den Getränken?«

»Ich denke, es steht außer Frage, was in den Getränken war, Sir. Die Frage ist wohl eher, wie viel davon Ihr konsumiert habt. Meiner Zählung der Flaschen und meiner professionellen Meinung zufolge: eine Menge.«

»Du ... du bist mit den Frauen abgehauen«, sagte Mephy und wedelte mit dem Zeigefinger in seine Richtung.

»Wir hatten das ja bereits besprochen.«

»Das war nicht korrekt. Gar nicht korrekt war das.«

Azazel sah eine Tüte Salzstangen auf dem Boden liegen, hob sie auf und hielt sie Mephy hin. »Sir, ich denke, Ihr solltet etwas Salziges essen.«

Aber Mephy wischte die Salzstangen beiläufig mit der Hand weg, ehe er sich entkräftet auf das Sofapolster fallen ließ.

»Zwei Frauen?«, fragte Klaus und wiegte den Kopf, als wollte er etwas andeuten.

»In der Tat«, sagte Azazel.

»Und? Wie ist das so?«, fragte Klaus.

»Ich habe keine empirischen Daten, um Vergleiche anstellen zu können«, erwiderte Azazel. »Aber für mein erstes Mal fand ich es recht anregend.«

Klaus riss die Augen auf. »Das war dein erstes Mal?«

»Anregend hat er gesagt. Anregend!«, echauffierte sich Mephy. »Mit zwei Super-Frauen im Bett gewesen, und er sagt, es war anregend.«

»Das war dein erstes Mal mit zwei Frauen oder dein erstes Mal ... also ... dein erstes Mal?«

Azazel hob eine Augenbraue. »Sie machen da unnötig viel Aufhebens drum, scheint mir.«

Klaus wandte sich an Mephy. »Sein erstes Mal?«

Mephy gelang es, den Kopf zu Klaus zu drehen und ein Nicken anzudeuten.

»Aber du ... aber du ... du bist doch schon ... wie alt bist du eigentlich?«, stotterte Klaus.

»Ich bin etwas über 2000 Jahre alt«, sagte der Butler sachlich. »Und ich hatte bisher einfach nicht die Gelegenheit, weil es keine weiteren Dämonen wie mich gibt.«

»Donnerwetter. Und die in Hollywood dachten, es sei für einen 40-Jährigen schon ungewöhnlich. Das schlägst du ja um Längen. Und dann gleich mit zwei Frauen.«

»Und was für welche!«, rief Mephy.

»Sir, wenn ich Euch erinnern dürfte, dass Ihr, wenn Ihr gewollt hättet, auch selbst …«

»Schnackelschnick! Ich nehme doch nicht an einer Orgie mit meinem Butler teil«, rief Mephy.

»Wie Ihr meint, Sir.«

»Dieses Online-Dating ist totaler Mist«, sagte Mephy plötzlich und verschränkte die Arme vor der Brust.

Es klingelte. Klaus stand auf, um die Tür zu öffnen. »Hallo!«, sagte er erfreut, als er Suse sah. »Schwänzt du wieder?«

»Früher Schluss«, sagte sie und wollte ihn gerade küssen, als eine Fahne Restalkohol sie traf.

»Ach du meine Güte. Das riecht nicht nach dem guten Zeug.«

Sie küsste ihn beiläufig auf die Wange, bevor sie ins Zimmer stürmte, kurz »Hi!« rief und sich auf den Sessel fallen ließ. Nur um dann zu merken, dass sie auf einem Pizzakarton saß, den sie umständlich unter ihrem Hintern hervorzog. Erst dann fielen ihr die gestapelten Pizzakartons am Fenster auf.

»Hier sieht es aus wie auf einer möblierten Müllhalde. War hier eine Party?«, fragte sie leicht vorwurfsvoll und schaute Klaus an, der wieder aufs Sofa fiel.

»Ich glaube, das war eher eine Feier für zwei«, sagte Azazel. »Im Übrigen können Sie den Karton dort drüben hinlegen. Die Herren wollen das später noch essen.« Er machte nicht den Eindruck, als würde er das Ganze gutheißen.

Sie schmiss den Pizzakarton achtlos auf eine der Umzugskisten. »Ich hab ja auch schon mal gehört, dass jede Pizza eine gute Pizza ist, aber bei alter, kalter Pizza bin ich skeptisch«, sagte Suse. »Und räum endlich mal deine Umzugskisten weg oder verkauf den Scheiß auf dem Flohmarkt. Das könnten wir noch machen, bevor ich auf die Kursfahrt gehe.«

»Das ist der Kram meiner Eltern, den kann ich doch nicht einfach wegschmeißen oder verkaufen.«

»Doch«, sagte Suse. »Kannst du. Solltest du sogar.«

Klaus ließ sich wieder aufs Sofa fallen. »Und was die Pizza angeht: Ein Hoch auf die Mikrowelle.«

»Iiih, dann wird die ja ganz labberig«, erwiderte Suse.

Mephy stöhnte.

»Dicken Kopp, wa?«, meinte Suse.

Mephy stöhnte erneut.

»Wie ist es denn gelaufen? Schon irgendeine zukünftige Frau Teufel in näherer Auswahl?«

Mephy stöhnte nochmals – obwohl es sich dabei eher um ein Grunzen handelte.

»So gut, ja?«

Klaus lehnte sich vor. »Unser Teufel hier findet, dass Online-Dating Mist ist. Bis jetzt hatte er kein Glück. Azazel hingegen hat in der letzten Nacht mit zwei Frauen gleichzeitig rumgemacht.«

Suse sah Azazel an. »Da hätte ich mich auch zu einem Dreier überreden lassen.«

Azazel hob eine Augenbraue. Klaus schaute sie entsetzt an.

»Ich will von diesem Dreier-Gedöns nichts mehr hören«, sagte Mephy.

»Aber Online-Dating ist doch ziemlich genial«, meinte Suse. »Ich meine, die meisten Leute scheinen mittlerweile auf diesem Weg ihre Lebenspartner zu finden. Gut, ich hab mich da auch mal angemeldet, und größtenteils haben mir nur merkwürdige Kerle geschrieben, die meine Handynummer haben wollten, um mir Fotos ihrer Geschlechtsteile zu schicken, aber es gibt da auch normale Leute. Habe ich mal gehört. Mein Cousin hat da seine Frau gefunden.«

Klaus fiel mit verwirrtem Gesichtsausdruck zurück ins Sofa.

»Vielleicht war das ein schlechtes Beispiel«, sagte Suse. »Wenn ich es recht überlege, ist mein Cousin mit seiner Vorliebe für Überraschungs-Ei-Figuren vielleicht doch nicht der Kategorie ›normale Leute‹ zuzuordnen.«

»Andere Leute lernen sich in der Kirche kennen, wenn ich mich recht erinnere.« Mephy schaute kurz zwischen Suse und Klaus hin und her. »Aber bei mir entfällt das.«

»Du darfst nicht so ungeduldig sein«, sagte Suse. »Es war ja zu erwarten, dass es nicht sofort klappen würde.«

»Aber ich habe nicht so viel Zeit«, maulte Mephy. »Ich habe schon fast ein Drittel des Aufenthalts vergeudet.«

»Du hast noch sechs Wochen, wenn ich das richtig verstanden habe.«

»Aber ich muss in sechs Wochen eine Frau finden und sie überzeugen, mit mir die Ewigkeit zu verbringen.«

Suse kratzte sich die Nase. »Nun ja, das war ja von Anfang an recht ambitioniert gedacht, oder?«

Mephy sank in sich zusammen.

Suse seufzte. »Wenn du schon meinst, keine Zeit zu haben, auf irgendwelche Dates zu gehen, wie soll das dann überhaupt funktionieren? Da kannst du höchstens noch Speed-Dating und Tinder ausprobieren.«

Mephy horchte auf. »Das hört sich doch nach interessanten Möglichkeiten an. Speed-Dating klingt schnell. Was ist das?«

Suse erklärte ihm, dass sich dabei mehrere Frauen und Männer trafen und ein paar Minuten Zeit hatten, sich kennenzulernen, bevor untereinander gewechselt wurde. »Und am Ende kriegen die Leute, die sich gegenseitig als interessant markiert haben, die jeweiligen Kontaktdaten.«

Mephy kraulte sich am Bart. »Klingt gut. Und was war das andere?«

Klaus wiegelte ab. »Ich glaube nicht, dass wir Tinder in Betracht ziehen sollten. Online- und Speed-Dating sollte erst mal reichen.«

Mephy ließ aber nicht locker. »Aber was ist Tinder denn nun?«
»Eine App. Auf dem Telefon«, sagte Suse. »Man sieht Bilder von Leuten in der Nähe und kann dann sagen, ob man die attraktiv findet oder nicht. Wenn beide sich gegenseitig attraktiv finden, gibt es ein Match, und man kann sich schreiben.«
»Und weil es eben um die Attraktivität geht, ist es fürs Dating denkbar ungeeignet«, fügte Klaus hinzu.
Mephy sah Klaus an. »Klausibär, willst du mir durch die Blume sagen, dass ich für diese App nicht attraktiv genug bin?«
Klaus schaute wie ein Reh im Scheinwerferkegel. »Nein, nein, nein, nein.« Seine Stimme wurde graduell leiser. »Ich meine lediglich, dass es hauptsächlich für schnellen Sex benutzt wird. Und daran sind Sie ja nicht interessiert.«
»Kummerspeck hin oder her«, sagte Suse. »Ich gebe Klaus insofern recht, dass die App eher für die schnelle Nummer gedacht ist. Außerdem muss man sich da mit Facebook verbinden. Und irgendwie habe ich das Gefühl, dass der Fürst der Hölle kein Profil bei Facebook hat.«
»Ich habe schon darüber nachgedacht, aber es ist nicht so, dass ich viele Freunde hätte«, sagte Mephy. »Und auf die unqualifizierten negativen Kommentare kann ich auch verzichten. Obwohl, zumindest kann sich niemand aus der Hölle beschweren.«
»Gibt's da kein Internet?«, fragte Suse.
Azazels Miene zeigte einen Anflug von Genervtheit.
»Natürlich gibt's da kein Internet«, sagte Mephy. »Außer für mich, natürlich.« Als ihn die anderen komisch ansahen, zeigte er mit beiden Daumen auf sich. »Teufel.«
Klaus meinte, dass er sich durch die Dämlichkeit der Postings auf Facebook oft schon wie in der Hölle gefühlt hatte, was Mephy ein interessiertes »Hm« entlockte.
Suse stand auf, fing an, in den ein oder anderen Umzugskarton zu schauen, und unterbrach das Gemurmel zwischen Klaus und Mephy. »Wie auch immer, wenn es mit dem Online-Dating nicht

so richtig klappen will, dann versuchen wir es eben mit Speed-Dating. Vielleicht kann da sogar Azazel mitmachen.«

»Ich bin mir noch nicht hundertprozentig im Klaren darüber, ob ich überhaupt eine Beziehung will«, sagte Azazel, aber Suse hörte gar nicht so genau hin.

»Ansonsten gibt es natürlich immer noch die Möglichkeit, irgendwo per Zufall jemanden kennenzulernen. Aber dazu müsste man natürlich auch mal rausgehen und nicht nur in der Bude hocken und auf der Konsole spielen«, sagte sie.

Klaus und Mephy sahen sich an und zuckten simultan mit den Schultern.

»Vielleicht mal in einen Club gehen.« Sie sah sich um und verzog das Gesicht beim Blick auf die herumstehenden Kartons. »Oder auf den Trödelmarkt.«

Klaus stöhnte.

»Du brauchst gar nicht zu jammern«, sagte Suse. »Nächste Woche verkaufen wir das Zeug.«

»Ist ja gut«, sagte er.

Nach einer kurzen Recherche im Internet fanden Mephy und Suse tatsächlich eine Speed-Dating-Veranstaltung, die noch am selben Abend stattfinden sollte. Die Website verkündete allerdings, dass der Termin ausgebucht war. Mephy wollte nicht länger warten und rief dort an, um noch aufgenommen zu werden.

»Es tut mir leid, aber wie schon auf der Website geschrieben steht: Wir sind ausgebucht. Nächsten Monat veranstalten wir wieder ...«

Mephy unterbrach die Frau. »Aber es ist ein Notfall!«

»Was soll das denn heißen?«, sagte die Frau von der Agentur.

»Ich muss ganz dringend an Ihrer Veranstaltung teilnehmen. Nächsten Monat könnte es schon zu spät sein.«

»Haben Sie vor, zeitnah zu sterben und in die Hölle zu fahren oder so was?«

Mephy quengelte weiter, bis die Frau letztendlich auflegte. Glücklicherweise gab es in der folgenden Woche eine Veranstaltung von einer anderen Agentur. Mephy, der für eine Weile seine gute Laune verloren hatte, wurde sofort wieder munter, als klar wurde, dass es noch freie Plätze gab. Entsprechend motiviert ging er, unterstützt von Azazel, zum Café, in dem das Ganze stattfinden sollte.

Sie wurden am Eingang begrüßt. Azazel erklärte, dass er als moralische Unterstützung mitgekommen war, aber die Dame an der Kasse interessierte das nicht. Sie sagte, er könne entweder draußen warten, bis sein Kumpel drinnen fertig war, oder er könne bezahlen und mitmachen. Schließlich gab Azazel nach, bezahlte für sie beide, und sie traten ein.

Im Inneren bekamen sie zunächst einen Prosecco in die Hand gedrückt, den beide wenig begeistert herunterwürgten, als sie merkten, dass sie auch ein Bier hätten haben können. Dann sahen sie die lange Reihe von Tischen mit jeweils zwei Stühlen, die auf einer großen, frei geräumten Fläche aufgebaut waren. Eine Organisatorin sammelte sie ein und schob sie zu einer Gruppe von Männern, die in der Ecke wartete. In der gegenüberliegenden Ecke standen ein paar Frauen und schauten lächelnd zu der versammelten Mannschaft herüber.

»Da sind schon ein paar heiße Schnitten dabei«, sagte einer der Männer.

Mephy rollte ob des Kommentars mit den Augen und sah sich die Kontrahenten um die Gunst der Weiblichkeit genauer an.

Der Mann, der den Kommentar abgegeben hatte, war offenbar mit einem Freund gekommen. Zumindest nahm er das an, denn die beiden versuchten, sich so ähnlich wie möglich zu sein. Gegelte Haare, offenes Hemd und Goldkettchen, das darunter hervorschimmerte. Einen Moment lang überlegte Mephy, ob Jessica und Sonja, die versucht hatten, wie Schwestern auszusehen, mit denen ihre Freude gehabt hätten.

Ein anderer Mann schob sich alle zwei Sekunden nervös seine Brille zurück auf die Nase. Er machte den Eindruck, als erwartete er, jeden Moment von einem Bären angefallen zu werden, so klein wollte er sich machen.

Ein weiterer Mann stand breitbeinig mit verschränkten Armen da und hatte ein braunes Hemd in seine Jeans gestopft. Sein Seitenscheitel war noch aggressiver gekämmt als bei Azazel. Mephy kam der Gedanke, dass er nur deswegen nicht nach jungem Hitler aussah, weil er einen Vollbart trug.

Es gab noch ein paar weitere männliche Speed-Dater, aber keiner machte äußerlich einen besonderen Eindruck. Und Mephy fragte sich, ob auf der Erde wirklich alle, Frauen und Männer, mittlerweile so absolut nichtssagend oder über die Maßen merkwürdig waren, dass es keinen Mittelweg gab. Aber die viel dringlichere Frage war, wo die Frauen ihn auf dieser Skala eigentlich einordnen würden.

Die Organisatorin stellte sich zwischen die Gruppen und verkündete, dass es in ein paar Minuten losging. Ihnen wurden noch einmal die Regeln erklärt: Acht Minuten durften sie sich unterhalten, dann wechselten die Männer den Tisch. Außerdem sollte man auf einer Karte vermerken, welches Gegenüber man sympathisch fand. Als die Einführung beendet war, wurden die Frauen an die Tische gesetzt, und auch den Männern wurde gesagt, wo sie sich zunächst hinsetzen sollten. Dann wurde eine Stoppuhr gestartet, und die Unterhaltung konnte beginnen.

Mephy war so aufgeregt, dass er gar keinen richtigen Blick auf die Frauen geworfen hatte. Er setzte sich zu seiner ersten Partnerin – und stellte fest, dass es Katrin war, die Frau, die er im Restaurant mit Fassbrause übergossen hatte.

»Das darf ja wohl nicht wahr sein«, sagte sie und war drauf und dran, nach dem Glas zu greifen, das sie kurz zuvor auf den Tisch gestellt hatte.

»Ich schätze, es macht keinen guten Eindruck, wenn Sie mir zwei Sekunden nach dem Klingeln Ihr Wasser ins Gesicht kippen. Das würde Sie mit Sicherheit verrückt oder aufbrausend wirken lassen«, sagte Mephy.

Katrin versuchte, ihn durch Augenschlitze niederzustarren.

»Vorschlag zur Güte«, setzte er fort. »Wir bleiben beide schweigend sitzen, bis das hier vorbei ist.«

Sie nippte an ihrem Glas und nickte wortlos. So hatte Mephy genug Zeit, sich zurückzulehnen und den Blick über die anderen Frauen schweifen zu lassen.

Ein paar von ihnen sahen aus wie Püppchen, fand er, und er fragte sich, ob das Aussehen einer Barbie wirklich so erstrebenswert war. Ein paar andere machten den entgegengesetzten Eindruck, ganz so, als wären sie erst vor fünf Minuten aufgestanden. Eine der Damen war im Hosenanzug gekommen und vermittelte in der Kombination von Outfit und Gesicht den Eindruck, als würde sie noch vor dem Frühstück drei Firmen aufkaufen, um sie dann gewinnbringend zu zerschlagen.

Die acht Minuten bis zum Wechsel zogen sich wie Gummi, und Katrin ließ den Blick nicht von Mephy. Kaum ertönte der Gong, nahm sie das Glas Wasser und schüttete es ihm ins Gesicht.

»Arschloch«, sagte sie laut vernehmlich, während Mephy sich die Flüssigkeit aus dem Gesicht wischte.

Alle starrten die beiden an, und Azazel war schon bereit, seinem Herrn beizuspringen, um ihn davon abzuhalten, etwas Dummes zu tun.

»Nun«, sagte Mephy schließlich in Richtung Katrin, aber so deutlich, dass es alle mitbekamen, »das war nicht die Reaktion, die ich erwartet hatte, als ich Ihnen erklärt habe, dass Sie beim Speed-Dating vielleicht nicht gleich von Ihren Genitalwarzen erzählen sollten.«

Für einen Moment kamen alle Gespräche im Raum zum Erliegen, und niemand bewegte sich. Nur die beiden Typen mit den Goldkettchen und dem Gel-Abo fingen an zu lachen. Mephy stand auf und ging zu dem Tisch zur Linken, während Azazel seinen Platz einnahm und Katrin zulächelte, die in Schnappatmung verfallen war.

»Aber das stimmt doch gar nicht, ich hab doch gar nicht ...«, tönte sie, als das Gemurmel wieder anhob. Die meisten Besucher der Veranstaltung wechselten Blicke unter sich oder schauten betreten weg, aber es war zu spüren, dass sich die Männer nun nicht mehr für sie interessierten. Bis auf Azazel, der vor ihr saß und sie aufmerksam anschaute. Sie dachte einen Moment nach, dann sprang sie auf und lief davon. Die Organisatorin rief ihr noch hinterher, dass man ihr das Geld nicht rückerstatten könne, zuckte dann aber mit den Schultern, als Katrin schneller aus dem Raum war als ein Gepard, dem man ein Raketentriebwerk auf den Rücken geschnallt hatte.

Während Azazel nun einem leeren Stuhl gegenübersaß, versuchte Mephy, eine Konversation mit seinem Gegenüber zu initiieren, einer hübschen Rothaarigen, deren Namensschild sie als Ines auswies. Es erwies sich als schwiwig, da das Thema »Genitalwarzen« nun im Raum stand und besprochen werden musste. Nachdem Mephy mehrere Male betont hatte, nicht weiter über Geschlechtskrankheiten sprechen zu wollen, gab er schließlich Azazel ein Zeichen, der aufrückte und sich mit Ines unterhielt, während Mephy sich an der Bar einen Drink mixen ließ.

Als der Gong ertönte, ging Mephy zum nächsten Platz. Azazel blieb sitzen und sprach weitere acht Minuten mit Ines.

Die Frau, die Mephy nun gegenübersaß, trug ein weißes Kleid und hatte blondes Haar, das ihr wie ein Helm bis auf Kinnhöhe hing. Direkt über den Augenbrauen war es wie mit dem Lineal abgeschnitten, und darunter starrten Mephy blaue Augen an, deren Wimpern so lang waren wie seine Unterarme. Sie streckte ihm die Hand entgegen und stellte sich mit monotoner Stimme als Jasmin aus dem Bezirk Charlottenburg vor. In der ganzen Zeit blinzelte sie nicht einmal. Mephy war sich nicht ganz sicher, ob sie mit Charlottenburg nicht doch einen anderen Planeten meinte. Gewundert hätte es ihn nicht.

Sie stellte ihm gar nicht viele Fragen, denn im Grunde wollte sie nur wissen, ob er viele Bücher las. Wahrheitsgemäß antwortete er, dass er zwar früher viel gelesen habe, mittlerweile aber fast nur noch Filme schaute, wenn er abends nach Hause kam.

Sie schnaubte verächtlich. »Ich persönlich versuche ja eher zu *denken*.«

Mephy fand die Attitüde oberflächlich. »Na ja, wenn du es eine Weile übst, klappt es ja vielleicht noch.«

Daraufhin hatte auch diese Begegnung ihren Zenit überschritten.

Als der Gong erklang, wechselten die Männer erneut die Tische. Mephy schaute zu seinem Diener herüber und bewunderte dessen Contenance, als er das vermeintliche Alien begrüßte.

Mephys neues Gegenüber, die laut Namensschild Dörte hieß, trug ein Kruzifix um den Hals und einen strengen Dutt auf dem Kopf. Sie war nicht sehr angetan, dass er ihr kaum Aufmerksamkeit schenkte. Er überlegte einen Moment, ob er überhaupt etwas sagen sollte, entschied sich dann aber doch, sich zu entschuldigen.

»Ich kenne den Mann am Nebentisch und wollte sehen, wie er auf die merkwürdige Frau reagiert. Jetzt bin ich aber ganz bei dir«, sagte er.

»Machst du dich gerne über andere Leute lustig?«, fragte Dörte schmallippig.

»Na ja, kommt drauf an, würde ich sagen. In dem Fall …«

»Das ist nicht freundlich«, sagte Dörte tonlos.

»Okay … dann hätten wir das geklärt.« Er schaute kurz herüber zu Azazel, der dem Jasmin-Alien gerade ein Kompliment gemacht hatte, weswegen sie sich vorbeugte und lächelte.

Dörte nippte an ihrem Wasserglas und legte dann beide Hände zur Raute geformt vor sich auf den Tisch.

»Hübsch bist du, aber ein Lächeln würde dir noch besser stehen«, sagte Mephy. Er hoffte, dass Dörte etwas freundlicher schaute, aber ihr Gesicht behielt den Ausdruck einer Frischvermählten, die gerade feststellte, dass ihr Ehemann in der Hochzeitsnacht Scrabble spielen wollte.

»Du bist also religiös?«, fragte er, um die Konversation in Gang zu halten, und deutete auf das Kruzifix an ihrem Hals.

»Ja, Gott gibt mir die Kraft, das Leiden auf Erden auszuhalten.«

Mephy verengte kurz die Augen, weil er überlegte, was eine weiße Deutsche in ihren späten Zwanzigern für Leiden durchmachen könnte. »Was du nicht sagst.«

»Bist du ebenfalls gläubiger Christ?«, fragte sie.

Mephy wiegte den Kopf. »Es ist weniger, dass ich glaube, sondern mehr, dass ich weiß.«

Dörte griff plötzlich nach seinen Händen und hielt sie fest. »Ich weiß ganz genau, wovon du sprichst.«

»Ach?«

Plötzlich lächelte sie sogar. »Hast du auch einen Lieblingsheiligen?«

Mephy stutzte, denn davon hörte er zum ersten Mal. »Also, ich kann nicht sagen, dass ich ein großer Fan von Heiligen wäre. Ich bin da eher pragmatisch.«

»Meiner ist Cyriacus. Ich schätze, weil er in meiner Heimatstadt beerdigt wurde.«

»Was du nicht sagst.« Er grübelte kurz. »Ist das nicht der, der oft mit dem gefesselten Teufel dargestellt wird?«

»Ja, genau!«, sagte sie begeistert.

»Definitiv kein Fan von ihm.«

Sie ließ seine Hände los und schaute nicht mehr ganz so fröhlich. »Was findest du denn gut am Glauben?«

»Also am Glauben ... weiß ich jetzt nicht. Aber Junior«, er zeigte auf das Kruzifix an ihrem Hals, »ist eigentlich ganz in Ordnung, obwohl er diese Stand-up-Comedian-Geschichte noch einmal überdenken sollte.«

»Machst du dich etwa über Jesus lustig?«

»Nein, glaub mir, daran ist gar nichts lustig.«

»So sehe ich das auch.«

»Aber es wäre schön, wenn die Gläubigen alles mit mehr Humor nehmen könnten, oder?«

Sie verschränkte die Arme vor der Brust. »Der Heiland ist für uns am Kreuz gestorben. Für Humor ist da kein Platz.«

Beiden wurde schnell klar, dass das Gespräch zu nichts führen würde, aber dummerweise mussten sie noch einige Minuten zusammensitzen.

Der Gong kam wie eine Erlösung. Mephy sprang auf und schubste den Mann am Nebentisch fast vom Stuhl. Sein Blick ging erneut zu Azazel, der sich höflich der Dame mit dem Dutt vorstellte.

Auch mit der nächsten Frau lief es nicht gut. Sie hatte kurz geschnittene Haare, die gleich in mehreren Farben erstrahlten, und ihre Arme waren von oben bis unten mit Tätowierungen übersät. Auch an den Rändern ihres T-Shirts, am Hals und am Bauch konnte man das ein oder andere Tattoo hervorlugen sehen. Mephy sagte ihr nicht, dass es in der Hölle spezielle Ecken für Tattooträger gab, in denen kreativ mit ihrer Haut umgegangen wurde. Er versuchte, aufgeschlossen zu bleiben, obwohl er wahrlich kein Fan von exzessiven Tätowierungen war. Stattdessen fragte er sie, ob die Bilder und Zeichen irgendwas bedeuteten. Begeistert gab die Frau namens Manu ihm Auskunft. Allerdings nahm das Gespräch eine ungünstige Wendung, als sie ihm erklären wollte, dass die chinesischen Zeichen, die ihren rechten Arm herunterliefen, »Weisheit« bedeuten sollten. Er korrigierte sie wahrheitsgemäß, denn dort stand »Schweinekanu«, was er eher als ungewöhnliche Wahl empfand. Manu dachte, er wollte sich über sie lustig machen, und damit war auch diese Begegnung beendet.

Eine der Püppchen-Frauen sagte ihm dann glatt ins Gesicht, dass er ihr viel zu dick wäre und sie nur auf Pumper stehen würde. Mephy konnte mit dem Begriff nichts anfangen. Daraufhin erklärte sie ihm, dass er Gewichte stemmen müsste, um sie stemmen zu dürfen. Er entgegnete, dass sie wohl abends auch ihr Gesicht aufstemmen müsste, um den Putz dort herunterzubekommen. Sie wiederum schien nicht recht zu verstehen, was er damit meinte.

Tatsächlich hatte Mephy auch mit den anderen Damen bei der Veranstaltung kein Glück. Als der letzte Gong schlug, hatte er auf seiner Karte gar nichts markiert. Azazel hingegen hatte überall Kreuzchen gesetzt, außer bei Katrin, die sich aus dem Staub gemacht hatte.

Eine der Organisatorinnen sammelte die ausgefüllten Kärtchen ein und teilte allen mit, dass sie am nächsten Tag eine eMail mit den Kontaktdaten für die jeweiligen Matches bekommen würden. Dann wünschte sie ihnen einen netten Abend und meinte, dass sie im Café noch etwas trinken könnten. Mephy hatte keine Lust, noch eine Minute länger zu bleiben, und Azazel folgte ihm auf dem Fuße. Kurz bevor sie das Café verließen, eilte jedoch die Organisatorin zu Azazel und steckte ihm einen Zettel mit ihrer Nummer und eMail-Adresse zu. Er nickte freundlich und sagte, er würde sich melden.

Mephy starrte ihn an. »Was zum ... Teufel! Ernsthaft?«

Azazel stutzte einen Moment. »Ich kann Euch das auch nicht erklären, Sir.«

»Wieso rennen dir die Frauen nach?«

Azazel zuckte mit den Schultern. »Vielleicht ist es meine Eleganz im Vergleich zu Eurer ...«, er musterte seinen Herrn von oben bis unten, »... Ausstattung.«

Mephy sackte etwas in sich zusammen. »Ich bin zu fett, oder? Das ist es doch.«

Sie gingen langsam in Richtung U-Bahn, um den Heimweg anzutreten.

»Sir, wenn Ihr Euch nicht wohlfühlt, dann könnt Ihr ja abnehmen. Eure Hüftpartie ist vielleicht etwas ausladend, aber ich fürchte, das ist nicht der Grund für Euren bisherigen Misserfolg.«

»Na, das klingt ja so, als hättest du eine Idee.«

»In der Tat, Sir.«

Mephy wedelte mit der Hand. »Sag schon, sag schon.«

»Meiner Meinung nach ist es Euer Naturell.«

»Was genau soll das denn heißen?«

»Sir, Ihr seid nicht sehr feinfühlig, was Eure Worte angeht. Und damit meine ich die Wortwahl und die Art und Weise, wie Ihr Leute zurechtweist.«

Sie gingen weiter. Mephy kratzte sich am Kopf und schaute grübelnd zu Boden.

»Sir?«

»Was ist dein Vorschlag, Azazel?«

»Vielleicht versucht Ihr, etwas weniger Ihr selbst zu sein und mehr ein Mensch, dem an anderen Menschen etwas liegt.«

»Aber mir liegt doch etwas an den Menschen!«

»Kreative Methoden, wie man sie eine Ewigkeit lang foltern kann, ist nicht das, woran ich denke«, entgegnete Azazel. »Und die Art und Weise, wie Ihr mit den Leuten sprecht, hat auch etwas von Folter.«

»Inwiefern denn das? Immerhin habe ich mir Suses Worte zu Herzen genommen und versuche, höflich und freundlich zu sein. Außerdem mache ich Komplimente.«

»Trotzdem hat man immer den Eindruck, dass Ihr bei Personen, die Euch nicht so recht gefallen, schnell von oben herab sprecht, und Nettigkeit wirkt da eher künstlich.«

Mephy schaute ihn mit erhobener Augenbraue an.

»Sir, ich will damit nur sagen, dass Ihr auch im Geiste Eure Einstellung ändern müsst. Ich will Euch nicht bevormunden. Sollte ich meine Kompetenzen überschritten haben, so bitte ich, das zu entschuldigen. Aber Ihr habt gefragt.«

»Schon gut, schon gut«, murmelte Mephy und knurrte ein wenig vor sich hin.

Azazel deutete eine kleine Verbeugung an. Wenigstens hatten sie den Bahnhof erreicht, und ein Obdachloser am Eingang hielt Mephy einen alten Kaffeebecher vor die Nase, in dem Geld klapperte. Mephy langte in den Becher und griff sich ein paar Münzen.

»So ist's recht«, sagte er.

Der Obdachlose war derartig überrumpelt, dass er nicht in der Lage war, etwas zu sagen. Als er verarbeitet hatte, was gerade passiert war, waren Mephy und Azazel schon auf dem Bahnsteig und verschwanden im gerade eingefahrenen Zug.

Da es voll war, standen sie. Mephy war immer noch in Gedanken versunken. Was Azazel gesagt hatte, ging ihm nicht aus dem Kopf. Spontan riss er sich das Basecap herunter.

»Hat sowieso die ganze Zeit gedrückt«, sagte er.

»Sir, ich denke nicht, dass das eine gute …« Azazel unterbrach sich selbst. Eigentlich hatte er erwartet, dass irgendwer schreien, irgendwer eine Reaktion zeigen würde. Aber die Leute in der U-Bahn waren völlig desinteressiert. Ein Mann, der neben ihnen stand, starrte Mephy kurz an und wandte sich dann wieder seinem Handy zu. Eine Frau auf einer der Bänke neben ihnen schaute auf, sah Mephy und schüttelte lediglich den Kopf. Nur ein kleines Mädchen, das vielleicht gerade so im schulpflichtigen Alter war, konnte die Augen nicht von ihm lassen.

»Sir?«, sagte Azazel und versuchte, die Baseballmütze aus Mephys Hand zu greifen, aber er hielt sie außer Reichweite.

Mephy lächelte das kleine Mädchen an, das sich daraufhin wortlos an den Kopf fasste, dort, wo sich bei Mephy ein Horn befand. Er nickte freundlich.

»Sind die echt?«, fragte das Mädchen.

»Natürlich sind die nicht echt«, sagte die Mutter. »Die sind nur aufgeklebt.«

»Nein, die sind durchaus echt. Du kannst ja mal daran ziehen.« Mephy beugte sich hinunter.

Das Kind wollte gerade zufassen, als die Mutter ihm die Hand wegschlug.

»Man fasst fremden Männern nicht ans Horn«, sagte sie.

»Aber der Mann hat doch gesagt, dass ich das darf.«

Mephy richtete sich wieder auf. »Du musst auf deine Mutter hören, Kleine. Aber zum Beweis, hier …« Er zog sich fest an den Hörnern und klopfte ein paarmal dagegen.

Die Mutter sah ihn mit noch größeren Augen an als zuvor.

»Iiiiiih«, machte das Kind und vergrub das Gesicht im Arm der Mutter.

»Könnten Sie dann jetzt bitte aufhören, mein Kind zu gruseln?«, sagte die und schaute ihn böse an.

Auch ein paar andere Passagiere schauten argwöhnisch bis genervt. Daraufhin setzte Mephy die Kappe wieder auf.

KAPITEL 13

DIE MUSIKALISCHE HÖLLE

NOCH 43 TAGE

Als Mephy und Azazel in die Wohnung kamen, stritten sich Suse und Klaus gerade. Offenbar hatte Klaus für sie beide Pläne am späten Freitag gemacht, die einen Spieleabend bei Freunden beinhalteten. Suse hatte allerdings vor, in einen Club zu gehen, und warf ihm vor, dass er keine Verabredungen treffen konnte, ohne sie vorher zu fragen.

»Aber ich hab dich doch gefragt!«

»Aber erst nachdem du zugesagt hattest! Du kannst nicht einfach irgendwas hinter meinem Rücken entscheiden.«

Mephy und Azazel standen in der Tür und schauten den beiden zu wie bei einem Pingpongspiel.

»Wir wollten ihm doch helfen, eine Frau zu finden«, sagte Suse und zeigte auf Mephy.

»Ja, schon, aber ich dachte, wir wollten auch mal einen gemütlichen Abend zusammen verbringen. Immerhin sind wir ja jetzt zusammen, oder nicht?«

»Indem wir bei Freunden von dir Rollenspiele machen? Und noch nicht mal die gute Art von Rollenspielen?«

»Was genau meinst du denn jetzt damit?«

Mephy lehnte sich an die Tür und verschränkte die Arme vor der Brust. Azazel stand aufrecht und hielt die Hände hinter dem Rücken.

»Ich mache da jedenfalls nicht mit«, sagte Suse. »Mephy und ich gehen am Freitag tanzen. Basta.«

Mephy erwachte aus seiner Trance. »Äh, bitte was?«

»Wir. Freitag. Tanzen.«

»In Anbetracht der Tatsache, dass du gerade darüber gemeckert hast, dass er Pläne für dich macht, ohne dich zu fragen, möchte ich darauf hinweisen, dass ich nicht gefragt wurde, ob ich überhaupt tanzen will.«

Klaus fand, dass das seinen Punkt sehr gut unterstrich. Er hob beide Zeigefinger, deutete erst auf Suse, dann auf Mephy und nickte aufgeregt.

Suse schaute ihn genervt an, bevor sie sich wieder an Mephy wandte. »Lass mich raten, wie das Speed-Dating lief: Du hast dagesessen und bei allen irgendwas gefunden, was dir nicht gefallen hat. Dann warst du so, wie du bist, und hast irgendwas gesagt, was sie gegen dich aufgebracht hat. Also hat sich keine für dich interessiert, und jetzt weißt du nicht, wie du weiter vorgehen sollst.«

Azazel hob eine Augenbraue und lächelte leicht.

»Warum wird eigentlich immer davon ausgegangen, dass es an mir liegt, wenn es mit den Frauen nicht klappt? Vielleicht stimmt ja was mit den Frauen nicht?«

»Das war wohl ein Treffer, was?«, sagte Suse. »Erst mal die Schuld bei anderen suchen.«

»Was kann ich denn dafür, wenn die Weiber bei dieser Veranstaltung alle eine Schacke haben?«

»Weiber?«, sagte Suse in einem Ton, der klang, als wollte sie ihn mit einem Eispickel massieren.

»Frauen eben«, sagte Mephy kleinlaut. »Ich habe das Gefühl, dass ich fast nur Sonderlinge treffe.«

»Du bist hier der Sonderling«, sagte Suse. »Teufel eben und so. Ich habe den Eindruck, dass du nach der Liebe auf den ersten Blick suchst. Oder einer Liebe aus einem romantischen Film, die es eigentlich nicht gibt.«

Mephy machte ein Geräusch, das man als »Pffft« beschreiben könnte.

»Also gehen wir Freitag tanzen«, sagte Suse. »Denn das ist auch eine Möglichkeit, jemanden kennenzulernen.«

»Hast du nicht neulich erst gesagt, dass ich nicht einfach irgendwo hingehen sollte, um Frauen anzusprechen? Speziell Bars und so etwas? Und jetzt willst du, dass ich genau das mache?«

Suse schüttelte den Kopf, als wäre er zu dämlich, das zu verstehen. »Es ist nicht ideal, aber zumindest kommst du unter Leute und hast eine Chance, jemanden zu treffen. Immer noch besser, als einfach auf der Straße irgendwelche Frauen anzusprechen oder dir irgendwo aus Versehen von einer den Kaffee über die Klamotten kippen zu lassen, weil du das mal in einem Film gesehen hast und glaubst, das sei irgendwie romantisch.«

Mephy seufzte.

»Gut, dann wäre das geklärt.« Sie wandte sich an Klaus. »Und denk daran, dass wir am Sonntag auf den Trödelmarkt gehen. Du musst also noch das Auto besorgen.« Ohne auf eine Reaktion zu warten, wünschte sie allen einen schönen Abend und stürmte aus der Wohnung.

Azazel und Mephy schauten ihr hinterher.

Klaus saß kopfschüttelnd auf der Couch. »Ich wollte doch einfach nur etwas Zeit mit ihr verbringen. Mehr nicht. Besonders, weil sie bald eine ganze Woche mit der Schule wegfährt und wir uns nicht sehen können.«

Mephy ging zur Couch und setzte sich neben ihn.

»Was war denn genau das Problem? Du hast bestimmt, was sie machen soll?«

»Nein, gar nicht. Na ja, nicht so richtig. Ein Kumpel hat mich zum Rollenspielabend eingeladen, und ich dachte, dass es eine gute Gelegenheit für sie ist, meine Freunde kennenzulernen und etwas, was ich gerne tue.«

»Du meinst dieses *Dungeons & Dragons*-Zeug?«

»Ja, so was in der Art.«

Azazel schien interessiert und setzte sich auf den Sessel.

»Aber sie meint, dass das kindisch ist und ich auch an ihre Interessen denken sollte, was ich ja tue. Aber in einen Club tanzen zu gehen, ist nicht meine Vorstellung von einem netten Abend zu zweit.«

»Beim Rollenspiel wärt ihr doch auch nicht allein.«

»Ja, aber zumindest kann man sich da unterhalten.«

Mephy wusste nicht, ob er zustimmen sollte oder nicht. Er dachte darüber nach, was ihn am Freitag erwarten würde.

»Was genau tanzt man denn in dem Club?«

»O Mann«, sagte Klaus. »O Mann ...«

Der Freitag kam, und Mephy zog diesmal tatsächlich seinen guten Anzug an. Suse war zwar nicht überzeugt davon, dass der Hut im Club gut ankam, aber es war ihr letztlich egal. Sie sprach kaum ein Wort mit Klaus, der ihr mit Hundeblick hinterhersah. Und Azazel las eines der Regelbücher für ein Rollenspiel, weil er beschlossen hatte, statt Suse mit Klaus zu dessen Freunden zu gehen.

»So, dann lass uns losziehen«, sagte Suse. »Bereit?«

Mephy lächelte, aber Suse sah, dass es ein falsches Lächeln war, denn er hatte mittlerweile in Erfahrung gebracht, dass mit »Tanzen« nicht Tango oder Foxtrott gemeint war. Trotzdem wollte er Suses Initiative nicht abwehren. Vielleicht würde er ja tatsächlich jemanden kennenlernen.

Im Taxi ermahnte Suse ihn, etwas mehr auf die Frauen einzugehen.

»Es ist nicht so, dass sie sich um den Posten deiner Freundin bewerben müssen«, sagte sie. »Die meisten Frauen würden sofort einen Kerl abkriegen, wenn sie nur wollten. Du musst ihnen zeigen, dass du wirklich Interesse an ihnen hast.«

»Dazu müsste ich aber erst mal Interesse an ihnen haben.«

»Schon mal darüber nachgedacht, dass deine Ansprüche vielleicht etwas zu hoch gesteckt sind? Ich meine, wenn du irgendwo eine hundertprozentige Übereinstimmung suchst, dann solltest du vielleicht deinen Kumpel Gott fragen, ob er dir eine Frau macht.«

Der Taxifahrer sah skeptisch in den Rückspiegel.

»Der würde mir eher einen Drachen geben als eine Frau«, sagte Mephy. »Irgendwas würde ihm einfallen, wie er mich quälen kann. Ich könnte mir vorstellen, dass er bei den ganzen Fehlschlägen seine Hand im Spiel hat.«

Suse schaute ihn fast mitleidig von der Seite an. »Ich glaube, du schaffst das bisher ganz gut allein.«

Der Taxifahrer drehte sich kurz zu ihnen um und musterte sie von oben bis unten.

»Könnten Sie sich vielleicht auf den Verkehr konzentrieren?«, sagte Suse, und der Taxifahrer fuhr weiter. Sie wandte sich wieder Mephy zu. »Ich glaube ohnehin nicht, dass es eine gute Idee ist, wenn Partner sich besonders ähneln.«

Mephy schaute sie überrascht an. »Inwiefern?«

»Na, wenn man etwas unterschiedlich ist, dann ergänzt man sich. Wenn sich jemand zum Beispiel für Kunst interessiert und der andere für Sport, lernen beide durch die Beziehung dazu.«

»Wenn einer aber Sport liebt und der andere Sport hasst?«

»Natürlich müssen gewisse Grundinteressen zumindest kompatibel sein. Jemand, der Sport liebt, und jemand, der Sport hasst, werden wohl niemals zusammenpassen. Aber, sagen wir mal, wenn du eine Frau finden würdest, die zwar keine Kunstexpertin ist, aber sich zumindest ansatzweise dafür interessiert und vielleicht andere Musik als du mag, dann könnte das schon klappen.«

»Das kommt auf die Musik an. Wenn sie nur pentatonische Musik des frühen Mittelalters mag, dann wäre das ein Problem.«

Suse seufzte. »Alles, was ich sagen will, ist, dass du etwas aufgeschlossener sein solltest. Die perfekte Frau oder den perfekten Mann gibt es einfach nicht.«

»Willst du damit sagen, dass ich nicht perfekt bin?«, gab Mephy zurück.

»Hörner«, sagte Suse. »Und das ist nur ein Beispiel. Von deinem Bauch habe ich noch gar nicht gesprochen.«

»Kummerspeck!«, sagte Mephy, aber Suse schüttelte nur den Kopf.

Nachdem das Taxi sie am Club abgesetzt hatte, sank Mephys neu gefundener Optimismus ein ganzes Stück. Die Schlange vor dem Eingang bewegte sich nicht, und die zwei Typen, die die Leute davon abhielten, einfach hineinzustürmen, sahen aus, als hätte ihnen jemand zu enge Klamotten gegeben, weswegen sie nun schlechte Laune hatten. Suse erklärte Mephy, dass das alles schon so seine Richtigkeit hatte, aber je länger er warten musste, umso weniger hatte er Lust auf das Ganze. Zumal alle anderen in der Schlange nicht älter als Mitte 20 waren. Und sie beäugten ihn zumeist mit einer Mischung aus Unglauben und Verwunderung. Trotzdem lächelte er, selbst nachdem die Türsteher ihn zunächst nicht reinlassen wollten. Suse schaffte es, sie zu überzeugen. Nicht nur davon, ihn reinzulassen, sondern auch davon, dass er nicht ihr Sugardaddy war.

»Was ist denn ein Sugardaddy?«

»Ein alter Typ, der sich eine junge Mieze hält.«

»Ein Katzenliebhaber?«

Sie schaute ihn leicht genervt an, als er begriff, was sie meinte.

»Ein alter Typ? Aber ich gehe doch für Mitte ...«

Suse schüttelte den Kopf, und er seufzte.

Drinnen kam er sich gleich noch mehr fehl am Platz vor. Auch hier erntete er Blicke von Besucherinnen des Etablissements, die bei ihm nicht den Eindruck erweckten, sonderlich begehrenswert zu sein.

»Ich geh mal eine Runde zappeln. Du kannst ja schauen, ob du eine Frau findest, die dir gefällt«, sagte Suse.

»WAS?«, schrie Mephy, denn aufgrund der wummernden Bässe und der allgemeinen Lautstärke hatte er nur Bruchstücke verstanden.

Sie zeigte mit dem Finger erst auf sich, kreiste dann mit ihm in Richtung Tanzfläche und hüpfte kurz auf der Stelle. Dann zeigte sie auf ihn, deutete auf den ganzen Raum und eine Frau, die gerade vorbeilief, und hielt den Daumen hoch.

Mephy lächelte und nickte, verfiel aber gleich wieder in düstere Stimmung, nachdem Suse verschwunden war. Er ließ den Blick schweifen. Ganz abgesehen davon, dass alle hier zu jung waren, hatte er keine Ahnung, wie er jemanden ansprechen sollte, wenn er seine eigene Stimme kaum verstand. Insofern beschloss er, das zu tun, was viele Menschen tun, wenn sie nicht mehr weiterwissen: Er ging zur Bar und bestellte sich einen Drink.

Der Barmann kam zu ihm herüber und nickte ihm kurz zu. Mephy fing an zu brüllen, aber der Barmann signalisierte mit den Händen, er solle leiser sein. Mephy hielt ihn für einen Idioten, dachte aber, dass er ihn schon wieder brüllen lassen würde, wenn er in normaler Lautstärke die Bestellung aufgab. Er selbst zumindest hörte nicht, was er sagte. Der Barmann nickte lediglich, ging an den Kühlschrank und holte das Bier heraus, das Mephy bestellt hatte. Perplex zahlte er.

Auf der Tanzfläche hüpfte Suse hin und her und schien wie in Trance. Ein paar junge Männer hatten sich zu ihr gesellt und versuchten, ihre Aufmerksamkeit zu erregen, aber sie ließ sich davon nicht beirren. Mephy konnte der Musik nichts abgewinnen und verspürte nicht die geringste Lust, sich zappelnd in der Menge zu bewegen. Ein wenig beneidete er Azazel, der mit Klaus in irgendeiner Fantasiewelt merkwürdige Wesen jagte.

Etwas abgetrennt vom Tanzbereich gab es eine Ecke, in der die Musik nicht ganz so laut wummerte. Ein paar Säulen waren alles, was die Bereiche voneinander trennte, aber sie schluckten genug Schall, dass Mephy nicht das Gefühl hatte, in Kürze sein Gehör auswechseln zu müssen.

Er ließ sich neben einem Pärchen, das trotz Getränken in den Händen knutschend in der Ecke saß, und einer brünetten Frau, die einen Cocktail schlürfte, auf den Sitz fallen. Verwundert betrachtete er, wie das Pärchen trotz der Turbulenzen der Leidenschaft die Getränke zu halten vermochte. Er seufzte und nippte an seinem Bier.

»Die haben das vorher geübt, oder?«, fragte die brünette Frau neben ihm.

Er sah sie kurz an, dann wieder zu dem Pärchen. »Sieht ganz so aus. Ich würde das jedenfalls nicht hinbekommen.«

Die Frau beugte sich etwas näher an ihn heran. »Ich habe mich schon gefragt, ob sie vielleicht von Beruf Kellner sind. Ich meine, wie sie das immer wieder ausgleichen. Schon irgendwie faszinierend.«

»Vielleicht sind sie auch beim Film und halten da die Kameras gerade«, sagte Mephy. »Im Helikopter. Oder auf einem Motorrad im Gelände.«

»Steadicam. Das könnte sein. So was müsste man mal für Drinks erfinden. Ich lasse meine auch immer fallen.«

»Aber dann bitte in die Richtung«, sagte Mephy und zeigte weg von sich. »Der Stoff meines Anzugs verträgt den Alkohol einfach nicht.«

Die Frau nickte lächelnd und wischte sich eine Strähne ihres schulterlangen Haars von den Augen. »Ich schätze, er ist noch keine 18 Jahre alt.«

»Ihm etwas zu trinken zu geben, wäre auf jeden Fall strafbar.«

Die Frau lächelte und streckte ihre Hand aus. »Ich bin Isa, Anzug-Bewunderin und kein Fan von Discos. Schön, dich kennenzulernen.«

Mephy ergriff ihre Hand, schüttelte sie und schaute ihr in die türkisfarbenen Augen. »Mephy. Beobachter der menschlichen Natur und ebenfalls kein Fan von Discos.«

»Mephy? Ungewöhnlicher Name. Ist das eine Abkürzung für irgendwas? Oder ein Spitzname?«

»Eigentlich heiße ich Mephistopheles. Und es ist kein Spitzname, ich heiße wirklich so.«

»Was? Wie der Teufel aus *Faust*?«

Mephy rollte mit den Augen.

»Warum tun Eltern einem das an?«

Mephy lächelte und nahm den Hut ab. Isa starrte ungläubig auf seine Hörner.

»Sind die echt?«

Er nickte, und Isa fragte zögerlich, ob sie die mal anfassen dürfte, woraufhin er seinen Kopf etwas in ihre Richtung neigte.

Sie zog kurz an den Hörnern. »Wow. Nie darüber nachgedacht, die mal entfernen zu lassen? Ich meine, den Namen hattest du ja offenbar schon weg, aber … manche Leute rasten doch bestimmt aus, wenn sie das sehen.«

Mephy zuckte mit den Schultern. »Kommt vor.«

»Entschuldige, ich wollte gar nicht so neugierig sein, aber so etwas sieht man nicht alle Tage. Trotz allem muss ich sagen, dass dir das irgendwie steht.«

»Vielen Dank.« Mephy wusste die Freundlichkeit zu schätzen, setzte den Hut aber trotzdem wieder auf.

»Und was treibst du hier, wenn du gar kein Fan von Discos bist?«, fragte Isa. »Abgesehen davon, wildfremden Leuten beim Knutschen in der Ecke zuzusehen?«

»Eine Freundin hat mich hergeschleppt, weil sie dachte, dass ich hier vielleicht eine Frau kennenlerne.«

»Na, streng genommen hast du ja jetzt eine kennengelernt. Also kannst du einen Haken dran machen und heute beruhigt schlafen.«

Irgendwie gefiel ihm die Frau, deren Gesicht tiefe Lachfalten zeigte, wenn sie grinste.

»Die Frage kann ich komplett so zurückgeben«, sagte Mephy. »Du meintest ja ebenfalls, dass das hier nicht so deins ist.«

»Ich mag laute Musik, aber ich bin mir noch unschlüssig, ob das hier überhaupt Musik genannt werden kann. Ich höre nur bumm-bumm-bumm.«

Mephy nickte.

»Aber mein Freund wollte unbedingt her, und ich wollte eine gute Partnerin sein und nicht maulen. Zumal ich ihn für Sonntag schon zu etwas überredet habe, worauf er eigentlich keine Lust hat.«

Mephy war enttäuscht, dass sie einen Freund hatte, aber er hatte nicht vor, das allzu deutlich zu zeigen. Sie konnte ja nichts dafür, dass er sich während des fünfminütigen Gesprächs mit ihr schon Hoffnungen gemacht hatte, er könnte endlich die Frau gefunden haben, die mit ihm die Ewigkeit verbringen wollte. Sein Plan erschien ihm mittlerweile sehr naiv. Und er sich selbst auch.

»Also verbringst du den Abend damit, Cocktails zu schlürfen?«

Isa nahm das Glas vom Mund und schluckte, um antworten zu können. »Und fremde Männer mit Hörnern auf dem Kopf anzusprechen.« Sie lächelte. »Und was machst du? Willst du dich nun besaufen?«

»Für einen Moment erschien mir das die passende Idee.«

Sie nahm den letzten Schluck ihres Cocktails und schaute ihn an. »Was soll's denn sein? Noch ein Bier?«

Mephy schaute seine halb volle Flasche an und überlegte kurz, aber schließlich nickte er, und Isa ging zur Bar. Sie war weniger aufreizend gekleidet als der Großteil der weiblichen Besucher. Er vermutete, dass das daran lag, dass sie bereits einen Freund hatte und sich nicht darum scherte, ob sie besonders sexy wirkte. Trotzdem gefiel ihm ihre Natürlichkeit, denn ein paar der anderen Frauen im Club sahen eher aus wie Püppchen statt tatsächliche Lebewesen.

Isa kam mit zwei Bieren zurück und stieß mit ihm an. »Die sind ja immer noch nicht fertig«, sagte sie und deutete in Richtung des knutschenden Pärchens.

»Vielleicht gibt es einen Wettbewerb für den am längsten anhaltenden Zungenkuss«, meinte Mephy.

Sie nickte zustimmend.

Mephy dachte kurz nach. »Wie kommt es, dass du mit jemandem zusammen bist, der etwas mag, mit dem du nichts anfangen kannst?«

»Du meinst das hier zum Beispiel?« Isa ließ den Finger rotieren, und Mephy nickte. »Na ja, ich bin eben der Meinung, dass es so was wie den perfekten Partner nicht gibt. Also muss ich mich mit dem zufriedengeben, was ich habe.«

Mephy stutzte. »Klingt fast so wie das, was mir meine Bekannte vorhin gesagt hat.«

»Schlaue Bekannte.«

»Aber bei dir klingt das auffällig nicht nach großer Liebe.« Mephy sah sie zweifelnd an.

Isa störte sich nicht daran. »Liegt vielleicht daran, dass ich nicht an die große Liebe glaube.«

»Du meinst nicht, dass es irgendwo jemanden für dich gibt, der zu dir passt und mit dem du den Rest deines Lebens verbringen willst?«

Sie schüttelte den Kopf. »Die große Liebe ist irgendwas, was sich irgendwelche Buchautoren und Hollywoodschreiber ausgedacht haben, weil sie das für romantisch hielten.«

»Wow«, sagte Mephy.

»Ist das so ungewöhnlich? Es gibt jetzt – was? – sieben Milliarden Menschen auf der Welt. Und darunter soll nur einer sein, der gut zu mir passt, und ich soll erwarten, dass ich den zu meinen Lebzeiten finde? Das ist doch eine ziemlich naive Vorstellung, findest du nicht?«

Mephy war perplex. »Ja, also wenn man das so ausdrückt.«

»Na, wie denn sonst?«

»Vielleicht gibt es mehrere Personen, die zu einem passen würden. Ich meine, es gibt ja viele Faktoren, die da reinspielen. Seien es intellektuelle oder politische Gründe. Oder einfach die Herkunft.«

»Das klingt ein wenig rassistisch.«

Mephy wiegelte ab. »Nein, so ist das nicht gemeint. Aber du musst doch zugeben, dass für den durchschnittlichen Westeuropäer vermutlich eher jemand infrage kommt, der aus einem ähnlichen kulturellen Hintergrund stammt.«

»Klingt immer noch rassistisch.«

Mephy seufzte. »Ich meine, dass irgendwer aus, sagen wir, Berlin vermutlich weniger gemeinsame Interessen mit jemandem aus einem indigenen Volk im brasilianischen Urwald hat als mit jemandem aus Nordamerika. Und das hat nichts mit der Hautfarbe oder der Tatsache zu tun, ob jemand als Kind gestillt wurde oder nicht.«

»Ich gebe zu, dass ich über den letzten Punkt noch nie nachgedacht habe. Erzähl mir mehr.« Sie beugte sich gespielt neugierig vor, legte ihren Kopf in die Handfläche, als würde sie gebannt lauschen, und starrte ihn mit großen Augen an.

Mephy musste grinsen. »Was ich damit sagen will, ist, dass man nicht aus den sieben Milliarden Menschen auswählt, sondern nur aus einem Bruchteil davon. Zumal ja das Geschlecht und das Alter auch noch eine Rolle spielen.«

»Woher willst du wissen, dass ich keine bisexuelle Krankenschwester bin, die sich in den 105 Jahre alten Pflegefall verliebt hat, um den sie sich zu kümmern hat?«

»Mir war nicht klar, dass 105-Jährige so sehr auf diese elektronischen Beats stehen und noch dazu in der Lage sind zu tanzen. Habe ich mich so sehr geirrt?«

Sie lehnte sich zurück. »Nein, hast du nicht.« Sie nippte an ihrem Bier. »Machst du so etwas öfter?«

»Was genau?«

»Mit Wildfremden in der Disco darüber diskutieren, ob es die große Liebe gibt?«

»Ich habe noch nach einem neuen Hobby gesucht. Vielleicht wird es das«, sagte er.

Isa lächelte, und Mephy dachte noch einmal, wie schade es war, dass sie einen Freund hatte.

»Babe«, sagte ein Typ im zerknitterten T-Shirt, der plötzlich vor ihnen stand, zeigte mit dem Daumen Richtung Ausgang und schnalzte mit der Zunge. Er wartete nicht auf eine Reaktion, sondern ging sofort los.

»Was war das denn für ein Idiot?«

»Tja«, sagte Isa und stand auf. »Sieht so aus, als müssten wir unser sehr interessantes Gespräch hier abbrechen. Der Idiot ist nämlich mein Freund.«

Mephy schaute überrascht. »Wo die Liebe hinfällt, was?«

»In der Tat.« Sie reichte ihm ihr Bier, das noch fast voll war. »Wenn du magst, kannst du das noch austrinken. Sieht so aus, als brauchtest du es mehr als ich.«

»Wieso das denn?«

»Du glaubst an die große Liebe.«

Mephy brummte nur.

»Nett, dich beinahe kennengelernt zu haben«, sagte sie und streckte ihm die Hand entgegen.

Mephy ergriff sie. »Auch erfreut, dich beinahe kennengelernt zu haben.«

Er sah Isa nach, als sie an der Tanzfläche entlangging, sich noch einmal umwandte und ihm zuwinkte. Dann verschwand sie im Ausgang, und Mephy saß mit drei Bieren neben dem knutschenden Pärchen in der Ecke und fragte sich, was er hier eigentlich tat. Er fühlte sich plötzlich schrecklich melancholisch und trank dann alle drei Biere aus. In diesem Moment hatte er das Gefühl, dass sein Ausflug auf die Erde absolut sinnlos war und er für immer allein bleiben würde. Und in dieser Stimmung war ans Tanzen nicht mehr zu denken. Er stand auf und wollte sich von Suse verabschieden, aber er sah nur ihren Kopf in der Mitte der Tanzfläche auf und ab hüpfen, die Augen geschlossen. Er winkte und rief, aber sie bemerkte ihn gar nicht. Also ging er hinaus, winkte sich ein Taxi heran und fuhr zurück zu Klaus.

KAPITEL 14

EIN HAUFEN TRÖDEL UND EINE NETTE FRAU

NOCH 40 TAGE

Mitten in der Nacht – Mephy war längst im Bett und schlief – kamen Klaus und Azazel von ihrem Rollenspielabend zurück. Im Halbschlaf bekam er mit, dass Azazel sich über Klaus' Magier lustig machte, weil er ihn Hans-Wolfgang genannt hatte, anstatt ihm einen Fantasynamen wie Kairon, Bayaz oder gar Gandalf zu geben. Klaus hielt dagegen, dass der Name von Azazels Charakter auch nicht gerade fantasievoll gewesen war. Azazel meinte, dass seiner zumindest nach Fantasy klang, auch wenn es sein eigener war.

Plötzlich klingelte es mehrere Male hintereinander. Selbst Mephy, der kurz davor war, wieder einzuschlafen, schrak hoch und bekam mit, wie eine wütende Suse in die Wohnung gestapft kam.

»Lässt mich einfach so sitzen, die Sau!«, rief sie aufgebracht, und die Schritte kamen näher.

Mephy konnte noch hören, wie Azazel versuchte, sie davon abzuhalten, einfach ins Zimmer zu stürmen, aber Suse ignorierte das.

Er setzte sich im Bett auf und blinzelte, als Suse die Tür aufstieß und das Licht anmachte.

»Was zum … Teufel – nehme ich an. Ich musste ganz allein aus dem Club weg und durch die Nacht rennen. Ich hätte vergewaltigt werden können.«

Mephy gähnte. »Ich nehme an, es hätte dich auch jemand umbringen und deine Haut zum Kleid umnähen können, was die Sache aber nicht wahrscheinlicher macht.«

»Du hättest ja wenigstens Bescheid geben können.«

»Und du hättest mich dort nicht einfach stehen lassen sollen.«

Suse murmelte etwas Unverständliches und verschränkte die Arme vor der Brust. »So findest du nie eine Frau, wenn du einfach nur abhaust«, fügte sie klar und deutlich hinzu.

Mephy rieb sich die Augen. »Oh, ich habe eine Frau kennengelernt. Das Problem war nur, dass sie bereits einen Freund hatte.«

Suse schaute überrascht. »Und?«

»Was und?«

»Habt ihr euch verabredet?«

»Vielleicht habe ich mich nicht deutlich ausgedrückt: Sie hatte einen Freund.«

»Das muss ja nicht so bleiben.«

Mephy hob eine Augenbraue. »Die Leute nehmen immer an, dass ich, weil ich der Teufel bin, allen möglichen Mist mache, weil mir das anscheinend gefällt. Zum Beispiel Seelen klauen, Männern die Frauen wegnehmen oder Seelen quälen. Aber dem ist nicht so. Also zumindest größtenteils, denn das mit dem Seelenquälen ist schon irgendwie ein witziger Zeitvertreib. Mein Punkt ist aber, dass ich, obwohl ich der Teufel bin, ein sehr ausgeprägtes Verständnis dafür habe, was richtig ist und was nicht. Und sich in eine Beziehung zu drängen, scheint mir ausgesprochen falsch und unehrenhaft zu sein.«

»Vielleicht ist der Typ ein Arsch, und sie verdient etwas Besseres. Kann doch sein.«

»Nun bestärke ihn nicht auch noch«, sagte Klaus, aber Suse ignorierte ihn.

Mephy dachte einen Augenblick darüber nach. »Er ist vielleicht kein Arsch, aber definitiv merkwürdig.«

Suse legte den Kopf schief, als würde sie »Siehst du« sagen wollen, aber Mephy war noch nicht überzeugt.

»Die feine Art wäre das nicht gerade«, sagte er.

»Sieh es doch mal so«, meinte Suse. »Wenn irgendwer damit durchkommen sollte, dann doch wohl du.« Sie richtete beide Zeigefinger auf ihn. »Teufel.«

Der Teufel zuckte mit den Schultern, zeigte mit beiden Daumen auf sich, nickte und sagte: »Teufel.« Aber dann runzelte Mephy die Stirn und war für einen Moment still.

Suse zog daraus ihre eigenen Schlüsse. »Du hast ihre Nummer nicht.«

Mephy nickte. Suse schlug die Hände über dem Kopf zusammen und ging zurück ins Wohnzimmer, wo sie gegen eine Kiste rannte.

»Und morgen gehen wir auf den Trödelmarkt. Ist ja nicht auszuhalten mit diesem ganzen Kram hier«, rief sie.

Klaus beschwerte sich, dass sie doch erst Sonntag gehen wollten.

»Morgen *ist* Sonntag«, sagte Suse.

»Aber …«, setzte Klaus an, bevor er wieder unterbrochen wurde.

»Du hast vielleicht noch nicht geschlafen, aber eigentlich ist Samstag früh. Insofern morgen. Oder willst du jetzt über den Sprachgebrauch streiten?«

»Nein, ich will überhaupt nicht streiten«, gab Klaus kleinlaut von sich, aber Suse schien sich gerade in Rage zu reden.

»Also gehen wir jetzt ins Bett, oder soll ich mitten in der Nacht wieder nach Hause fahren?«

Kurz darauf war das Klappen von Türen zu hören.

Azazel schaute zu Mephy, der auf der Bettkante saß und den Kopf schüttelte. »Frauen.«

Alle schliefen erst mal aus. Nur Azazel stand zeitig auf, um das Frühstück zuzubereiten, das fertig auf dem Tisch stand, als die anderen mehr oder weniger gleichzeitig aus ihren Zimmern stolperten. Suse und Klaus bedankten sich artig bei Azazel, nur Mephy ließ sich ohne ein weiteres Wort auf einen Sitz fallen und begann zu essen.

Es wurden Pläne gemacht, wer wie helfen würde, damit die Kisten am Sonntag tatsächlich den Weg zum Trödelmarkt fanden. Klaus würde einen Wagen holen. Gegen den Protest von Azazel, der sich am liebsten selbst darum gekümmert hätte, wollte Suse unbedingt etwas zu essen vorbereiten. Stattdessen sollte Azazel beim Einladen helfen. Und Mephy ... alle starrten ihn einen Moment an. Keiner traute sich, ihm zu sagen, dass er sie unterstützen sollte.

»Ich schätze, ich habe die Management-Position inne«, sagte der Teufel, legte die Finger aufeinander und lehnte sich satt zurück.

Suse runzelte die Stirn, während Klaus sich damit schon abfinden wollte. Azazel schaute ausdruckslos an die Decke.

»Ein Scherz, Leute. Das war ein Scherz. Natürlich helfe ich. Es sei denn, Klausibär hat in den Kartons Bleiplatten gesammelt. Dann darf er sie gerne allein tragen.«

»Das sind die alten Sachen von meinen Eltern«, sagte er kleinlaut.

Suse legte einen Arm um ihn. Azazel und Mephy schauten ihn fragend an.

»Tot?«, fragte Mephy.

Klaus nickte. »Autounfall vor zwei Jahren.«

»Unschöne Sache«, sagte der Teufel. »Aber falls es dich beruhigt: Sie sind wahrscheinlich in der Hölle.«

»Inwiefern sollte mich das beruhigen?«, fragte Klaus.

»Na, nur für den Fall, dass du dich gefragt hast, ob sie im Himmel oder in der Hölle sind. Die meisten landen in der Hölle. Ist echt schlimm. So viel Arbeit.«

Klaus starrte vor sich hin. »Kann ... kann ich sie irgendwie kontaktieren? Ich will nur wissen, ob es ihnen gut geht.«

»Junge, wenn sie in der Hölle sind, dann kannst du davon ausgehen, dass es ihnen nicht gut geht«, sagte Mephy. »Und es ist nicht so, als könntest du sie anrufen oder so. Aber falls sie mir über den Weg laufen, kann ich ihnen berichten, dass ihr Sohn an Teufelsbeschwörungen teilnimmt.«

Klaus verzog das Gesicht. »Es wäre schön, wenn sie das nicht erfahren würden.«

»Ein Scherz, Klausibär. Ein Scherz.«

Suse runzelte die Stirn. »Ehrlich, ich frage mich, was du eigentlich den ganzen Tag in der Hölle machst. Wenn ich sehe, wie du mit Azazel umgehst, kann ich mir vorstellen, dass du einfach nur rumsitzt.«

»Ich plane Foltermethoden und erörtere sie mit meinen Baumeistern. Außerdem beaufsichtige ich die Baumaßnahmen und entscheide, wer wo eingesetzt wird. Man muss die Dämonen ja irgendwie bei der Stange halten. Auch denen wird mal langweilig. Da kommen sie vielleicht mal vom Schlitzer zur Spinne oder von der Streckbank zum Bungee-Hai.«

»Bungee-Hai?«, fragte Klaus.

»Ein hungriger Hai. An einem Bungee-Seil. Und unten stehen die Verdammten und müssen warten, ob er sie erwischt oder einen, der neben ihnen steht.«

Suse und Klaus sahen sich an.

»Also werden gar nicht alle gefressen?«, fragte Suse.

»Nein«, bestätigte Mephy. »Nicht sofort. Irgendwann ist natürlich jeder mal dran, aber sie sollen sich erst mal Hoffnung machen – die dann zerstört wird.«

Suse schaute angewidert. »Das ist echt gemein.«

»O danke!«, freute sich Mephy.

»Das war eigentlich kein Kompliment.«

Klaus saß mit einem angebissenen Brötchen in der Hand da und schaute Mephy an. »Soll das heißen, dass meine Eltern von einem Hai gefressen werden?«

»Möglich«, antwortete Mephy.

Klaus legte den Rest des Brötchens auf den Teller und starrte an die Wand.

»Aber ich kann dich beruhigen. Wenn sie irgendwie nach dir kommen ... also, ich meine du nach ihnen, na, du verstehst schon, was ich meine, dann kommen sie zumindest nicht in die Sandpapierzelle.«

»Ich will's nicht wissen. Wirklich nicht.«

Aber Suse fragte nach.

»Die Sandpapierzelle ist für die, die sich ein wenig arschig verhalten«, sagte Mephy. »Also eher für die schweren Jungs, wozu seine Eltern hoffentlich nicht gehören. Das ist eine Zelle, die nichts enthält außer dem Insassen. Kein Stuhl, kein Bett. Und der Boden besteht aus Sandpapier, das ganz langsam durch den Raum gezogen wird. Wenn sich der Insasse also hinsetzt oder zum Schlafen hinlegt, dann wird er ganz langsam zur Wand gezogen und dann ...«

»Uh, ja, danke, ich kann es mir vorstellen«, sagte Suse.

Klaus hatte sich die Finger in die Ohren gesteckt und »Lalalalalala« vor sich hin gebrabbelt, um ja nichts zu hören. Er schaute die anderen an, um zu erkennen, wann er die Finger wieder herausnehmen konnte. »Ich will nichts mehr über irgendwelche Foltermethoden hören, denen meine Eltern ausgesetzt sind. Dann muss ich mir das nur immer und immer wieder vorstellen, und das will ich wirklich nicht.«

»Aber Klausi, vielleicht sind sie gar nicht in der Hölle«, sagte Mephy beschwichtigend.

»Also, wenn ich ehrlich bin, hätten sie es schon ein wenig verdient.«

Alle Köpfe drehten sich in seine Richtung.

»Schatz?«, fragte Suse. »Alles in Ordnung?«

»Das klingt nach einer interessanten Story«, sagte Mephy.

»Ich möchte darüber nicht reden«, wiegelte Klaus ab. »Trotzdem wäre es mir lieber, wenn meine Eltern nicht von einem Hai gefressen werden würden.«

Suse schaute Mephy durchdringend an.

»Ist ja gut, ist ja gut«, sagte der Teufel. »Ich schau mal, was ich machen kann, wenn ich wieder zurück bin.«

»Könnten wir uns ab jetzt auf das Thema Trödelmarkt beschränken?«, fragte Klaus. »Vielen Dank.«

»Wo wir gerade dabei sind, über die Hölle zu sprechen, hätte ich vielleicht noch ein paar Fragen.« Suse setzte sich auf eine Kiste neben Klaus.

»Oh, bitte nicht«, sagte der.

»Letztens warst du doch ganz wild darauf, zu erfahren, was da abgeht.«

»Ja, da habe ich auch nicht darüber nachgedacht, ob meine Eltern von einem Hai gefressen oder sonst irgendwie gefoltert werden.«

»Aber nun haben wir eben mal die Gelegenheit ...«

»Mach doch. Ich will nichts mehr wissen. Ich hol den Wagen.«

Er küsste Suse halbherzig auf die Stirn und stiefelte aus der Wohnungstür.

»Ach, dieser Kerl«, sagte Suse.

Mephy kratzte sich am Bart. »Was willst du denn nun wissen?«

»Stimmt es, dass du aus dem Himmel geworfen wurdest?«

»Ich sehe schon, dass das etwas länger dauern wird. Ich gehe so lange etwas lesen«, sagte Azazel und verschwand in ihrem Zimmer.

Suse schaute Mephy neugierig an.

»Ja, im Grunde wurde ich aus dem Himmel geworfen. Der Chef und ich hatten ... eine Meinungsverschiedenheit.«

»Worüber?«

»Den richtigen Umgang mit Angestellten und Arbeitsbedingungen im Allgemeinen. Anders gesagt: Ich war der Meinung, dass jeder entlohnt und mit Urlaub bedacht werden sollte, er war der Meinung, dass ich ihm nicht mehr damit auf den Sack gehen sollte. Seine Worte, nicht meine.«

»Okaaay.«

»Noch genauer gesagt: Ich wollte einen Betriebsrat gründen, und er wollte sich nicht in die Schöpfung reinreden lassen, weil er der Meinung war, dass er über jeden Zweifel erhaben ist.«

Suse fasste an das Kreuz, das ihr um ihren Hals hing. »Aber, ist er denn nicht auch über jeden Zweifel erhaben?«

»Wir reden hier über den Typen, der der Meinung war, in Gestalt eines brennenden Busches zu sprechen, statt, sagen wir mal, als er selbst. Und warum? Weil er sehen wollte, ob irgendwer dem Typen glaubt, der sagt, dass er sich mit einem verdammten Gestrüpp unterhalten hat.«

Suse schaute etwas unsicher. »Du magst ihn nicht, oder?«

»Na ja, da er im weitesten Sinne Familie ist – er ist ja immerhin mein Schöpfer –, finde ich ihn schon ganz okay. Aber er hat merkwürdige Anwandlungen.«

»Was meinst du damit?«

»Hm«, überlegte Mephy, »man könnte ... Aber du gehst ja nicht arbeiten, also ist das vielleicht schwer zu verstehen.«

»Ich hatte mal einen Ferienjob auf der Tankstelle.«

»Gut, dann stell dir einfach mal vor, dass du deinem Vorgesetzten auf der Tankstelle den ganzen Tag sagen müsstest, wie super er ist. Jedes Mal, wenn er auftaucht.«

Suse schaute skeptisch.

»Nennt sich preisen. Eine Lieblingsbeschäftigung der Engel.« Er machte bei dem Wort »Lieblingsbeschäftigung« mit den Fingern Anführungsstriche in der Luft.

»Das klingt nicht angenehm.«

»Eben. Vor allem nicht, wenn du weißt, dass er dir bei schlechter Laune Hufe statt Füße verpassen kann.«

»Und du weißt das aus erster Hand?«

»Darüber möchte ich nicht reden.«

»Und die Hölle?«

»Ist warm«, sagte Mephy. »Viel Lava. Alles etwas höhlenartig. Aber wirklich nette Leute da. Also Dämonen, meine ich. Ein paar

Leute – Seelen – sind auch nett, aber alle haben sie eben irgendwas ausgefressen.«

»Die Dämonen sind … nett?«

»Die machen ja auch nur ihre Arbeit. Klar, manche sehen aus, als wären ihre Eltern Verwandte ersten Grades, aber das kann man ihnen ja nicht vorwerfen. Gut, intim würde man mit ihnen nicht werden wollen …«

»Aber ich dachte, dass die Dämonen nur Böses tun?«

»Kommt auf die Sichtweise an. Im Grunde ist es ähnlich wie auf der Erde. Nur dass sich eben die Wirtschaft in der Hölle größtenteils um das Quälen von Sündern dreht. Und glaub mir: Arbeitslos ist bei uns keiner. Aber wirklich böse? Es gibt sicherlich welche, die ihre Jobs lieber mögen als andere.«

Dann kam Klaus zurück, und sie konnten weitermachen.

Sie trugen die Kisten nach unten, wobei Mephy sehr genau darauf achtete, dass die Kartons aus dem Zimmer, in dem er und Azazel schliefen, als erste nach unten geschafft wurden. Als dann nur noch die im Wohnzimmer übrig waren, entschuldigte er sich damit, dass er einen schlimmen Finger am Fuß hatte, und legte sich für ein Nachmittagsschläfchen hin. Besagtes Schläfchen dauerte auch nur so lange, bis die übrigen Kartons verstaut waren. Dann kam er plötzlich wieder aus dem Zimmer und fragte Azazel, ob er ihm nicht etwas zu essen machen könnte, bevor er sich auf die Couch warf und die Fernbedienung des Fernsehers nicht mehr aus der Hand gab.

Er beschloss, eine Liebesverkupplungssendung zu schauen, in der eine Kandidatin drei Männer befragte, die für sie unsichtbar hinter einer Wand hockten und möglichst originelle Antworten zu geben versuchten. Er erfreute sich daran, wie Anzüglichkeiten, für das öffentliche Fernsehen gut versteckt, in nette Worte verpackt wurden. Alle anderen, inklusive Azazel, waren davon eher gelangweilt.

»Aber es ist spannend, ob sie am Ende zusammenkommen oder nicht«, sagte Mephy.

»Das ist eine Gameshow. Es ist völlig irrelevant, ob die zusammenkommen. Wahrscheinlich machen sie am Ende groß auf Liebe, aber ich gebe denen keine zwei Wochen«, sagte Suse.

»Ob ich da vielleicht auch mitmachen könnte?«, fragte Mephy.

Suse sah ihn skeptisch an. »Wenn du noch ein paar Monate warten kannst, bis das nächste Casting läuft ...«

Mephy grummelte: »Mir gehen die Optionen aus.«

Suse klang plötzlich fröhlich. »Und deswegen kommst du morgen mit auf den Trödelmarkt und stehst am Stand. Vielleicht kommen da ein paar interessante Frauen vorbei.«

»Was, nein ... ich dachte, wir ...«, wollte Klaus einwerfen, aber Suse machte nur »Sch-sch-sch« und legte ihm ihren Zeigefinger auf den Mund.

»Ich will keine Frau auf dem Trödelmarkt kaufen«, entgegnete der Höllenfürst.

»Von kaufen hat ja auch keiner was gesagt. Aber da kommen nun mal Frauen hin. Wenn dir eine gefällt, kannst du ihr ja deine Nummer geben.«

»Hm«, machte Mephy, dann nickte er plötzlich und brüllte: »Azazel!«

»Sir, ich sitze hier mit im Raum. Ihr braucht nicht zu schreien.«

»Ach so, ja, natürlich. Azazel, du kommst morgen mit und übernimmst die Finanzen.«

»Die Finanzen, Sir?«

»Ich verhandle, du kassierst«, sagte er zu seinem Butler, um sich danach Suse zuzuwenden und ihr zu sagen, dass er mit Zahlen nicht so gut konnte.

»Wie Ihr wünscht, Sir.«

Als Suse die beiden am nächsten Morgen um fünf Uhr früh weckte, wollte Mephy nichts mehr davon wissen. Er rollte sich pathetisch im Bett hin und her und meinte, sie sollten ihn auf dem Flohmarkt beschwören, damit er noch einen Moment schlafen konnte. Azazel gelang es dann aber, ihn mit dem Geruch von Kaffee aus dem Bett zu locken, und so kamen sie noch einigermaßen pünktlich auf dem Trödelmarkt an, wo sie die Kisten auspackten.

Einige Profis waren schon früh vor Ort und versuchten, die Kisten zu durchwühlen, bevor sie überhaupt eine Chance hatten, sie selbst auszupacken. Suse scheuchte alle davon und bezeichnete sie als Heuschrecken, was Mephy amüsierte.

»Ich dachte, ihr wollt etwas verkaufen?«, fragte Mephy vom Auto aus und nippte Kaffee aus dem Deckel einer Thermoskanne. »Und jetzt scheucht ihr die Kunden weg?«

Schließlich platzierte Suse ihn am Tisch, sagte ihm, was wie viel kosten sollte, und setzte sich dann etwas abseits auf einen kleinen Campinghocker. Aber da die »Heuschrecken« verscheucht und die anderen Stände mit dem Aufbau beschäftigt waren, hielt sich der Andrang in Grenzen, und er gähnte gelangweilt vor sich hin. Dann allerdings sah er ein Gesicht, das ihm bekannt vorkam.

Zwei Tische weiter packte ein Mann aus, der wie bei ihrer ersten Begegnung ein zerknittertes T-Shirt trug. Seine dunkelblonden Haare waren wellenartig nach hinten gekämmt, und seine nahezu runden Brillengläser ließen ihn etwas arrogant wirken. Vielleicht hatte Mephy diese Assoziation aber auch nur deshalb, weil es sich um Isas Freund handelte.

Mephy beugte sich vor. Wenn dieser Typ da war, dann musste doch auch ... Isas schulterlange braune Haare wirbelten am Stand. Sie nahm ihrem Freund etwas Kram ab und verteilte ihn auf der Auslagefläche.

Der Höllenfürst lächelte und war so in Gedanken vertieft, dass er glatt einen Kunden übersah, der irgendeinen Staubfänger kaufen wollte.

»Hallo, was kostet das?«, sagte der Mann und wedelte mit der Hand vor Mephys Gesicht herum, der daraufhin aus seiner Trance erwachte und den Kunden skeptisch anschaute.

»Für Sie? 500 Euro«, sagte er, ohne zu wissen, um was es eigentlich ging.

»Was? Das soll doch wohl ein Scherz sein?«

Mephy schaute sich das Teil, das der Mann ausgesucht hatte, etwas genauer an. Es war die Porzellanfigur zweier Rehe, die über einen Baumstamm sprangen. »Na ja, wir können über den Preis reden, aber ... Sie sind doch ein Kenner, oder? Sie sehen jedenfalls aus wie jemand, der sich mit der Materie auskennt.«

Der Mann schaute geschmeichelt. »Nun, ich interessiere mich schon eine ganze Weile für ...«

»Genau«, unterbrach Mephy ihn. »Dann wissen Sie ja bestimmt, dass dies eines von nur 152 Exemplaren ist, die damals von einarmigen Kriegsversehrten in monatelanger Mundarbeit bemalt wurden.«

»Oh, ich fand einfach nur, dass es schön aussieht«, sagte der Mann.

Mittlerweile hatte Suse mitbekommen, dass Mephy irgendwelchen Blödsinn erzählte, und wollte sich einmischen, aber er hielt sie mit dem Arm zurück.

»Die Geschichte dieses Stücks ist besonders tragisch, da während der Produktion, wie Sie sicher wissen, die Fertigungshallen von einer Bombe getroffen wurden, welche etliche der Maler ohne Mund zurückließ. Das ist auch der Grund dafür, warum nur so wenige hergestellt wurden, obwohl die Auftragsbücher voll waren und gerade im russischen Zarenreich die Nachfrage enorm war.«

»Das ist ja unglaublich!« Der Mann war sichtlich gerührt von der Geschichte.

»Sie verstehen also«, fuhr Mephy fort, »dass wir das Stück nicht einfach irgendwem verkaufen können. Es geht dabei weniger um den Preis als tatsächlich darum, dass es in gute Hände kommt.«

»Ja, ja, das verstehe ich«, sagte der Mann.

Mittlerweile hatten sich auch Azazel und Klaus dazugesellt. Klaus wollte gerade ansetzen, etwas zu sagen, aber Suse hielt ihm den Zeigefinger vor den Mund und machte »Sch-sch-sch«.

»Ich habe aber gar keine 500 Euro bei mir«, sagte der Mann.

Mephy sah ihm tief in die Augen, schaute dann kurz nach links und rechts und forderte ihn auf, um den Tisch und hinter die Abdeckplane zu treten.

Als der Mann mit ihm hinter der Plane stand, abgeschirmt von den vermeintlichen Blicken Neugieriger, legte Mephy seinen Arm um ihn und tuschelte: »Ich weiß, dass Sie Bescheid wissen. Sie sind zielstrebig auf dieses Stück zugegangen und wollten es haben. Sie wissen, wie geschichtsträchtig es ist.«

»Ja, aber ich hab nur 250 Euro dabei. Ich kann Ihnen also höchstens 200 geben, denn ich will ja noch über den Rest des Marktes.«

Mephy nickte wohlwollend. »Ich verstehe, ich verstehe. Hören Sie, ich gebe Ihnen das für 250. Weil Sie es sind, ein wirklicher Kenner. Jemand, der das Stück zu schätzen weiß.«

»Aber ...«, sagte der Mann, doch Mephy unterbrach ihn erneut.

»Sie können natürlich woanders schauen, aber so einen Deal bekommen Sie nirgendwo. Und ich wäre auch wesentlich glücklicher damit, wenn Sie es bekämen statt irgendwer, der zwar 500 Euro bezahlt, es aber nicht zu würdigen weiß. Verstehen Sie?«

Der Mann nickte.

»Also, sind wir im Geschäft?«, fragte Mephy und hielt ihm seine offene Hand hin.

Der Mann überlegte kurz, schlug dann aber ein.

Suse und die anderen hatten hinter der Abdeckplane hervorgelugt und mitgehört und waren ein wenig baff. Immerhin dachte Suse so weit mit, dass sie die Porzellanfigur gleich sorgfältig in Papier einwickelte, um sie dem Mann zu überreichen, der ihr dann, auf ein Zeichen von Mephy hin, das Geld in die Hand drückte und mit einem seligen Lächeln auf dem Markt verschwand.

»Sir, Ihr könnt nicht mit Zahlen?«, fragte Azazel.

»Kann ich auch nicht, aber Leute zu dummen Sachen überreden kann ich«, sagte der Höllenfürst schulterzuckend.

»Kann man so was als Teufel einfach, oder lernt man das irgendwie?«, fragte Klaus. »Ich meine, ich hätte das Ding für zwei Euro oder so verkauft.«

»Es gibt etliche Teleshopping-Verkäufer bei uns in der Hölle, und es ist manchmal recht erhellend, sich mit denen zu unterhalten, während sie das Blut von Gefolterten mit dem Wischmopp wegmachen, den sie sonst für erstaunliche und günstige 39,99 Euro verkauft haben. Komischerweise haben die meisten von ihnen nicht mehr so viel Spaß, wenn sie ihre Produkte tatsächlich benutzen müssen.«

»Bemerkenswert«, sagte Suse. Sie stellte fest, dass Mephy nicht mehr bei der Sache war und stattdessen den Gang mit den anderen Ständen hinunterschaute. »Was ist denn dahinten?«

»Die Frau aus dem Club von Freitag.«

»Ehrlich? Na, wenn das keine göttliche Fügung ist«, sagte Suse, runzelte dann aber die Stirn. »Also, falls es so etwas wie göttliche Fügung gibt.«

»Meiner Erfahrung nach nicht. Ich würde es Zufall nennen«, sagte Mephy.

»Wie auch immer. Geh hin und rede mit ihr.«

»Ihr Freund ist dabei.«

»Beziehungen enden manchmal ganz abrupt«, sagte Suse, und Klaus machte ein etwas ängstliches Gesicht. »Außerdem musst du ja nicht gleich mit der Tür ins Haus fallen. Du sagtest doch, dass ihr euch gut unterhalten habt. Dann mach das doch jetzt noch einmal.«

Mephy atmete tief aus und straffte sich, dann ging er.

»Viel Erfolg, Sir«, sagte Azazel, erhielt aber keine Reaktion.

»Er muss wirklich mal lernen, Danke zu sagen, was?«, sagte Suse, aber Azazel blieb regungslos.

Mephy versuchte, unauffällig zu Isas Stand zu gelangen. Er betrachtete interessiert die Tische seiner direkten Nachbarn und harrte einen Moment aus, weil Isa noch dabei war, auszupacken. Mit schlenderndem Schritt ging er langsam weiter und sah schließlich das Schild, das sie gemalt hatte. Darauf stand, dass der gesamte Erlös aus den Verkäufen an ihrem Stand Kindern in Afrika zugutekommen würde. Ein paar Broschüren lagen auch auf dem Tisch.

Mephy studierte das Ganze etwas ungläubig und machte unbewusst »Hm«, was dazu führte, dass Isa ihn bemerkte.

»Möchten Sie vielleicht Kindern in Afrika helfen? Wenn Sie bei uns kaufen, dann … Moment mal. Kennen wir uns vielleicht? Sie kommen mir so bekannt vor.«

Mephy schreckte hoch. »Ach, ja, ich bin hier nur so langgeschlendert. Wir haben doch Freitagnacht etwas zusammen getrunken.«

Isa überlegte lächelnd.

»Die Hörner«, sagte Mephy und lupfte kurz seinen Hut.

»Ach, Mephistopheles, richtig?«, sagte sie erfreut.

»Genau, aber nenn mich ruhig Mephy. Und du bist Isa.«

»Na, das ist ja ein Ding. Schaust du dich einfach nur um?«

»Tatsächlich helfe ich zwei Tische weiter, etwas Kram zu verkaufen.« Er deutete in die Richtung, von wo Suse, Azazel und Klaus ihm entgegenstarrten.

Auch Isa sah sie herüberschauen und war ein wenig verwundert. »Nette Leute, wie es aussieht. Ist das Mädchen die, die dich mit in den Club geschleppt hat, damit du da eine Frau kennenlernst?«

Mephy nickte.

Ihr Freund stand plötzlich am Tisch und setzte eine Kiste ab.

»Darf ich vorstellen«, sagte Isa, »mein Freund Christoph. Christoph, das ist Mephistopheles, von dem ich dir gestern erzählt habe.«

Christoph gab ein Kopfnicken sowie ein verzerrtes »Aha« von sich, während er Mephy die Hand schüttelte. Dann wandte er sich Isa zu und sagte: »Das war die letzte Kiste. Ich geh noch was vom Bäckerwagen besorgen. Willst du auch was, Babe?«

Mephy hob eine Augenbraue, weil er es merkwürdig fand, dass jemand in Berlin seine Freundin ernsthaft mit »Babe« ansprach. Allerdings schien sich Isa nicht daran zu stören. Sie sagte, dass sie keinen Hunger hatte, und er zog von dannen.

»Kinder in Afrika«, sagte Mephy, als er verschwunden war.

»Ja, ich finde, man kann davor nicht die Augen verschließen. Also versuche ich eben zu helfen, wo ich kann, wenn ich schon nicht selber hinfahren kann. Was soll ich sagen, ich hab eben sonst keine Hobbys.«

»Fernsehen wäre keine Möglichkeit?«, fragte Mephy.

Sie lächelte. »Doch, natürlich. Viel zu oft, wenn ich ehrlich bin. Aber ab und zu muss man eben auch was Gutes tun, findest du nicht?«

Mephy kratzte sich hinter dem Ohr. »Na ja, wahrscheinlich schon.«

»Hast du denn Freitag noch Anschluss in der Disco gefunden? Und haben die beiden in der Ecke noch weitergeknutscht oder irgendwann aufgehört?«

»Nein zum Ersten und keine Ahnung zum Zweiten. Sie waren noch voll zugange, als ich kurz nach dir gegangen bin.«

»Faszinierend.«

»In der Tat.«

»Und was hast du jetzt in der Frauensache vor?«, fragte sie interessiert. »Hat die große Liebe schon angeklopft?«

Jemand trat an den Stand und interessierte sich für eine lädierte Kuckucksuhr, die auf dem Tisch lag. Sie war abgelenkt und merkte nicht, dass Mephy etwas zu lange überlegte, was er auf die Frage antworten sollte. Nachdem der Kunde weg war, fragte sie erneut.

»Nun, wenn du keinen Freund hättest, hätte ich dich ja gerne mal auf einen Kaffee oder zum Essen eingeladen.«

Sie stemmte die Arme in die Hüften. »Aber weil ich einen habe, machst du das nicht, oder was? Als ob Frauen und Männer nicht auch einfach nur so mal miteinander reden und einen Kaffee trinken könnten.«

Mephy wiegelte ab. »So war das gar nicht gemeint. Ich wollte ja nur sagen, dass ich … nun …«

»Jaja, ich weiß schon. Aber ich hätte nichts dagegen. Solange dir klar ist, dass da nichts läuft«, sagte sie lächelnd und mit einem schiefen Blick, der wohl ausdrücken sollte, dass es ihr ernst war.

Mephy lächelte gequält zurück.

»Ich geb dir mal meine Nummer, dann können wir uns ja schreiben.« Sie streckte die Hand aus, damit er ihr sein Handy geben konnte. Sie nahm es und fügte einen neuen Eintrag bei den Kontakten hinzu.

»Viele Leute kennst du ja nicht. Da stehen ja nur ein paar drin.«

In der Tat hatte Mephy nur die Nummern von Suse, Klaus, Azazel und ein paar der Frauen, mit denen er sich getroffen hatte, wobei er einige auch gleich wieder gelöscht hatte.

Er nahm das Handy wieder entgegen, als Isa fertig war. Zaghaft fragte er, ob sie sich in der kommenden Woche treffen könnten.

»Sicher. Warum nicht?«, antwortete sie.

Christoph kam mit einer kleinen Tüte vom Bäcker zurück und stellte sich neben sie.

»Chris, ich gehe nächste Woche wahrscheinlich mal mit meinem neuen Freund Mephy einen Kaffee trinken. Das geht doch in Ordnung, oder?«

Chris musterte Mephy von oben bis unten. Der Höllenfürst hatte das Gefühl, dass er aufgrund seiner Statur und seines Aussehens von ihm nicht als Bedrohung wahrgenommen wurde. Jedenfalls konnte er sich nur so erklären, dass aus dem anfangs abschätzenden Blick ein gelangweiltes Schulterzucken wurde, das Christoph mit einem »Hm-mh« unterstrich.

»Na dann«, sagte Isa, »sehen wir uns die Tage.«

Sie lächelte ihn an. Christoph schaute kurz skeptisch, legte dann seinen Arm um sie und nickte ihm zu.

Als Mephy an ihren Stand zurückgekehrt war, löcherten ihn Suse und Klaus.

»Wir haben uns lose für nächste Woche verabredet«, sagte er.

»Und ihr Freund hat nichts dagegen.«

»Schritt eins ist getan«, sagte Suse.

»Ich finde es immer noch daneben, wenn er aktiv versucht, eine Beziehung zu beenden.« Klaus runzelte die Stirn. »Das ist einfach nicht richtig.«

»Sie treffen sich doch nur. Nur ein Plausch unter Freunden«, erwiderte Suse.

»Muss ich jetzt also auch Angst haben, wenn du dich mal mit einem anderen Kerl triffst?«

»Es kann zumindest nicht schaden, wenn du dich mehr anstrengst.«

Mephy schüttelte den Kopf. »Ich werde ihr gleich eine Nachricht schicken, ob es morgen geht.«

»Halt, stopp!«, sagte Klaus. »Sie wollen ihr jetzt schon schreiben?«

»Natürlich.«

»Aber man wartet doch wenigstens zwei Tage, bis man schreibt. Jedenfalls habe ich das mal in irgendeinem Film gesehen.«

Mephy hob eine Augenbraue. »Ich weiß, was du meinst. Aber ich bin etwas unter Zeitdruck, also kann ich mich nicht an irgendwelche Ratschläge aus Filmen halten.«

Suse kicherte. »Und ich dachte, dass dein Trip auf die Erde nur deswegen zustande gekommen ist, weil du zu viele von diesen Filmen schaust und denkst, es wäre das wahre Leben.«

»Ich habe keine 40 Tage mehr!«, echauffierte sich Mephy.

»Ich widerspreche dir ja gar nicht«, sagte Suse. »Ich finde es nur lustig, dass ausgerechnet du das sagst.« Sie wandte sich an Klaus. »Und ganz ehrlich, wenn du zwei Tage gewartet hättest, bis du dich bei mir meldest, wäre ich davon ausgegangen, dass du kein Interesse hast.«

Klaus seufzte. »Okay, ich wollte nur helfen. Trotzdem bin ich der Meinung, dass er zumindest bis heute Abend warten sollte. Er ist ja nicht mal fünf Minuten von ihrem Gespräch zurück.«

Suse stimmte ihm zu, und Mephy schob das Handy zurück in die Jackentasche. Er konnte den Abend gar nicht abwarten.

KAPITEL 15

KEIN RENDEZVOUS

NOCH 37 TAGE

Am Dienstagabend gegen 18 Uhr trafen sich Isa und Mephy am Bahnhof Savignyplatz, um sich ein Lokal zu suchen.

Als Mephy die Treppe von der S-Bahn herunterkam, wartete sie bereits vor dem Eingang mit einem Lächeln auf den Lippen.

»Ich hab dir doch gesagt, dass du dich hier nicht verlaufen kannst.«

Mephy wiegte den Kopf. »Zumindest hier nicht. Ansonsten ist mir die Stadt aber noch etwas fremd.«

»Na, halb so wild. Hier werden wir schon irgendwas finden. Da ist für jeden Geschmack was dabei.«

Sie deutete mit dem Kopf an, dass er ihr folgen sollte. So gingen sie ein Stück die Straße hinunter und schauten, welches Restaurant oder sonstige Etablissement ihnen gefallen könnte.

Sie hatte Jeans und T-Shirt an und nur eine schlabbrige Jacke übergeworfen, die zwar optisch nicht viel hermachte, aber sehr gemütlich aussah. Er selbst kam sich in seinem Anzug fehl am Platz vor. Objektiv betrachtet, hatte er die besseren Sachen an, aber sie machte einen guten Eindruck in ihrer Kleidung, während er wie ein Fremdkörper aussah.

Nach ein paar Metern kamen sie an einem Gebäude vorbei, aus dem der Geruch von frischer Pizza drang. Mephy lief sofort das Wasser im Munde zusammen.

»Pizza?«, fragte er.

Isa dachte einen Moment nach. »Grundsätzlich schon, aber der Laden ist echt teuer, auch wenn die Pizza gut ist.«

»Kein Problem, ich habe ja gesagt, dass ich dich einlade, nicht wahr?«

Isa lächelte, sah dabei aber irgendwie besorgt aus. »Nein, mach das nicht.«

»Was? Dich einladen? Warum denn nicht?«

»Es wäre mir lieber, wenn jeder für sich bezahlt. Ich will nicht, dass dir das wie ein Date vorkommt.«

»Es ist eine Verabredung. Zum Essen. Glaub mir, ich habe nicht vergessen, dass du einen Freund hast und dass das hier kein Rendezvous ist. Aber einladen kann ich dich doch deswegen trotzdem, oder?«

Sie überlegte kurz und schaute ihn an, als würde sie seine Beweggründe abschätzen. Schließlich entschied sie, das Angebot anzunehmen.

Die Pizzeria war sehr gut besucht. Fast alle Plätze waren besetzt, aber sie bekamen noch einen Tisch an der Seite, was allerdings hieß, dass sie keinen Blick aus dem Fenster werfen konnten. Mephy war das herzlich egal, er wollte ohnehin nur Isa ansehen.

Sie studierten die Karte. Mephy kicherte, als er sah, dass jede Pizza nach einem Apostel benannt war.

»Eigentlich wollten wir doch nur Kaffee trinken gehen«, sagte Isa.

»Ja, aber ... Pizza. Pizza kann man doch immer essen.«

»Das stimmt schon. Und Hunger habe ich auch, wenn ich ehrlich bin. Aber ich weiß nicht, ob ich eine ganze Pizza schaffe. Das sind hier halbe Wagenräder.«

Sie nickte mit dem Kopf in Richtung Nebentisch, an dem die Gäste gerade ihre Pizzen bekamen. Und tatsächlich passten die zwei

Teller kaum auf den Tisch. Mephy machte große Augen, als er sah, mit was sie es zu tun bekommen würden.

»Ich werde mich heroisch in die Schlacht stürzen«, sagte er erhobenen Hauptes, Messer und Gabel demonstrativ gezückt.

Isa lächelte. »Na, ansonsten kann man sie auch noch später daheim vorm Fernseher futtern.«

»Ich mag die Art, wie du denkst«, sagte Mephy. »Aber ich muss zugeben, dass ich meistens alles auf einmal esse.«

Sie nickte ihm zu. »Und hinterher hasst man sich dann dafür, während man versucht, die Blähungen in den Griff zu kriegen. Kenne ich, kenne ich.«

Mephy lachte. Er fand es erfrischend, dass Isa kein Blatt vor den Mund nahm und nicht so tat, als dürfte man sich über manche Dinge nicht unterhalten. Andererseits befürchtete er, dass ihn das noch in Bedrängnis bringen könnte. Für den Moment genoss er einfach ihre Nähe.

Nach einer Weile fragte Isa etwas schüchtern, ob er nicht seinen Hut abnehmen wolle.

»Du weißt doch: die Hörner«, sagte er.

»Aber wird dir darunter nicht warm? So auf Dauer den Hut aufzuhaben, muss dir doch unglaublich auf den Senkel gehen, oder nicht?«

»Schon, aber wenn ich ihn abnehme, dann fangen die Leute an, merkwürdig zu schauen, zeigen mit den Fingern und schreien aus heiterem Himmel. Ich dachte, ich erspare uns das.«

»Wie du willst, aber mir würde es nichts ausmachen«, bekräftigte sie.

Mephy dachte einen Moment nach, nahm dann den Hut ab und legte ihn neben sich auf einen Stuhl. Aber nun starrte Isa ihn an.

»Wenn du den ganzen Abend auf meine Hörner starrst, dann darfst du doch noch selbst bezahlen«, sagte er.

»Entschuldige«, entgegnete sie, »aber ich finde sie faszinierend.«

»Ich finde sie eher nervig. Versuche mal, auf der Seite zu schlafen und deine Hände unter den Kopf zu legen, wenn du Hörner am Schädel hast. Es ist keine Freude.«

Der Kellner kam an den Tisch und wollte die Bestellung aufnehmen, wurde aber durch die Hörner abgelenkt.

»Was kann ich Ihnen ... was kann ... was ...?« Er starrte Mephy an.

»Ja, die sind echt«, sagte Mephy und holte ihn zurück ins Hier und Jetzt. »Und bringen Sie mir eine Pizza Petra.«

»Meinten Sie vielleicht eine Pizza Petrus?«, fragte der Kellner nach.

»Äh ja, natürlich«, korrigierte sich Mephy.

»Und für Sie, Signora?«

»Eine Pizza Judas, bitte.«

Mephy kicherte kurz und meinte, dass sich Judas bestimmt nicht vorgestellt hatte, mal Namensgeber einer Pizza zu sein, aber Isa und der Kellner sahen ihn merkwürdig an.

»Schon gut, hab nur laut gedacht«, entschuldigte er sich.

Der Kellner notierte ihre Bestellungen auf einen Zettel, bekreuzigte sich und verabschiedete sich.

»Hat der sich gerade eben ernsthaft bekreuzigt?«, fragte Isa und schaute ihm mit offenem Mund hinterher.

»Schon gut«, sagte Mephy. »Ein paar andere haben auch schon herübergestarrt.«

Isa schüttelte den Kopf. »Tut mir leid, dass ich dich dazu gebracht habe, den Hut abzusetzen. Ich hätte nicht gedacht, dass Leute so gefühllos sind. Andererseits sollte mich das nicht wundern. Den Flüchtlingen gegenüber sind sie das ja auch.«

Mephy wusste nicht recht, was er darauf sagen sollte.

»Ich muss mich schon wieder entschuldigen. Ich wollte nicht politisch werden. Es heißt ja immer, dass man sich bei der ersten Verabredung nicht über Religion, Abtreibung, Politik oder Exfreunde unterhalten soll.«

»Schon gut«, sagte Mephy. »Also ist das doch ein Rendezvous?«, fügte er lächelnd hinzu.

»Nein, ist es nicht, aber ich denke, der Ratschlag passt auch für neue Bekanntschaften.«

Mephy lehnte sich zurück. »Wobei es doch eigentlich keine schlechte Idee ist, wenn man sich über Politik oder Religion unterhält, oder? Ich meine, so kann man gleich sehen, ob man bei diesen wichtigen Themen auf einer Wellenlänge liegt.«

»*Möchtest* du denn über Politik oder Religion sprechen?«, fragte sie zweifelnd.

»Wenn ich's mir recht überlege, eigentlich nicht.«

Isa seufzte. »Gut, denn ich wollte einfach nur einen netten Abend verbringen, ohne mich über irgendwas aufregen zu müssen.«

»Und ich wollte eigentlich nur gerne etwas über dich erfahren.«

Isa nickte. »Der Mann, der die Frauen versteht. Denn wir machen ja nichts lieber, als über uns selbst zu reden.«

»Ich weise diese sexistische Anschuldigung von mir und möchte klarstellen, dass du das behauptet hast, nicht ich.« Mephy grinste.

Isa verstellte ihre Stimme, sodass sie wie ein kleines Kind klang, und malte mit dem rechten Zeigefinger Kreise auf den Tisch. »Ja, also, ich bin die Isa, ich bin 31 Jahre alt, und wenn ich groß bin, will ich mal Ballerina werden. Oder Telefonzelle.«

»Ist Telefonzelle ein Ausbildungsberuf?«

»Ja, aber der ist vom Aussterben bedroht.«

»Eine Schande.«

»Ich habe so manche Nacht heulend verbracht. Und dann habe ich beschlossen, Erzieherin zu werden.«

»Erzieherin?«

»Von mir aus auch Kindergärtnerin, obwohl ich die Bezeichnung ausgesprochen doof finde.«

Mephy nickte. »Vermutlich, weil du keine kleinen Kinder einpflanzt und regelmäßig düngst, damit sie schön wachsen.«

Sie zeigte mit dem Finger auf ihn und nickte.

»Andererseits«, fügte Mephy hinzu, »um mal bei der Metapher zu bleiben: Irgendwie hegt und pflegt und düngt ihr die Kinder doch auch. Ihr helft ihnen beim Wachsen und dabei, sich zu entwickeln. Auch wenn der Dünger in dem Fall eher geistiger Natur ist.«

Isa dachte kurz nach. »Ah, der Herr ist Philosoph. Von mir aus. Ich finde Erzieherin trotzdem besser.«

»Was hat dich dazu veranlasst, Erzieherin zu werden?«

Sie seufzte lang und schaute bedrückt. »Eigentlich habe ich keine Lust, darüber zu sprechen, schon gar nicht am ersten Abend, wenn wir uns gerade erst kennenlernen. Aber du hast gefragt. Ich wollte irgendwas machen, wobei ich Leuten helfen kann. Mein ursprünglicher Plan war irgendwas mit Entwicklungshilfe. Aber ich hatte einen Freund und wollte nicht einen halben Erdball von ihm getrennt sein. Und irgendwie lag da Erzieherin nahe, denn da kann ich Kindern bei der Entwicklung helfen und mich überhaupt mit Kindern beschäftigen, denn …« Sie seufzte tief. »Ich hatte als Teenager Krebs und blabliblu, ich kann keine Kinder mehr kriegen.«

Mephy schaute überrascht. »Das tut mir leid.«

Sie winkte ab. »Na ja, was soll's? Es ist, wie es ist. Aber aus diesem Grund kann ich auch nachvollziehen, wie Leute so reagieren, wenn sie deine Hörner sehen. Oder generell eine ungewöhnliche Haartracht bei einem Mädchen.«

»Glatze wegen der Chemo?«

Sie nickte. »Allerdings fand ich es irgendwann sogar cool, dass meine Schulkameraden mich Professor XX genannt haben. Nach dem Typen aus den X-Men-Comics beziehungsweise den Filmen. Nur dass irgendein Bio-Nerd meinte, dass ich als Frau mit zwei X-Chromosomen eben noch ein zusätzliches X brauchte.«

»Ich schätze, der fand das unglaublich clever.«

»Du hast keine Vorstellung. Ein paar Freundinnen haben mich eine Zeit lang sogar Ixa statt Isa genannt. Ist aber irgendwie nicht hängen geblieben.«

»Ich finde Isa auch schöner.«

»Besten Dank. Aber nun genug von den Leiden der jungen Isa. Was machst du denn so, wenn du nicht gerade in der Disco knutschenden Pärchen zuschaust?«

Eigentlich hätte Mephy diese Frage erwarten sollen, immerhin verbrachte er nun schon Wochen damit, sich mit Frauen zu unterhalten. Allerdings hatte er bisher immer noch keine schlaue Antwort gefunden. Er war etwas überrumpelt und stammelte. Noch wollte er Isa nicht erzählen, wer er wirklich war. Dafür sollte sie ihn erst besser kennenlernen.

»Nun ... ich ... na ja ... das ist kompliziert.«

»Was ist daran so kompliziert?«

»Na ja, ich weiß nicht recht, wie ich das beschreiben soll. Also ich ... ich bin so was wie der Boss von einem recht großen Betrieb.«

Isa schaute ihn skeptisch an. »Okay. Aber was habe ich mir darunter vorzustellen? Was macht ihr denn? Stellt ihr irgendwas her?«

Mephy kratzte sich am rechten Horn. »Nicht direkt. Also im Grunde genommen beschäftige ich viele ... die sich um Menschen kümmern.«

»Inwiefern kümmern? Muss ich dir alles aus der Nase ziehen? Das klingt so, als hättest du eine Firma, die Profikiller beschäftigt, die sich um Menschen *kümmern*.« Sie malte mit den Fingern Anführungszeichen in die Luft.

Mephy reagierte nicht sofort, weswegen sie noch skeptischer schaute und so tat, als müsste sie ganz schnell weg. Aber Mephy winkte ab.

»Nein, nein, entschuldige. Natürlich bringen wir keine Menschen um.« Er schaute kurz an die Decke und schüttelte dann den Kopf.

»Da bin ich aber froh.«

»Wir sind eher dafür da, dass die Menschen nach begangenen Fehlern noch einmal über sie nachdenken können.«

»Das klingt jetzt, als würdest du im Gefängnis arbeiten.«

Mephy überlegte. »Ja, ich denke, das trifft es am ehesten. Ich bin sozusagen der Leiter dort.«

Isa schaute jetzt interessiert. »Wow, das finde ich spannend. Das würde ich ja gerne mal sehen.«

»Das wirst du hoffentlich auch irgendwann mal.«

Der Kellner kam, stellte ihre Getränke ab und verkündete, dass die Pizzen noch ein paar Minuten brauchten. Isa wollte mit Mephy anstoßen und hielt ihr Glas hoch. Er tat es ihr gleich, und sie meinte, dass sie *auf* etwas anstoßen müssten.

»Wäre nicht das Klischee ›auf den Weltfrieden‹ oder so was angebracht?«

»Ja, aber wie wahrscheinlich ist das?«, sagte sie. »Da könnten wir ja gleich darauf trinken, dass es von heute auf morgen keine bösen Menschen mehr auf der Welt gibt.«

Mephy wiegte den Kopf. »Hm, das würde mich arbeitslos machen.«

»Aber schlimm wäre das nicht, oder?«

Mephy zuckte mit den Schultern. »Ich hätte mehr Zeit für Fernsehserien.«

»Also, auf was trinken wir denn nun?«, fragte Isa.

»Auf den Beginn einer wundervollen Freundschaft?«

»Bogey-Zitat. Eigentlich hättest du dafür den Hut aufhaben müssen.«

»Ja, und eine Kippe im Mundwinkel. Also nehmen wir das? Oder wollen wir einfach nur das Glas in die Luft halten, um zu sehen, wer von uns als Erstes einen lahmen Arm bekommt?«

»So ein Trinkspruch will eben gut überlegt sein. Aber der ist nicht schlecht. Also, auf den Beginn einer wundervollen Freundschaft.«

Sie stießen an und nahmen jeder einen Schluck.

Bald schon kam die Pizza, und nach gut drei Vierteln waren sie kurz davor, zu platzen. Isa lehnte sich zurück und stieß einen langen Seufzer aus, während Mephy dicke Backen machte und sich mit der Serviette die Stirn abtupfte.

»Der Bauch sagt Nein, aber der Kopf sagt Ja«, stöhnte Isa und hielt sich eine Hand auf den Leib.

»Was ist dir wichtiger? Das Bauchgefühl oder das Kopfgefühl?«

»Was soll denn ein Kopfgefühl sein?«

Mephy versuchte, ein Aufstoßen zu unterdrücken. »Ich hab keine Ahnung, was ich da geredet habe. Ich bin aufgrund des Essens nicht mehr zurechnungsfähig. Trotzdem die Frage: Bist du eher ein Bauch- oder ein Kopfmensch?«

Isa hielt sich immer noch den Leib. »Momentan definitiv Bauchmensch.«

»Ich schätze, jetzt wäre nicht der richtige Zeitpunkt, um dich zu fragen, ob wir irgendwann noch mal zusammen essen gehen, oder?«

Isa stöhnte. »Bestimmt, aber frag mich später noch mal. Ich kann da gerade nicht drüber nachdenken.«

Sie aßen weiter, bis Mephys Teller leer war und Isa nur noch einen kleinen Happen übrig hatte. Als der Kellner kam und fragte, ob er abräumen durfte, starrte sie das Stück kurz an und verkündete, dass sie den Kampf noch nicht aufgegeben hatte. Sie schob es sich schnell in den Mund und verdrehte die Augen, als würde sie ohnmächtig. Mephy schmunzelte. Kurz darauf kam der Kellner mit der Rechnung, und Mephy bezahlte. Sie gingen nach draußen und stützten sich gegenseitig, weil sie das Gefühl hatten zu rollen.

»Lass uns noch einen kleinen Verdauungsspaziergang machen, bevor wir uns verabschieden, ja?«, sagte Isa, und Mephy stimmte ihr zu.

Sie liefen die Kantstraße entlang und unterhielten sich noch ein wenig. Wie sich herausstellte, arbeitete Isa nicht nur als Erzieherin, sondern half in ihrer Freizeit auch in Flüchtlingsheimen aus und versuchte dort, Kindern die deutsche Sprache näherzubringen. Jahre zuvor war sie freiwillige Helferin beim Katastrophenschutz gewesen, hatte das aber mittlerweile aus Zeitgründen aufgegeben. Mephy hingegen hielt sich mit Kommentaren zu seinem Privatleben zurück, weil er nichts Passendes zu berichten hatte. Von der Planung des Seelentoasters zu sprechen, erschien ihm unangebracht. Isa störte sich offenbar nicht daran, dass er kaum etwas Spannendes unternahm.

»Hast du schon mal überlegt, ob du in deiner Freizeit nicht etwas Nützliches machen könntest?«, fragte sie.

»Du meinst so etwas wie Jodeln lernen oder Makramee knüpfen?«

»Nein, ich dachte eher an etwas, das deinen Mitmenschen guttut.«

»Da fällt Jodeln schon mal definitiv aus.«

Isa lächelte. »Aber Makramee würde vermutlich Leben retten.«

Mephy zuckte mit den Schultern.

»Nein, es gibt ganz viele Dinge, mit denen man in seinem Umfeld etwas bewirken kann.«

Mephy kratzte sich am Bart. Er hatte selbstverständlich nie einen Gedanken daran verschwendet, so etwas zu tun, hatte aber das Gefühl, dass das nicht die Antwort war, die Isa gerne hören wollte. »Ja, das wäre natürlich schon eine sinnvolle Sache. Aber Gutes zu tun, macht viel Arbeit.«

»Das stimmt schon«, erwiderte sie, »ist aber befriedigend. Und manchmal findet man dabei auch seine bessere Hälfte.« Sie lächelte.

»Du hast Christoph dabei erwischt, Gutes zu tun?«

Jetzt lachte sie sogar. »Das klingt so, als wäre es etwas Schlimmes.«

»Nein, ach, so war das gar nicht gemeint.« Mephy versuchte, seinen Fauxpas herunterzuspielen, während Isa auf den Fahrplan einer Bushaltestelle schaute. Dann wandte sie sich ihm wieder zu.

»Ich hab Christoph in dem Flüchtlingslager kennengelernt, in dem ich den Kindern mit der Sprache helfe. Er koordinierte die Essensverteilung. Hat mir damals sehr imponiert.«

»Hm-mh«, machte Mephy, der wenig Lust hatte, sich anzuhören, wie toll sein Rivale war.

»Ist jetzt aber auch eine Weile her, dass er so etwas gemacht hat«, sagte Isa und seufzte kurz. »Schätze, ich habe einfach nur eine Schwäche für Leute, die anderen helfen und ein wenig die Sorgen nehmen.«

Mephy verzog das Gesicht und kratzte sich am Bart.

Sie zuckte mit den Schultern. »Na ja, war nur ein Gedanke.«

»Ich wüsste gar nicht, wo ich anfangen sollte«, sagte er. Ehrlicher hätte er gar nicht sein können.

»Ach, wenn es weiter nichts ist«, sagte sie. »Ich bin da in dieser Organisation, die sich um so etwas kümmert. Da ist eigentlich alles dabei, von Flüchtlingen helfen bis alten Leuten den Einkauf machen oder einfach nur mit ihnen etwas Zeit verbringen.«

Mephy war noch nicht überzeugt, und sein Gesicht spiegelte das wider. Natürlich überlegte er, ob er darauf eingehen sollte, weil es Isa gefallen würde, aber seinen Helferinstinkt hatte er sich über die Jahrhunderte nun mal abtrainiert.

Isa kramte in ihrer Handtasche. »Warte mal, ich gebe dir einfach eine Karte.« Sie holte aus ihrem Portemonnaie einen Zettel, auf dem Logo, Website, eMail-Adresse und Telefonnummer der Hilfsorganisation »Gute Nachbarn« abgedruckt waren. »Falls du mal mit dir nichts anzufangen weißt.«

»Okay«, sagte Mephy und betrachtete die Karte.

Isa reckte den Hals, als sie etwas die Straße herunter den Bus kommen sah. »Schätze, dass unser Abend damit vorbei ist«, sagte sie. »Ich fand das echt amüsant.«

Der Bus fuhr in die Haltestelle, und plötzlich umarmte sie Mephy. Der war davon völlig überrumpelt.

»Ich hoffe, dass wir bald wieder voneinander hören«, sagte Mephy, als Isa einstieg und ihm noch einmal zuwinkte.

Dann fuhr der Bus ab, und Mephy machte sich auf den Heimweg.

KAPITEL 16

ENGEL

NOCH 36 TAGE

Als Klaus am späten Nachmittag von der Uni nach Hause kam, hatte er Suse im Schlepptau. Sie fanden Mephy auf der Couch liegend vor, die Arme hinter dem Kopf verschränkt und gedankenverloren an die Decke starrend, gerade so, als wären dort die Antworten auf das Leben, das Universum und den ganzen Rest zu finden.

»Guten Morgen, nehme ich an«, sagte Klaus.

Mephy wachte aus seinem tranceähnlichen Zustand auf und schaute auf die Uhr neben dem Fernseher. »Schönen Abend wohl eher.«

»Ich dachte ja nur, weil Sie ja bestimmt noch nicht so lange … und so.«

»Schon gut, Klausibär.«

Der Student seufzte und ließ sich in den Sessel fallen. Suse schubste Mephys Beine etwas beiseite, um sich auf die Couch setzen zu können.

»Wie war es denn nun gestern Abend? Ist die Frau dir rettungslos verfallen?«, fragte sie.

Mephy richtete sich auf. Er überlegte, wie er ausdrücken sollte, was er für Isa empfand, aber die Worte wollten nicht kommen. Er setzte ein paarmal an, überlegte es sich aber jedes Mal anders.

»O Mann«, sagte Klaus.

»Was?«, fragte Mephy.

»Sie sind verliebt.«

»Ach was. Ich fand sie nur ... ich denke nur ... ich glaube ... verdammt. Vermutlich hast du recht, Klausi.«

»Herzlichen Glückwunsch?«, fragte Klaus zaghaft, während Suse ihm auf die Schulter haute und gratulierte.

»Wozu? Nur weil ich völlig hin und weg bin von ihr, muss das ja nicht heißen, dass sie das auch von mir ist. Warum sollte sie auch? Seht mich doch an.« Mephy zeigte an sich herunter. »Ich bin klein und fett.«

»Ach, das bisschen Kummerspeck«, erwiderte Suse.

»Danke, dass du das sagst. Aber wie ich es auch drehe und wende, ich weiß nicht, wie ich das mit ihr hinkriegen soll.« Er kratzte sich am rechten Horn. »Sie ist ein Engel. Ein Engel. Und damit meine ich nicht die blöde Sorte, zu der ich auch mal gehört habe.«

Klaus sah verwirrt aus. »Äh, was jetzt?«

»Sie ist ein Engel. Aber nicht die ›In weißen Gewändern durch die Gegend fliegen und Harfe spielen‹-Art, sondern die ›Sie ist so gut, sie müsste eigentlich heiliggesprochen werden‹-Art.«

»Okay«, sagte Klaus, machte aber nicht den Eindruck, als hätte er wirklich verstanden. Suse hingegen schien zu ahnen, was er meinte.

»Isa ist großartig«, erklärte Mephy weiter. »Aber als ich beim Chef nachgefragt habe, ob ich etwas Urlaub bekomme, um mir eine Frau zu suchen, hat er etwas geäußert, was ich zu dem Zeitpunkt nicht richtig begriffen habe. Ich habe die Bemerkung einfach geistig beiseitegeschoben. Und jetzt geht sie mir nicht mehr aus dem Kopf.«

»Was? Die Bemerkung oder die Frau?«, fragte Klaus.

»Beide, wenn man es genau nimmt.«

»Und was für eine Bemerkung war das?«

Mephy seufzte. »Der Chef sagte, dass nur böse Mädchen in die Hölle kommen.«

Klaus entgegnete nichts, denn für ihn hatte Mephy einfach nur das Offensichtliche ausgesprochen. Suse hingegen patschte sich an die Stirn.

»Isa ist großartig«, wiederholte Mephy.

»Das sagten Sie bereits«, erwiderte Klaus.

»So großartig, dass sie vermutlich nicht in die Hölle kommen wird.«

»Oh«, sagte Klaus, als er endlich begriff. »O verdammt.«

»Eben nicht«, erwiderte der Höllenfürst. »Genau das ist ja das Problem.«

Suse strich ihm über den Arm.

»Selbst wenn ich sie irgendwie dazu bringen würde, sich in mich zu verlieben, müsste ich sie noch dazu anstiften, etwas Schlimmes zu tun, denn sonst kommt sie in den Himmel, und wir sehen uns nie wieder.«

»Das tut mir leid«, sagte Klaus. »Aber für Isa bin ich wahrscheinlich irgendwie froh.«

»Noch viel schlimmer«, setzte Mephy fort, »sie scheint auf hilfsbereite Männer zu stehen, insbesondere solche, die sich um Flüchtlinge und ältere Menschen kümmern.«

Suse schaute überrascht. »Bist du dir sicher, dass das die Frau ist, auf die du dich konzentrieren willst? Ich meine ... man soll sich ja Herausforderungen suchen, aber ...«

»Mir ist durchaus bewusst, dass das nicht ideal ist«, sagte Mephy. »Sie hat mir eine Karte von ihrer Hilfsorganisation gegeben und denkt, dass ich da vielleicht mitmachen könnte.«

Klaus und Suse versuchten, einen Lacher zu unterdrücken.

»Das ist nicht witzig!«, sagte Mephy.

»Und was gedenkst du jetzt zu tun? Willst du ein Waisenkind adoptieren?«

»Nein«, sagte Mephy knurrig. »Aber ich meine, dass es vielleicht nicht schaden kann, wenn ich mir das zumindest mal ansehe.«

Suse und Klaus wechselten einen Blick. »Okaaaay«, sagten beide, Mephy gab nur ein kurzes Grunzen von sich.

Ein paar Minuten saßen sie schweigend da, bis Klaus fragte, wo denn eigentlich Azazel sei. Mephy erklärte ihm, dass sein Diener zu einer Verabredung sei und er ihm dafür freigegeben habe. Zuvor hatte er allerdings noch einen Lunch in der Küche vorbereitet, damit sie nicht verhungern müssten.

Klaus sprang auf und lief in die Küche. Er kam mit einer Schüssel Chili und einem Stück Brot wieder und war kurz davor, sich zu setzen, als Mephy ihm beides abnahm.

»O ja, das kann ich jetzt gut gebrauchen.«

»Das hatte ich mir eigentlich …« Klaus brach mitten im Satz ab und ließ die Arme sinken.

Suse schüttelte den Kopf. »Wenn du das für dich geholt hast, dann sag das doch.«

»Ach, schon gut«, sagte Klaus und ging noch einmal in die Küche.

»Meine Güte«, sagte Suse. »Nun steh doch einmal für dich selbst ein. Die ganze Zeit lässt du dich von Mephy unterbuttern. Sag ihm doch, was dir nicht passt.«

Mephy runzelte die Stirn. »Um was geht es hier gerade?«

»Ich dachte, es wäre klar, dass ich das Essen für mich geholt habe«, sagte Klaus. »Wenn Sie etwas gewollt hätten, hätten Sie auch selbst gehen können. Oder mir Bescheid geben, dann hätte ich es geholt.« Seine Stimme wurde leiser, je länger er sprach.

»Und warum sagst du ihm dann nicht, dass er die Finger davon lassen soll?«, meinte Suse.

»Weil er sich vermutlich irgendeinen Spaß daraus macht und mich dumm dastehen lässt.«

Mephy sagte gespielt überrascht: »Moi?«

»Warum lässt du dir das dann gefallen?«, regte sich Suse auf. »Sei doch nicht immer so passiv.«

»Könnt ihr das vielleicht in eurem Schlafzimmer besprechen? Ich versuche zu essen und nachzudenken«, sagte Mephy mit halb vollem Mund.

»Klappe«, entgegnete Suse. »Wenn's dir nicht passt, kannst *du* ja in dein Schlafzimmer gehen.«

Mephy zuckte mit den Schultern.

»Siehst du«, sagte Suse zu Klaus, »so musst du mit ihm reden, damit er hier nicht vollends die Zügel in die Hand nimmt.«

Mephy und Klaus wechselten einen Blick, sagten aber nichts, was Suse dazu veranlasste, genervt zu stöhnen.

»Es wäre echt mal angebracht, dass du lernst, dich zu benehmen«, sagte sie in Richtung Mephy. »Und du mal lernst, ein paar Eier in der Hose zu haben«, wandte sie sich an Klaus. »Gerade gegenüber Leuten wie ihm.«

»Ich bin nicht wirklich *Leute,* insofern ...«, begann Mephy, aber Suse unterbrach ihn.

»Du könntest mal anfangen, dich nicht immer wie ein Pascha aufzuführen. So wirst du deine Tante da nämlich nie rumkriegen. Vor allem nicht, wenn sie so ein Engel ist, wie du erzählst, und du tatsächlich darüber nachdenkst, anderen zu helfen. Und gelegentlich mal Bitte und Danke zu sagen, wäre auch nicht schlecht. Auch gegenüber deinem Freund, selbst wenn das für ihn okay zu sein scheint.«

Mephy runzelte die Stirn. »Welchem Freund?«

»Azazel, meine ich.«

»Aber der ist doch gar nicht ...«, setzte Mephy an, aber Suse unterbrach ihn schon wieder.

»Was? Dein Freund? Mir kommt es so vor, als wäre er dein einziger Freund, nur erkennst du das nicht, weil du ihn lediglich als Bediensteten betrachtest.«

»Aber er *ist* mein Bediensteter. Wenn er ein Freund wäre, könnte ich ihn ja kaum dazu bringen, mir Essen zu machen und die Kleidung zu bügeln.«

Suse seufzte. »So langsam habe ich eine Vorstellung davon, wie es in der Hölle ist.«

Sie stand auf und ging in die Küche, um sich ebenfalls etwas von dem Chili zu holen. In der Zwischenzeit schauten sich Mephy und

Klaus kurz an, zuckten mit den Schultern und aßen weiter. Dann brummte Mephys Handy.

Suse kam aus der Küche zurück, sah, wie Mephy lächelnd die Nachricht las, und drängte ihn, sie vorzulesen.

»*Mir ist schon den ganzen Tag übel*«, las er. »*War vermutlich die Pizza. Beim nächsten Mal übertreiben wir es nicht so.*«

»Frag zurück, wann denn das nächste Mal stattfindet«, sagte Suse.

»Das wollte ich gerade tun.«

»Na, dann trödel doch nicht rum.«

Mephy maulte, dass er noch nicht hatte antworten können, weil sie ihn davon abhielt.

»*Vielleicht können wir uns ja am Wochenende sehen*«, schrieb Isa. »*Ich koche irgendwas, und du kannst Chris näher kennenlernen. Natürlich kannst du auch eine Begleitung mitbringen, wenn du bis dahin eine hast.*«

»Zumindest scheint eine Person der Meinung zu sein, dass ich innerhalb von drei Tagen eine Partnerin finden könnte«, sagte Mephy.

Klaus war sich nicht sicher, ob Mephy sich wirklich so auf Isa fixieren sollte. »Ich vergesse andauernd, dass sie einen Freund hat. Allein das sollte schon Grund genug sein, sich vielleicht anderweitig umzuschauen.«

»Er ist nun aber in die Tante verliebt und nicht in eine andere«, sagte Suse.

Mephy nickte bestätigend. »Irgendwie muss ich den Kerl loswerden. Wenn ich mit Isa allein wäre, könnte ich sie vielleicht verführen.«

Klaus und Suse blickten auf eine Art, die unmissverständlich klarmachte, dass sie daran arge Zweifel hegten. Suse betrachtete demonstrativ seinen Bauch.

»Was?«, fragte Mephy.

»Vielleicht ist ein Essen zu dritt gar nicht so schlecht«, sagte Suse. »So kann sie direkt vergleichen und merkt vielleicht, dass du toller bist als ihr Typ.« Sie schob halb murmelnd hinterher, dass das natürlich nur praktisch wäre, wenn es sich auch so verhielt. »Gut wäre vielleicht, wenn du etwas mehr über den anderen Kerl wissen würdest als nur ›Er ist Isas Freund‹. Also seine Interessen, was er so treibt, damit du dich vorher darüber schlaumachen kannst, um ihn dann bei irgendwelchen Diskussionen blöd dastehen zu lassen.«

Klaus schaute sie skeptisch von der Seite an, sagte aber nichts.

»Hast du eine Idee, wo er wohnt?«, fragte Suse.

Mephy zuckte mit den Schultern.

»Wie heißt er denn mit Nachnamen?«

Mephy zuckte mit den Schultern.

»Wo wohnt sie denn?«

Mephy zuckte mit den Schultern.

»Weißt du überhaupt irgendwas?«

»Ich weiß, dass ich nichts weiß.«

Suse sah ihn abfällig an. »Gar nichts weißt du, Teilzeit-Sokrates.«

Mephy meinte, dass er vielleicht die Adresse von Isa herausbekommen könnte, wenn er sie einfach per Nachricht erfragen würde. Immerhin wollte sie ja, dass er zu ihr nach Hause kam. Dafür brauchte er diese Information ja ohnehin. Allerdings wusste er dann natürlich noch nicht, ob Christoph mit ihr zusammenwohnte oder irgendwo anders. Oder wie er mit Nachnamen hieß.

»Frag sie einfach«, meinte Suse.

Klaus schaltete sich wieder ein. »Meint ihr nicht, dass das etwas merkwürdig rüberkommt, wenn er sie auf einmal über ihren Freund ausfragt?«

»Er soll sie ja nicht ausfragen, sondern lediglich herausbekommen, wie er heißt. Dann kann man den Rest gegebenenfalls googeln«, sagte Suse.

»Oder ich schicke Azazel los, um ihn zu beschatten«, sagte Mephy. »Vielleicht findet er etwas über ihn heraus, was ich gegen ihn verwenden kann.«

Klaus schaute mit jedem Moment entsetzter. Fast wäre es aus ihm herausgeplatzt, da öffnete sich die Wohnungstür, und Azazel kam herein. Er blieb verunsichert stehen, als die drei ihn anstarrten.

»Wenn man vom Teufel spricht ... oder zumindest seinem Butler«, sagte Suse.

Azazel stand mit fragendem Gesichtsausdruck da und wandte sich an seinen Herrn. »Dürfte ich fragen, über was gerade gesprochen wurde, Sir?«

Mephy seufzte. »Darfst du.« Er erklärte ihm den Sachverhalt.

»Sir, ist Ihnen bewusst, dass ich keinerlei Erfahrung in solch investigativen Untersuchungen habe?«

»Das schon, aber ...«, begann Mephy, bevor Klaus sich lautstark zu Wort meldete.

»Spinnt ihr denn jetzt total?«

Alle Köpfe wandten sich ihm zu.

»Pass auf, wie du mit mir redest«, sagte Suse und schaute ihn grimmig an.

»Ihr könnt doch nicht den Typen von der Alten ausspionieren und ihr dann irgendeinen Scheiß auftischen. Mal ganz abgesehen davon, dass da vielleicht gar nichts ist, was man gegen ihn verwenden könnte, ist das ein Einbruch in seine Privatsphäre und absolut unethisch.«

»Ich meinte doch nur, dass man ihn googeln könnte«, sagte Suse. »Ich hab nicht vor, bei ihm einzubrechen und die Wäsche zu durchwühlen.«

Mephy machte den Eindruck, als hätte er durchaus etwas in der Richtung erwogen. »Wenn es helfen würde?«, sagte er ohne Ironie in der Stimme.

Jetzt änderte auch Suse ihren Tonfall. »Bei solch illegalem Scheiß mache ich nicht mit. Ihn stalken oder bei ihm einzubrechen, ist echt nicht in Ordnung. Das überhaupt in Erwägung zu ziehen, ist schon arg fragwürdig.«

Mephy zeigte mit beiden Daumen auf sich. »Teufel.«

»Als ob es das besser machen würde«, sagte Suse.

»Besser vielleicht nicht, aber ich komme sowieso in die Hölle«, sagte Mephy. »Obwohl, wenn ich genau darüber nachdenke, ihr ja auch.«

»Was?«, fragte Klaus.

»Na, habt ihr nun den Teufel beschworen oder nicht?«

»Ich will nicht in einen Toaster gesteckt werden!«, rief Klaus, aber Suse beruhigte ihn.

»Das ist doch das Schöne am Glauben: Wenn man am Ende nur richtig bereut, dann wird einem alles vergeben, und man kommt in den Himmel.«

Mephy verzog die Mundwinkel nach unten und nickte, woraufhin Klaus erleichtert ausatmete.

»Allerdings vergessen die meisten zu bereuen, denn sie sind zu sehr mit dem Sterben beschäftigt«, sagte Mephy, was die Erleichterung auf Klaus' Gesicht gleich wieder minimierte.

Azazel stand noch immer unschlüssig im Raum. »Sir, soll ich immer noch jemanden beschatten?«

»Nein«, rief Klaus, und alle Blicke ruhten auf ihm. »Und es wird auch keiner im Netz gestalkt. Wenn er«, er zeigte auf den Teufel, »wie ein Mensch sein will, dann soll er sich auch wie einer benehmen.«

»Und Google gehört nicht dazu?«, fragte Suse. »Wenn die Info im Netz zu finden ist, dann darf er sie auch nutzen. Wirklich jeder schaut doch im Netz, was er über andere erfahren kann.«

»Man darf auch einfach auf der Straße herumlaufen. Wenn man dabei allerdings Leute verfolgt, ist das gruselig und gegebenenfalls Psychoterror. Im Internet ist es dasselbe. Ich habe den Eindruck, dass er es nicht bei einer einfachen Suche belässt, sondern versuchen wird, alles herauszufinden, was es nur gibt, um es zur Erpressung zu nutzen.«

»Ach, nun sei doch nicht so eine Pussy«, platzte es aus Suse heraus.

Azazel und Mephy wechselten einen Blick und hoben jeweils die rechte Augenbraue. Klaus schaute Suse verletzt an und schien auf eine Entschuldigung von ihr zu warten, aber die kam nicht. Suse rollte mit den Augen und murmelte: »Is' doch wahr.«

Klaus stellte seinen Chili-Teller auf den Tisch. »Manchmal bist du echt ein Arschloch, weißt du.« Dann stand er auf, lief in sein Zimmer und knalle die Tür hinter sich zu.

»Klaus!«, rief Suse ihm hinterher. Sie stand schließlich auf und ging zu seiner Zimmertür, aber die war abgeschlossen, und er antwortete nicht, was sie nur noch wütender machte. Schließlich nannte sie ihn einen Idioten und stampfte durch die Wohnungstür, ohne Mephy oder Azazel Tschüss zu sagen oder überhaupt anzusehen.

»Das ist aber schnell eskaliert«, sagte Mephy.

Azazel fand endlich die Gelegenheit, sich hinzusetzen. Er nahm auf dem Sessel Platz. Mephy wandte sich wieder seinem Chili zu.

»Denkt Ihr, dass die beiden sich wieder beruhigen, Sir?«

»Man wird sehen«, sagte Mephy. »Ich habe momentan genug Sorgen in Bezug auf Isa.«

»Soll ich wirklich den Freund der Dame beschatten, Sir?«

Mephy sah seinen Butler an. Der trug seinen feinen Anzug, der definitiv hervorstach, selbst innerhalb einer Menschenmenge. Die letzten Wochen hatten ihm gezeigt, dass kein Berliner so gut gekleidet war wie Azazel. Also schüttelte er den Kopf. »Ich schätze, du würdest zu sehr auffallen. Und ich nehme an, dass du dich weigerst, Jeans und T-Shirt anzuziehen, oder?«

Azazels Gesicht verfiel in eine Art Starre. Lediglich seine Nasenlöcher blähten sich etwas. »Wenn Ihr darauf besteht, werde ich es natürlich tun.«

»Ja, das habe ich mir gedacht«, sagte der Höllenfürst, dachte noch einen Moment nach und schüttelte dann den Kopf. »Schon gut. Ist vermutlich keine so gute Idee. Dann bin ich wohl auf mich allein gestellt.«

KAPITEL 17

DIE HÖHLE DES LÖWEN

NOCH 33 TAGE

Die nächsten drei Tage hörten die beiden nichts mehr von Suse und Klaus. Zumindest sahen sie Klaus noch ab und an, wenn er aus seinem Zimmer kam, um aufs Klo oder zur Uni zu gehen, aber er sprach kein Wort mit ihnen.

So richtig wusste Mephy nicht, weswegen der Student sauer auf ihn war, aber er hatte keine Lust, ihn danach zu fragen. Ein paarmal hatte er an die Tür zu seinem Zimmer geklopft und ihn gefragt, ob sie nicht zusammen etwas spielen wollten, aber eine Antwort bekam er nicht. Er hatte daraufhin versucht, seinem Butler die Feinheiten einer Controller-Steuerung zu erläutern, aber irgendwie schien dieser die Koordination eines Hängebauchschweins zu haben, dem man versuchte, das Klavierspielen beizubringen.

Azazel hatte ihm nahegelegt, sich bei Klaus und Suse dafür zu entschuldigen, sie überhaupt in diese Situation gebracht zu haben. Mephy ließ jedoch jegliche Argumentation an sich abperlen.

Isa hatte ihm in den vergangenen Tagen mehrere Nachrichten geschickt, dass sie sich immer noch nicht gut fühlte. Mephy brach beinahe in Panik aus, weil er befürchtete, sie könnte die Verabredung absagen. Er schaute auf den Kalender und sah, dass es nur noch ein Monat war, bis er zurück in die Hölle musste. Jede Absage würde seine Chancen schmälern.

»*Warst du schon beim Arzt?*«, schrieb er ihr.

»*Nein, wollte ich bis jetzt nicht. So schlimm ist es dann auch wieder nicht*«, schrieb sie zurück. »*Aber ich habe das Gefühl, dass ich schon ein paar Monate eine Erkältung oder so habe, die ich nicht loswerde. Seit unserem Pizza-Abend wurde es nur schlimmer.*«

»*Also bleibt es bei heute Abend?*«

»*Vielleicht vertagen wir das besser. Ich will keine schlechte Gastgeberin sein, weil es mir nicht gut geht.*«

»*Das bist du bestimmt nicht. Und wenn es dir schlecht gehen sollte, dann kann ich ja früher gehen.*«

Ihre Antwort ließ diesmal länger auf sich warten, aber schließlich schickte sie doch noch ein »*Okay. Ich freue mich!*« hinterher.

Mephy hatte wieder den feinen Anzug angezogen, den Azazel ihm besorgt hatte. Überflüssigerweise fragte der Diener, ob er ihm für den Weg ein Lunchpaket mitgeben sollte. Der Teufel war sich nicht sicher, ob sein Butler begann, sich über ihn lustig zu machen.

Auf Azazels Drängen besorgte er unterwegs Blumen für Isa, auch wenn er nicht die geringste Ahnung hatte, welche ihr gefallen könnten. Die Verkäuferin im Laden meinte, dass Rosen eigentlich immer gingen, doch selbst Mephy wusste, dass er schlecht mit roten Rosen bei Isa aufschlagen konnte. Noch war sie nicht so weit, dass sie derartige Liebesbezeugungen von ihm entgegennehmen konnte. Er fürchtete, sie zu verschrecken, wenn er mit der Tür ins Haus fiele. Als Alternative zu den Rosen schlug die Verkäuferin eine Mischung aus verschiedenfarbigen Nelken vor, die Mephy dann auch nahm.

Als er an der Wohnungstür klingelte, richtete er noch einmal seinen Anzug. Die eingepackten Blumen hielt er wie eine Trophäe vor dem Bauch und schlug sie fast Christoph ins Gesicht, als der die Tür aufmachte, um ihn hereinzulassen.

Mit einer Handbewegung schob Chris die Blumen beiseite. »Ich bin mir nicht ganz sicher, aber ich schätze, die sind nicht für mich.«

Mephy nahm die Blumen runter und stand überrumpelt im Hausflur. »Äh, ja, richtig. Entschuldigung. Ich bin übrigens Mephistopheles, aber du kannst mich natürlich Mephy nennen.«

Christoph starrte Mephy an, während dieser die Blumen in die andere Hand nahm, um ihm dann die Rechte entgegenzustrecken.

»Ich weiß. Wir wurden uns bereits auf dem Flohmarkt vorgestellt.« Christoph sah ihn ausdruckslos an. Mephy vermutete, dass er in diesem Moment nicht das Beste über den Gast dachte. »Ich werde mal eine Vase und Wasser holen«, sagte Christoph, ohne auf Mephys Begrüßung einzugehen. Er drehte sich um und ließ die Tür hinter sich offen, sodass Mephy sich selbst hineinbat.

Er blickte unsicher den Flur hinunter, aber niemand war zu sehen. »Hallo?«, sagte er zaghaft, als er die Tür schloss und ein paar vorsichtige Schritte machte.

Isa streckte den Kopf aus einem der Zimmer. Ihrer unbedeckten Schulter nach zu urteilen, war sie noch nicht zur Gänze angezogen. Vermutlich der Grund, weshalb Christoph die Tür aufgemacht hatte.

»Äh, hi«, sagte Isa. »Ist Chris nicht da?«

»Er sagte, er wollte eine Vase und etwas Wasser besorgen. Für die Blumen.« Er zeigte unbeholfen auf den immer noch eingepackten Strauß in seiner Hand.

»Chris!«, rief Isa.

»Ja, was?«, tönte es aus dem Zimmer, das Mephy als Küche identifizierte.

»Du solltest dich eigentlich um unseren Gast kümmern und ihn nicht auf dem Flur stehen lassen.«

»Und ich besorge gerade ein Gefäß für *deine* Blumen, die *dein* Gast mitgebracht hat. Also geh mir nicht auf den Sack.«

Mephy sah, wie Isa die Augen verdrehte. Schließlich forderte sie ihn auf, an der Garderobe abzulegen und sich einfach irgendwo im Wohnzimmer hinzusetzen. Sie sei in zwei Sekunden da.

Mephy tat, wie ihm geheißen. Er nahm den Hut ab und hängte ihn an einen Haken. Dann ging er an der Küche vorbei zum Wohnzimmer, wo er sich auf die Couch setzte und den Blick durch den Raum schweifen ließ.

Er war eher karg möbliert. Vor der Couch stand die Fernsehbank und daneben ein Regal, in dem ein paar DVDs und Bücher Platz gefunden hatten. Die Filme waren größtenteils Actionkracher, in denen Städte in Schutt und Asche gelegt wurden. Nur am Rand standen ein paar vereinzelte Dokumentationen. Die Bücher waren überwiegend Krimis oder Biografien, aber auch ein paar Bildbände von Afrika waren darunter. Neben der Tür hing ein Bild von Nelson Mandela mit erhobener rechter Faust. Auf der anderen Seite der Tür war ein Poster auf die Tapete geklebt, das einen Wrestler zeigte, der sein Hemd zerriss. Zumindest stand nun außer Frage, dass Isa und Christoph zusammenwohnten, denn Mephy hatte so eine Ahnung, wer welche Dinge beigetragen hatte.

Wie zu erwarten, waren die zwei Sekunden, die Isa noch brauchte, stark untertrieben. Er saß mindestens fünf Minuten hier, bis sie endlich aus dem Zimmer kam und Christoph aus der Küche holte. Mephy konnte sie streiten hören, obwohl sie versuchten, leise zu sein.

»Warum bist du nicht ins Wohnzimmer gegangen und hast dich um ihn gekümmert?«, tuschelte Isa.

»Warum soll ich mich mit dem befassen? Du wolltest ihn doch unbedingt einladen«, erwiderte Christoph.

»Können wir das kindische Gehabe jetzt vielleicht lassen und uns wie ordentliche Gastgeber benehmen?«

Mephy vernahm ein genervtes, aber zustimmendes Gegrunze. Kurz darauf kamen beide ins Wohnzimmer, und Isa begrüßte ihn.

»Tut mir leid, dass es etwas gedauert hat. Hallo erst mal«, sagte sie und umarmte Mephy, der bemerkte, wie Christoph unverhohlen seine Hörner anstarrte.

»Und jetzt noch mal richtig: Das ist mein Freund Chris.«

Der konnte den Blick noch immer nicht von den Hörnern nehmen. Mephy streckte ihm erneut die Hand entgegen.

»Heilige Scheiße, ich dachte, du verarschst mich, als du sagtest, dass er Hörner hat«, sagte Chris, aber Isa sah ihn nur scharf von der Seite an. Sein Gesicht wechselte von Amüsement zu Genervtheit. Dann schüttelte er Mephys Hand.

»Mephy, Chris. Chris, Mephy«, sagte Isa.

»Du hast uns bereits auf dem Flohmarkt einander vorgestellt«, sagte Chris genervt.

»So, damit hätten wir das geklärt«, sagte Isa.

Mephy reichte ihr den Blumenstrauß.

»Oh, vielen Dank. Die sind ja immer noch … eingepackt.«

»Ja?«, fragte Mephy.

»Na, dann werde ich sie mal schnell ins Wasser stellen«, sagte Isa überdeutlich in Richtung Chris, der natürlich keine Vase mitgebracht hatte.

Mephy und Chris standen sich nun allein gegenüber, eine unangenehme Stille zwischen sich. Mephy hatte den Eindruck, dass Chris es irre lustig fand, jemandem zu begegnen, der Hörner auf dem Kopf trug. Generell sah Chris ihn sehr abschätzig an. Der Höllenfürst hingegen unterschätzte seinen Gegner nicht. Ihm war klar, dass er dafür sorgen musste, dass Isa ihm den Laufpass gab. Nach den ersten paar Minuten in der Wohnung hatte er das Gefühl, dass dies im Bereich des Möglichen lag. Die beiden schienen sich öfter in den Haaren zu liegen.

Als Isa mit den Blumen in einer Porzellanvase wiederkam, schüttelte sie kurz den Kopf, weil sie beide immer noch standen. Sie bat sie gleich ins Esszimmer, und Mephy kam der Aufforderung gerne nach, denn sein Magen knurrte schon.

Es gab Bauerneintopf, was im Grunde eine äußerst dicke Suppe mit Kartoffeln und Gehacktem war. Der leckere Geruch hatte sich schon im Raum verteilt und ließ Mephy das Wasser im Munde zusammenlaufen.

»Ich wusste nicht recht, was ich kochen sollte. Und weil ich mich nicht ganz wohlgefühlt habe, dachte ich, dass etwas Einfaches okay wäre.«

»Ein Stück Fleisch wäre mir lieber gewesen«, sagte Christoph und nahm sich als Erster aus dem Topf in der Mitte des Tisches.

»Wenn es dir nicht schmeckt, kannst du ja in die Küche gehen und dir was braten«, sagte Isa, nahm ihm die Kelle weg und bat Mephy, ihr seinen Teller zu reichen.

»Ich finde das super. Es riecht auf jeden Fall sehr gut«, sagte er, während sie ihm eine ordentliche Portion auftat.

Sie lächelte ihn an, füllte Chris' Teller und nahm sich schließlich selbst etwas.

Chris fing schon an zu essen, während Mephy noch wartete, bis auch Isa begann.

»Guten Appetit«, wünschte der Teufel.

»Guten Appetit«, sagte Isa.

Chris hatte den Mund voll und brummte nur. Isa atmete tief durch.

Nachdem alle ihre Teller geleert hatten, meinte Mephy: »Das war super. Es ist nicht ganz so schlimm wie neulich bei der Pizza, aber ich bin echt voll.«

»Freut mich, dass es dir geschmeckt hat.« Isa hielt sich den Bauch und verzog das Gesicht.

»Ja, war gut«, sagte Chris, und Isa nickte ihm dankend zu.

Es entwickelte sich ein Gespräch, das von kleinem Small Talk hinüber zu etwas interessanteren Themen ging. Für Chris schien so ein Thema Mephys Name zu sein.

»Deine Eltern haben dich echt Mephistopheles genannt?«, fragte er amüsiert.

Mephy wusste nicht recht, was er darauf antworten sollte, da er, wenn man es genau nahm, gar keine Eltern hatte. Aber da der Chef sein Schöpfer war, nahm er einfach mal an, dass er ihn als Vater bezeichnen konnte. »Ich hatte keine Mutter, aber mein Vater hat mich … so genannt, ja.«

»Du hattest keine Mutter?«, fragte Isa besorgt.

»Ja, die war … also …«, stotterte Mephy und überlegte, was er sagen sollte.

»Ich verstehe schon. Bei deiner Geburt …«, sagte Isa.

Mephy runzelte erst die Stirn, nickte dann aber, dankbar, dass sie ihm eine Ausrede gegeben hatte.

»Ja, ist ja alles schön und gut«, sagte Chris, »aber warum Mephistopheles? Also, ich verstehe schon den Witz mit den Hörnern. Aber war dein Vater Hippie oder so was?«

»Wieso sollte er Hippie gewesen sein?«, fragte Isa.

»Na, wegen des komischen Namens.«

»Haben die Hippies ihre Kinder nicht nach der Natur benannt?«, fragte Mephy.

»Richtig«, sagte Isa. »Und du heißt ja nicht Wolke oder Flower oder Ozean oder so.«

»Aber Mephistopheles ist so merkwürdig«, sagte Chris. »War dein Vater Fan von Goethe?«

Mephy dachte nach. In Anbetracht der Tatsache, dass er sich den Namen nach dem Rauswurf aus dem Paradies selbst gegeben hatte, was etliche Jahrhunderte vor Goethes Geburt war, hatte die Frage für ihn eigentlich keinen Sinn. »Ich denke nicht.«

»Vielleicht war er einfach nur sauer auf dich, wegen deiner Mutter«, sagte Chris. »Wollte es mit dem Namen an dir auslassen. War bestimmt nicht toll in der Schule.«

Isa sah ihn streng an und schien ihn unter dem Tisch zu treten, denn Chris schreckte kurz auf. Mephy hingegen nahm es gelassen hin.

»Das Verhältnis zu meinem Vater war und ist in der Tat nicht besonders herzlich«, sagte Mephy. »Aber ich glaube nicht, dass er bei dem Namen irgendwelche Hintergedanken hatte.«

Chris lächelte schief. »Okay. Na, red dir das mal ruhig weiter ein, Alter.«

Chris zuckte erneut zusammen, als Isa ihn unter dem Tisch trat. Wäre Mephy ein normaler Mensch gewesen, hätte ihn das Gerede vielleicht gestört. So amüsierte ihn das Ganze eher, denn er hatte den Eindruck, dass Chris ihm die ganze Arbeit abnahm.

»Hat der Name eigentlich irgendeine Bedeutung?«, fragte Isa interessiert, während Chris noch sein Schienbein massierte.

»Man könnte ihn grob als ›Der das Licht nicht liebt‹ übersetzen«, erklärte Mephy und überlegte, ob er den Witz der Namensgebung erklären sollte. Dazu hätte er allerdings darlegen müssen, dass er als Engel Luzifer einst der »Lichtbringer« gewesen war und nun eben der Teufel. Aber für die Information war es noch zu früh.

Chris kicherte kurz. »›Der das Licht nicht liebt‹. Mit dem Namen hättest du Vampir werden müssen.«

Mephy lächelte nur und sagte nichts weiter.

Plötzlich stand Christoph auf und kündigte an, mal pinkeln zu gehen.

»Danke für die Information«, rutschte es Mephy heraus, und Isa schmunzelte.

Ihr Freund hingegen verdrehte nur die Augen und verschwand im Flur. Als er endlich weg war, frage Mephy Isa, warum sie überhaupt mit ihm zusammen war. »An seinem guten Benehmen liegt es wohl kaum, oder?«

»Oh, ich denke nicht, dass ich das beantworten sollte.«

Mephy klimperte mit den Augen.

»Du willst das nicht hören. Glaub mir.«

Mephy schaute sie an wie ein Hundebaby, das ein Leckerli wollte.

Isa seufzte. »Nun gut. Was soll ich sagen? Er ist gut im Bett. Nicht nur gut. Eine Granate.«

Mephy war von der Antwort überrumpelt. »Was?«

Isa hielt beide Hände etwa 30 Zentimeter auseinander. Dann kniff sie ein Auge zu und nickte breit grinsend.

Mephy war nun noch irritierter. »Das kann ja wohl nicht dein Ernst sein.«

Isa lachte. »Nein, ist es auch nicht. Aber ich frage mich manchmal, bei wie vielen Leuten das so ist.«

»Was meinst du? Die ... Länge oder ...«

»Dass sie nur zusammen sind, weil irgendwer gut im Bett ist.«

Mephy gab zu, darüber noch nie einen Gedanken verloren zu haben. »Aber lenk nicht ab, du hast meine Frage noch nicht beantwortet.«

»Stimmt«, sagte Isa und grübelte einen Moment. »Vielleicht habe ich auch schon seit langer Zeit nicht mehr darüber nachgedacht. Eine schlaue Antwort habe ich jedenfalls nicht. Außer natürlich: Das geht dich überhaupt nichts an.«

Mephy verzog das Gesicht. »Okay. Ich schätze, das ist ein valider Punkt.«

Einen Moment herrschte Stille. Dann nahm Isa ihr Glas und hielt es ihm entgegen.

»Auf was willst du anstoßen?«, fragte er.

»Auf den mysteriösen Grund, aus dem wir uns in irgendwen verlieben.«

»Und den Weltfrieden«, schob Mephy nach.

»Natürlich. Und den Weltfrieden.«

Sie stießen an und nahmen einen Schluck.

»Eigentlich«, sagte Mephy, nachdem er das Glas abgestellt hatte, »hätte ich ja bei deinem Spruch vorhin«, er hielt die Hände so wie sie, als sie die Qualitäten ihres Freundes beschrieb, »meinen Wein ausspucken müssen. Denn das war eine echte Ich-spucke-meinen-Wein-vor-Überraschung-aus-Situation.«

»Da hast du recht«, sagte Isa. »Das kann man so sehen.«

»Ich kann das noch nachholen, falls du möchtest.«

»Mit Rücksicht auf die Tischdecke würde ich dich bitten, das zu unterlassen.«

»Ach Mann«, sagte Mephy. »Ich weiß nicht, ob ich je wieder in eine Ich-spucke-meinen-Wein-vor-Überraschung-aus-Situation kommen werde.«

»Tja, Chance vertan. Außerdem muss es dafür eine bessere Bezeichnung geben als Ich-spucke-meinen-Wein-vor-Überraschung-aus-Situation. Das ist einfach viel zu lang. Dafür braucht man etwas Kürzeres, Griffigeres.«

»Also ganz im Gegensatz zum Penis deines Freundes?«, sagte Mephy schmunzelnd.

Isa lachte laut, ballte aber kurz danach die Faust. »Verdammt, das wäre jetzt meine Ich-spucke-meinen-Wein-vor-Überraschung-aus-Situation gewesen.«

Mephy schlug vor, nur die Anfangsbuchstaben zu nutzen.

»Ism... w... Ism...«, versuchte Isa, das Wort zusammenzusetzen.

»Geht nicht so recht über die Zunge, was? Fast so wie ...« Er führte den Satz nicht zu Ende.

Sie wechselten einen Blick und hoben gleichzeitig die Hände, um sie jeweils 30 Zentimeter voneinander entfernt zu halten. Dann brachen sie in schallendes Gelächter aus.

Chris kam von der Toilette zurück und fragte, was denn so lustig sei.

»Ach«, sagte Isa, »das kann ich jetzt gar nicht wiedergeben.«

Chris schien wenig begeistert zu sein.

»Vielleicht hast du ja eine Idee«, sagte Isa. »Wenn man von irgendwas überrascht wird und dann Wasser oder Wein ausspuckt, wie könnte man das nennen?«

Chris runzelte die Stirn. »Prusten?«

Isa und Mephy sahen sich an und nickten anerkennend.

»Auf jeden Fall kürzer als die andere Bezeichnung«, sagte der Höllenfürst.

»Aber weniger lustig«, sagte Isa.

Sie saßen noch eine Weile zusammen und quatschten über alles Mögliche, wobei Chris wenig zu sagen hatte. Irgendwann schlug Isa vor, eine Runde »Mensch ärgere Dich nicht« zu spielen.

Wie sich herausstellte, war Chris ein schlechter Verlierer. Zumindest regte er sich jedes Mal auf, wenn Mephy ihn herauswarf. Das spornte Mephy nur noch mehr an, speziell ihn aufs Korn zu nehmen. Es ging so weit, dass Chris später ohne ein Wort vom

Tisch aufstand und verschwand, als Isa das Spiel gewonnen hatte. Mephy verabschiedete sich kurz darauf, da es hinreichend spät geworden war.

Isa brachte ihn zur Tür, nahm seinen Hut vom Haken und setzte ihn ihm auf. Dann umarmten sie sich.

»Das hat Spaß gemacht«, sagte sie.

»Ja, ich würde mich freuen, wenn wir es bald wiederholen könnten.«

»Das nächste Mal bist aber du mit Kochen dran«, sagte Isa.

Mephys Gesichtszüge entgleisten für einen Moment. »Äh, ja, natürlich«, sagte er. »Ich werde das schon irgendwie hinkriegen.«

»Außerdem wollte ich fragen, ob du dich schon bei meinen Kollegen von den Guten Nachbarn gemeldet hast.«

Mephy hatte schon befürchtet, dass sie irgendwann darauf zu sprechen käme. »Mache ich diese Woche«, sagte er.

Sie lächelte. »Das wäre schön. Du wirst merken, du siehst die Welt gleich mit anderen Augen. Komm gut nach Hause.«

Er ging in den Hausflur, winkte ihr noch einmal zu und sah sie dann die Wohnungstür schließen.

Kein schlechter Anfang, dachte er, als er die Straße zur U-Bahn hinunterlief. Chris war zwar noch Teil ihres Lebens, aber er hatte das Gefühl, dass er ihn nur noch ein wenig zu reizen brauchte, damit Isa ihm den Laufpass gab. Allerdings hatte er noch keine Idee, wie er das anstellen sollte. Und dann war da noch das Problem, dass Isa einfach zu gut war für die Hölle. Aber einen Schritt nach dem anderen, dachte er sich.

KAPITEL 18

DER GUTE NACHBAR

NOCH 31 TAGE

Am Montagmorgen kramte Mephy die Karte der Guten Nachbarn aus seiner Hosentasche, die mittlerweile völlig zerknickt war.

»Die Guten Nachbarn, hier ischt der Udo.«

Mephy stutzte kurz über den merkwürdigen Dialekt seines Gegenübers am Telefon. »Äh, ja, ich bin der Mephy. Ich meine, mein Name ist Mephy. Eine Freundin hat mir Ihre Karte gegeben und meinte, dass ich vielleicht bei Ihnen helfen könnte.«

»Freut misch total, du«, sagte Udo. »Wir könne eigentlisch immer Leute gebrauchen. Haschte denn eine Vorstellung, was du gerne mache willscht?«

»Ja, also ... eigentlich nicht. Gibt es vielleicht die Möglichkeit, mit meiner Freundin direkt zusammenzuarbeiten?«

»Du, des kannsch jetzt nicht verspreche, du. Aber am beschte is', du kommscht mal vorbei, dann gugge mer mal, wo mer disch einsetze könne.«

Udo gab ihm eine kleine Wegbeschreibung, und Mephy wollte los, fand aber Azazel in der Küche vor, der Essen zubereitete.

»Mach das später«, sagte Mephy. »Wir müssen los.«

Azazel sah überrascht auf. »Los wohin, Sir?«

»Ich habe bei dieser Organisation angerufen, für die Isa ab und zu was macht. Wir sollen einfach mal vorbeikommen.«

»Wäre es denkbar, dass Ihr das ohne mich macht, Sir? Ich habe eigentlich eine Verabredung, die ich gerne ...«

Mephy lachte. »Du kommst auf Ideen. Also husche-husche.«

Azazel sah wenig begeistert aus, fügte sich aber.

Eine Stunde später traten sie durch die verglaste Tür des ehemaligen Geschäfts, das nun die Zentrale der Guten Nachbarn war. Das Ganze hatte etwas von einem organisierten Chaos. In jeder Ecke lagen irgendwelche Papiere herum, meistens unglücklich neben brennenden Duftkerzen platziert, sodass Mephy sich wunderte, warum die Bude noch nicht abgebrannt war. Nur zwei Leute schienen dort zu arbeiten, auch wenn nicht sofort ersichtlich war, was sie eigentlich taten. Die Frau sah kurz auf und machte dann mit dem weiter, was sie vorher schon getan hatte. Für Mephy sah es aus, als würde sie mit Buntstiften malen. Der Mann, ein schlanker Typ, der ein undefinierbares Alter Mitte 20 bis Mitte 30 hatte, kam auf die beiden Neuankömmlinge zugewackelt, sodass der kleine Zopf, den er am oberen Ende seines Hinterkopfs trug, hin- und herschwang.

Freundlich streckte er Mephy seine Hand entgegen. »Hallo, isch bin der Udo.«

»Ich bin der ...« Mephy schüttelte sich. »Ich heiße Mephy.«

Udo gab derweil Azazel die Hand, der Udos Kleidung missbilligend prüfte. Die Jeans war viel zu eng und vor allem viel zu kurz.

»Wir hatten vorhin telefoniert, glaube ich«, sagte der Teufel.

Udo lächelte breit, was die Haare an seinem spärlichen Schnurrbart noch mehr auseinanderstehen ließ. »Ah, jetzt erinnere isch misch. Du wolltescht bei uns mitmache?«

»Korrekt.«

»Und wie bischte drauf gekomme?«

»Eine Freundin von mir, Isa, hat mich auf euch gebracht. Weswegen ich auch fragen wollte, ob ich nicht mit ihr …«

»Ah, die Isa. Des isch a ganz Liebe. A ganz Liebe isch die.«

Mephy hörte, wie Azazel die Luft durch die Nase pustete, und vermutete, dass er mit Udo ähnlich wenig anfangen konnte wie er selbst.

»Und du willscht auch helfe?«, fragte Udo Azazel.

Mephy antwortete stattdessen. »Das ist mein Diener. Der geht dorthin, wo ich auch hingehe.«

Udo schaute überrascht. »Diener? Also des hatte wir bisher auch no net.«

»Ist das ein Problem?«

Udo wackelte mit dem Kopf und somit auch mit dem kleinen Zöpfchen, das Mephys Aufmerksamkeit auf sich lenkte. »Also isch kann ned verspreche, des wir euch zwei beide immer zusamme irgendwo hinschicke könne. Aber wir können es probieren.«

»Wie, nicht immer? Aber wer soll dann die ganze Arbeit machen? Ich etwa?«, fragte Mephy.

Azazel atmete tief durch, sagte aber nichts.

Udo schaute ihn skeptisch an und nickte dann bestätigend. »Ja, wie sollsch denn sonscht laufe? Er macht de Arbeit, und du schaust zu?«

Mephy spitzte die Lippen, war es doch im Grunde das, was er gehofft hatte. Aber er sah ein, dass der Gedanke vielleicht etwas naiv war.

»Also kannsch jetzt euch beide …?«

»Sir, wenn ich etwas anmerken dürfte«, sagte Azazel.

»Ja, was?«, fragte der Teufel.

»Wenn ich ohnehin nicht mit Euch zusammen tätig bin, würde ich mich gerne um andere Dinge kümmern, wie zum Beispiel das Essen.«

»Jaja«, sagte Mephy und wischte mit einer Hand durch die Luft. »Mach, was du denkst.«

»Sehr wohl, Sir.«

Udo schaute Azazel hinterher, der sich nur mit einem Nicken verabschiedet hatte und aus der Tür trat.

»Also des is' jetzt schade. Aber was soll man mache, gell?«

Mephy sagte nichts.

»Du hascht Glück. Isch muss gleich nomma los. Wennst Lust hast, kannschte gleich mitkomme.«

»Äh, okay«, sagte Mephy. »Was genau machen wir denn?«

»Wir gehe einkaufe. Für eine ältere Dame. Aber vorerscht muss isch mal deine Personalie aufnehme. Du hascht do deinen Personalausweisch dabei, gell?«

Mephy schluckte. »Nein, ich ... den habe ich daheim vergessen.«

»Na, macht ja erscht mal nix. Aber isch muss wisse, wie de heischt und wo de wohnst. Für den Fall, des irgendwas schiefgeht, weischt?«

Mephy folgte Udo zu einem Platz, wo er sich hinsetzte und einen Zettel ausfüllte. Als er fertig war, warf Udo einen Blick darauf.

»Wie, du heischt nur Mephistopheles? Is' des ein Künstlername?«

»Wenn man so will.«

»Des is' ja auch außergewöhnlich. Is' ja wie beim Goethe.«

»Jaaa«, sagte Mephy.

Udo stand auf, und Mephy folgte ihm. Sie gingen an den Tisch, wo immer noch die Frau saß und malte.

»Des isch die Ute, übrigens.«

Ute, deren fettiges Haar in Strähnen herunterhing, schaute kurz auf und gab ein Grunzen von sich.

Mephy runzelte die Stirn. »Udo und Ute? Seid ihr verwandt?«

Udo lachte. »Nee, also ned, des isch wüsst.«

Einen Moment lang sagte keiner etwas. Dann schob Udo Mephy freundlich aus der Tür und führte ihn zu ihrem Auftrag.

Wie sich herausstellte, mussten sie zu einer älteren Dame, die nicht mehr gut zu Fuß war. Sie wohnte ein paar Straßen weiter im fünften Stock eines Altbaus ohne Aufzug. Nach der dritten Etage hatte

Mephy bereits genug und wäre am liebsten im Treppenhaus gestorben, wenn er denn hätte sterben können.

»Du bischt ja ganz außer Puschte. Vielleicht solltescht mal ein Kombucha trinke, du«, sagte Udo.

Als sie schließlich im fünften Stock ankamen, gab ihnen die ältere Dame, die auf den Namen Kaludrigkeit hörte, einen Zettel, auf dem alles geschrieben stand, was sie benötigte.

»Moment mal«, fragte Mephy außer Atem, »heißt das, dass wir jetzt runterstiefeln, den Kram besorgen und dann wieder hochklettern müssen?«

»Sieht so aus, gell? Hilft aber ein wenich bei deinem Kummerspeck«, sagte Udo, zwickte Mephy in die Seite und trabte die Treppen hinunter.

Mephy war überfordert, als er zum ersten Mal einen Supermarkt betrat. Ihm war das Konzept von Supermärkten nicht fremd, immerhin gab es in der Hölle auch welche, in denen die Dämonen ihre Einkäufe erledigten. Er hatte aber nie selbst einkaufen müssen, dafür gab es ja schließlich Azazel. Trotzdem wurde ihm recht schnell klar, dass es fundamentale Unterschiede in den Supermärkten von Erde und Hölle gab. Dämonen brauchten einfach andere Dinge als Menschen. Eine Abteilung mit Schabetiersnacks suchte man auf der Erde vergebens, ebenso wie Slime-Ex™, was die eher schneckenartigen Dämonen benutzten, um hinter sich sauber zu machen.

»Du kannscht mal den Joghurt besorge«, sagte Udo.

»Äh, gut. Okay. Was für welchen denn?«

»Du, des is' ganz dir überlasse, gell«, antwortete Udo. »Irgendwas mit so Früchte drin oder so.«

Mephy nickte und ging davon, um ein paar Meter weiter stehen zu bleiben, weil er sich nicht zurechtfand. Er wollte Udo fragen, wo der Joghurt stand, aber der war bereits im nächsten Gang verschwunden, und er wollte ihm nicht hinterherrennen.

So lief Mephy durch den Markt und sah sich um. Ein Regal führte etwa 200 verschiedene Arten von Kartoffelchips. Ein anderes beherbergte ungefähr 50 verschiedene Arten von Nudeln. Selbst bei Klopapier schien es nötig zu sein, dass ungefähr zehn verschiedene Varianten herumlagen. Aber als er dann zum Kühlregal kam und die verschiedenen Sorten Joghurt sah, war er total überfordert. Es gab etwa ein Dutzend Hersteller, die alle jeweils Dutzende verschiedene Sorten herausbrachten.

Er kehrte schließlich mit einem Joghurt der Geschmacksrichtung Schwarze Johannisbeere zurück und legte es in den Wagen, den Udo schob. Der sah ihn mit großen Augen an.

»War der Rescht ausverkauft?«

Mephy schüttelte den Kopf.

»Und warum bringschte dann nur eins mit?«

»Na, wie viele hätte ich denn mitbringen sollen?«

»Ei Palette, oder so.«

»Eine ganze Palette?«

»Ich mein jetzt net eine ganze Euro-Palette, nur so ein Papp, dass des für eine Woche reicht.«

»Ach so.«

Udo schaute skeptisch drein und kratzte sich am Kopf, was im Grunde nur bedeutete, dass er seinen Zopf etwas hin und her schob.

»Sag mal, du gehscht net so oft einkaufe, gell?«

»Dafür habe ich ja meinen Diener.«

»Vielleicht ist des nix für dich, du.«

»Ein Diener?«

»Nein, des Einkaufe.«

»Ich gebe zu, dass ich mir des Ausmaßes an Entscheidungen, die während eines Einkaufs zu erledigen sind, vorher nicht bewusst war.«

»Na, des macht gar nix. Des kann man ja noch übe, gell?«

Als Mephy abends nach Hause kam, saß Azazel auf der Couch und las eine Biografie von Karl Lagerfeld. Als er Mephy sah, stand er ehrerbietig auf. Mephy stützte sich auf der Rückenlehne des Sessels ab und verkündete, dass er gleich im Zimmer verschwinden würde.

»Sir, geht es Euch nicht gut?«, fragte Azazel.

»Treppen. So viele Treppen. Ist schlimmer als in der Hölle. Da gibt es wenigstens Aufzüge, auch wenn die andauernd kaputtgehen.«

»Sir, wenn ich irgendwas …«

Mephy winkte ab. »Ich muss mich nur ausruhen.«

»In der Küche habe ich ein kleines Abendessen vorbereitet. Soll ich Euer Unholdigkeit etwas bringen?«

»Erst mal nicht.«

»Sehr wohl.«

»Ist Klaus eigentlich mittlerweile mal aus seinem Zimmer gekommen?«

»Nein, Sir. Ich habe vorhin lediglich ein kurzes Schluchzen vernommen. Ehrlich gesagt, sorge ich mich ein wenig um seine Gesundheit, denn gegessen hat er anscheinend auch nichts.«

Mephy überlegte. »Ach, es wird ihm schon gut gehen.« Dann verschwand er im Zimmer.

»Ich habe gehört, dass du heute umtriebig warst«, schrieb Isa. Mephy las die Nachricht, während er im Bett lag und sich vom Treppensteigen erholte.

»?!«, schrieb er zurück.

»Hab vorhin mit Udo gesprochen. Der meinte, dass ihr heute zusammen einkaufen wart. Hab auch gehört, dass große Treppenhäuser nicht dein Ding sind.«

»Was soll ich sagen? Profisportler werde ich wohl nicht mehr.«

»;-) Aber ich finde es toll, dass du bei den Nachbarn mitmachst.«

Am liebsten hätte Mephy sofort wieder dort aufgehört, aber das wollte er ihr natürlich nicht auf die Nase binden.

»Vielleicht können wir beide bei den Nachbarn etwas gemeinsam machen. Vielleicht nicht gerade einkaufen«, schrieb er.

»*Mal schauen. Obwohl ich in letzter Zeit hauptsächlich bei den Flüchtlingskindern zu tun habe. Da kann man schlecht etwas zusammen machen.*«
»*Und wann sehen wir uns sonst wieder?*«
»*Bald.*«
»*Morgen?*«
»*Ich muss mich etwas schonen. Mir geht es immer noch nicht gut. Und ich habe viel zu tun. Aber ich verspreche, dass wir uns bald mal wieder treffen.*«

Mephy starrte auf die Anzeige des Handys. Das Warten gefiel ihm nicht, aber ihm blieb nichts anderes übrig. »*Gute Besserung*«, schrieb er zurück.

»*Bist du sauer?*«
»*Nein, wieso?*«
»*Hatte nur so ein Gefühl.*«
»*Ich bin nicht sauer. Vielleicht ein wenig enttäuscht. Hätte dich gerne wiedergesehen.*«
»*Wir holen das nach. Versprochen. Ich muss jetzt los. Chris will mit mir einen Film schauen.*«
»*Wenigstens etwas Gutes?*«
»*Da spielen ein glatzköpfiger Wrestler und ein ehemaliger Fußballer mit. Vermutlich keine Jane-Austen-Verfilmung.*«
»*Trotzdem viel Spaß.*«
»*Danke. Was machst du noch?*«
»*Ich liege noch etwas im Bett und freue mich auf unser nächstes Treffen. Oder ich stöhne noch etwas, wegen meiner Beine.*«
»*Dir auch viel Spaß damit. Bis bald!*«

Eine Stunde später brummte das Handy erneut. »*Meine Güte, ist der Film schlecht.*«
»*Um was geht es denn?*«, schrieb Mephy zurück.
»*Ach, irgendwas mit gefangenen Mördern auf einer Insel, die sich nun alle gegenseitig umbringen.*«

»*Ganz klassisches Thema.*«

»*Ich hab gesehen, dass drei Leute das Drehbuch geschrieben haben. Man fragt sich, wie Schiller und Co. das früher allein hinbekamen.*«

»*Vielleicht wäre der Film besser, wenn sich das wie bei Schiller und Co. alles reimen würde, z. B. Mit dieser Axt in meinem Kopf, sterb ich nun, ich armer Tropf.*«

Isa schickte drei breit grinsende Smileys zurück und schrieb, dass sie sich diesen Film gerne ansehen würde. »*Chris schaut mich verärgert an, weil ich kichern muss. Ich stelle mir die ganze Zeit vor, dass alles, was die sagen, gereimt ist. Er findet das nicht witzig.*«

»*Spielverderber*«, schrieb Mephy.

»*Genau.*«

Mephy wartete noch eine Weile, aber sie schrieb erst nach einer halben Stunde wieder. »*Film ist vorbei. Deine Idee mit den gereimten Dialogen hat es irgendwie erträglich gemacht. Danke! Ich gehe jetzt ins Bett. Gute Nacht!*«

»*Gute Nacht!*«, schrieb er zurück und schlief dann selbst nach ein paar Minuten ein.

KAPITEL 19

ROMANTISCHE KOMÖDIEN BIETEN DIE ANTWORT

NOCH 30 TAGE

Seit sechs Tagen hatte sich Suse nicht mehr gemeldet. Seit vier Tagen hatte auch Klaus kein Wort mehr mit Mephy gewechselt – wobei man den einen Kraftausdruck, den er benutzt hatte, als er ein paar Tage zuvor aus dem Bad kam und zufällig Mephy entgegentrat, kaum gelten lassen konnte.

Als Mephy aus dem Zimmer kam, war Azazel schon eine Weile auf. Er lauschte gerade an der Tür zu Klaus' Zimmer und machte ein besorgtes Gesicht.

»Azazel?«, fragte der Höllenfürst.

»Guten Morgen, Sir.«

»Was tust du da?«

»Ich versuche zu eruieren, wie es um das Befinden von Klaus bestellt ist.«

»Ist er immer noch nicht rausgekommen?«

»Heute noch nicht, Sir. Und so langsam befürchte ich, dass es ihm schlechter geht. In den letzten Tagen hat er das von mir zubereitete Essen kaum angerührt.«

»Hm«, machte Mephy und gesellte sich zu ihm.

Gemeinsam lauschten sie an der Tür, aber von drinnen war kein Laut zu vernehmen. Dann schritt der Teufel selbst zur Tat.

Mephy hämmerte mit der Faust an die Tür und rief, er solle endlich rauskommen und etwas essen. Klaus reagierte nicht.

Mephy wandte sich an Azazel. »Er hat vier Tage nichts gegessen, sagst du?«

»Ich weiß es nicht genau. Aber es scheint so.«

»Vielleicht ist er ja tot und verfault langsam, und wir haben nur nichts gemerkt, weil wir den Geruch aus der Hölle gewohnt sind.«

»Was schlagt Ihr vor, Sir?«

»Wir brechen die Tür auf.«

Plötzlich ertönte eine Stimme hinter besagter Tür.

»Keiner bricht hier eine Tür auf!«

»Also nicht tot. Das ist ja immerhin schon mal was«, sagte Mephy.

»Geht einfach weg«, ertönte es erneut.

»Das könnten wir tun«, sagte der Höllenfürst, »aber wir wollen dich trotzdem darüber informieren, dass die Couch brennt. Wir dachten, dass vielleicht in deinem Zimmer ein Feuerlöscher steht.«

Die Tür wurde urplötzlich aufgerissen, und ein unrasierter Klaus, mit geschwollenen, roten Augen, rannte heraus ins Wohnzimmer.

»Es brennt doch gar nichts«, sagte er und drehte sich zu den Höllenbewohnern um.

»Aber immerhin bist du so mal aus deinem Zimmer gekommen, und wir könnten vielleicht reden.«

Klaus seufzte. »Mit so etwas macht man keine Scherze. Was für ein Arschloch muss man sein, um so etwas zu sagen?«

Mephy zuckte mit den Schultern und zeigte mit den Daumen auf sich. »Teufel.«

Klaus wollte sich zwischen ihnen zurück in sein Zimmer drängeln, doch Mephy schob ihn sanft, aber bestimmt ins Wohnzimmer und drückte ihn aufs Sofa.

»Wir reden jetzt erst mal darüber, was dich bedrückt.«

Azazel hob eine Augenbraue. »Sir, ich denke, es besteht kein Zweifel daran, was ihm auf dem Herzen liegt.«

Klaus legte den Kopf auf beide Hände und stützte die Arme auf den Oberschenkeln ab.

Mephy setzte sich neben ihn. »Also, raus mit der Sprache!«

Klaus schüttelte den Kopf. »Was soll schon los sein? Ich wohne mit zwei Höllenbewohnern zusammen. Wie soll ich mich da schon fühlen? Ich komme mir vor, als ob ich jeden Tag im Fegefeuer verbringe, zumal der eine Mitbewohner buchstäblich der Teufel ist. Der andere Höllenbewohner ist eigentlich ziemlich nett und zuvorkommend.«

»Oh, vielen Dank«, sagte Azazel.

»Gern geschehen.«

»Hey, bin ich etwa nicht nett?«, fragte Mephy. »Immerhin habe ich dafür gesorgt, dass du die Wohnung mal aufgeräumt hast und dass du immer genug Essen im Haus hast.«

»Für das Essen sorgt er«, Klaus nickte zu Azazel hin, »und nicht Sie. Und Sie haben mich nur dazu gebracht, aufzuräumen, weil Sie mir mit der Hölle gedroht haben.«

»Ach, Schnackelschnick, du musst das nicht so ernst nehmen. Deine Läuterung hat doch geklappt, oder?«

»Sie nennen das Läuterung?«

»Eine leichte Form, wenn man so will.«

»Wegen Ihnen habe ich meine Freundin verloren«, raunte Klaus und schaute den Teufel abfällig an.

»Also, wenn ich mich recht erinnere, dann ist sie davongestürmt, weil du sie Arschloch genannt hast.«

»Nachdem sie mich eine Pussy genannt hat, weil ich nicht bei den blöden Plänen mitmachen wollte, die Sie gerade ausgeheckt haben. Wenn Sie nicht wären, würde ich mit ihr gemütlich auf der Couch sitzen und einen schönen Abend haben.«

Mephy schien unbeeindruckt. »Oder ihr hättet euch anderweitig gestritten und wärt genauso getrennt.«

Klaus schüttelte den Kopf. »Was rede ich überhaupt mit Ihnen? Es ist ja sinnlos.«

Er wollte aufstehen und zurück in sein Zimmer gehen, aber als er sich erhob, fasste Mephy ihn am Hosenbund und zog ihn wieder auf die Couch zurück.

»Du bist frustriert, weil deine Freundin weg ist. Das verstehe ich. Du brauchst einfach etwas, was dich ablenkt. Wenn ich niedergeschlagen bin und Ablenkung brauche, dann quäle ich einfach ein paar Seelen.«

Klaus rollte mit den Augen. »Sie quälen doch die ganze Zeit irgendwelche Menschen.«

Mephy schaute ihn verwundert an. »Ja, und?«

Klaus brauchte einen Moment, bis durchgesickert war, was ihm der Teufel damit eigentlich gesagt hatte. Und für den Bruchteil einer Sekunde hatte er sogar Mitleid mit dem Höllenfürsten.

»Ich werde niemanden terrorisieren, nur weil es mir schlecht geht. Das ist nicht richtig.«

Mephy zuckte mit den Schultern. »Tja, dann …«

Azazel, der die Konversation aus dem Hintergrund verfolgt hatte, schaltete sich ein. »Sir, wenn ich etwas anmerken dürfte.«

»Was denn, Azazel?«

»In Anbetracht der Tatsache, dass Ihr so gerne romantische Komödien schaut, fällt Euch da keine andere Lösung für das Problem von Herrn Klaus ein?«

»Sind wir hier jetzt in einer Quiz-Sendung?«, fragte Mephy. »Was sollte mir denn einfallen?«

Der Butler hob eine Augenbraue. »Wenn ich es recht mitbekommen habe, Sir, dann gibt es in den meisten dieser Geschichten am Ende eine große Geste, bei der sich mindestens eine der Personen entschuldigt.«

Mephy verzog das Gesicht. »Das kann man natürlich auch machen, aber Leute quälen ist viel lustiger.«

Klaus achtete nicht auf ihn, sondern wandte sich dem Diener zu. »Du meinst, ich soll mich bei Suse entschuldigen? Aber sie hat mich doch zuerst beleidigt.«

Azazel verzog keine Miene. »Verzeihen ist keine Narrheit, nur ein Narr kann nicht verzeihen. Altes Sprichwort aus China.«

»Frühlingsrollen. Altes Gericht aus China«, sagte Mephy.

Klaus ignorierte ihn, aber Azazels Gesichtszüge entgleisten einen Augenblick lang.

»Also soll ich ihr einfach so verzeihen? Und mich nicht mehr darum scheren, dass sie mich beleidigt hat?«

»Ich schätze, das kommt darauf an, ob Sie wieder mit ihr zusammen sein wollen oder nicht«, sagte Azazel. »Vielleicht wartet sie einfach nur darauf, dass Sie den ersten Schritt tun, weil sie sich nicht traut. Aber natürlich läge es durchaus im Bereich des Möglichen, dass ich mich irre.«

Klaus dachte nach. Mephy schaute zu Azazel und grübelte. Sein Butler hatte schon irgendwie recht. So lief das im Allgemeinen in romantischen Komödien ab.

»Ansonsten bleibt natürlich die Option, jemanden zu quälen«, sagte er. »Oder mit dem Gast des Hauses auf der Konsole zu spielen, damit dem nicht langweilig wird, während er auf eine Nachricht seiner Zukünftigen wartet.« Er nutzte die Gelegenheit, noch einmal sein Telefon zu überprüfen.

Klaus sah kurz zu Mephy, verzog das Gesicht und sprang dann von der Couch. »Ich fahre zu Suse«, sagte er und stürmte in Richtung seines Zimmers. »Du hast recht, Azazel. Es kann nicht so bleiben.«

»Eine ausgezeichnete Entscheidung«, sagte Azazel.

»Danke«, sagte Klaus zu Azazel.

»Klar, mir muss er ja nicht danken. Ich hab ihn ja nur dazu gebracht, aus dem Zimmer zu kommen«, maulte Mephy.

Azazel wirkte betont emotionslos.

Mephy sah ihn skeptisch an. »Du kannst ruhig sagen, wenn dir was nicht passt, Azazel.«

»Sir, es ist alles in Ordnung. Aber Ihr habt merkwürdige Maßstäbe in Bezug auf Dankbarkeit.«

»Was soll das denn heißen?«

»Ihr scheint Dank für die am wenigsten dankwürdigen Dinge zu erwarten, seid selbst aber recht spärlich darin, anderen zu danken.«

»Und du fühlst dich selbst nicht genug bedacht, verstehe ich das richtig?«

»Sir, ich erledige meine Aufgabe. Und in Anbetracht der Tatsache, wo und für wen ich arbeite, habe ich mich daran gewöhnt, dass meine Dienste nicht honoriert werden. Allerdings fand ich es in den letzten Wochen durchaus angenehm, ab und zu ein freundliches Wort zu hören.«

»Gern geschehen«, sagte Mephy.

»Ich habe dabei eigentlich eher an Herrn Klaus und seine Freundin gedacht, Sir.«

»Ja, und wer hat dich mitgenommen, damit du sie überhaupt kennenlernen konntest?«

Azazel hob eine Augenbraue. »Ihr, Sir.«

»Ganz recht. Insofern: gern geschehen.«

Azazel ließ es dabei bewenden und richtete die Aufmerksamkeit auf Klaus, der gerade aus seinem Zimmer gestürmt kam, wo er sich die Schuhe angezogen hatte.

»Ich wünsche Ihnen viel Glück«, sagte er.

Klaus sah hoffnungsvoll aus und hielt beide Daumen hoch. Mephy schaute kurz vom Handy auf und nickte Klaus zu, bevor der aus der Wohnungstür rannte.

»Eigentlich wünsche ich ihm ja Glück«, sagte Mephy. »Im Gegensatz zu anderen Pärchen, die nicht gerade heillos zerstritten sind, würde ich die beiden sogar in der Hölle zusammen lassen.«

»Äußerst großzügig, Sir.«

»Ja, so bin ich eben.« Mephy überprüfte erneut das Handy.

»Sir, ich denke, das Telefon leuchtet, wenn es eine Nachricht empfangen hat. Ihr braucht nicht immer wieder nachzusehen, ob Euch Frau Isa schon geschrieben hat.«

»Ich mache mir eben Sorgen.«

Azazel runzelte die Stirn. »Sir, wenn ich mich recht erinnere, sagtet Ihr, dass Euer letztes Treffen gut ablief und es Anzeichen dafür gäbe, dass sie ihre Haltung gegenüber ihrem Freund revidieren könnte.«

»Jaaaaaaaaa«, stöhnte Mephy. »Ich hatte das Gefühl, dass es gut lief. Trotzdem sagt mir mein Instinkt, dass der Chef nicht zulassen wird, dass alles so glattgeht.«

»Warum sollte der Chef sich da einmischen?«

Mephy sah Azazel in die Augen. »Weil er ein jähzorniger Bastard ist, der nicht fair spielt.«

Azazel verzog die Mundwinkel. »Ich schätze, Ihr habt da mehr Erfahrung als ich.«

»Habe ich. Natürlich wird er nicht selbst auf die Erde kommen und irgendwas anstellen, aber irgendwie wird er versuchen, mir in die Suppe zu spucken. Bildlich gesprochen, nicht buchstäblich.«

»Natürlich, Sir.«

»Nur noch 30 Tage, Azazel. Nur noch 30 Tage. Irgendwie muss ich es schaffen.«

Mephys Handy klingelte, und er ging ran, ohne auf das Display zu schauen. Dummerweise war es Udo.

»Also wennschst da noch mal Zeit haschst, dann komm doch mal vorbei.«

»Wenn es diesmal nichts mit Einkaufen zu tun hat...«

»Kannscht dich drauf verlasse.«

Mephy hatte zwar immer noch wenig Lust darauf, aber Isa fände es bestimmt gut, wenn er sich weiter engagierte.

»Ich schaue nachher mal vorbei.«

»Des ist voll super, du«, sagte Udo.

»Geht Ihr etwa erneut zu diesen Guten Nachbarn?«, wollte Azazel wissen.

»Sieht so aus«, knurrte Mephy.

»Euch muss wirklich viel ...«

Das Handy klingelte erneut. Azazel sah auf dem Display, dass diesmal tatsächlich Isa anrief. Mephy riss enthusiastisch das Gerät hoch, nahm den Anruf an und hielt sich das Handy ans Ohr.

In den nächsten zwei Minuten sprach er kaum ein Wort. Doch auch ohne Worte konnte Azazel an seinem Gesicht ablesen, dass das, was er zu hören bekam, nicht gut war.

»Ganz ruhig, ganz ruhig«, sagte Mephy. »Ich bin schon auf dem Weg.«

Kurz darauf legte er das Handy beiseite und starrte ausdruckslos vor sich hin.

»Sir?«, fragte Azazel, und Mephy schien wieder in die Realität zurückzufinden.

»Das kann doch wohl nicht wahr sein!«, brüllte der Höllenfürst, den Kopf zur Zimmerdecke gewandt. »Ist das wirklich dein Ernst?«

»Sir?«, fragte Azazel etwas unsicher, und nun sah Mephy ihn endlich an.

»Zieh dich an, Azazel. Wir fahren ins Krankenhaus.«

KAPITEL 20

KRANKENBESUCH

NOCH 30 TAGE

Mephy sagte kein Wort. Nicht auf dem Weg zur U-Bahn und auch nicht während der Fahrt, aber Azazel war schlau genug, um zu erkennen, dass es Isa nicht gut ging.

Als sie in die U-Bahn stiegen, setzte sich eine junge Frau, wahrscheinlich eine Studentin, auf einen der letzten beiden freien Plätze und legte ihre Tasche auf den anderen. Einige Leute, die sich gerne hingesetzt hätten, stoppten in der Bewegung und hielten sich an den Stangen fest. Mephy hatte weder Lust noch Laune, ein solches Verhalten hinzunehmen. Er griff die Tasche und schmiss sie an den Köpfen einiger Passagiere vorbei ans Ende des Abteils. Die Frau brüllte, was ihm denn einfiele, aber er schaute sie wortlos an und setzte sich auf den frei gewordenen Platz. Als sie dann losging, um ihre Tasche zu holen, zog er Azazel auf den Platz neben sich. Einige Leute schauten schockiert und schüttelten die Köpfe, ein paar andere lachten und klatschten sogar. Die Frau wollte Mephy wieder anbrüllen, aber der sah sie mit ernster Miene an, hob den Hut vom Kopf und zeigte seine Hörner. Das schien sie irgendwie aus dem Konzept zu bringen. Tatsächlich wechselte sie eine Station später den Wagen.

Nachdem diese Episode ausgestanden war und Mephy den Hut wieder aufhatte, versuchte Azazel, entgegen seinen Gepflogenheiten, ein Gespräch mit ihm anzufangen. Aber sein Herr war nicht in der Stimmung. Als Azazel auf dem Bahnhof, an dem sie ausstiegen, einen Blumenladen entdeckte, machte er ihn darauf aufmerksam, dass es eine allgemein übliche Geste war, einem Patienten Blumen mitzubringen.

»Was soll das mit den Blumen?«, fragte Mephy, als sie im Laden standen und er sich nicht entscheiden konnte. »Verschenkt man die, um den Patienten daran zu erinnern, dass alles vergänglich ist, wenn die Dinger nach zwei Tagen eingehen?«

»Sir, ich denke, Ihr interpretiert da etwas zu viel hinein. Es ist einfach nur eine Nettigkeit, die die Patientin daran erinnern soll, dass Ihr an sie denkt.«

»Indem ich ihr ein sterbendes Lebewesen schenke?«

»Sir, eine Blume ist kein Hamster.«

»Du weißt, was ich meine.«

Eine Verkäuferin, die Mephy auf 50 schätzte, aber ein Gesicht zog, als hätte sie die Grabenkämpfe des Ersten Weltkriegs miterlebt, hatte sich zu ihnen gesellt und fragte, was es denn sein sollte.

»Wir würden gerne Blumen kaufen«, sagte Azazel.

»Ach wat«, sagte die Verkäuferin. »Und ich dachte, Sie wollten ein Schnitzel mit Kartoffelsalat.«

Azazel runzelte die Stirn. »Entschuldigen Sie bitte, aber ist dies hier kein Blumenladen?«

Die Verkäuferin verdrehte die Augen. »Natürlich is' dit ein Blumenladen. Deswegen stehen hier auch lauter Blumen. Und ich habe mir schon fast gedacht, dass Sie Blumen haben wollen, denn die verkoofen wir hier nun mal. Aber vielleicht könnten Se etwas konkreter sein.«

Mephy hatte den Ansatz eines Lächelns auf den Lippen und bedeutete Azazel, dass er sich ruhig selbst aus der Affäre ziehen sollte.

»Wir möchten eine Freundin im Krankenhaus besuchen. Was bringt man denn da am besten mit?«, fragte der Butler.

»Optimismus«, sagte die Verkäuferin und streifte sich die Hände an der Schürze ab.

Azazels Blick blieb ausdruckslos. »Wenn Sie uns nichts verkaufen wollen, können wir auch gerne zur Konkurrenz gehen.«

»Na, da können Se aber ein Stück laufen«, sagte die Verkäuferin. »Hier in der Nähe gibt's nämlich nur diesen Laden.« Sie schaute zwischen den beiden hin und her. »Also, wat wollen Se nun?«

Nun schaltete sich Mephy ein. »Geben Sie uns doch einfach das, was wegmuss.«

»Also allet?«, fragte die Verkäuferin.

Azazel stand wie üblich scheinbar regungslos da, aber ein leichtes Zucken seiner rechten Augenbraue verriet, dass er gerade einen inneren Kampf austrug. Zu gern hätte Mephy einmal gesehen, wie er die Beherrschung verlor, aber Isa wartete, und das war ihm wichtiger als das kurze Amüsement.

»Geben Sie uns einfach ein Dutzend Rosen.«

»Und welche Farbe?«, fragte die Verkäuferin genervt.

»Backpfeifenrot«, sagte Mephy.

Die Verkäuferin schien etwas entgegnen zu wollen, aber sie verstand den Wink mit dem Zaunpfahl. Sie wickelte ein Dutzend rote Rosen ein und übergab sie Mephy, während Azazel das Geld herauslegte.

»Berliner«, murmelte der Butler abfällig, und Mephy konnte ein wenig darüber lächeln.

Im Krankenhaus fanden sie den Weg zunächst nicht. Alles sah gleich aus, und Mephy war schon ganz durcheinander, als Azazel endlich einen Plan des Gebäudes entdeckte.

Isa lag im Bett, hatte das Gesicht von der Tür weggedreht und schaute aus dem Fenster, während ihre Zimmergenossin mit stoischer Miene auf den Fernseher starrte. Sie war so in Gedanken versunken, dass sie Mephy erst bemerkte, als er ihr an die Schulter fasste.

»Hallo«, sagte er.

Sie erschrak kurz, aber dann beugte sie sich vor und umarmte ihn. Als sie sich von ihm löste, lächelte sie ihn traurig an. »Hi. Schön, dass du gekommen bist.«

Er überreichte ihr die Blumen, und sie bedankte sich, wusste aber nicht, wo sie sie lassen sollte. Mephy reichte die Blumen Azazel, damit er bei den Krankenschwestern eine Vase besorgen konnte.

»Wer ist denn dein Freund?«, fragte Isa.

»Freund ist vielleicht etwas zu viel gesagt«, sagte Mephy.

Azazel verzog keine Miene. Er nahm die Blumen in die linke Hand, stellte sich vor, wobei er eine Verbeugung andeutete, und hielt ihr die rechte Hand hin. »Guten Tag. Mein Name ist Azazel. Freut mich, Ihre Bekanntschaft zu machen.«

Isa schüttelte ihm lächelnd die Hand. »Azazel? Da habt ihr beide mit den Namen ja keinen guten Start gehabt, was?«

»Ja, darauf gehen wir vielleicht später ein«, sagte Mephy. »Jetzt ist nicht der beste Zeitpunkt dafür.« Er wandte sich an Azazel und zeigte auf die Blumen. »Kannst du das schnell erledigen?«

»Sehr wohl, Sir«, sagte Azazel und ging zur Tür.

Isa starrte amüsiert Mephy an. »Sir?«

Mephy setzte sich auf die Bettkante. »Nun, Azazel ist mein Diener. Insofern besteht er darauf, mich so zu nennen.«

»Du hast einen Diener? Bist du reich oder so was? Mir war nicht klar, dass man als Chef eines Gefängnisses so viel verdient. Warum hast du das nicht vorher erwähnt?«

Mephy wollte sich um eine Erklärung drücken. »Ich bin nicht per se reich. Aber ich habe nun mal eine einflussreiche Stellung, bei der ein Diener angebracht schien. Aber das ist jetzt auch egal. Viel wichtiger ist, wie es dir geht.«

Isa wurde wieder ernst. »Sie wollen mich operieren«, sagte sie und starrte aus dem Fenster. »Offenbar ist es so schlimm, dass ich sofort ins Krankenhaus musste. Die Operation ist gleich morgen früh.«

»Das kommt aber echt überraschend.«

»Na ja, nicht wirklich«, sagte Isa. »Ich hab schon seit Monaten immer wieder mal Schmerzen gehabt, aber blöd, wie ich war, hab ich mir immer gesagt, ›Ach, ist ja nicht so schlimm‹. Aber jetzt, nach unserem Pizzaessen, konnte ich es nicht mehr ignorieren.«

Mephy hatte auf dem Weg zum Krankenhaus darüber nachgedacht, ob der Chef ihr einen Tumor verpasst hatte, um ihm eins auszuwischen. Aber das passte nicht zu ihm. Mephy war sich sicher, dass der Chef einfach weiter Golf spielte und sich nicht die Bohne darum scherte, was auf der Erde ablief.

Er kratzte sich am Bart. »Wenn sie operieren wollen, heißt das doch, dass sie sich eine gute Chance ausrechnen, dich dadurch heilen zu können.«

»Viel Hoffnung hat mir der Arzt aber nicht gemacht.« Eine einzelne Träne lief Isa über die Wange. »Wenn die OP nicht klappt, dann war es das wahrscheinlich.«

Plötzlich brach sie in Tränen aus. Sie beugte sich vor, umarmte Mephy und weinte an seiner Schulter. Er legte einen Arm um sie und tätschelte ihr den Rücken. Er kam sich dumm vor. Trösten. Das hatte er bisher noch nie gemacht. Mitgefühl für Menschen aufzubringen, das war ihm seit langer, langer Zeit nicht mehr in den Sinn gekommen. Seit ihn seine Mitstreiter und besonders Seraphina im Stich gelassen hatten und er als einziger Engel eine Strafe aufgebrummt bekommen hatte. Das Mitgefühl für die Engel, die alles tun mussten, was der Chef von ihnen verlangte, war seitdem verschwunden. Und das Mitgefühl für die menschlichen Seelen hatte er verdrängt, weil er es sonst nicht ertragen hätte. Ab und an flammte es in ihm auf, wenn es seinen Dämonen schlecht ging, aber er schaffte es immer, sich unter Kontrolle zu halten.

Selbst jetzt, wo sein Bauch sich verkrampfte und er mit Isa trauerte, er also ernsthaftes Mitgefühl für sie empfand, ging ihm durch den Kopf, dass das für ihn ein Glücksfall sein konnte. Immerhin bestand nun die Möglichkeit, dass sie ihm direkt in die Hölle folgen könnte, nicht erst in etlichen Jahren, wenn sie an Altersschwäche starb. Allerdings gab es immer noch das Problem, dass sie wohl überhaupt nicht in der Hölle landen würde. Und sie hatte immer noch keine Ahnung, wer er wirklich war.

Mephy schwieg. Er war in seinen Gefühlen viel zu unsicher. Aber umso sicherer war er, dass er Isa an seiner Seite haben wollte.

»Es tut mir leid, dass ich dich damit belaste«, sagte Isa. »Ich brauchte einfach jemanden, der mich etwas ablenkt. Christoph muss arbeiten, und meine beste Freundin ist gerade irgendwo in der Südsee auf Hochzeitsreise. Und nach den letzten Tagen dachte ich, du würdest mir vielleicht guttun.«

Mephy drückte sie noch einmal an sich. Und dann öffnete sich die Tür des Zimmers. Mephy ging davon aus, dass Azazel mit einer Vase zurückkehrte, aber die Stimme, die plötzlich ertönte, war eine andere.

»Na toll. Da mache ich mir Sorgen, und dann kuschelst du mit einem anderen Kerl.«

Isa löste sich aus der Umarmung und schaute Christoph an, der gerade ins Zimmer gekommen war. »Immerhin ist Mephy hier, ganz im Gegensatz zu meinem Freund, von dem ich das eigentlich erwartet hätte.«

Christoph kam näher ans Bett und schubste Mephy beiseite, der aufgestanden war, um ihm Platz zu machen. Er umarmte Isa, und Mephy spürte den Stich der Eifersucht im Bauch.

»Ich musste eben arbeiten, Babe. Du weißt, dass ich da nicht einfach wegkann«, sagte Christoph.

»Ja, ist schon gut«, sagte Isa.

Mephy fand nicht, dass das eine gute Entschuldigung war. »Ist die Arbeit so viel wichtiger, als deiner krebskranken Freundin beizustehen?«

Christoph riss den Kopf herum. »Du hast hier mal gar nichts zu melden. Sie ist immer noch meine Freundin, auch wenn dir das nicht passt. Und außerdem bin ich doch hier, oder?«

»Ja, jetzt«, murmelte Mephy.

Christoph baute sich vor ihm auf. »Wir können ja mal vor die Tür gehen. Glücklicherweise können sie dich hier gleich behandeln.«

Mephy schaute gelangweilt zu ihm hoch.

»Jetzt hört bitte auf mit dieser Macho-Scheiße. So ist das doch gar nicht«, sagte Isa. »Mephy ist einfach nur ein Freund.« Sie wandte sich an ihn. »Richtig?«

Die Eifersucht pikte wieder in seinem Bauch. Trotzdem schaute er weiter gelangweilt Christoph ins Gesicht, der versuchte, seinen Alpha-Status zu unterstreichen, indem er die Muskeln anspannte.

»Nun, Kleiner?«, fragte er Mephy.

»Ehrlich gesagt«, antwortete der, »ich denke, sie hat etwas Besseres verdient als dich. Sie ist nicht deine große Liebe, weil du im Grunde einfach nur eine haben willst, die da ist, wenn du nach Hause kommst, damit du ihr von deinem durchschnittlichen Leben erzählen kannst, während sie dich anhimmelt. Du denkst, du wärst ein Riesenhecht, dabei bist du einfach nur eine Makrele. Du hast weder ein richtiges Interesse an ihr, noch bist du wirklich verliebt. Ganz im Gegensatz zu mir.«

Christophs Gesichtsausdruck wurde immer zorniger mit jedem Satz, den Mephy von sich gab. Isa hingegen schaute zunehmend überrascht.

»Hab ich's doch gewusst, du kleines Arschloch«, sagte Christoph und packte Mephy am Hals.

»Kann man hier nich' ma in Ruhe fernsehn?«, rief die Frau im anderen Bett. »Dit is'n Krankenhaus. Da soll man seine Ruhe haben dürfen.«

Christoph starrte die Frau an, hielt aber immer noch Mephy fest, der versuchte, sich irgendwie aus der Umklammerung zu befreien.

»Lass ihn sofort los!«, rief Isa.

Mephy versuchte, ihn zu treten, und erwischte ihn am Schienbein, was Christoph nur noch wütender machte. Aber Isa sprang schließlich aus dem Bett und schlug ihm auf den Arm, bis er endlich losließ.

»Was bist du nur so aggressiv?«, sagte sie.

»Er versucht, dich mir wegzunehmen«, verteidigte sich Christoph.

»Und deswegen musst du gleich Gewalt anwenden?«

Christoph sagte nichts. Mephy strich sich über den Hals und hustete. Als er Isas besorgten Blick bemerkte, hustete er demonstrativ noch mal.

Isa maulte weiter Chris an. »Mit solchen Aktionen bringst du mich auf jeden Fall nicht dazu, dich mehr zu lieben. Das macht ihn«, sie zeigte auf Mephy, »nur sympathischer.«

Mephy konnte sich ein kleines Lächeln nicht verkneifen, was Christoph wieder wütend machte. Trotzdem schaffte er es, sich zu beherrschen und nicht gleich wieder über den Rivalen herzufallen.

»Andauernd verbringst du Zeit mit ihm oder schreibst ihm«, antwortete er. »Und nun gibt er auch noch zu, dass er in dich verliebt ist. Was soll ich denn davon halten?«

Isa schaute kurz zu Mephy und wusste selbst nicht so recht, was sie dazu sagen sollte. »Nun, das wird man sehen.« Sie wandte sich wieder an Christoph. »Und was heißt hier andauernd? Wir haben uns zweimal gesehen. Viermal, wenn man die ersten beiden Begegnungen dazuzählt. Und bis auf einmal warst du dabei. Auf jeden Fall ist das kein Grund, sich wie ein Irrer aufzuführen. Und nur weil er in mich verliebt ist, heißt das ja nicht, dass ich auch in ihn verliebt bin, nicht wahr?«

Von allen Stichen, die er an diesem Tag in der Bauchgegend gespürt hatte, tat der am meisten weh.

Isa setzte sich wieder aufs Bett. Sie sah schwach und blass aus. Mephy reichte ihr das Wasser, das neben ihr auf dem Nachttisch stand.

»Ich mach das«, polterte Christoph und riss ihm den Becher aus der Hand, was dazu führte, dass das Wasser übers Bett kleckerte.

»Siehst du«, sagte Mephy. »Du kannst ihr nicht mal das Wasser reichen.«

»Könnt ihr jetzt endlich damit aufhören?«, rief Isa.

Sie schnappte sich die Flasche, die Mephy noch in der Hand hielt, und trank direkt daraus. Die Frau, die ihr gegenüberlag, hatte mittlerweile ihre Kopfhörer abgenommen und schaute ihnen gespannt zu.

»Wenn ihr euch nicht zusammenreißen könnt, dann verschwindet einfach«, sagte Isa. »Ich habe im Moment schon genug Drama in meinem Leben.«

In diesem Moment kam Azazel mit dem Blumenstrauß in einer Vase herein. Die andere Patientin klatschte kurz in die Hände, weil sie dachte, das bunte Treiben ginge in die nächste Runde.

»Wer zum Teufel ist das denn jetzt?«, fragte Christoph, als Azazel die Vase auf den Nachttisch stellte.

»Mein Diener«, sagte Mephy, und Azazel nickte Christoph höflich zu.

»Magst du ihn deshalb?«, fragte Christoph. »Weil er so reich ist, dass er sogar einen Diener hat?«

Isa sah ihn böse an. »Ich glaube, es hackt. Bis vor zehn Minuten habe ich nicht mal gewusst, dass er einen Diener hat. Und jetzt lasst mich in Ruhe.«

Chris und Mephy schauten sie unsicher an.

»Raus, habe ich gesagt!«

»Aber ...«, sagten Chris und Mephy unisono.

»Eigentlich könnte ich etwas Gesellschaft gebrauchen, aber wenn ihr euch nicht zusammenreißen könnt, dann bin ich lieber allein.«

Die Frau von gegenüber verzog das Gesicht. Christoph schien noch zu überlegen, ob er Isa zum Abschied einen Kuss geben sollte, entschied sich dann aber dagegen. Mephy nickte ihr zu. Nur Azazel wünschte ihr und der anderen Patientin gute Besserung.

Draußen auf dem Gang knöpfte sich Christoph Mephy vor und schubste ihn gegen die Wand.

»Wenn du mir das mit ihr versaut hast, dann werde ich ... dann werde ich ...«

Mephy war beim Stoß gegen die Wand der Hut hochgerutscht und zur Seite gefallen. Er schaute ihn erneut gelangweilt an. »Ja? Was dann?«

Azazel ging dazwischen und schob Christoph mit dem Arm weg. »Ich würde es begrüßen, wenn Sie das unterlassen könnten.«

Isas Freund war es nicht gewohnt, dass Leute größer waren als er, aber nun musste er mal ein wenig nach oben schauen, wenn auch nicht viel.

»Misch dich nicht ein«, sagte er knapp. »Oder ich muss mich um euch beide kümmern.«

»Meine Güte«, stöhnte Mephy, »du klingst wie ein Gangster, dabei wissen wir beide, dass im Endeffekt gar nichts passiert. Im schlimmsten Fall würden wir uns etwas durch die Gegend schubsen, und einer blutet vielleicht, aber dann will Isa mit keinem von uns mehr etwas zu tun haben. Also ist das auch keine Option. Versuchen wir also, zivilisiert zu bleiben, ja?«

Christoph stand zwar immer noch da, als würde er am liebsten um sich schlagen, nickte aber. Mephy gab Azazel einen Wink, damit der sich ebenfalls zurückhielt.

»Im Grunde«, sagte Mephy, »wäre es mir ja sogar recht, wenn du mich ordentlich vertrimmen würdest. Isa würde dir den Laufpass geben, und ich könnte dann wie der nette Kerl dastehen, der ich eigentlich gar nicht bin.«

Christoph sah ihn skeptisch von oben herab an. Plötzlich lächelte Mephy und fing an, Christoph in die Seite zu piksen. Chris zuckte zusammen und versuchte, seine Arme an den Körper zu pressen, aber es gab immer Lücken in der Deckung.

Azazel hob Mephys Hut auf und trat ein paar Schritte beiseite, als er bemerkte, dass Christophs Gesichtsfarbe immer mehr ins rote Farbspektrum hinüberglitt.

Es dauerte nicht lange, bis Christoph schließlich der Kragen platzte.

Eine Faust flog direkt in Mephys Gesicht und landete neben dem linken Auge, ein weiterer Hieb traf seinen Bauch und ließ ihn gegen die Tür von Isas Zimmer poltern. Der Höllenfürst stieß die Luft aus, während er langsam an der Tür herunterrutschte und mit gepresster Stimme »Ich hoffe, das war's wert« sagte.

Plötzlich standen mehrere Krankenschwestern auf dem Flur und riefen nach ihren männlichen Kollegen, damit man den Typen, der noch mit geballten Fäusten über Mephy stand, hinauswerfen konnte. Azazel hielt weiter Abstand und beobachtete das Treiben, als die Tür des Zimmers aufging und Isa herausschaute.

Mephy, dem durch das Öffnen der Tür die Rückenstütze fehlte, plumpste mit dem Kopf auf den Boden und hauchte ein leises »Au«.

Isa stand der Mund offen, während sie von Mephy langsam hoch zu Chris sah, der noch immer die Arme wie zum Boxkampf erhoben hatte, den Kopf in der Farbe einer Tomate.

»Was stimmt nicht mit dir?«, rief sie und bückte sich, um nach Mephy zu schauen.

»Er hat mich provoziert!«, verteidigte sich Christoph.

»Und da musst du ihn gleich schlagen?«

Isa war stinksauer, und Mephy sagte lieber nichts, denn alles schien seinen Gang zu gehen. Er lehnte sich an den Türrahmen und hielt sich das Auge, wo Chris ihn getroffen hatte. Nach und nach kamen ein paar Schwestern und Pfleger, von denen zwei sich Christoph griffen. Sie fragten Mephy, ob sie die Polizei holen sollten, aber er verzichtete großzügig. Chris wurde nach draußen befördert, während sich eine Krankenschwester Mephy anschaute und wegen seiner Hörner fast vergaß, ihn zu verarzten.

Schließlich half Azazel ihm auf die Beine und setzte ihm den Hut wieder auf. Er wimmelte die Krankenschwestern ab und versicherte ihnen, dass alles in Ordnung sei.

Mephy und Azazel wollten gerade in Isas Zimmer gehen, als die ihnen die Tür vor der Nase zuschlug.

»Aber ich dachte ...«, begann Mephy.

»Geh weg, ich muss allein sein«, kam es dumpf aus dem Zimmer.

Mephy war drauf und dran, die Türklinke zu fassen, aber Azazel hielt ihn am Arm fest.

»Vielleicht solltet Ihr es nicht überstürzen, Sir.«

Mephy musterte ihn kurz, wandte sich wieder der Tür zu und verharrte mit der Hand über der Klinke. Dann nickte er und sagte: »Lass uns gehen.«

KAPITEL 21

BLUMEN UND BLÄTTERTEIG

NOCH 27 TAGE

Isas Operation lag nun bereits zwei Tage zurück, aber gesprochen hatte er mit ihr seitdem nicht. Jeden Tag fuhr er mit der Bahn zum Krankenhaus, jeden Tag kaufte er Blumen von der Dame am Blumenstand, jeden Tag wurde er aus unterschiedlichen Gründen von den Krankenschwestern abgewiesen. Am Tag der Operation wollte man ihn nicht zu ihr lassen, weil sie sich schonen musste, einen Tag später wimmelten sie ihn ab und sagten, sie sei mit Nachuntersuchungen beschäftigt.

Erneut ging er zum Blumenstand, die Dame erwartete ihn bereits.

»Schon wieder ditselbe?«, fragte sie. »Ihrer Alten müssen die Rosen ja langsam aussn Ohren rauskomm'.«

»In der Regel kommen sie in eine Vase«, erwiderte Mephy.

»Schlaukopp, wa? Wollen Se dit nicht ma mit 'ner Sonnenblume oder so probieren? Ick meine, allet mit rote Rosen voll is' ja jetzt auch nich' so spannend, wa?«

»Kann ich die gegebenenfalls zurückgeben?«

Die Frau verzog die Augen zu Schlitzen und streckte den Kopf vor, als hätte sie nicht richtig gehört. »Wat?«

»Zurückgeben. Ob ich die gegebenenfalls zurückgeben kann, hab ich gefragt.«

»Ick hab Sie schon verstanden, aber ick dachte, Sie wollen mich verarschen. Oder sieht dit hier so aus, als verkoof ick Kaffeemaschinen?«

Mephy rollte mit den Augen. »Dann geben Sie mir halt drei Sonnenblumen.«

Er bezahlte und ging ins Krankenhaus. Diesmal kam er sogar bis ins Zimmer und sah Isa vor dem Fenster stehen, als er hereintrat. Sie drehte sich um, um zu schauen, wer hereinkam, aber bevor es Mephy gelang, auch nur Hallo zu sagen, kam sie ihm entgegen und unterbrach ihn.

»Nein. Tut mir leid, aber ich kann dich jetzt nicht sehen.«

»Aber…«, setzte Mephy an und hielt ihr die Sonnenblumen entgegen.

»Bitte lass mich allein. Ich melde mich, wenn ich wieder dazu in der Lage bin, mit irgendwem zu sprechen.« Sie schob ihn langsam, aber bestimmt aus dem Zimmer.

»Wir können doch nur ganz kurz…«

Sie schloss die Zimmertür vor seiner Nase und ließ ihn mit hängenden Schultern und den Blumen in der Hand stehen.

Eine Krankenschwester hatte das mitbekommen und starrte ihn skeptisch an. Für einen Moment überlegte er, ob er noch einmal klopfen sollte, sah aber ein, dass es nichts bringen würde.

Er ging zurück zum Bahnhof und kam wieder am Blumenstand vorbei. Er drückte der Dame die Sonnenblumen in die Hand.

»Keine Retoure!«, rief sie, aber Mephy war bereits auf dem Weg zum Bahnsteig. Die Dame schaute überrascht. »Wenn Se mir schon Blumen schenken, wollen Se dann nicht wenigstens meine Telefonnummer oder so?«

Als Mephy zurück in die Wohnung kam, saß Klaus vor dem Fernseher und sah eine Gerichtssendung, deren verhandelte Fälle ebenso hanebüchen waren wie die Schauspielkunst der vermeintlich echten Personen. Seit sie ihn aus dem Zimmer gelockt hatten, hatte er nicht mehr mit Mephy geredet. Mit Azazel hatte er ein paar Worte gewechselt, weil der sich Sorgen machte, denn Klaus war seit zwei Wochen nicht mehr zur Uni gegangen. Aber seine Stimmung hatte auch Azazel nicht aufhellen können.

Mephy ließ sich neben ihm auf die Couch fallen. »Und, wie läuft's, Klausibär? Mittlerweile was von Suse gehört?«

Klaus atmete tief durch. »Ich will nicht darüber reden.«

»Es spricht!«, rief Mephy, und dann: »Ist sie noch immer nicht daheim?«

»Sie ist auf dieser Kursfahrt, die ich völlig vergessen hatte.«

»Azazel hat so etwas angedeutet. Und auch, dass sie dir noch nicht zurückgeschrieben hat.«

Klaus machte ein undefinierbares Geräusch, eine Mischung aus Verzweiflung und Ärger, verpackt in einen kurzen Luftstoß.

»Ich nehme an, das war eine Bestätigung«, sagte Mephy. »Isa will auch nicht mit mir sprechen.«

Nun saßen sie beide auf der Couch und seufzten unisono.

»Azazel meinte, sie wäre todkrank«, sagte Klaus.

»Sie haben sie operiert. Ich befürchte, dass es nicht gut gelaufen ist, wenn ich ihre Reaktion richtig deute.«

Beide seufzten erneut. Es vergingen ein paar Minuten, in denen sie stumm auf den Fernseher starrten.

»Was ist das eigentlich für ein Mist, den du da schaust?«, fragte der Höllenfürst.

»Ich hab einfach irgendwas angemacht. Ich dachte, dass etwas Dummes vielleicht mein Hirn formatiert und die Gedanken löscht, die ich die ganze Zeit habe.«

»Die da wären?«

»Dass Suse auf Kursfahrt ist und irgendwas mit einem anderen Typen anfängt. Ich könnte es ihr nicht mal übel nehmen. Was für ein Freund bin ich denn, wenn ich mir nicht mal merken kann, wann meine Freundin verreist ist?«

»Das wird schon nicht passieren«, versuchte Mephy, ihn zu beruhigen. »Und wenn doch, dann denke ich mir irgendwas Schönes für sie aus, wenn sie in die Hölle kommt.«

Klaus sah ihn entsetzt an. »Das ist nicht hilfreich!«

»Ein Scherz, Klausi, ein Scherz!«, ruderte Mephy zurück.

»Jetzt muss ich nicht nur daran denken, dass Suse eventuell etwas mit einem Mitschüler hat, sondern auch noch daran, dass sie in der Hölle gefoltert wird. Wie meine Eltern.« Er hielt kurz inne. »O Gott, ich muss schon wieder daran denken.«

Mephy verzog das Gesicht, als er sah, wie Klaus verzweifelt den Kopf in den Händen vergrub. Früher hätte er das mit einem weiteren Scherz abgetan oder hätte ihn noch weiter gepiesackt, nun aber fühlte er sich plötzlich schlecht und spürte das dringende Verlangen, sich zu entschuldigen oder irgendetwas zu tun, was Klaus trösten könnte. Er brauchte einen Moment, um mit diesen Gefühlen klarzukommen.

»Mach dir keine Sorgen darum. Falls die Seelen deiner Eltern wirklich in der Hölle sind, versuche ich, sie nach meiner Rückkehr zu finden, und sorge dafür, dass ihnen das Schlimmste erspart bleibt. Für Suse gilt das natürlich ebenso.«

»Sie meinen das tatsächlich ernst, nicht wahr?«

Mephy nickte.

»D-Danke schön«, stammelte Klaus.

»Schon gut. Zumindest kann ich mich so dafür revanchieren, dass ihr mir geholfen habt.«

Klaus schaute Mephy so lange verwundert an, dass dem das langsam unangenehm wurde.

»Wo steckt eigentlich Azazel?«, fragte der Höllenfürst.

»Wenn Sie das nicht wissen ...«, entgegnete Klaus.

»Ich bin ein wenig frustriert. Und wenn ich frustriert bin, esse ich gerne was.«

Klaus betrachtete einen Augenblick die gefalteten Hände, die Mephy sich auf den Bauch gelegt hatte.

»Jaja, ich weiß. Kummerspeck!«, rief der Höllenfürst laut, um etwas leiser fortzufahren: »Hast du nicht irgendwas, was wir gemeinsam spielen könnten? Das bringt dich auf andere Gedanken, und wir können beide etwas Frust abbauen.«

»Äh, ja, schon. Moment.«

Klaus stand auf und durchsuchte seine Spielesammlung. »Hier ist eins, wo man ein gestorbener griechischer Held ist, der sich durch die Unterwelt kämpfen muss.« Er hielt kurz inne. »Nee, gilt wohl nicht als Ablenkung.« Er schaute weiter. »Soldaten im Kampf gegen eine Horde von Monstern, die versuchen, einen Planeten zu übernehmen?«

Mephy zuckte mit den Schultern. »Das klingt, als müsste man auf irgendwas schießen. Ich bin dabei.«

Klaus machte die Konsole an, legte das Spiel ein und gab Mephy den zweiten Controller. »Was ist eigentlich aus dieser Organisation geworden, bei der Sie helfen wollten? Ist das schon wieder eingeschlafen?«

Mephy machte auf einmal große Augen. Er hatte Udo versprochen, sich zu melden. »Äh, jetzt müssen wir dich erst mal ablenken«, sagte er, spürte aber gleichzeitig so etwas wie ein schlechtes Gewissen.

Klaus merkte, dass irgendwas nicht stimmte. »Alles okay?«

Mephy winkte ab. »Alles gut. Ich hatte nur ... das vergeht schon wieder. Denke ich.«

Später am Nachmittag kam Azazel mit einer großen Tasche Einkäufen zurück. Mephy bemerkte ihn zunächst gar nicht, weil sie so in das Spiel vertieft waren.

»Guten Tag.« Azazel ging an ihnen vorbei zur Küche.

»Azazel!«, rief Mephy. »Wo hast du gesteckt?«

»Ich war aushäusig und habe unter anderem eingekauft«, entgegnete der Butler und verschwand hinter der Tür.

Mephy machte eine Handbewegung, und Klaus drückte auf Pause, während Mephy seinem Diener in die Küche folgte.

»Du warst den ganzen Tag einkaufen? Es war überhaupt kein Essen vorbereitet. Ich finde, dass du in letzter Zeit etwas deine Pflichten vernachlässigst.«

Der Butler nickte. »Es tut mir leid, dass dieser Eindruck entstanden ist, Sir. Ich werde mich gleich daranmachen, etwas zuzubereiten. Haben die Herren einen besonderen Wunsch?«

Mephy schaute zu Klaus. »Willst du irgendwas Bestimmtes essen?«

Klaus schüttelte den Kopf. »Keine Ahnung. Ich bin schon froh, wenn es überhaupt etwas gibt.«

Mephy wandte sich wieder an seinen Butler. »Dann vielleicht eine Peking-Ente.«

»Sir, mit Verlaub, das Rezept ist zeitaufwendig. Wenn ich etwas weniger Ausgefallenes vorschlagen dürfte?«

»Mariniertes Roastbeef?«

»Sir, erneut, das ist recht aufwendig. Ich hatte für heute gefüllte Blätterteigtaschen vorgesehen.«

»Und dann gibt es morgen das Roastbeef?«

Azazel seufzte. »Wenn Ihr das wünscht, Sir. Ich müsste dann aber vermutlich noch einmal einkaufen, denn ich hatte eigentlich vor, morgen ein Süßkartoffelgratin zu machen.«

Mephy leckte sich die Lippen, denn er hatte Hunger, und jede Erwähnung von leckerem Essen machte es nur schlimmer. »Gut, gut«, sagte er. »Aber es wäre schön, wenn du Bescheid geben könntest, wo du bist. Nicht, dass ich mich sorgen muss.«

Azazel hob eine Augenbraue und sah ihn überrascht an, aber bevor er etwas entgegnen konnte, war Mephy zurück auf der Couch und spielte weiter mit Klaus.

Am nächsten Tag standen Mephy und Klaus fast gleichzeitig gegen Mittag auf. Azazel war zu diesem Zeitpunkt schon wieder verschwunden, hatte aber in der Küche ein paar Sandwiches und einen Zettel hinterlassen, auf dem er erklärte, rechtzeitig zum Abendessen wieder zurück zu sein.

Klaus und Mephy nahmen sich ein paar Brote, setzten sich vor den Fernseher und kamen recht schnell überein, dass sie mit dem Spiel weiterkommen wollten. Sie hörten erst auf, als Mephys Handy brummte und anzeigte, dass er eine Nachricht bekommen hatte.

»Tut mir leid, dass ich dich rausgeschmissen habe«, schrieb Isa. *»Ich musste erst über einiges nachdenken.«*

»Was schreibt sie denn?«, fragte Klaus, aber Mephy tippte schon konzentriert.

»Wie geht es dir? Kann ich dich anrufen?«

»Was ist denn nun?«, fragte Klaus weiter.

»Ich kann jetzt nicht. Das ist wichtig«, sagte Mephy und ging in sein Zimmer, legte sich aufs Bett und wartete die Antwort ab.

»Ich bin noch etwas durcheinander«, schrieb Isa. *»Bitte ruf mich nicht an. Ich wollte dir nur kurz sagen, dass es mir leidtut.«*

»Können wir uns treffen? Brauchst du etwas?«

Mephy wartete eine geschlagene Viertelstunde auf die Antwort.

»Wir können uns morgen treffen. Es gibt einiges zu erzählen, das ich nicht am Telefon oder per Nachricht sagen will«, antwortete Isa schließlich.

Sie machten einen Ort und eine Uhrzeit aus, dann ging Mephy zurück zu Klaus.

»Und?«, fragte der.

»Wir treffen uns morgen.«

»Schön!«

»Ja. Mal sehen, ich hab ein komisches Gefühl dabei.«

»Hm.«

»Wann kommt denn Suse zurück?«

»Morgen.«

»Schön.«

»Ja. Mal sehen, ich habe auch ein komisches Gefühl dabei.«

Sie spielten weiter.

KAPITEL 22

EIN SPAZIERGANG IM PARK

NOCH 25 TAGE

Mephy wartete im Viktoriapark, am Fuße des Kreuzbergs. Er war sich nicht sicher, wie er sie begrüßen sollte, aber weil er sich so freute, sie zu sehen, umarmte er sie spontan.

»Schön, dass wir endlich mal wieder reden können.«

»Äh, ja, hi«, sagte Isa.

»Wie geht es dir? Wie ist die Operation verlaufen?«

Isa hob die Augenbrauen. »Ja, hm, okay, ich schätze, wir machen nicht erst Small Talk, sondern steigen gleich mit den schwierigen Fragen ein.«

Mephy schaute skeptisch. »Schwirig?«

Sie nickte in Richtung eines Weges, und sie liefen langsam den Berg hinauf.

»Die Operation war nicht sonderlich erfolgreich«, sagte Isa. »Im Grunde haben sie mich auf- und gleich wieder zugemacht.«

»Na, offen hätten sie dich ja wohl kaum lassen können«, sagte er mit einem etwas gezwungenen Grinsen.

Sie lächelte schwach. »Sie haben gesehen, dass eine Operation nichts bringt.«

Mephy sah sie fragend an. »Also wollen sie das Ganze mit Chemotherapie lösen?«

Isa schüttelte leicht den Kopf.

»Wie? Dann ... Dann war es das?«

Sie nickte.

»Wie lange geben sie dir?«

»Ungefähr ein halbes Jahr.«

Mephy dachte kurz darüber nach. »Das ist ja fantastisch!«, flüsterte er.

Isa runzelte die Stirn. »Wie bitte?«

Er bemerkte den Fauxpas. »Äh, schrecklich, wollte ich sagen. Das ist total schrecklich.«

»Machst du dich irgendwie über mich lustig?«

»Nein, nein ...«, sagte er. »Ich hab nur über was nachdenken müssen, und da ... Entschuldige, es tut mir wirklich leid.«

Sie gingen für eine Minute wortlos weiter.

»Und jetzt?«, fragte Mephy.

»Nun warte ich darauf, dass ich ins Gras beiße. Und dass alle meine Freunde sich von mir abwenden, weil sie mir nicht beim Sterben zusehen wollen.« Sie sah ihn durchdringend an, so als würde sie erwarten, dass er genau das tat.

»Ich habe nicht vor, dich damit allein zu lassen«, sagte er, wusste aber genau, dass er kein halbes Jahr mehr auf der Erde sein würde. Es wäre schwierig, dieses Versprechen einzulösen. »Ich werde, sooft ich kann, für dich da sein«, sagte er schließlich. Das klang schon weniger verbindlich. Vielleicht würde er bis dahin einen Weg finden, ab und an mal auf die Erde zu kommen. Vielleicht würde der Chef ihm ja gewähren, seine Zukünftige auf der Erde zu besuchen.

Isa lächelte ihn an. »Danke, dass du das sagst. Ich war mir nicht sicher, wie du reagieren würdest, denn immerhin gibt es ja nun für uns keine Zukunft mehr.«

Ganz im Gegenteil, dachte Mephy, sprach es aber nicht aus.

»Rate mal, wer es nicht ertragen konnte, dass ich in Kürze sterben werde?«, sprach Isa weiter. »Chris«, sagte sie, ohne auf Mephys Antwort zu warten. »Er hat mich nicht noch einmal im Krankenhaus besucht. Und als ich ihm gesagt habe, dass ich bald sterben werde, meinte er nur, dass ich ja ohnehin nichts mehr von ihm wollte.«

»Wow«, sagte Mephy. Selbst dem Teufel kam das mehr als kaltherzig vor.

»So viel zur großen Liebe, nicht wahr?«

Mephy musterte sie. »Ich glaube immer noch daran.«

Sie schauten sich an, als würden sie versuchen, die Gedanken des anderen zu lesen.

»Du hast während deines Streits mit Chris im Krankenhaus so etwas angedeutet.«

Mephy lächelte. »Ich schätze, ich habe es mehr als nur angedeutet. Eigentlich dachte ich, dass ich ziemlich klar gesagt habe, dass ich dich liebe.«

Isa schien nicht zu wissen, was sie mit dieser Information anfangen sollte. Sie schüttelte den Kopf und zuckte mit den Schultern. »Warum?«

»Warum was?«, fragte Mephy verdutzt. »Warum ich dich liebe? Weil du lustig, intelligent und schlagfertig bist. Außerdem siehst du wirklich gut aus, falls dir das noch keiner gesagt haben sollte.«

»Ich sterbe, Mephy.«

Er nickte, dann zuckte auch er mit den Schultern.

»Das macht dir nichts aus? Wir hätten nur noch wenige Monate«, sagte sie.

Nur noch ein paar Wochen, dachte Mephy. *Und danach die Ewigkeit. Vielleicht.*

»Nein, es macht mir nichts aus«, sagte Mephy und wählte seine nächsten Worte mit Bedacht. »Wie es so schön heißt: Es ist besser, geliebt und verloren zu haben, als niemals geliebt zu haben.«

»Klingt so, als wärst du noch nie verliebt gewesen.«
Darüber musste er kurz nachdenken. »War ich. Einmal. Wurde aber bitter enttäuscht.«
»Und du glaubst trotzdem an die große Liebe?«
»Ich erlebe sie gerade«, sagte Mephy.
Sie sahen sich tief in die Augen, ihre Köpfe bewegten sich langsam aufeinander zu. Isa schloss die Augen, als sie ihm näher kam. Ihre Lippen standen kurz davor, sich zu treffen.
Plötzlich prustete Isa los vor Lachen. »Alle Achtung. So etwas Kitschiges habe ich bisher noch nie gehört.«
Zerstört, dachte Mephy. *Der ganze Moment ist zerstört.*
»Ich habe keinen Witz gemacht«, sagte er.
»Nein ... nein, hast du wahrscheinlich nicht.« Isa kicherte immer noch. »Aber du musst zugeben, dass die ganze Konversation gerade etwas von einem Fernsehfilm für die Zielgruppe jenseits der 50 hatte, oder?«
Mephy war sich nicht ganz sicher, was sie meinte, aber er konnte nachvollziehen, dass die Situation recht kitschig war. »Okay ...«
Sie hakte sich bei ihm unter und zog ihn mit den Berg hinauf. »Ich finde dich wirklich cool, Mephy.«
»Danke ...«, entgegnete er.
»Das Ding ist ... irgendwie weiß ich gerade nicht, wo mir der Kopf steht. Ärzte sagen mir, dass ich bald sterben werde, was mir nervlich doch ziemlich zu schaffen macht, auch wenn ich im Moment recht vital wirke. Außerdem bin ich quasi gerade erst aus einer Beziehung raus. Und irgendwie habe ich mit jeder weiteren kaputten Beziehung mehr das Gefühl, dass ich einfach nicht dafür gemacht bin. Oder mich selbst in dieser Hinsicht etwas mehr hinterfragen sollte. Und da kommst du an und bringst mich noch mehr durcheinander.«
Mephy hob eine Augenbraue. »Tue ich das?«
Sie drehte ihn so, dass er direkt vor ihr stand. »Ja, tust du. Ich mag dich nämlich auch. Und mir ist in den letzten Wochen durch-

aus aufgefallen, dass da vielleicht etwas mehr zwischen uns sein könnte, als ich mir eingestehen wollte.«

Mephy war unsicher, was er sagen sollte. »Schön?«

»Aber die Tatsache ist«, setzte sie fort, »dass ich nun mal sterben werde. Sehr bald sogar. Und ich weiß nicht, ob ich da einfach eine Beziehung mit jemandem eingehen kann, der mich überlebt und dem ich dadurch Kummer bereite.«

»Aber ich sage doch, dass ich …«, begann Mephy zu protestieren, doch Isa unterbrach ihn erneut.

»Was ich brauche, ist ein Freund. Keinen Freund-Freund, falls du verstehst, was ich meine.«

»Ich denke schon.«

»Ich bin dir zutiefst dankbar, dass du mich nicht einfach hast stehen lassen, als ich dir von meiner Krankheit erzählt habe, aber ich bin mir einfach unsicher, ob ich das mit einer Beziehung jetzt leisten kann.«

Mephy überlegte. »Damit kann ich leben.«

»Echt jetzt?«

»Ja.«

»Danke!« Isa umarmte ihn.

Er legte seine Arme um sie. »Also heißt das, dass wir keinen Sex haben?«

Sie hielt die Umarmung aufrecht, beugte sich aber so weit nach hinten, dass sie sein Gesicht sehen konnte. Er lächelte schief. Es war klar, dass er nur einen Witz gemacht hatte.

»Ich hab mal irgendwo gelesen«, sagte Isa, »dass Männer, die Frauen zum Lachen bringen können, unheimlich gut im Bett sein sollen.«

»Hört, hört.«

»Also mach ruhig weiter deine Witze.«

»Sehr wohl, gnädige Frau«, antwortete Mephy, unsicher, wie er das auffassen sollte.

Isa flüsterte etwas davon, dass die Frau nach ihr sicher viel Freude an ihm haben würde. Er entgegnete nichts, denn er spürte ihre

Traurigkeit. Fast war er so weit, ihr zu erzählen, wer er wirklich war, aber sein Gefühl sagte ihm, dass dies nicht der richtige Zeitpunkt war. Also schlenderten sie noch etwas durch den Park bis zur Spitze des Hügels und schauten auf die Stadt, die vom Sonnenuntergang in weiches Licht getaucht wurde.

KAPITEL 23

LOVE IS IN THE AIR

NOCH 25 TAGE

Azazel saß im Wohnzimmer und erwartete seinen Herrn. Der motzte nicht, scherzte nicht, als er zurückkam, sondern ließ sich auf die Couch fallen, saß einfach nur da und schaute selig an die Decke.

»Alles in Ordnung, Sir?«

Mephy schaute zu Azazel. »Der Freund ist aus dem Spiel.«

»Herzlichen Glückwunsch, Sir.«

»Und sie wird bald sterben.«

»Herzlichen Glück… äh, wie bitte, Sir?«

»Sie stirbt bald.«

»Mein Beileid, Sir.«

»Nein«, sagte Mephy. »Nein, nein, nein, gar kein Problem. So kommt sie doch früher zu mir.«

Für den Bruchteil einer Sekunde runzelte Azazel die Stirn, ließ sich aber ansonsten nichts anmerken. »Habt Ihr schon das Problem gelöst, dass Frau Isa ein geradezu erschreckend guter Mensch ist?«

»Das muss ich noch in Angriff nehmen.«

»Und weiß sie, dass Ihr der Fürst der Hölle seid, Sir?«

»Das ist ebenfalls ein Punkt, der noch anzusprechen ist.«
»Trotzdem herzlichen Glückwunsch zur, ich glaube, ersten richtigen Beziehung.«
»Jaaaa, also wenn man es genau nimmt …«
»Sir?«
»Sie ist nicht wirklich meine Freundin. Also schon eine Freundin, aber nicht meine Freundin-Freundin.«
Azazel hatte schon nach den ersten Ausflüchten eine Augenbraue gehoben, und nun hob er die andere auch noch. »Sir, mich deucht, das ist noch kein so freudiges Ereignis.«
Mephy verdrehte die Augen. »Nun sei doch nicht so ein Muffel und freu dich einfach für mich. Immerhin ist der Typ weg. Ein Schritt nach dem anderen. Und sie hat mir gesagt, dass sie mich ebenfalls sehr mag.«
»Fantastisch, Sir.«
Azazel klang nicht sehr aufrichtig, aber Mephy ging nicht weiter darauf ein, vor allem, weil die Wohnungstür aufschwang und ein sturzbesoffener Klaus hindurchfiel. Er war gerade noch in der Lage, den Türknauf zu greifen, um nicht mit voller Wucht auf den Boden zu knallen.
»Hoppala«, sagte er und musste aufstoßen.
Azazel kam ihm zu Hilfe, zog ihn vom Boden hoch, stützte ihn mit der Schulter und schloss die Tür mit der anderen Hand.
»Allsisaus!«, rief Klaus. »Susewillmschnischmehr!«
Azazel und Mephy wechselten einen Blick. Mephy nickte in Richtung von Klaus' Zimmer.

Am nächsten Mittag torkelte Klaus stöhnend aus dem Zimmer und rannte gegen den Türrahmen des Bads. Beim zweiten Anlauf gelang es ihm, das Bad zu betreten und für 20 Minuten nicht mehr zu verlassen. Azazel war schon drauf und dran, nachzusehen, ob er sich in der Badewanne ertränkt hatte, aber er kam schließlich doch noch heraus und ließ sich auf seinen Stammplatz auf der Couch fallen. Sofort reichte Azazel ihm ein paar Salzstangen, an denen er lustlos herumnagte.

»Also«, setzte Mephy an, der gerade aus seinem Schlafzimmer hinzugetreten war, »deinen Ausführungen letzte Nacht nach zu urteilen, ist das Wiedersehen mit Suse suboptimal verlaufen.« Er ließ sich ebenfalls auf die Couch fallen.

Klaus knabberte an einer Salzstange. »Als ich gestern zu ihr kam, war sie in ihrem Zimmer mit einem ihrer Mitschüler von der Kursfahrt. Offenbar wollte sie nicht gestört werden.«

»Offenbar?«, fragte Mephy.

»Ihre Mutter drückte das so aus.«

»Also hast du gar nicht mit Suse gesprochen?«

»Nein.«

»Wäre es vielleicht denkbar, dass es sich nur um ein Missverständnis handelt und du noch einmal mit ihr reden solltest?«

»Weiß ich nicht.«

»Willst du stattdessen einfach dasitzen, dich weiter betrinken und auch noch dein Studium versauen?«

Klaus stöhnte.

Mephy griff nach der Fernbedienung des Fernsehers. »Mir soll es recht sein, ich dachte ja nur, dass es vielleicht noch ein Gespräch wert wäre.« Er schaltete den Fernseher ein.

Azazel runzelte die Stirn. »Sir, ich denke, wir sollten Herrn Klaus helfen, immerhin hat er Euch beim Finden Eurer Herzdame unterstützt.«

»Aber er will sich ja nicht helfen lassen. Das ist der entscheidende Unterschied«, widersprach Mephy.

»Dann zwingen wir ihn eben dazu, sich helfen zu lassen.«

Mephy sah ihn überrascht an.

Auch Klaus starrte zu Azazel. »Äh, was jetzt genau?«

»Sir, ich denke, dass wir Klaus gegebenenfalls zu seinem Glück zwingen müssen. Mir scheint, als würde er aus Mangel an Selbstwertgefühl die Liebe seines Lebens verlieren, wenn wir nicht eingreifen.«

Mephy war von den Worten seines Dieners überrumpelt. »Azazel, ich dachte, von uns beiden wäre ich der Romantiker.«

»Sir?«

»Ich hatte bisher nicht den Eindruck, dass du dir viel aus weltlichen Dingen machst. Bis auf Mode vielleicht.«

Instinktiv zog Azazel seinen Anzug zurecht. »Vielleicht habe ich ja meine Meinung in diesen Dingen geändert, Sir.«

»Irgendwann werden wir uns darüber unterhalten müssen, was in letzter Zeit mit dir los ist. Aber du hast recht. Helfen wir Klaus.«

Klaus machte große Augen. »Also, es wäre mir lieber, wenn Sie das lassen würden.«

»Warum willst du dir nicht helfen lassen?«

»Sie sind der Teufel! Und er ein Dämon! Was soll schon Gutes dabei herauskommen?«

Azazel und Mephy wechselten einen Blick untereinander und nickten, als hätte Klaus einen validen Punkt angesprochen, und zuckten dann mit den Schultern.

»Azazel«, sagte Mephy. »Seit Wochen wohnen wir jetzt hier, haben Speis und Trank geteilt. Zeit für uns, etwas zurückzugeben.«

»Aber …«, stammelte Klaus, doch Mephy war bereits aufgesprungen, hatte seinen Arm gegriffen und ihn von der Couch gezogen.

Der Teufel legte einen Arm um ihn und wedelte mit der anderen Hand, als würde er etwas in der Ferne beschreiben. »In romantischen Komödien, speziell in Filmen, aber natürlich auch in Büchern, gibt es diese Missverständnisse, welche die Liebenden voneinander fernhalten.«

Klaus fühlte sich unbehaglich in der Umklammerung.

»Und die einzige Möglichkeit, die Liebste zurück in den Schoß der Liebe zu holen, ist eine große romantische Geste!«

Klaus schien zu überlegen, von was Mephy genau sprach. Azazel wies darauf hin, dass er dies schon vor einigen Tagen vorgeschlagen hatte.

Als Mephy keine unmittelbare Reaktion erhielt, schaute er skeptisch. »Große romantische Geste? Du verstehst? So etwas wie ein Kofferradio hochhalten und einen romantischen Song spielen? Am Balkon in ihrem Garten hochklettern? Ihr am Flughafen hinterherrennen? In ihre Hochzeit hineinplatzen und dann mit ihr durchbrennen?«

Klaus gab nur ein »Äh« von sich.

Azazel schaute seinen Herrn skeptisch an und versuchte, ihm zu erklären, dass vielleicht keine dieser Optionen angemessen wäre.

»Schnackelschnick!«, sagte Mephy. »Wir müssen nur das Richtige für die beiden finden.« Er wandte sich an Klaus. »Kannst du singen?«

Klaus hatte mehrmals versucht, Suse anzurufen, aber jedes Mal war die Mailbox rangegangen. Er schüttelte den Kopf, aber Azazel und Mephy nickten ihm enthusiastisch zu, also wartete er diesmal, bis er eine Nachricht hinterlassen konnte. Trotzdem war er ein wenig entsetzt darüber, dass Mephy ihn auf seiner alten Melodica aus der Kindheit begleiten wollte. Das Blasinstrument mit der Klaviertastatur klang ein wenig so, als würde jemand ein altes Akkordeon die Treppe herunterwerfen, aber Azazel und Mephy waren so unnachgiebig darin, ihm helfen zu wollen, dass er ihn die Begleitung übernehmen ließ.

Als endlich der Piep-Laut ertönte, der die Aufnahme startete, begann er, *I Just Called To Say I Love You* zu singen. Und Mephy quietschte die passenden Akkorde aus dem Kinderinstrument hervor. Sowenig Klaus davon überzeugt war, dass es helfen würde, so bemitleidenswert schaute Azazel, als er seinen beiden wenig musikalischen Mitbewohnern zuhörte.

Als sich Suse bis zum nächsten Morgen nicht gemeldet hatte, beschlossen Azazel und Mephy, es auf andere Art und Weise anzugehen. Azazel bestand darauf, dass sie diesmal auf musikalische

Abenteuer verzichten sollten, was Klaus sehr begrüßte. Trotzdem war er nicht sicher, ob die Idee, die Mephy geäußert und die Azazel unterstützt hatte, nicht viel zu peinlich für die Öffentlichkeit war. Und doch hatte er sich wieder einmal zu etwas überreden lassen, das eigentlich nicht seinem Naturell entsprach.

Sie konnten von der Straße aus das Geräusch der Klingel hören, die das Ende des Schultages ankündigte.

»Schnell!«, sagte Mephy, und seine Mitbewohner griffen sich jeweils eine der hölzernen Stangen, die Azazel an die alten Bettbezüge genäht hatte. Dann breiteten sie das Banner aus, auf dem dick in Textilfarbe »Ich liebe Dich, Suse!« stand.

Die ersten Schüler strömten aus der Schule und wunderten sich über die drei Männer, die auf der Straße standen und versuchten, ihr Banner gerade zu halten. Einige kicherten, einige holten ihre Handys aus den Hosentaschen und machten Fotos, einige schüttelten einfach nur den Kopf und gingen weiter. Aber neben dem Eingang bildete sich eine kleine Traube interessierter Schüler, und ein paar Minuten später trat auch Suse hindurch.

Als sie sah, was auf das Banner gemalt war und wer dafür verantwortlich war, lief sie derart rot an, dass man glauben konnte, ihr platzte jeden Moment ein Blutgefäß.

Jedenfalls stiefelte sie ohne ein Wort in Richtung Bushaltestelle.

Klaus rief ihr etwas hinterher, aber als sie sich nicht umdrehte, ließ er seine Stange fallen, und das ganze Banner fiel in sich zusammen. Mephy versuchte, ihn zu trösten, indem er ihm unbeholfen mit der flachen Hand auf den Rücken patschte, aber ganz offensichtlich half das überhaupt nicht. Klaus ließ die Schultern hängen und trottete langsam davon.

Als die drei aus dem Aufzug traten, um zur Wohnung zu gehen, wartete Suse bereits auf sie. Sie hatte auf dem Boden gesessen und laute Musik gehört, die aus einigen Metern Entfernung gut zu vernehmen war, trotz der Kopfhörer in ihren Ohren.

Als sie Klaus sah, sprang sie auf und setzte ihm einen Finger auf die Brust. »Bist du eigentlich komplett bescheuert? Erst der merkwürdige Anruf und dann das heute?«

»Ich wollte doch nur ...«, stammelte er.

»Ich muss da morgen wieder hin. Vermutlich bin ich das Gespött der ganzen Schule. Ich kann nur hoffen, dass die anderen es über die Sommerferien vergessen, ansonsten muss ich danach wahrscheinlich die Schule wechseln.«

»Etwas leiser bitte, die Nachbarn ...«

Sie schubste ihn. »Scheiß auf die Nachbarn!«

Azazel hatte mittlerweile seinen Schlüssel hervorgekramt und die Tür geöffnet. Mephy breitete die Arme aus und schob Suse und Klaus sanft hinein.

»Fass mich bloß nicht an, Teufel«, sagte sie im Flur. Mephy geleitete sie ruhig ins Wohnzimmer.

Suse und Klaus standen sich vor dem Fernseher gegenüber und taxierten sich. Azazel und Mephy setzten sich aufs Sofa und schauten zu.

»Also«, setzte Suse die Streiterei fort, »was sollte der Scheiß?«

Klaus versuchte, sich zunächst seinem Standardverhalten entsprechend unterwürfig zu entschuldigen, wurde aber durch Suses Aggression immer ärgerlicher und machte seiner Frustration schließlich Luft. »Der Scheiß war eine romantische Geste, mit der ich versucht habe, dich zurückzugewinnen. Aber wenn es so scheiße war, dann hat es wohl nicht geklappt.«

»Hättest du dich nicht auch ganz normal melden können?«

»Das habe ich ja versucht, aber du hast nicht auf meine Nachrichten reagiert, und ans Telefon bist du auch nicht gegangen.«

»Na, entschuldige bitte, dass ich nicht im Land und anderweitig beschäftigt war und deswegen das Handy aus hatte. Aber wenn du mir früher zugehört hättest, wäre dir das vielleicht klar gewesen.«

Während sie sich weiter stritten, wechselten Mephy und Azazel einen Blick.

»Läuft irgendwie nicht wie gedacht«, flüsterte Mephy.

»Nein, Sir«, antwortete sein Diener.

Mephy grübelte einen Augenblick, dann machte er das Geräusch eines Buzzers in einer Quiz-Show und hob einen Finger. »Wenn ich an der Stelle kurz unterbrechen dürfte. Bevor wir fortfahren, sollten wir alles richtig vorbereiten. Azazel, könnest du bitte Popcorn machen? Wir können ja das Entertainment-Programm nicht ohne Popcorn fortsetzen.«

Klaus und Suse starrten ihn an. Azazel stand auf und wollte gerade in die Küche gehen, da platzte Klaus endgültig der Kragen.

»Das kann ja wohl kaum euer Ernst sein. Wir sind also für euch nur das Unterhaltungsprogramm? Ihr wollt einfach nur schauen, wie sich der liebe Klaus zum Nappel macht, ja? Weil er seine Freundin verloren hat, die er wirklich liebt, und nicht weiß, wie es ohne sie weitergehen soll? Und die Aktionen gestern und heute waren auch nur zu eurer Belustigung? Schau mal, der dumme Klaus singt seiner Ex etwas vor. Schau mal, er blamiert seine Ex direkt an ihrer Schule.«

»Das war also seine Idee?« Suse zeigte auf Mephy.

Klaus nickte. »Er meinte, das könnte helfen.«

»Dann beschwere ich mich ja beim Falschen.« Sie wandte sich Mephy zu. »Bist du eigentlich bescheuert, oder was?«

»Nein, ich bin der Teufel«, sagte Mephy gelangweilt.

»Du hast ihn meine Mailbox vollplärren lassen!« Sie sah kurz zu Klaus. »Sorry, aber Singen ist wirklich nicht dein Ding.« Sie wandte sich wieder an Mephy. »Abgesehen davon war da dieses schreckliche Schnarzen im Hintergrund. Ich dachte schon, mein Telefon wäre kaputt.«

Mephy sprach Klaus an. »Offensichtlich ist deine Freundin kein Fan von Melodicas.«

»Und dann dieses Ding mit dem Banner. Wolltest du uns beide bloßstellen, nur damit du dich amüsieren kannst?«, fuhr Suse fort.

»Also, deinen Mitschülern schien das zu gefallen.«

»Ja, weil sie sich darüber lustig machen konnten.«

»Vielleicht«, sagte Mephy. »Vielleicht waren sie im Innern aber auch tief berührt, weil das eine romantische Art war, seine Gefühle zu zeigen.«

Suse sah immer noch irgendwie ärgerlich aus, gab aber kleinlaut zu, dass es schon irgendwie romantisch gewesen war.

Klaus hatte sich immer noch nicht beruhigt. »Ich habe es satt, von euch allen ständig untergebuttert zu werden. Ich bin ein Mensch und habe Gefühle.«

»Schon gut, Klausibär«, sagte Mephy.

Der Student trat an Mephy heran und setzte ihm den Finger auf die Brust. »Wenn du mich noch einmal Klausibär nennst, dann wirst du erfahren, wie es ist, gequält zu werden.«

Mephy hob eine Augenbraue und schaute zu Azazel. »Aufpassen, wir haben einen knallharten Typen hier.«

Klaus verpasste Mephy eine Backpfeife. Der riss die Augen auf. »Ich habe jetzt wirklich genug.«

Alle starrten sie Klaus an. Suses Blick war weich, ja beinahe anhimmelnd. Sie griff nach seiner Hand und entschuldigte sich dafür, ihn Pussy genannt zu haben.

Fünf Minuten später saßen Mephy und Azazel auf der Couch und lauschten den merkwürdigen Geräuschen, die Suse von sich gab, wenn sie Spaß hatte.

»Ganz so habe ich es diesmal nicht kommen sehen«, sagte Mephy.

Azazel sah aus, als wäre es ihm unangenehm, den Lauten zuzuhören. »Ich finde nicht, dass wir hier sein sollten.«

»Aber zumindest hat es geklappt«, sagte sein Herr.

Der Diener musterte ihn. »Sir, wenn ich mir erlauben darf, das zu sagen: Für den Fürsten der Hölle habt Ihr erstaunlich Gutes geleistet.«

Mephy lächelte. »Alle sind doch ohnehin immer böse auf den Teufel. Wenn es ihnen hilft, das Richtige zu tun …«

Azazel wollte offenbar noch etwas sagen, schien sich aber nicht zu trauen.

»Was ist los? Irgendwas liegt dir doch auf deinem kleinen, schwarzen Dämonenherzen.«

Azazel schaute grüblerisch. »Sir, ich weiß nicht, wie ich das sagen soll.«

»Einfach raus damit.«

»Sir, ich befürchte, ich befinde mich im prekären Zustand des Verliebtseins.«

Mephy schaute ihn überrascht an. »Äh, okay.«

Azazel rieb nervös die Finger aneinander. »Sir, wenn Ihr Euch erinnert, war ich gemeinsam mit Euch beim Speed-Dating. In den vergangenen Tagen und Wochen habe ich mich mit diesen Frauen getroffen. Vor fast zwei Wochen traf ich die beste Freundin einer der besagten Frauen, und es ergab sich, dass wir eine Menge Zeit miteinander verbrachten.«

»Also warst du die ganze Zeit bei dieser Frau?«

»In der Tat, Sir.«

Mephy schaute beeindruckt. »Von beziehungsfrei zu Sex mit mehreren Frauen zu monogam. Und das Ganze innerhalb von zwei Monaten. Nicht schlecht.«

»Sir«, sagte Azazel unsicher und fummelte weiter an seinen Fingern. »Ich habe mich gefragt, ob es im Bereich des Möglichen läge, wenn ich nach Eurem Aufenthalt hier auf der Erde bleiben könnte.«

Mephy stutzte. »Wie bitte? Du willst hierbleiben?«

Azazel nickte unterwürfig.

»Und wie soll das dann ... also ich meine ... Frühstück? Mittag? Abendessen? Meine Wäsche? Unerwünschte Besucher?«

»Sir, vielleicht gäbe es andere Dämonen, die das übernehmen würden. Nicht jeder Dämon quält gern Seelen.«

»Was soll das denn heißen? Dafür sind sie doch Dämonen!«

»Ja, aber Sir, ich zum Beispiel habe gar kein Interesse daran, jemandem Gewalt anzutun. Es sei denn, die Person trägt ein Hawaiihemd.« Er rümpfte die Nase.

»Und wenn du einfach wartest, bis sie ins Gras beißt? Aller Wahrscheinlichkeit nach kommt sie dann ja ohnehin zu uns in den Keller, oder?«

Azazel riss die Augen auf. »Aber wenn ich zurückkehre, dann … dann bin ich wieder ganz der Alte.«

Mephy wunderte sich. »Bist du das jetzt nicht?«

»Sir, wenn Ihr Euch erinnert: Normalerweise bin ich deutlich kleiner und habe Flügel.«

»Ah, da war doch was.« Er rieb sich den Kinnbart. »Und wie du schon sagtest, hat dir die Größe bisher auch nichts genützt.« Mephy dachte einen Moment nach, schüttelte dann aber den Kopf. »Aber wie ich es drehe und wende, Fakt ist, dass ich schlichtweg keinen Einfluss darauf habe.«

»Wie meinen, Sir?«

»Ich durfte nur auf die Erde, weil der Chef es gebilligt hat. Wenn ich schon selbst nicht entscheiden kann, wann und wie ich zur Erde komme, wie soll ich es dann bei dir können?«

Azazel war niedergeschlagen. »Also gibt es keinen Weg?«

Mephy sah ihn unsicher an und zuckte mit den Schultern.

»Ich schätze«, sagte Azazel, »dass ich mich dann in Kürze von meinem Herzblatt werde verabschieden müssen.«

Er schlurfte traurig in ihr gemeinsames Zimmer und schloss die Tür hinter sich. Mephy blieb als Einziger im Wohnzimmer zurück und schaute zwischen den beiden Schlafzimmern hin und her. Aus dem einen drangen laute Geräusche, das andere war still.

»Herzblatt, also wirklich …«

KAPITEL 24

SCHULD UND SÜHNE

NOCH 21 TAGE

»Hey«, schickte Isa per Nachricht am späten Nachmittag.
»*Selber hey*«, schrieb Mephy zurück, fügte aber noch einen Smiley hinten an.

»*Muss ich mir jetzt Sorgen machen, weil du dich nicht mehr meldest? Weil du vielleicht doch mehr als nur ein Freund sein willst?*«

Mephy runzelte die Stirn. Er hatte sich nur nicht gemeldet, weil er so beschäftigt gewesen war, Klaus und Suse wieder zusammenzubringen. »*Ich hatte den Kopf voll*«, schrieb er. »*Aber wenn du Zeit hast, komme ich gerne vorbei.*«

»*Habe ich aber leider nicht*«, kam es zurück. »*Bin gerade auf dem Weg zum Flüchtlingsheim, um da auszuhelfen. Übrigens hat mich Udo gefragt, ob es dir gut geht.*«

Mephy verzog das Gesicht, weil er völlig vergessen hatte, dass er sich bei ihm melden wollte. »*Richte ihm einen schönen Gruß von mir aus*«, schrieb er zurück.

»*Er hat übrigens gesagt, dass es noch etliche Möglichkeiten gäbe, wie du bei den Guten Nachbarn tätig werden kannst.*«

»*Vielen Dank, dass du mich daran erinnerst. Ich werde ihn gleich mal anrufen*«, schrieb Mephy zurück. »*Wann machen wir mal wieder etwas gemeinsam?*«

Die Antwort brauchte einen Moment. »*Tut mir leid, ich bin die nächsten Tage beschäftigt. Sonntag?*«
»*Sehr gern!*«
»*Ich gebe dir Bescheid, wo und wann*«, schrieb Isa und schickte noch die Buchstabenfolge *XOXOXO* hinterher.

Mephy kratzte sich am Horn, während im Fernseher jemand versuchte, ein mit Goldpailletten besticktes Kopfkissen zu verkaufen, das für seinen eigentlichen Zweck vollkommen ungeeignet schien. Der Höllenfürst hatte keine Ahnung, was diese Buchstaben bedeuten sollten. Dummerweise konnte er niemanden fragen, denn außer ihm war keiner in der Wohnung. Azazel war trotz des Schicksalsschlags, den er erlitten hatte, weiter täglich unterwegs, und Klaus und Suse hatten sich tatsächlich aushäusig etwas vorgenommen.

Er zappte noch einmal durch die Programme und suchte nach etwas Interessanterem. Das Dumme war nur, dass er sich nicht konzentrieren konnte. In seinem Hinterkopf nagte das schlechte Gewissen, sich nicht bei Udo gemeldet zu haben. So richtig konnte er sich nicht erklären, warum ihn das störte, aber das Gefühl nervte ihn so sehr, dass er schließlich seinen Hut aufsetzte und rausging.

Ute, die Frau im Jutepullover, saß wieder oder immer noch hinter dem selben Tisch und bemalte irgendwas. Als Mephy nach Udo fragte, gab sie ein undefinierbares Grunzen von sich und schwenkte den Kopf samt der fettigen Haare in Richtung der hinteren Räume. Mephy fand Udo vor einem Computer, während er telefonierte.

»Hallo, hier ischt der Udo«, sagte er gerade und gab einem anderen Guten Nachbarn einen kleinen Auftrag in der Nähe. Schließlich legte er auf und begrüßte Mephy. »Hallo, Mephy! Isch hab nemme dacht, des du mal vorbeikämscht.«

»Tut mir leid«, sagte Mephy und fühlte sich komisch dabei, das zu sagen. »Ich hatte es schlichtweg vergessen.«

»Isch gar kein Problem. Willscht etwas tun? Ich hätt da etwas relativ Einfaches für dich.«

»Was da wäre?«

20 Minuten später stand Mephy vor der Tür eines älteren Herrn jenseits der 80, der sich auf ein Gehgestell stützte.

»Sie sind von den Guten Nachbarn?«, fragte der Mann mit rasselnder Stimme.

»Richtig. Und Sie sind Herr Pohl?«

»Nennen Sie mich einfach Hans«, sagte der Mann und drehte sich langsam mit seinem Gestell, sodass er zurück in die Wohnung rutschen konnte.

Mephy schloss die Tür hinter sich. »Dann können Sie mich auch Mephy nennen.«

»Das ist aber ein merkwürdiger Name.«

»Kurz für Mephistopheles.«

»So wie bei …«

»Ja«, unterbrach Mephy. »Wie bei Goethe.«

Der Höllenfürst half dem Mann, Platz zu nehmen, und stand danach etwas verunsichert im Raum, bis ihn Hans aufforderte, sich zu setzen.

»Willst du nicht den Hut absetzen?«, fragte der Alte und hustete in seine zitternde Faust.

»Das, äh, vielleicht lieber nicht. Ich habe … etwas am Kopf, und viele fühlen sich dadurch verunsichert.«

»Ein medizinisches Problem?«

»Könnte man so nennen.«

»Also mir ist es egal, ich dachte nur, es wäre vielleicht unbequem.«

Mephy nickte, überlegte einen Moment und legte dann den Hut auf den Couchtisch.

Hans sah ihn prüfend an. »Ist das dieser neumodische Kram, den sich die jungen Leute heute ans Gesicht machen lassen?«

Mephy verneinte. »Das ist alles echt. So wie bei Goethe.«

»Ich nehme an, dass es nicht angenehm ist, wenn die Leute einen immer für den Teufel halten, oder?« Die Stimme rasselte wieder, und Hans hustete noch mal in die Faust.

Mephy wiegte nachdenklich den Kopf. Udo hatte ihm gesagt, dass er sich einfach mit dem Mann unterhalten sollte, allerdings waren die Hörner nicht unbedingt ein Thema, das er vertiefen wollte.

»Ich wünschte fast, du wärst der Teufel. Dann müsste ich nicht mehr auf meine Strafe warten«, sagte Hans plötzlich.

Jetzt wurde Mephy hellhörig. »Strafe? Was für eine Strafe genau? Und weswegen?«

Der alte Mann stöhnte und hustete. »Ich hab schon zu viel gesagt. Wenn ich dir das erzähle, wirst du auch wieder gehen. So wie alle anderen.«

»Du weißt schon, dass In-Rätseln-Sprechen die Neugier nur weiter anstachelt?«

Hans zeigte den Ansatz eines Lächelns, das aber sofort wieder verschwand. Dann schaute er betroffen zu Boden.

»Tja … also … gut«, gab Mephy von sich. »Dann … sprechen wir eben über etwas anderes. Hast du den Film von diesem Typen gesehen, in dem der andere Typ mitgespielt hat … der aus dem Film mit dem Weißen Haus und den Sicherheitskräften, wie hieß der noch gleich? Jedenfalls hat der auch bei diesem Film über die alten Griechen mitgemacht und …«

»Eigentlich schaue ich nicht viel fern.«

»Okay. Gut.« Mephy nickte. Zumindest so lange, bis die Pause unangenehm wurde. »Und stattdessen? Was machst du sonst so?«

»Ich rätsle gerne.«

»Das … okay. Ja, gut. Deswegen auch dieses Reden-in-Rätseln, was? Na ja, wollen wir vielleicht ein Rätsel zusammen machen?«

»Nein, unterhalten genügt mir. Ich komme so selten dazu, mit jemandem zu sprechen.«

»Hast du keine Verwandten? Frau? Kinder? Enkel?«

»Meine Frau hat mich vor ungefähr 25 Jahren verlassen. Seitdem habe ich nicht mehr mit ihr gesprochen. Oder meinem Sohn. Ich weiß gar nicht, ob ich Enkel habe.«

Mephy hob eine Augenbraue. »Hat das zufällig irgendwas mit dem zu tun, über das du nicht reden willst?«

Der alte Mann seufzte. »Was soll's, dann kann ich es auch erzählen. Ich habe mal ein Kind überfahren.«

Mephy blieb unbeeindruckt. »Deswegen der Wunsch nach Strafe?«

Hans nickte.

»Und inwiefern ...« Mephy beendete den Satz nicht und machte eine Handbewegung, damit Hans fortfuhr.

»Es war nach einem langen Tag, den ich fast nur im Auto verbracht hatte. Der Ball sprang plötzlich auf die Straße. Ehe ich reagieren konnte, sprang das Kind hinterher. Ich bremste, aber es war zu spät. Statt nachzusehen, ob ich etwas tun kann, stieg ich wieder aufs Gas und bin weitergefahren.«

Mephy spitzte die Lippen, weil er eine Vorstellung hatte, was den Mann in der Hölle erwartete. »Ich habe das Gefühl, dass das noch nicht das Ende der Geschichte war.«

»Nun, im Endeffekt hat man herausgefunden, dass ich es war, der das Kind angefahren hatte. Ich habe es auch gar nicht lange bestritten und dann alles der Polizei gestanden. Ich wurde festgenommen und kam für vier Jahre ins Gefängnis.«

Mephy schaute ihn interessiert an. »Und Frau und Kinder?«

»Meine Frau und meine Kinder kamen nicht darüber hinweg, dass ich Fahrerflucht begangen hatte. Meine Ehe war auch vorher schon nicht mehr die beste, aber der Vorfall brachte das Fass für meine Frau zum Überlaufen. Sie ließ sich von mir scheiden. Die Kinder waren im Grunde schon groß und zogen in verschiedene Ecken der Republik. Die Gespräche, die wir nach meiner Entlassung miteinander hatten, kann ich an einer Hand abzählen.«

Mephy grübelte. »Bereust du das, was du getan hast?«

Der Mann gab ein kurzes Schnauben von sich. »Natürlich. Auch wenn ich gar nichts mehr für das Kind hätte tun können. Es ist ja nicht so, dass es Absicht war. Aber wenn ich nicht so überarbeitet gewesen wäre, hätte ich vielleicht schneller reagiert. Vielleicht hätte ich dem Kind auch noch helfen können, wer weiß. Hätte ich keine Fahrerflucht begangen, könnte ich mich vielleicht heute noch im Spiegel anschauen. Aber so ... vier Jahre im Bau waren nicht genug. Ich verdiene, dass niemand mehr etwas von mir wissen will. Und ich verdiene, in der Hölle dafür bestraft zu werden.«

Mephy kratzte sich am Horn und überlegte. Hans' Seele würde sicherlich in die Hölle kommen. Normalerweise würde sie dann gefoltert werden, wie es den anderen Seelen auch erging. Eventuell würde man sich seiner Schuld gemäß noch etwas Besonderes für ihn ausdenken, aber Mephy fragte sich, ob er das überhaupt verdient hatte. Immerhin schleppte er diese Schuld seit einem Vierteljahrhundert mit sich herum und büßte offenbar jeden Tag dafür.

Mephy schüttelte plötzlich den Kopf, was Hans irritierte.

»Ich nehme an, dass du jetzt auch ganz dringend etwas zu tun hast und nicht mehr zurückkommst, oder?«, fragte der alte Mann.

Mephy stand etwas neben sich. »Nein. Nein, ich bleibe hier. Ich hatte nur gerade ... ich war gerade ...« Er konnte ja schlecht bekennen, dass er plötzlich an seiner Berufung zweifelte. »Vielleicht sollten wir über etwas Angenehmeres sprechen, oder?«

Ein paar Stunden später schaute Mephy noch einmal im Laden der Guten Nachbarn vorbei.

»Sag jetzt net, des du auch net mehr zu dem Herrn Pohl gehe willscht«, sagte Udo nervös.

»Nein, nein«, wiegelte Mephy ab. »Im Gegenteil. Falls er mal wieder irgendwen zum Reden braucht, gehe ich wieder hin.«

»Des is' fein!«, freute sich Udo. »Is' komisch, alle anderen wollten nix mit dem zu tue habe. Fast so, als wäre des ein Monschter.«

»Jedenfalls, falls sich in den nächsten Tagen was ergibt.«

»Super, du«, sagte Udo, und Mephy verließ den Laden, immer noch grübelnd, was er von Hans, seiner Schuld und der potenziellen Bestrafung in der Hölle halten sollte.

KAPITEL 25

WENN DAS KEIN BEWEIS IST

NOCH 18 TAGE

Isa und Mephy treffen sich am Sonntag zum Brunch in einem netten Café, ein paar Straßen vom Restaurant entfernt, in dem sie sich zum ersten Mal verabredet hatten.

Isa hatte das Café ausgesucht, weil sie das Ambiente mochte. An den Wänden hingen Bilder alter Schwarz-Weiß-Filme, und der ein oder andere Star war dort in jungen Jahren zu sehen. Mephy lächelte, als er ein Bild aus dem alten Spielfilm *Rendezvous nach Ladenschluss* betrachtete, während er sich den Teller mit Wurst, Brötchen, Rührei und einer unerhörten Menge von kleinen Plastikpackungen Marmelade vollpackte.

»Lass deinen Teller nicht fallen«, sagte Isa, und Mephy konnte gerade noch das Brötchen retten, das drauf und dran war, herunterzukullern.

»Kann mich noch erinnern, als der Film herauskam. Das war eine ziemlich bewegte Zeit. Krieg und all das.«

Isa lächelte. »Also, ich hab ja schon das ein oder andere Mal vermutet, dass du älter bist, als du vorgibst zu sein, aber für so alt habe ich dich dann doch nicht gehalten.«

Mephy kaute einen Moment auf der Lippe, weil er sich fast verraten hätte. Andererseits war dies ein guter Einstieg in das Thema, das er vorhatte anzusprechen. Doch gerade als er anfangen wollte, hielt sich Isa den Bauch und verzog das Gesicht vor Schmerz.

»Bist du sicher, dass das für dich das Richtige ist? Willst du dich lieber daheim ausruhen?«

»Ach, Schnickschnack«, sagte sie, und Mephy huschte ein Lächeln über die Lippen. »Wenn ich schon in absehbarer Zeit ins Gras beißen muss, dann will ich wenigstens noch etwas vom Leben haben und nicht nur zu Hause auf der Couch liegen und mich selbst bemitleiden.«

Mephy nickte. Er fand die Einstellung nachvollziehbar.

»Außerdem«, fuhr Isa fort, »wenn ich es mir schon nicht leisten kann, die letzten Tage auf Weltreise zu verbringen, will ich wenigstens essenstechnisch noch einmal über die Stränge schlagen.« Sie hielt ihren Teller hoch, auf dem Rührei, Brötchen und Aufschnitt um Platz kämpften. »Ist ja nicht so, als würde es nach meinem Tod noch jemanden interessieren, ob ich kurz zuvor 30 Kilo zugenommen habe, nicht wahr?«

Mephy fuhr sich mit der Hand durch den Bart. Tatsächlich war er der Meinung, dass sie ruhig etwas mehr auf den Rippen haben könnte, aber 30 Kilo wären dann doch zu viel. Ihr die letzten Freuden im irdischen Leben nehmen wollte er aber auch nicht.

Sie setzten sich auf ihre Plätze und begannen zu essen. Isa genoss die wilde Futterei, während Mephy überlegte, wie er das Gespräch in die richtige Richtung lenken könnte.

»Nicht so zögerlich«, sprach Isa mit halb vollem Mund. »Wir müssen doch so viel essen, bis der Eigentümer weinend zusammenbricht, weil er Konkurs anmelden muss.«

»Ich dachte, du magst den Laden?«

»Flatrate-Fressen mag ich noch mehr, glaube ich.«

»Du hast das mit den 30 Kilo ernst gemeint, was?«

Isa biss noch ein Stück von ihrem Brötchen ab, bevor sie sich wieder den Bauch hielt. Sie schluckte und schaute leicht genervt. »Schätze, das wird nicht ganz so einfach.«

»Immerhin könntest du es noch zur Alkoholikerin bringen.«

»Nee, mir kommt's relativ bald wieder hoch. Das lasse ich lieber. Man könnte fast glauben, dass Gott sich mit mir einen Scherz erlaubt.«

Mephy hob eine Augenbraue. »Bist du religiös?«

»Nein«, sagte Isa. »Aber sagt man das nicht so? Was würden Atheisten sagen? Das Schicksal erlaubt sich einen Scherz mit einem? Glauben Atheisten ans Schicksal? Macht eigentlich nicht viel Sinn, oder?«

Mephy zuckte mit den Schultern.

»Ich hatte mal eine Bekannte«, fuhr Isa fort, »die glaubte nicht an Gott, hat aber jedes Horoskop gelesen, das sie in die Finger bekam. Das fand ich irgendwie inkonsequent.«

Mephy nickte.

»Was ist los mit dir?«, fragte sie. »Irgendwie bist du komisch drauf heute. Jetzt erzähl mir bloß nicht, dass du total religiös bist.«

Mephy stieß geräuschvoll die Luft aus, und Isa schaute, als würde sie sich auf das Schlimmste vorbereiten.

»Es ist nicht so, dass ich wirklich viel von organisierter Religion halte«, sagte Mephy, »aber … ich habe da sehr … eigene Erfahrungen.«

Isa schaute skeptisch. »Na, jetzt bin ich aber gespannt. Wahrscheinlich ist alles unterhalb einer Satanssekte, die dich als kleines Kind entführt und in ihrem Glauben aufgezogen hat, irgendwie enttäuschend.«

Mephy schüttelte den Kopf. »Das ist es nicht.«

»Schade.«

»Wirklich?«

»Du hättest deine Lebensgeschichte verkaufen und einen Film draus machen lassen können.«

»Habe ich auch schon drüber nachgedacht, aber nein, das ist es nicht. Ich muss dir vielmehr etwas gestehen.«

»Du bist eigentlich Pastor und darfst keine Frauen neben Jesus haben?«

Mephy runzelte die Stirn. »Ich glaube nicht, dass das grammatikalisch ganz korrekt war. Außerdem: nein.«

»Du bist irgendein hohes Tier bei Scientology, wurdest mal von Aliens entführt und springst in deiner Freizeit auf Sofas herum?«

»Ich glaube, ich weiß nicht, auf was du dich beziehst, aber: nein.«

»Du bist der wiedergeborene Buddha und hast mal richtig Lust auf ein saftiges Steak?«

»Und du behauptest, *ich* wäre heute merkwürdig drauf?«

»Jaja, schon gut. Also was nun?«

»Ich war bisher nicht ganz ehrlich zu dir«, sagte Mephy und schaute schuldig drein.

Isa rollte mit den Augen. »Du willst mir sagen, dass du Christoph provoziert hast, damit er dich angreift. Ja, das war mir klar. Ich bin nicht blöd.«

Mephy verzog ertappt das Gesicht.

»Aber abgesehen davon, dass unsere Beziehung schon eine Weile nicht mehr die beste war, hat er sich von dir provozieren lassen und ist handgreiflich geworden. Insofern war er definitiv nicht der Richtige für mich.«

Mephy kaute auf der Unterlippe. »Okay. Es … ist beruhigend, dass du es so siehst. Trotzdem gibt es da noch etwas, was du wissen solltest. Und ich weiß nicht, wie ich das erklären soll.« Er schaute sich im Restaurant um, ob ihn irgendwer beobachtete. »Ich sage es einfach geradeheraus. Ich … bin der Teufel.«

Er schaute sich noch einmal um, ob irgendwer darauf reagierte, aber die anderen Gäste waren damit beschäftigt, zu essen oder sich Essen aufzutun.

Isa hingegen sah ihn prüfend an. »Aha.« Sie machte keinen sehr überzeugten Eindruck.

»Ernsthaft. Ich bin der Teufel. *Der* Teufel.« Mephy wurde immer leiser.

»Ist das jetzt so ein psychologisches Ding? Dass du wegen der Hörnchen am Kopf der Meinung bist, du wärst irgendwie schlecht oder so?« Sie nahm noch einen Bissen vom Brötchen.

»Nein, ich meine das nicht im übertragenen Sinn. Ich meine es ganz buchstäblich. Ich bin der Teufel.« Er flüsterte nun und schaute noch einmal, ob die anderen Gäste reagierten. »Der Höllenfürst. Der Typ, der die ganzen Sünder in der Hölle bestraft. Der Typ aus ›Faust‹, der ›Göttlichen Komödie‹ und so weiter.«

Isa sah ihn immer noch skeptisch an. »Ich weiß nicht, worauf du hinauswillst.«

Mephy runzelte die Stirn. »Ich will darauf hinaus, dass ich der Teufel bin. Gott, Himmel, Hölle, gefallener Engel, Pech und Schwefel. Der ganze Kram.«

»Soll das irgendwie ein Witz sein? Wenn ja, dann verstehe ich ihn nicht.«

Mephy sprach ganz ruhig. »Kein Witz. Keine Verarsche. Ich … bin der Teufel.«

»Aha«, machte Isa erneut.

Mephy hob mit der Hand ein wenig den Hut an und kratzte sich am rechten Horn. »Ich hatte irgendwie erwartet, dass deine Reaktion heftiger ausfallen würde. Vielleicht sogar mit Schreien und so.«

»Dann hättest du mir das vielleicht nicht in einem Café erzählen sollen, oder?« Isa schüttelte den Kopf. »Ich bin mir nicht sicher, was das soll. Keine Ahnung, warum du das sagst, aber ich finde es weder witzig noch irgendwie glaubhaft. Außerdem halte ich diesen ganzen Religionskram für Mumpitz.«

Mephy grübelte einen Moment lang. »Aber du bist dir schon des Konzepts von Himmel und Hölle und Gott und Teufel bewusst?«

»Ich bin vielleicht nicht religiös, aber ich habe eine durchschnittliche Bildung in Deutschland genossen. Für wie dumm hältst du mich?«

Mephy zuckte kurz zusammen. »Schon gut. Entschuldigung, ich wollte nur sichergehen, dass … also … Okay, ich schätze, ich muss dir das irgendwie beweisen, weil die Hörner, der Name und so nicht ausreichen.«

»Na, jetzt bin ich aber gespannt, wie du das machen willst. Falls du irgendeiner dieser Teufel bist, die ganze Insektenschwärme herbeirufen können, wäre ich vielleicht überzeugt, aber nicht sehr begeistert davon.«

»Nein, ich … mein Diener. Azazel. Ungewöhnlicher Name, oder? Kommt davon, weil er ein Dämon ist.«

»Oder er ist einfach nur das Kind irgendeines Hollywood-Stars. Haben die nicht alle so bescheuerte Namen?«

Isa ließ sich nicht überzeugen, aber zumindest ließ sie sich von Mephy dazu überreden, ihm zu folgen. Er hatte eine Idee, wie er sie vielleicht doch dazu bringen könnte, ihm zu glauben.

Sie betraten die Kirche, die Mephy gleich an seinem ersten Tag auf der Erde besucht hatte. Die Messe war gerade vorbei, und die letzten Nachzügler waren dabei, zu gehen. Die Bänke waren überwiegend leer, nur ein altes Muttchen saß mittig auf der linken Seite, hatte die Hände gefaltet und wippte mit dem Kopf hin und her, als würde sie im Gebet jemandem widersprechen wollen. Ein älterer Herr hatte auf der anderen Seite des Kirchenschiffs Platz genommen und war offenbar mit seinem Gebiss beschäftigt, das er in der Hand hielt.

Isa stieß kurz auf, weil sie so satt war. »Ich glaube, ich weiß jetzt wieder, warum ich nicht gerne in Kirchen gehe«, sagte sie. »Zu viele merkwürdige Gestalten.«

Mephy entgegnete nichts, sondern nickte nur zustimmend.

Der Pfarrer stand am Altar und räumte den Kelch für den Messwein weg. Er hatte Mephy und Isa nicht bemerkt, als sie eingetreten waren, aber als er sich umdrehte und in das bekannte Gesicht des Teufels blickte, ließ er den metallenen Becher fallen und rief laut »Vade retro, Satanas!«, bevor er sich bekreuzigte.

»Ihnen auch einen schönen Tag«, sagte Mephy freundlich.

Der Pfarrer ließ den Kelch liegen und hastete davon. Isa sah ihm verwirrt nach. »Hast du dem mal was angetan?«

»Nein«, sagte der Höllenfürst. »Aber als ich auf der Erde ankam, war er einer der Ersten, die mich gesehen haben. Danach war er wohl etwas verunsichert.«

Isa verstand nicht, wovon er sprach.

Mephy bemerkte ihre Verwunderung. »Im Grunde habe ich ihn verwirrt, weil ich etwas getan habe, das … na ja, wirst du ja gleich sehen. Hoffentlich.« Er kratzte sich durch den Hut am Horn, nahm Isa bei der Hand und ging weiter in Richtung des Kreuzes über dem Altar.

Die hölzerne Jesusfigur sah, der Position am Kreuz entsprechend, leidend aus.

»Jupp anne Latte«, sagte Isa.

»Wie bitte?«, fragte Mephy.

»Na, er.« Sie zeigte auf die Jesusfigur. »Mein Vater, ein gebürtiger Berliner, nannte ihn immer ›Jupp anne Latte‹. Manchmal auch Lukenfiez.«

»Lukenfiez?«

»Na, so wie die Leute, die bei der Schiffsentladung mit den Armen anzeigen, wie der Kranführer lenken soll.« Sie breitete die Arme aus, sodass sie aussah wie Jesus am Kreuz. Dann machte sie ein paar Bewegungen, als würde sie auf etwas deuten.

»Hahaha!«, machte Mephy. »Das muss ich ihm erzählen.«

»Ihm erzählen?«

»Ja, klar. Deswegen sind wir doch hier. Ich will dir beweisen, dass ich der Teufel bin.« Er wandte sich an das Kreuz. »Junior, wenn du mal einen Moment Zeit hättest, ich könnte etwas Unterstützung gebrauchen.«

»Junior?«

»Na ja, Junior-Chef eben.«

Isa rollte mit den Augen, hörte aber gleich damit auf, als die hölzerne Figur am Kreuz gähnte und die Knie aneinanderschlug.

»Och, Mephy, ich hab gerade geschlafen«, sagte Jesus.

»Entschuldige«, sagte der Teufel, »aber es ist mitten am Tag. Hätte nicht gedacht, dass du ausgerechnet jetzt ein Nickerchen machst. Darf ich dir trotzdem kurz Isa vorstellen?«

Jesus bewegte den Kopf einmal im Kreis, als wollte er eine Verspannung lösen. Dann schaute er auf die überraschte Isa herunter. »Hallo, Isa. Alles fit im Schritt?« Er hielt beide Daumen hoch und zwinkerte ihr zu.

Isa starrte die Figur an und reagierte zunächst gar nicht. Dann wandte sie sich um, als würde sie nach anderen Personen suchen, die ihr bestätigten, was sie sah, aber die zwei Menschen, die sich noch in der Kirche befanden, hatten es offenbar gar nicht bemerkt. So konnte sie sich nur wieder Mephy zuwenden, der lächelnd in Richtung Jesusfigur zeigte.

»Was zum Teufel?«, murmelte Isa vor sich hin.

»Isa, Jesus. Jesus, Isa«, sagte Mephy.

Isa ging langsam um den Altar herum, den Kopf nach links und rechts bewegend, als würde sie erwarten, gleich von irgendwem angebrüllt zu werden, dass sie da nichts zu suchen habe. Sie hob den Überwurf hoch, um zu sehen, ob sich unter dem Altar etwas befand, suchte auf dem Boden herum und blickte schließlich hoch, um das Kreuz näher zu inspizieren.

»Hey, nicht, dass du mir unters Tuch schaust«, sagte Jesus und versuchte, ihr mit dem Kopf zu folgen. »Damals gab es noch keine eng anliegenden Schlüpfer.«

Da das Kreuz nicht an der Wand befestigt war, sondern an dünnen Drähten hing, konnte Isa ohne Probleme auch die Rückseite sehen, wo sie offenbar irgendwelche Kabel vermutete, die auf einen Trick schließen ließen. »Was zum Teufel?«, sagte sie erneut.

Der Pfarrer, der kurz zuvor davongerannt war, lugte um die Ecke und stöhnte. »Nicht schon wieder!«

»Hey, hallo, schön, Sie wiederzusehen!«, sagte Jesus mit einem Blick zur Seite.

Isa war wieder zu Mephy getreten und blickte nun zwischen den dreien hin und her. »Was ... was ist hier los?«

Mephy lächelte freundlich. »Das dahinten«, er zeigte auf den Pfarrer, »ist der, der hier den Laden managt. Der da oben«, er zeigte auf das Kruzifix, »ist Jesus. Der Junior-Chef. Und ich ... nun, ich bin der Teufel.«

»Und er macht seine Sache echt prima«, sagte Jesus.

Isa war sprachlos. Sie stand mit offenem Mund da und versuchte zu verarbeiten, was gerade passierte.

»Also, die Freundlichste ist sie ja nicht, was?«, sagte Jesus an Mephy gewandt. »Hat mir nicht mal Hallo gesagt.«

Isa wachte aus ihrer Starre auf. »Entschuldigen Sie bitte, Herr ... Jesus?« Sie wandte sich an Mephy. »Wie spricht man ihn korrekt an?«

»Ich nenne ihn einfach nur Junior.«

»Ich kann ihn doch nicht Junior nennen.«

»Einfach nur Jesus ist vollkommen okay«, sagte der Gekreuzigte.

»Hallo ... Jesus«, sagte Isa, immer noch unsicher.

»Willst du einen Witz hören, Kind?«

Sie schaute kurz zu Mephy, der eindringlich den Kopf schüttelte. »Äh, sicher. Warum nicht?«

Mephy zog die Luft ein.

»Was ist weiß, schmeckt salzig und kümmert sich nicht um die Kinder? Na? Na?« Der Junior-Chef schaute aufgeregt hinunter und schien bald platzen zu wollen.

»Nun sag schon«, stöhnte Mephy.

»Lots Frau! Knaller, was?«

So aufgeregt Jesus schaute, so mäßig amüsiert wirkten Mephy und Isa. Nur aus der Ecke, hinter der der Pfarrer verschwunden war, war ein leises Kichern zu hören.

Jesus schaute zu Mephy und Isa herab. »Habt ihr den nicht verstanden, oder ...«

»Doch, doch«, sagte Isa. »Salzsäule und so.«

»Genau«, sagte Jesus. »Also ... äh. Hm. Ja. Gut. Was genau wolltest du eigentlich von mir, Mephy?«

Mephy räusperte sich. »Kannst du dich erinnern, wie ich dir erzählt habe, dass ich auf die Erde gekommen bin, um mir eine Frau zu suchen?«

Jesus grübelte kurz. »Ja ... ja.«

»Isa ist diese Frau. Und ich wollte ihr beweisen, dass ich der Teufel bin. Und mir fiel nichts Besseres ein, als kurz mit dir zu reden, damit ...«

»Ah, ich verstehe«, sagte der Mann am Kreuz. »Mazeltov!«

»Ja, danke, denke ich«, sagte Mephy. »Obwohl wir nicht verheiratet sind. Ich wollte ja bloß sagen, dass ...«

»Also, wenn ihr heiraten wollt, ich bin Rabbi und hab gerade nichts Besseres vor.«

Isa machte große Augen. »Wollen wir mal nichts überstürzen. Ich muss erst mal verarbeiten, dass er tatsächlich der Teufel ist.«

»Hätte mein Vater dir die Hufe gelassen, wäre es dir sicher leichter gefallen, was, Mephy?«

Mephy stöhnte.

»Hufe?«, fragte Isa.

»Darüber möchte ich nicht reden«, murmelte der Höllenfürst.

»Hey, wollt ihr noch einen Witz hören?«, fragte der Gekreuzigte breit lächelnd.

»Ich denke, wir ...«, setzte Mephy an, aber Jesus begann schon zu erzählen.

»Warum hatten die Juden in der Wüste nie Durst? Na? Na?«

»Ach du meine Güte«, flüsterte Isa.

»Weil Moses immer das Wasser geteilt hat!«

Hinter der Seitentür hörten sie ein lautes Kichern, und sowohl Jesus als auch die beiden Besucher wandten ihre Köpfe in jene Richtung.

Jesus freute sich. »Da ist jemand, der meinen Humor zu schätzen weiß.« Er schob noch ein lautes »Vielen Dank, Sie sind ein großartiges Publikum« hinterher.

»Gut, Junior. Wir machen uns dann wieder auf den Weg. Vielen Dank, dass du vorbeigeschaut hast.«

»Tschüss, äh …« Isa überlegte einen Moment, was sie genau sagen könnte. »Tschüss, Jesus.«

»Gebt Bescheid, wenn ihr euch beide in der Hölle eingelebt habt, dann schaue ich mal vorbei. Ich bringe den Wein mit!« Jesus kicherte, drehte den Kopf leicht zur Seite, und die Holzfigur wurde wieder starr. Sie sah fast so aus wie vorher. Bei den Gesichtszügen konnte man sich allerdings streiten, ob der Heiland weinte oder lachte.

»Wir sollten lieber gehen, bevor er auf eine Zugabe zurückkommt«, sagte Mephy, und sie verließen die Kirche.

KAPITEL 26

WISSENSWERTES ÜBER DIE HÖLLE

NOCH 18 TAGE

Isa war merkwürdig ruhig, während sie zurück zu ihrer Wohnung gingen. Zwischendurch fragte Mephy nur, ob es ihr gut ginge, und sie sagte, dass sie noch etwas Zeit zum Verarbeiten brauche.

Als sie bei ihr daheim waren, ging sie erst mal in die Küche und holte sich ein Bier. Sie zog sich nicht einmal die Schuhe aus, ließ sich einfach auf ihren Sessel fallen und nahm einen tiefen Schluck aus der Flasche, bevor sie sich Mephy zuwandte.

»Du bist also der Teufel.«

Mephy, der mittlerweile auf der Couch Platz genommen und sich gespannt vorgebeugt hatte, lächelte gezwungen, breitete die Arme aus und sagte wenig enthusiastisch: »Ta-da!«

Isa nahm noch einen Schluck. »Dir ist hoffentlich klar, dass mich das gerade ziemlich aus den Socken haut, oder?«

»Ich hab mir gedacht, dass es nicht einfach für dich ist. Aber ich wollte auch nicht lügen. Also zumindest nicht mehr. Und das habe ich auch nur getan, weil du mich ansonsten vermutlich nie ernst genommen hättest oder wir nie ins Gespräch gekommen wären.«

»Das will ich meinen«, sagte sie und nahm noch einen Schluck aus der Flasche.

»Ich habe befürchtet, dass mich niemand einfach als die Person akzeptiert, die ich bin, wenn von Anfang an klar ist, dass ich der Teufel bin.«

»Du bist auch wirklich etwas anders, als man sich das so landläufig vorstellt.«

Mephy schaute skeptisch. »Wie genau hast du dir denn den Teufel vorgestellt?«

Isa dachte kurz nach. »Vermutlich so, wie man ihn in Filmen sieht. Also entweder als großes Monster mit roter Hautfarbe oder ... sexy.«

»Sexy?«

»Na, oftmals wird er ... also du ... meine Güte, daran muss ich mich wirklich erst gewöhnen ... also, du wirst als Verführer oder so dargestellt. Wie zum Beispiel in diesem einen Film mit Keanu Reeves.«

Mephy rollte mit den Augen. »Der hat gleich in mehreren Filmen mitgespielt, in denen der Teufel vorkommt.«

»Ja? Ich meine den mit dem Anwalt. Al Pacino spielt den Teufel. Und es ist nicht so, als wäre Al Pacino unbedingt sexy, aber in dem Film ist er es eben doch ... irgendwie. Und du bist weder dieses rothäutige Monster noch ... sexy.«

»Wow«, sagte Mephy. »Ich sehe vielleicht nicht aus wie ein Filmstar, aber ...«

»Ich will damit ja nur sagen, dass du nicht die klassische Schönheit bist.«

Mephy verzog das Gesicht. »Wird ja immer besser. Ich bin zwar der Teufel, aber Gefühle habe ich auch.«

Isa seufzte. »Alles, was ich sagen will, ist, dass du wahrscheinlich nicht zum Sexiest Man Alive gewählt wirst, was aber nicht heißt, dass ich mit dir nicht trotzdem ins Bett gehen würde.«

Mephy verzog die Mundwinkel und nickte anerkennend. »Das klingt jetzt gar nicht mehr so schlecht.«

Isa beugte sich vor und stellte die Bierflasche auf den Tisch. »Ich muss an etwas denken, was Jesus gesagt hat, kurz bevor wir gegangen sind. Er meinte, dass er uns in der Hölle besuchen würde. Du willst mich also in die Hölle mitnehmen?«

Mephy schluckte. Er wusste, dass die Konversation sich jetzt auf dünnes Eis begeben würde. »Ja, natürlich. Ich liebe dich, und da ich in der Hölle wohne, wäre es mir selbstverständlich lieb, wenn du dort bei mir wärst.«

Isa rückte sich noch einmal zurecht und sah ihm tief in die Augen. »Ich frage dich das jetzt nur einmal. Und lüg mich nicht an. Hast du irgendwas mit meiner Krankheit zu tun? Hast du in irgendeiner Form dafür gesorgt, dass ich früher sterbe, damit ich eher in die Hölle komme?«

»Nein«, sagte Mephy wie aus der Pistole geschossen. »Ganz im Gegenteil. Die Tatsache, dass du vielleicht in naher Zukunft stirbst, bringt mich in eine Zwickmühle. Aber ich muss zugeben, dass deine Krankheit mir insofern entgegenkommt.«

Isa wollte nach der Bierflasche greifen, ließ es dann aber bleiben. Sie starrte auf den Boden. »Ich komme also in die Hölle.«

Mephy verzog das Gesicht und kratzte sich an einem Horn. »Na ja, ganz so einfach ist das nicht.«

»Aha? Wieso nicht? Ich dachte, als Atheistin müsste ich ganz automatisch dahin. Oder sollte ich jetzt lieber Ex-Atheistin sagen? Wobei mir das Konzept eines Gottes immer noch äußerst merkwürdig vorkommt.«

»Mir auch«, murmelte Mephy. »Und ich kenne ihn immerhin persönlich.«

Isa sah ihn konsterniert an.

»Glaub mir, so toll, wie er sich findet, ist er auch wieder nicht.«

Isa wusste immer noch nicht weiter. »Komme ich nun in die Hölle oder nicht?«

»So wie es momentan aussieht, halte ich das für unwahrscheinlich. Weswegen ich es toll fände, wenn du vielleicht vor deinem Ableben noch etwas machen könntest, was irgendwie … höllenwürdig ist.«

»Weswegen sollte ich das tun? Zugegeben, ich fand dich bis jetzt ganz nett und will gar nicht bestreiten, dass ich mir vorgestellt habe, wie es wäre, wenn wir in einer Beziehung wären. Aber ist die Hölle nicht eher ein schrecklicher Ort? Und da soll ich nur wegen dir hinwollen?«

Mephy versuchte zu lächeln. »Äh, ja? Zumal ich ja der Chef bin, also wäre es für dich nicht schrecklich.«

»Aber ich müsste trotzdem etwas machen, was mich in die Hölle bringt?«

Mephy nickte.

»Was wäre das zum Beispiel?«

»Lass mich mal überlegen. Also …« Er hielt die Finger hoch und begann abzuzählen. »Kleine Kinder quälen oder vielmehr generell Leute irgendwie quälen, was merkwürdig ist, denn … na ja, Hölle eben.«

»Auch wenn manche Kinder in der Kita das vielleicht anders sehen, quälen tue ich sie nicht. Oder andere Leute. Das ist ekelhaft.«

»Hm«, machte Mephy. »Okay. Ist ohnehin sehr von der Tagesform des Einteilungsengels abhängig. Bei Sklaven gibt es da zum Beispiel eine kleine Grauzone.«

»Was heißt das? Ein Sklavenhalter kommt nicht in die Hölle?«

»Nein, nicht nur wegen der Sklaverei. Das findet der Chef überraschenderweise ziemlich in Ordnung.«

Isa schüttelte den Kopf.

»Hast du vielleicht mal irgendwen vergewaltigt?«, fragte Mephy, aber Isa schüttelte vehement den Kopf.

»Natürlich nicht!«

»Habe ich auch nicht angenommen. Lass mich mal überlegen. Ehebruch?«

Isa schüttelte den Kopf.

»Irgendwann mal was gestohlen?«

»Ich hab mal Schokolade bei meiner Oma aus dem Schrank stibitzt, obwohl sie gesagt hat, dass ich die Finger davon lassen soll.«

»Ich glaube, das ist vernachlässigenswert. Dann vielleicht gelogen?«

Isa machte große Augen. »Ich habe mit Sicherheit schon mal irgendwann gelogen.«

Mephy klang beschwichtigend. »Na ja, die andere Person muss deswegen schon geschädigt worden sein.«

Isa zuckte mit den Schultern.

»Eher nicht. Okay. Tja … Was war da noch? … Deinem Mann unterwürfig sein … aber du bist ja nicht verheiratet, also fällt das wohl auch weg.«

»Was soll das denn, bitte? Ich bin Feministin!«

»Aber zumindest keine verheiratete Feministin, sonst wäre das schlecht.«

Isa schnaubte. »Was sind denn das für archaische Vorstellungen?«

»Ich möchte darauf hinweisen, dass nicht ich die Regeln gemacht habe.«

Isa brummte irgendwas, was Mephy nicht verstand.

»Da war doch noch irgendwas mit den Frauen«, grübelte der Teufel. »Irgendwas mit Schmuck und kostbarer Kleidung. Und ich glaube, Haarefärben und Make-up waren auch tabu. Obwohl das in den Bereich fällt, wo es etwas schwammig wird.«

»Hat Gott irgendwas gegen Frauen?«, fragte sie irritiert.

Mephy wiegte den Kopf. »Man könnte fast auf den Gedanken kommen, was? Dabei sagt er immer, dass er eigentlich alle liebt. Na ja, bis auf die Homosexuellen vielleicht. Aber das bist du ja, soweit ich das verstehe, auch nicht.«

Isa wischte sich über die Stirn. »So langsam habe ich das Gefühl, als wäre es fast besser, in die Hölle zu kommen.«

»Das freut mich zu hören!«, sagte er vergnügt. »Ach so, und es gäbe natürlich noch die Möglichkeit, durch Mord oder Selbstmord verdammt zu werden. Also falls du irgendwie Schmerzen hast und es nicht mehr aushältst ... Selbstmord würde uns wieder zusammenbringen.«

Isa sah nicht so aus, als würde ihr dieser Gedanke sehr behagen. Sie fragte stattdessen, wie es denn in der Hölle sei.

»Sagt dir Hieronymus Bosch etwas?«, fragte Mephy.

»Der Maler? Natürlich.«

»So wie seine Bilder ungefähr. Soweit ich mich erinnern kann, ist er mal irrtümlich gestorben und in der Hölle gelandet. Als der Fehler bemerkt wurde, kam er wieder auf die Erde und hat dann alles gemalt, an was er sich erinnern konnte.«

Isa schaute ihn ungläubig an. »Irrtümlich gestorben?«

»Ja, der Tod ist auch nicht mehr das, was er mal war. Egal, jedenfalls kann man sich das ungefähr so vorstellen.«

Isa runzelte die Stirn. »Ich kann mich an seine Bilder nur dunkel erinnern. Hat er nicht einfach nur merkwürdige Monster gemalt?«

»Man könnte meine Mitarbeiter im weitesten Sinne so bezeichnen, denke ich.«

»Mitarbeiter?«

»Dämonen halt.«

Isa nickte. Sie empfand das wohl als einleuchtend. Aber sie betonte noch einmal, dass sie immer noch keine Ahnung hatte, wie es in der Hölle eigentlich zuging.

»Na ja«, sagte Mephy. »Also, in der Regel ist es wie ein normaler Arbeitstag. Ich gehe morgens los, schaue, dass es den Mitarbeitern gut geht und alle Seelen ordentlich gequält werden, dann schaue ich mal in der Planungsabteilung vorbei und ...« Weiter kam er nicht.

Isa sah ihn mit großen Augen an. »Ihr foltert also wirklich Seelen in der Hölle?«

Mephy hob eine Augenbraue. »Ja, natürlich.«

Isa schluckte. »Inwiefern? Wie wird gefoltert?«

Mephy rieb sich die Hände, als wollte er ihr etwas verkaufen. »Also, da haben wir natürlich die Klassiker Streckbank, Daumenschrauben, Kreuzigung und Aufhängen. Und das Pendel des Todes. Manche Dämonen beißen auch einfach gern. Aber wir gehen natürlich auch mit der Zeit und haben Dinge wie die Mikrowelle und den Toaster.«

»Toaster?«

»Es ist eigentlich genau das, was man sich darunter vorstellt«, sagte Mephy. »Habe ich den Bungee-Hai erwähnt?«

»Nein«, sagte Isa unsicher. »Aber ich habe eine Vorstellung. Hängt man selbst am Seil oder der Hai?«

»Der Hai.«

»Das ist ja sogar noch Tierquälerei.«

Mephy überlegte kurz und nickte.

»Das ist widerwärtig!« Isa verzog das Gesicht.

»Na ja, nun, es ist eben die Hölle«, verteidigte sich Mephy, war sich aber selbst unsicher, ob diese Entschuldigung ausreichend war.

»Es ist also ganz egal, was man verbrochen hat, man wird auf jeden Fall gefoltert? Auch wenn man, wie du sagst, als Frau dem Mann nicht unterwürfig war?«

Mephy zeigte nach oben. »Seine Regeln, nicht meine!«

Isa verschränkte die Arme und schaute grimmig.

»Es gibt natürlich Abgrenzungen«, sagte Mephy. »Mörder, Kinderschänder und andere Leute, die wirklich schlimme Dinge getan haben, werden härter bestraft als solche, die, sagen wir, Umgang mit Andersgläubigen hatten.«

»Das betrifft ja so ziemlich alle!«, empörte sich Isa.

»Ja, deswegen wird auch gerne mal ein Auge zugedrückt, wenn man überwiegend gut gewesen ist. War vielleicht ein schlechtes Beispiel. Aber ich will mal so sagen: Es hat schon einen Grund, weswegen ich für 98 Prozent der Seelen zuständig bin.«

»Aber wenn ich dich richtig verstehe, dann werden auch ganz normale Leute verbrannt, zerhackt oder zerbissen. Das ist doch einfach nicht richtig!«

Mephy dachte an den alten Mann, der ein Kind überfahren hatte. »Da kann man unterschiedlicher Auffassung sein. Ehrlich gesagt, habe ich mir in letzter Zeit auch schon meine Gedanken darüber gemacht.«

Isa verschränkte die Arme. »Jemand, dessen einziges Verbrechen es ist, als Kind mal einen Kaugummi gestohlen zu haben, sich aber sonst nichts hat zuschulden kommen lassen, verdient es nicht, von einem Hai gefressen zu werden. Noch dazu von einem Hai an einem Bungee-Seil.«

Der Höllenfürst lächelte ein wenig beim Gedanken an den Hai, allerdings verging es ihm schnell wieder, weil Isa nicht so aussah, als brächte sie Verständnis dafür auf. Und je mehr er darüber nachdachte, umso weniger gelang es ihm selbst.

»Bisher fand ich den Bungee-Hai immer witzig.«

»Ich weiß nicht, was an Leiden witzig sein soll«, sagte Isa und schaute ihn verärgert an.

Mephy grübelte einen Moment. Dann seufzte er. »Ich schätze, wenn man das lange genug macht, wird es irgendwann witzig.«

Isa hob eine Augenbraue und sah nicht weniger verärgert aus als zuvor.

»Ich sehe, dass du offenbar anderer Meinung bist. Aber die meisten Menschen haben irgendeine Leiche im Keller. Wobei ich das nicht buchstäblich meine. Aber die meisten machen eben irgendeinen Mist, der sie in den Augen vom Chef unwürdig für den Himmel macht. Also kommen sie zu mir. Und da werden sie eben bestraft.«

»Und dir macht das Spaß?«

Mephy war drauf und dran, »Ja« zu sagen, denn es hatte ihm Spaß gemacht. Allerdings war er sich mittlerweile nicht mehr so sicher, ob er es weiter so handhaben sollte. Isa machte den Eindruck, sich mit jeder neuen Information emotional weiter von ihm zu entfernen. Das bereitete ihm Sorgen.

»Nun«, sagte er, »es ist meine Aufgabe, die Sünder zu strafen.«

»Ja, das habe ich so weit verstanden«, sagte Isa. »Aber bedeutet das auch, dass sie deswegen alle wirklich gequält werden müssen? Bis in alle Ewigkeit? Also im Grunde immer wieder bestraft werden? Noch dazu für Dinge, die vielleicht gar nicht bestrafungswürdig sind?«

Mephy kratzte sich am Horn. »Na ja, ursprünglich war es auch gar nicht so, aber irgendwann, so ab dem Mittelalter, schienen die Leute das einfach zu erwarten. Zumal der Aufsichtsrat es so vermittelte.«

»Aufsichtsrat?«

»Eine Gruppe von Engeln, die sicherstellen, dass in der Hölle alles so läuft, wie es der Chef will. Also zum Beispiel die Folterei.«

»Aber wie genau stehst du dazu? Ich meine, nehmen wir nur mal eine Frau, die sich ihrem Mann nicht untergeordnet hat. Soll die bis in alle Ewigkeit immer wieder von einem Hai gebissen werden? Das ist doch keine Gerechtigkeit.«

Mephy hätte am liebsten gar nichts mehr gesagt, aber Isa sah ihn durchdringend an. Er wollte ihr recht geben, wollte ihr sagen, dass sie valide Punkte ansprach. Aber die Wahrheit war, dass er die Worte und Wünsche des Chefs nie infrage gestellt hatte. »Also, da habe ich bisher nie so richtig drüber nachgedacht.«

Isa regte sich auf. »Hast du nicht gesagt, dass du da der Boss bist? Über was solltest du denn sonst nachdenken?«

Mephy überlegte, ob er lügen sollte. Irgendwas erzählen, was ihn in einem besseren Licht dastehen ließ. Aber er war der Meinung, dass er sie schon lange genug angelogen hatte. Er wollte nur noch ehrlich sein. »Also, bis jetzt habe ich hauptsächlich darüber nachgedacht, wie man die Leute noch auf andere Arten quälen kann.«

Isa betrachtete ihn mit einer Mischung aus Entsetzen und Abscheu. »Ich ... ich weiß gar nicht, was ich sagen soll. Ich glaube, dass ich erst mal allein sein muss, um das alles irgendwie zu verarbeiten.«

»Aber wir haben uns doch so gut verstanden ...«, sagte Mephy. Doch Isa winkte ab. »Haben wir auch. Und ich fand dich echt in

Ordnung, aber du hast eine sadistische Freude daran, zu quälen. Ich glaube einfach nicht, dass wir zusammenpassen. Deswegen kann ich dich nur bitten zu gehen.«

Mephy versuchte, sie zu überzeugen, dass er doch gar kein so schlechter Kerl sei. Aber sie blockte jede Diskussion ab und meinte, sie brauchte Zeit. Sie begleitete ihn zur Tür und ließ sie direkt, nachdem er gegangen war, zufallen. Er stand noch eine Minute oder zwei im Hausflur und versuchte, einen guten Grund zu finden, damit sie ihn wieder hineinließ. Aber ihm fiel keiner ein. Und so trottete er mit hängendem Kopf zurück zur Wohnung, sicher, seine Chance auf eine gemeinsame Zukunft mit Isa verspielt zu haben.

KAPITEL 27

QUÄLEN FÜR FORTGESCHRITTENE

NOCH 7 TAGE

Mephy hatte tagelang zusammengerollt auf der Couch gelegen und sich gefragt, ob er nun verlassen worden war oder eigentlich nie in einer Beziehung gesteckt hatte. Eine Antwort darauf fand er nicht. Eigentlich hatte er gehofft, dass sein Stöhnen und Seufzen auf Anteilnahme bei seinen Mitbewohnern stoßen würde, aber die ignorierten ihn weitestgehend. Um seinem Kummer mehr Überzeugungskraft zu verleihen, erwog er sogar, eine Weile aufs Essen zu verzichten. Azazels Köstlichkeiten konnte er jedoch nicht widerstehen, sodass er den Gedanken schnell wieder verwarf. Stattdessen arbeitete er an der Vervollkommnung seines Hundeblicks, wenn er in die Runde schaute, und legte hin und wieder pathetisch die Hand an die Stirn.

Wenn Klaus und Suse fernsahen, vermieden sie jegliche Interaktion mit ihm und platzierten sich so, dass sie Mephy nicht zu nahe kamen. Auch Azazel hatte kaum ein Wort mit ihm gewechselt, obwohl er sich bei Klaus dafür einsetzte, dass sie die letzten zwei Wochen noch bleiben konnten.

Irgendwie hatte Azazel nicht verwunden, dass Mephy ihm nicht dabei helfen konnte, auf der Erde zu bleiben. Der Diener war zwar nie die herzlichste und lustigste Person gewesen, aber in den Tagen nach ihrer Diskussion konnte man ihn bestenfalls als angesäuert bezeichnen. Ein paar Tage war er noch rausgegangen und für mehrere Stunden verschwunden, aber bald verließ er das Haus nur noch, um Besorgungen zu machen. Mephy interpretierte das so, dass er die Beziehung zu seiner irdischen Freundin beendet hatte, traute sich aber nicht zu fragen, ob dem tatsächlich so war, weil er befürchtete, seinem Butler nur noch mehr Kummer zu bereiten.

Nicht nur Azazel war ständig daheim, auch Suse und Klaus waren aufgrund von Sommer- beziehungsweise Semesterferien öfter anwesend als sonst. Trotzdem machte die Wohnung den Eindruck, als wäre sie verwaist. Alle waren da, aber sie sprachen kaum miteinander. Und zum ersten Mal kam Mephy der Gedanke, dass es wirklich nicht wünschenswert war, der Teufel zu sein.

Zweimal hatte er Hans, den alten Mann, besucht und mit ihm darüber geredet, wie er Isa zurückgewinnen könnte. Der Alte meinte, er solle es lassen, weil er sie nicht verdient hatte.

Azazel hatte eine Kleinigkeit für einen Filmabend zubereitet. Klaus hatte sich über den Fernseher beim Streamingdienst angemeldet, und Suse suchte einen Film aus. Ausgerechnet eine romantische Komödie. Als Mephy das sah, setzte er sich auf und stieß einen lauten Seufzer aus. Aber wie in den Tagen zuvor reagierte niemand darauf – bis auf Klaus, der die Augen verdrehte.

Die ersten 20 Minuten blieb Mephy ruhig, aber als sich das Pärchen schließlich zum ersten Mal über den Weg lief und die Funken zwischen den Hauptdarstellern flogen, seufzte Mephy noch einmal. Und bei jedem komischen Zwischenfall, der sie etwas näher zusammenbrachte, seufzte er wieder, sehr zu Klaus' Frustration. Gegen Ende des Films, als sich das Pärchen wegen eines Missverständnisses trennte, gab Mephy ein lautes Stöhnen von sich.

»Herrgott noch mal«, sagte Klaus, griff die Fernbedienung, drückte auf Pause und wandte sich an Mephy. »Hört das mal auf? Wir wollen in Ruhe den Film sehen.«

»Ach, macht ruhig. Es interessiert ja eh keinen, wie es mir geht.« Er seufzte noch einmal richtig laut.

Klaus umfasste die Fernbedienung fester, die unter der Belastung knirschte, weswegen Suse sie ihm aus der Hand nahm. »Dann geh doch einfach in dein Zimmer und stöhne da so viel rum, wie du willst.«

»Auch ihr wollt mich nicht mehr haben. Ich verstehe schon.«

»Ich wollte Sie noch nie hier haben«, sagte Klaus. Suse legte ihm die Hand auf den Oberschenkel, damit er sich beruhigte.

»Ach!«, seufzte Mephy.

Suse schaute zu Azazel, der mit miesepetrigem Gesicht auf dem Sessel saß und so tat, als würde er eine Zeitschrift durchblättern. »Azazel«, war dein Boss schon immer so eine Nervensäge?«

Der Dämon sah auf. »Mein Herr hatte schon immer eine Intuition hinsichtlich der wunden Punkte anderer Personen. Ich denke, das hat mit dem Beruf zu tun.«

»Aber ist diese Stöhnerei normal?«

»Wenn ich es recht bedenke, habe ich ihn bisher selten so erlebt. Und wenn, dann nicht für lange.«

Suse drehte sich wieder um und sah Mephy an. »Ich weiß, ich werde es bereuen, aber was ist los?«

Mephy setzte zu einem weiteren Seufzen an, sah aber Klaus' Blick und riss sich zusammen. »Isa hat mich verlassen. Oder zumindest das Interesse an mir verloren, nachdem ich ihr gesagt habe, wer ich bin.«

»Du hast ihr also gesagt, dass du der Teufel bist?«

»Korrekt.«

»Und du hast erwartet, dass sie wegen dieser Nachricht total aus dem Häuschen ist und sich freut?«

»Nein«, sagte Mephy, »aber ich habe auch nicht erwartet, dass sie mich deswegen gleich verlässt. Hauptsächlich störte sie sich daran, dass in der Hölle Seelen gequält werden.«

»Das macht schon mindestens zwei«, rief Klaus.

Suse grübelte. »Aber nimmt man das nicht als gegeben an? Es ist doch die Hölle, oder?«

Mephy nickte. »Sie meinte, dass ich dort der Boss wäre und keinen sadistischen Spaß daran haben sollte, Seelen zu quälen, die eventuell gar nicht dahin gehören.«

Suse schaute skeptisch. »Es gibt welche, die da eigentlich gar nicht sein sollten?«

»Nein«, antwortete Mephy, »also zumindest vermutlich nicht. Sie findet die Maßregelung von Andersgläubigen und Feministinnen nicht in Ordnung.«

»Feministinnen kommen in die Hölle?«, fragte Suse entsetzt.

»Zumindest verheiratete Feministinnen, wenn sie sich ihrem Mann nicht unterordnen.«

Suse sah so aus, als würde sie ihm am liebsten eine Backpfeife verpassen.

Mephy hob die Arme. »Die Regeln sind nicht von mir! Ich bin nur für den Vollzug verantwortlich!«

»Und was für eine Strafe ist für Feministinnen vorgesehen, die sich nicht ihrem Mann unterordnen?«, fragte Klaus und ergriff Suses Hand.

»Dieselbe wie für alle anderen auch«, meinte Mephy. »Im Grunde wird da recht wenig unterschieden, wenn ich es recht bedenke.«

»Also ist es ganz egal, was ich getan habe, ich werde auf jeden Fall vom Hai gefressen?«, fragte Suse.

Mephy nickte, wenn auch etwas zögerlich. »Dass sich alle Leute immer so am Hai aufhängen …«

»Welcher Idiot hat sich denn das ausgedacht?«

»Der Chef«, sagte Mephy. »Der findet Gotteslästerung übrigens auch nicht so toll. Ich meine nur, weil du ihn gerade einen Idioten genannt hast.«

Suse und Klaus schauten kurz zu Azazel, der aber nur die Schultern hob und weiterlas.

Suse überlegte. »Und du musst die Seelen so quälen?«

»Ich verstehe die Frage nicht«, sagte Mephy.

»Gibt es von Gott eine Anweisung, die dich dazu zwingt, Seelen in den Toaster zu stecken?«

Mephy schaute unsicher. »Äh, nein.«

Suse hob eine Braue. »Gibt es überhaupt eine Anweisung, die dir sagt, was du machen sollst?«

»Also genau gesagt hat er, ich zitiere: ›Kümmere dich da unten um die Sünder und bestrafe sie, so kannst du mir wenigstens hier oben nicht auf den Geist gehen. Und falls was ist, ich bin auf dem Golfplatz.‹«

Suse und Klaus schauten verwirrt. Klaus wunderte sich, wann dieses Gespräch stattgefunden hatte, denn er dachte, Golf sei erst im Mittelalter erfunden worden.

»Nein, das war sehr viel früher. Er hat Golf schon an Tag drei der Schöpfung erfunden. Dummerweise hatte er munter weiter kreiert, und als ein Vogel seinen Ball klaute, hatte er die Idee, auch Menschen zu machen, die dafür sorgen, dass so etwas nicht noch mal passiert.«

Suse runzelte die Stirn. »Er hat die Menschen nur gemacht, damit sie Vögel jagen und er in Ruhe Golf spielen kann?«

»Ich hatte ihm gesagt, dass er sich vielleicht ein paar Gedanken mehr um die Schöpfung machen sollte, aber er war damals sehr impulsiv.«

Suse winkte ab. »Genug vom Golfspiel. Wenn ich das richtig verstanden habe, dann musst du Sünder gar nicht foltern? Also statt sie, sagen wir, in einem Kochtopf langsam zu garen, könntest du sie auch mit einem Klaps auf den Hinterkopf bestrafen?«

Mephy wiegte kurz den Kopf. »Theoretisch ...«

»Und praktisch?«, fragte Klaus.

»Praktisch gibt es den Aufsichtsrat, der mir die Wünsche von ...« Mephy sah in fragende Gesichter. »Der Aufsichtsrat besteht aus Engeln, die Gottes Wünsche an mich übermitteln und aufpassen, dass ich auch alle erfülle.«

»Okay ...«, sagte Suse.

»Jedenfalls schaut der Aufsichtsrat immer mal wieder vorbei und äußert sich dahin gehend, dass das mit der Folterei Zustimmung findet. Und inzwischen haben wir eine ziemlich gute Infrastruktur aufgebaut, um das Ganze wirklich stromlinienförmig zu gestalten. Das jetzt alles umzustellen ...«

»Statt den Leuten eine ihrer Schuld angemessene Bestrafung zu geben, hast du Angst, dass alles nicht mehr glattläuft? Was für eine Art von Geschäftsführung, wenn man das überhaupt so nennen will, ist das denn?«, ereiferte sich Klaus.

»So war das nicht gemeint«, warf Mephy ein. »Was ich sagen will, ist, dass der Aufsichtsrat es offenbar richtig findet und es Probleme gäbe, wenn ich ...«

Von Azazel kam ein kurzes Schnauben. Mephy starrte ihn an und fragte, ob er etwas beizutragen hätte.

Azazel legte die Zeitschrift auf den Tisch und lehnte sich zurück. »Sir, entschuldigt bitte, wenn ich so deutlich spreche, aber Klaus hat recht, dass Eure Geschäftsführung, wenn ich den Begriff mal so übernehmen darf, zu wünschen übrig lässt.«

Mephy horchte auf. »Wo kommt das denn jetzt her? Das höre ich zum ersten Mal.«

»Sir, ich bin mir ziemlich sicher, dass Ihr das nicht zum ersten Mal hört. Auch nicht zum zweiten Mal. Ich persönlich war mehrere Male anwesend, wenn Euch irgendwelche Dämonen darum baten, die Foltermethoden anzupassen.«

Mephy zuckte mit den Schultern. »Ja, und? Haben wir doch gemacht. Wir haben uns modernisiert.«

»Sir, der Gedanke war nicht, einfach nur anders zu foltern. Es ging darum, das Maß herunterzuregeln.«

Mephy schaute irritiert. »So habe ich das aber nicht verstanden.«

»Das war dann den meisten klar, weswegen immer weniger Anfragen dieser Art kamen. Aber aus Gesprächen mit anderen Dämonen weiß ich, dass nicht alle Eurem Faible für Sadismus entsprechen.«

»Ich bin doch kein Sadist! Ich will einfach nur, dass alles richtig läuft. Man sieht mich als Sadisten?«

Suse, Klaus und Azazel schauten ihn wortlos an.

»Ach du meine Güte!«, rief der Höllenfürst. »Aber eigentlich bin ich doch ein ganz netter Typ. Warum sagt mir denn keiner was?«

Klaus rollte mit den Augen. »Du bist der Teufel, buchstäblich das Böse in Person für die meisten Leute. Was hast du denn erwartet, was sie von dir denken?«

Mephy sackte zusammen. »Und das nur, weil ich ordentliche Arbeitsbedingungen einforderte.«

Suse nahm an, dass sie gar nicht wissen wollte, was das zu bedeuten hatte.

»Also seid ihr der Meinung, dass in der Hölle weniger bestraft werden soll, und ich Isa vergrault habe, weil sie mich berechtigterweise als Sadisten sieht?«

Suse, Klaus und Azazel sahen sich kurz an und nickten dann unisono.

»Ich mache doch nur, was der Chef will!«

Suse umfasste das Kreuz, das sie um den Hals trug. »Vielleicht ... ich kann nicht glauben, dass ich das sage ... aber vielleicht hat der Chef da unrecht.«

Klaus stimmte ihr zu. »Entweder haben Sie die Anweisungen falsch verstanden, oder ... oder Gott liegt falsch.«

Azazel sagte nichts mehr. Er hatte die Stirn in Falten gelegt und nickte zögerlich.

»Ich muss mit Isa sprechen«, sagte Mephy und stürmte in sein Zimmer.

Er versuchte, sie anzurufen und ihr zu schreiben. Als sie darauf nicht reagierte, versuchte er es nicht mit seinem Handy, sondern mit dem von Klaus. Zuerst weigerte der sich und war stolz, sich gegen den Teufel aufgelehnt zu haben, aber als Mephy argumentierte, dass er zwar die Hölle zum Besseren wenden, sich für ihn aber etwas ganz

Besonderes einfallen lassen würde, gab der Student nach. Aber auch auf die fremde Nummer reagierte Isa nicht. Als es spät geworden war, überlegte Mephy, zu ihr zu fahren, um zu schauen, ob es ihr gut ging, doch Klaus überredete ihn, damit zu warten. Vermutlich wollte sie nicht mitten in der Nacht an einem Arbeitstag belästigt werden, wenn sie am nächsten Morgen wieder früh rausmusste.

»Meinst du echt, sie geht so krank noch arbeiten?«, fragte Suse.

»Keine Ahnung«, sagte Klaus. »Zumindest ist jetzt nicht die Tageszeit, zu der man das klären sollte.«

So probierte Mephy es weiter per Telefon und SMS und schaute am Samstag bei ihrer Wohnung vorbei, aber auch dort meldete sich niemand, als er klingelte. Er telefonierte mit Udo und lief, um ganz sicherzugehen, noch einmal zur Geschäftsstelle der Guten Nachbarn, um Udo persönlich zu fragen, ob er etwas von Isa gehört hatte. Aber auch der wusste nichts. Als Udo versuchte, sie zu erreichen, ging sie nicht ans Telefon.

Suse machte den Vorschlag, im Internet nach der Kita, in der sie arbeitete, zu suchen. Er könnte dann am Montag dort hingehen und ihr entweder selbst über den Weg laufen oder gegebenenfalls die Kollegen fragen, was mit ihr los war. Den Vorschlag griff Mephy sofort auf.

Als er bei der Kita ankam, war sie nicht da. Eine ihrer Kolleginnen kam mit ihm ins Gespräch und schien zu wissen, wer er war. Zumindest kannte sie ihn als Freund von Isa, auch wenn sie keine Ahnung hatte, dass der Teufel persönlich vor ihr stand. Sie gab ihm bereitwillig Auskunft, und so erfuhr er, dass es Isa schlechter ging und sie stationär im Krankenhaus aufgenommen worden war. Kaum hatte die Kollegin zu Ende gesprochen, stürzte er ohne ein weiteres Wort los, während die Frau ihm ein genervtes »Gern geschehen!« hinterherrief. Er drehte sich noch einmal um und rief: »Danke!«

KAPITEL 28

NEUE IDEEN FÜR EINEN SEHR ALTEN KOPF

NOCH 3 TAGE

Isa sah nicht begeistert aus, als Mephy plötzlich durch die Tür rauschte. Und gesund sah sie auch nicht aus. Ihr Gesicht schimmerte gelblich, obwohl Mephy nicht sagen konnte, ob das an ihr oder dem schrecklichen Licht der Neonröhren über ihren Köpfen lag.

Er entschuldigte sich sofort dafür, dass er unangemeldet reinplatzte. Leider hatte er diesmal keine Blumen dabei, um die Sache etwas freundlicher zu gestalten, aber Isa deutete auf den Stuhl neben ihrem Bett und forderte ihn auf, sich zu setzen.

Mephy tat wie geheißen und ließ sich einen Moment durch die andere Frau im Zimmer ablenken, die gegenüber von Isa im Bett lag und laut schnarchte.

»Falls du dich fragst, ob man sich an die Schnarcherei gewöhnt«, sagte Isa, »nein, tut man nicht. Deswegen habe ich diese sexy Augenringe. Also, was willst du?«

Mephy war dankbar, dass sie ihm zuhören wollte, trotzdem hatte er nicht den Eindruck, dass sie ihm sonderlich wohlgesinnt war. Zumindest entzog sie ihm ihre Hand, als er danach greifen wollte.

»Komm einfach zum Punkt«, sagte sie. »Sieht nicht so aus, als hätte ich noch sonderlich viel Zeit für Small Talk.«

»Also zunächst wollte ich wissen, wie es dir geht«, sagte Mephy, und sie schaute ihn an, als wäre die Antwort wohl klar.

»Mir ging es schlechter, also bin ich zum Arzt. Hat sich herausgestellt, dass alles ein wenig schneller geht als gedacht. Wer weiß, ob ich aus diesem Zimmer noch einmal rauskomme.«

»Das tut mir leid.«

»Wieso? Ich dachte, du freust dich darüber, wenn ich früher über den Jordan gehe.«

»Nur dann, wenn ich wüsste, dass du mich ebenfalls liebst. Aber nach unserem letzten Gespräch hatte ich den Eindruck, dass das wohl nicht mehr der Fall ist.«

Isa seufzte. »Du quälst Leute, Mephy. Das ist abscheulich. So sehr ich dich auch mag, darüber kann ich nicht hinwegsehen.«

»Ja, aber ich habe darüber nachgedacht. Also im Grunde haben mir meine Mitbewohner und mein Diener dabei geholfen. So wie es scheint, muss das mit dem Quälen gar nicht so schlimm sein.«

»Was soll das heißen?«

Mephy rückte aufgeregt seinen Stuhl etwas näher. »Also, es sieht so aus, als hätte ich all die Jahre ... Jahrhunderte eher ... also all die Jahre den Auftrag vom Chef etwas missverstanden. Na ja, vielleicht nicht direkt missverstanden, aber etwas ... überinterpretiert.«

»Und was willst du jetzt tun?«, fragte Isa.

»Ich werde die ganze Hölle reformieren!«, rief der Teufel. »Alles wird anders. Kein Pech und Schwefel mehr. Keine Streckbänke, Haie, Toaster mehr, wenn du das willst. Denn ich möchte, dass du mir dabei hilfst, eine bessere, stimmigere Hölle zu erschaffen.«

Isa schaute ihn mit großen Augen an. »Du willst, dass *ich* eine neue Hölle designe, in der Sünder bestraft werden?«

Mephy sah schon seine Felle davonschwimmen. »Nein, du hast mich falsch verstanden. Es geht darum, dass ich Anpassungen mache, die du für richtig hältst. Wir beide arbeiten daran, dass die Hölle angemessen mit den Sündern umgeht. Gemeinsam.«

Isa sah ihn lange an. Ihre Miene verriet nicht, was sie dachte. Mephys Gesicht hingegen wurde immer verwirrter und sorgenvoller.

»Was ist mit denen, die sich nichts zuschulden haben kommen lassen? Du erinnerst dich, Feministinnen und dergleichen«, sagte Isa.

Mephy seufzte. »Wenn sie in der Hölle sind, hat das einen Grund. Und wenn es nur der ist, dass der Chef meint, sie gehören dahin. Es ist sicher nicht die beste Lösung, alle über einen Kamm zu scheren. Ich kann diese Leute nicht aus der Hölle herausbringen, aber sollte tatsächlich jemand aus einem Grund dort gelandet sein, den du als lässlich empfindest, dann ... schauen wir mal.«

Isa sah ihn wieder lange an.

Mephy wurde immer unsicherer. »Was? Ich versuche hier mein Bestes, Isa. Ich bin der Meinung, wir können das gemeinsam schaffen.«

»Was ist mit dem Aufsichtsrat? Sagtest du nicht, dass irgendwelche Engel kommen, um die Folterei zu überprüfen?«

»Ich ... vielleicht habe ich mich da nicht klar ausgedrückt ... ich würde das Foltern nicht komplett abschaffen.«

Isa zog die Luft ein, aber Mephy deutete an, dass sie ihn ausreden lassen sollte.

»Einige haben durchaus Folter verdient, und ein paar von den Dämonen brauchen auch eine Beschäftigung, die irgendwie ihrem Naturell entspricht. Um die und den Aufsichtsrat – und somit auch den Chef – bei Laune zu halten, muss ein Teil der Qualen bleiben. Auch der Aspekt der Strafe muss irgendwie erhalten bleiben. Aber ich bin bei dir, wenn du sagst, dass es zu viel Ungerechtigkeit gibt und das so nicht bleiben kann.«

Isa sah ihn lange an, bis sie antwortete. »Was bedeutet das für dich?«

»Nun, ich denke, dass... dass... die ganze Hölle völlig anders organisiert werden muss. Es kann nicht so weitergehen wie bisher. Und wenn das für mich Ärger mit dem Chef bedeutet, dann... ist das eben so.«

Sie legte wieder eine Pause ein. Mephy bangte, was wohl als Nächstes kam.

»Du willst echt für mich dein ganzes Leben umstricken?«

»Ja, natürlich«, sagte er wie aus der Pistole geschossen. »Weil es für mich die Hölle wäre, wenn du nicht bei mir wärst.«

Plötzlich beugte sich Isa vor und umarmte ihn. Als sie sich nach einer Minute wieder voneinander lösten, war Mephy wesentlich entspannter als zuvor, doch er spürte immer noch Unsicherheit bei ihr.

»Das heißt, du kommst zu mir in die Hölle?«, fragte er hoffnungsvoll.

»Ich weiß es nicht. Komme ich?«

»Du könntest dafür sorgen, dass das passiert.«

»Ich habe dir schon einmal gesagt, dass ich keinen Selbstmord begehen werde.«

Mephy verzog das Gesicht. Tatsächlich hatte er gehofft, dass sie diese Variante wählen würde, da sie zum einen direkt in die Hölle führte und ihr zum anderen weiteres Leiden ersparen würde.

»Du könntest auch etwas Gotteslästerliches sagen.«

»Ich hab immer noch Probleme damit, mir vorzustellen, dass es überhaupt einen Gott gibt.«

»Dann sollte es dir ja vielleicht nicht so schwerfallen.«

»Reicht es schon, wenn ich sage, Gott ist doof?«

»Meinst du es denn ernst?«

»Wie kann ich das ernst meinen, wenn ich den Typen gar nicht kenne?«

»Das mit der Gotteslästerung funktioniert nur, wenn du auch wirklich dieser Überzeugung bist. Das wurde mal angepasst, nachdem der Chef festgestellt hatte, dass alle irgendwann mal irgendwas sagen, was man als Gotteslästerung auslegen kann.«

Isa zuckte mit den Schultern. »Ich finde es generell schwierig, schlecht über jemanden zu reden, selbst wenn der Dreck am Stecken hat.«

Mephy verzog das Gesicht. »Und das ist einer der Gründe, weswegen ich annehme, dass du nicht in die Hölle kommst.« Er seufzte. »Kann ich dich vielleicht dazu überreden, einer Krankenschwester gegen das Schienbein zu treten?«

Isa legte die Stirn in Falten.

»Ja, das habe ich mir gedacht.« Er schaute sie an und spürte, dass noch immer etwas an ihr nagte. »Du traust mir nicht, oder?«

»Ich ... ich bin hin- und hergerissen«, sagte Isa. »Ich mag dich total, muss mir aber immer wieder vor Augen führen, dass du der Teufel bist. Der Herr der Hölle, von dem behauptet wird, er sei ein Lügner.«

Mephy seufzte. »Ich bin absolut ehrlich zu dir gewesen.«

»Du hast mir nicht erzählt, dass du der Teufel bist.«

»Ja, zunächst nicht, weil du wahrscheinlich gedacht hättest, ich wäre irgendein Spinner. Aber abgesehen davon habe ich nie gelogen.«

»Aber wie kann ich wissen, dass du nicht auch jetzt lügst? Dass du mich einfach dazu bringen willst, in die Hölle zu kommen, weil das irgendwie dein Ding ist, so als Oberbösewicht.«

Mephy wusste darauf keine Antwort. Wie sollte er beweisen, dass er nicht böse war? »Ich war bei den Guten Nachbarn!«

»Ja ... okay, aber du willst, dass ich mich umbringe.«

»Es war nur ein Vorschlag.«

Sie merkten, dass sie sich im Kreis drehten.

»Können wir vielleicht einfach über etwas anderes sprechen?«, sagte Isa. »Mich würde zum Beispiel interessieren, wie du darauf gekommen bist, dass die Sünder plötzlich nicht mehr gefoltert werden müssen.«

»Im Gespräch mit Suse und Klaus – das sind meine Mitbewohner – hat sich ergeben ...«
»Halt, stopp, du hast Mitbewohner?«
»Na ja, also ich und Azazel wohnen bei ...«
Isa unterbrach ihn. »Azazel und ich, heißt das.«
»Aber ich bin der Teufel und sollte deswegen an erster Stelle ...«
Er bemerkte, dass sie offenbar anderer Meinung war. »Azazel und ich?«
»Das ist eine Form der Höflichkeit, Mephy.«
»Wie auch immer, also ich und ... also Azazel und ich wohnen während unseres Erdaufenthalts bei Klaus, der ein ganz normaler Mensch ist. Suse ist seine Freundin. Und mit ihnen hatte ich ein Gespräch darüber, ob es in der Hölle nicht irgendwie anders zugehen könnte.«
»Und du bist noch nie von selbst auf die Idee gekommen, dass man die Seelen subtiler quälen könnte? Dass man sie nicht gleich vierteilen oder verbrennen muss, um ihnen das Leben – oder den Tod, was weiß ich? – schwer zu machen?«
Mephy lächelte unbehaglich. »Ganz ehrlich, der Gedanke ist mir nie gekommen. Und der Aufsichtsrat hat auch nie ... also in irgendeiner Form ...«
Isa schaute ihn kopfschüttelnd an.
»Zu meiner Verteidigung: Zunächst haben wir damals gedacht, die reine Abwesenheit Gottes würde völlig ausreichen. Aber dann kamen irgendwelche Leute, größtenteils ganz besonders gläubige wie Mönche und Geistliche, die meinten, sie müssten wegen ihrer Sünden mit Feuer und heißen Eisenstangen malträtiert werden.«
»Mönche und Geistliche?«
»Und die Heiligen erst.« Mephy winkte ab. »Natürlich sind einige in den Himmel gekommen, aber da die meisten irgendwas angestellt haben, was der Chef nicht toll fand, sind eben welche bei uns gelandet. Und sie waren der Meinung, durch ganz besonders harte Strafen eher Wohlgefallen beim Chef zu finden, um vielleicht

doch noch in den Himmel zu kommen. Wir sind ihren Wünschen nachgekommen, und dann hat sich das Ganze irgendwie verselbstständigt.«

»Sind sie denn irgendwann in den Himmel gekommen?«

Mephy schüttelte den Kopf. »Wie gesagt, der Chef ist in der Hinsicht etwas dickköpfig.«

Isa wirkte immer noch nicht überzeugt.

»Also, hast du vielleicht irgendwelche Ideen, wie man das angemessener gestalten könnte?«, fragte Mephy.

»Vielleicht«, sagte sie und hielt sich den Bauch.

Mephy knirschte mit den Zähnen, weil er ihr nicht helfen konnte.

Sie schaute kurz sinnierend an die Decke und wandte sich dann wieder ihm zu. »Man könnte die Leute dort im Grunde ein normales, ähm, Leben führen lassen, nur die Dinge etwas unangenehmer gestalten.«

Mephy wackelte mit dem Kopf. »Ich glaube, dass die meisten Leute ihre Arbeit schon als unangenehm genug empfinden.«

»Ich nicht.«

Er zuckte mit den Schultern.

»Also, was ich eigentlich meinte: Man könnte zum Beispiel …«

Sie schaute kurz an die Decke und grübelte, bevor sie weitersprach. »Irgendjemand will etwas essen, und das Essen ist entweder immer einen Tick zu warm oder zu kalt, je nachdem, um was es sich handelt.«

Mephy horchte auf.

»Oder«, setzte Isa erneut an, »das Klopapier ist immer gerade außer Reichweite, sodass man erst ein paar Schritte gehen muss, bevor man sich … na ja, du weißt schon.«

Mephy strich sich durch den Bart. »Das scheinen mir keine wirklichen Strafen zu sein. Ich meine, wenn nur …«

»Willst du nun meine Idee hören oder nicht? Das muss ja auch nicht alles sein. Es kann sich ja auf alle Aspekte ausdehnen.«

Mephy hob entschuldigend die Hände. »Fahr fort.«

»Ich meine lauter Kleinigkeiten, die einem tierisch auf die Nerven gehen. Man findet einfach keine passende Socke. Der Wecker klingelt immer etwas zu früh, aber nur so viel, dass es sich nicht mehr lohnt weiterzuschlafen.«

Mephy fing an zu lächeln.

»Die Fernbedienung des Fernsehers ist immer außer Reichweite, oder die Batterien sind leer. Immer, wenn man sich etwas draußen vorgenommen hat, regnet es. Bei jedem Buch, das man liest, fehlen die letzten zehn Seiten. Alternativ dazu könnten auch bei jedem Film die letzten zehn Minuten fehlen.«

Mephy machte große Augen. »Wow, das ist jetzt aber wirklich gemein.«

Isa schaute ihn skeptisch an. »Ernsthaft? Darüber regst du dich auf, aber nicht darüber, dass andauernd irgendwer zerbissen oder verbrannt wird?«

Der Höllenfürst wiegte unsicher den Kopf.

»Aber verstehst du zumindest, was ich meine?«, fragte sie.

Er nickte eifrig. »Ich finde die Ideen toll und bin mir sicher, dass sich ein paar meiner Dämonen etwas dahin gehend ausdenken können.« Er versank kurz in Gedanken und schüttelte sich unwillkürlich, weil er etwas nicht aus dem Kopf bekam.

Isa sah ihn an und grinste. »Du denkst immer noch über die fehlenden Seiten oder Minuten eines Buchs oder Films nach, was?«

Mephy nickte.

»Aber du hast doch Privilegien, nicht wahr? Ich meine, du kannst doch dann alle Filme komplett sehen, oder?«

»Ja, schon.« Er stand noch immer etwas neben sich. »Mir genügt schon der Gedanke daran.«

Isa hielt sich erneut den Bauch und verzog das Gesicht.

Mephy kratzte sich am Horn. »Vielleicht hast du ja jetzt Lust auf Selbstmord?«

»Ist das deine Art, mich zu quälen, indem du mir immer wieder dieselbe Frage stellst?«

Mephy presste den Mund zusammen. Die Zimmergenossin, die die ganze Zeit leise vor sich hin geschnarcht hatte, machte plötzlich stockende Atemgeräusche und dann das, was man am ehesten als Grunzschmatzen bezeichnen konnte.

»Ja«, sagte Isa, nachdem sie Mephys Gesicht gesehen hatte, das eine Mischung aus Verwunderung und Ekel zeigte. »Das ist so ihr Ding. Besonders gerne macht sie das mitten in der Nacht.«

Sie saßen beide noch Stunden zusammen, bis eine Krankenschwester kam und ihn bat zu gehen. Auch am nächsten Tag kam er vorbei, diesmal mit Azazel im Schlepptau, den er irgendwie beschäftigen wollte, damit er nicht zu viel über seine Verflossene nachdenken konnte. Aber Mephys Vorschlag, ihn in die Krankenhausküche zu schicken, wo er ihnen dann ein nettes Essen zaubern konnte, wurde natürlich von der Belegschaft vehement abgelehnt. Auch der Plan, ihn in die Stadt zu schicken, um ihnen mexikanisches Essen zu besorgen, erwies sich als schwierig. Die Krankenschwestern fingen ihn ab, als er mit mehreren Burritos ins Zimmer kam, und ein Arzt wies Isa zurecht, dass das ihrer Gesundheit abträglich sei. Allerdings hatte er kein Gegenargument, als sie ihm erklärte, dass sie kurz davorstand, zu sterben, und ein Burrito daran wohl kaum etwas ändern würde. Es half auch nicht, dass Azazel mit der Belegschaft darüber diskutierte, dass ihre Berufskleidung modisch absolut indiskutabel war. Eine der Schwestern war drauf und dran, ihn aus dem Gebäude werfen zu lassen, aber Isa griff schlichtend ein. Letztendlich kamen sie dazu, zu essen, aber die Burritos waren schon kalt. Immerhin schlug Isas Zimmergenossin, vom Geruch des Essens geweckt, die Augen auf und schmatzte nun auch im Wachzustand, bis Azazel ihr angewidert seinen Burrito anbot, weil ihm der Appetit vergangen war. Kaum hatte die Frau ihr Mahl beendet, schlief sie wieder ein und schmatzte im Schlaf.

Isa und Mephy kamen sich in diesen letzten Tagen näher. Tatsächlich hielten sie die meiste Zeit Händchen, und Mephy hatte das Gefühl, dass seine Anwesenheit sie beruhigte und ablenkte. Trotzdem sank seine Stimmung stetig. Er wusste, dass Azazel und er nicht mehr viel Zeit auf Erden hatten.

KAPITEL 29

DER LETZTE TAG

NOCH 1 TAG

Als sie am Mittwoch ihren letzten vollen Tag auf der Erde antraten, ließ Mephy die Schultern hängen. Azazel hatte schon begonnen, die Koffer, die sie bei ihrer Ankunft dabeigehabt hatten, zu packen, was die bevorstehende Abreise nur noch mehr verdeutlichte.

Wenn Mephy nicht gerade im Krankenhaus bei Isa war, spielten Klaus und er das Ballerspiel, das sie vor Wochen angefangen, aber wegen ihres Streits nicht beendet hatten. Und nun hatten sie nur noch eine Nacht, um es zu Ende zu bringen. Suse war zwar kein Fan des Spiels, ließ die beiden aber in Ruhe, weil sie wusste, dass sie sonst nicht mehr dazu kommen würden.

Mephy genoss die normale Stimmung, die in der Wohnung herrschte. Suse und Klaus hatten beide positiv auf seine Pläne zur Höllenreform reagiert. Besonders Klaus schien geradezu erleichtert zu sein, dass dort bald nicht mehr gefoltert werden würde. Oder zumindest nicht jeder. Außerdem freute er sich, dass er die unerwünschten Mitbewohner bald los war. Auch Suse fand etwas Normalität in ihrem Leben angenehm, doch irgendwie hatten ihre Worte einen traurigen Unterton, denn allen war klar, dass sie wohl niemals wieder so zusammenkommen würden.

Gegen drei Uhr nachts fielen Klaus und Mephy fast die Augen zu. Azazel war schon Stunden zuvor ins Bett gegangen, Suse hatte auf der Couch neben ihnen ausgeharrt, war dann aber trotz des Kampflärms eingeschlafen.

Klaus stöhnte, als der Endgegner sie erneut erledigt hatte. Zum gefühlt 200. Mal. »Den müssen wir jetzt noch schaffen«, sagte er gähnend.

»Klaus, du kannst nicht mehr, ich kann nicht mehr. Vielleicht sollten wir es einfach lassen.«

»Aber das muss doch zu schaffen sein. Einmal noch, ja?«

Mephy nickte kraftlos, und sie nahmen vom Kontrollpunkt aus noch mal den Kampf auf.

Die Animation des Endgegners tauchte auf, und sie gingen in Deckung. Klaus meinte, sie sollten vielleicht etwas anderes probieren, weil ihre Strategie beim letzten Mal nicht funktioniert hatte. Mephy stimmte zu. Sie rannten beide auf den Gegner zu, aus beiden Gewehren feuernd, aber diesmal waren sie noch schneller tot als in der Runde zuvor.

»Okay, das war eine blöde Idee«, sagte Klaus und rieb sich die Augen. »Einmal noch, ja?«

Mephy schüttelte den Kopf. »Klaus, wir kriegen das heute nicht mehr hin.«

»Wann müsst ihr morgen los? Vielleicht können wir ja morgen früh noch ...«

»Wir gehen gleich nach dem Aufstehen los, damit ich mich noch von Isa verabschieden kann.«

Klaus sah enttäuscht aus. »Verdammt.«

Beide starrten auf den Bildschirm, aber Mephy nickte zustimmend und sagte dann ebenfalls: »Verdammt.«

»Wird es in deiner neuen Hölle auch Videospiele geben?«, fragte Klaus.

»Schätze schon«, sagte Mephy. »Aber die werden alle Endgegner haben, an denen man nicht vorbeikommt.«

Klaus verzog das Gesicht.

»Wie es so schön heißt«, sagte Mephy, »der Weg ist das Ziel. Hat mir jedenfalls Spaß gemacht, mit dir zu spielen.«

»Mir auch.«

Sie reichten sich die Hände, und Klaus schaltete gähnend die Konsole ab.

»Brauchst du Hilfe mit ihr?«, fragte Mephy und zeigte auf Suse, die immer noch schlief.

Klaus überlegte kurz und nickte. Gemeinsam trugen sie sie ins Schlafzimmer.

Am nächsten Morgen saßen alle vier am Tisch und frühstückten. Keiner sagte ein Wort. Schließlich war es Suse, die das Schweigen brach.

»Habt ihr das Spiel gestern Abend noch zu Ende gebracht?«

Klaus und Mephy schüttelten die Köpfe.

»Och, das ist ja Mist«, meinte sie. »Und jetzt?«

»Nichts weiter«, erwiderte Mephy. »Azazel und ich kehren zurück in die Hölle, und Klaus muss das Spiel selbst zu Ende bringen.«

Azazel schaute seinen Herrn mit erhobener Augenbraue an.

»Was?«, fragte Mephy.

»Schon gut, Sir«, sagte der Diener, wirkte aber immer noch verwundert.

Als sie mit dem Frühstück fertig waren, trugen sie das Geschirr in die Küche. Selbst Mephy half, was von seinem Diener erneut mit erhobener Augenbraue quittiert wurde. Schließlich standen sie mit den Koffern an der Wohnungstür und verabschiedeten sich.

»Tja, äh …«, stammelte Mephy vor sich hin. »Es war schön, euch kennenzulernen.« Er reichte Suse die Hand.

Die trat ein Stück vor und umarmte ihn. »Ich hoffe, dass du wirklich die Hölle zum Besseren änderst. Wenn nicht, dann komme ich, wenn ich alt und grau bin, und mecker dich an.«

Sie löste sich von ihm, und er lächelte breit. »Ich werde dir keinen Grund zum Meckern geben.« Dann wandte er sich an Klaus und schüttelte ihm die Hand. »Danke, dass du uns hier hast wohnen lassen. Ich werde unsere Spieleabende vermissen.«

Klaus strahlte übers ganze Gesicht. »Auch wenn ich das niemals gedacht hätte, aber auch ich werde es vermissen.«

»Aber eigentlich bist du froh, dass du Zeit mit Suse allein hast, oder?«, fragte Mephy.

Klaus wollte aber noch etwas loswerden. »Wegen meiner Eltern ...«

»Versprochen ist versprochen. Und ich werde sie von dir grüßen. Azazel?« Mephy deutete auf die beiden.

»Ich bin kein Freund von großen Verabschiedungszeremonien, Sir.« Der Diener wandte sich den beiden jungen Leuten zu und verbeugte sich. »Ich wünsche Ihnen beiden ein angenehmes und langes Leben.«

Doch Suse konnte sich nicht zurückhalten. Sie stürmte auf ihn zu und umarmte ihn. »Mach's gut, Großer! Ich werde dich und dein Essen vermissen.«

»Ich auch«, sagte Klaus und tätschelte Azazel etwas unbeholfen die Schulter.

»Wenn dem tatsächlich so ist, dann werden die Herrschaften sicher angenehm finden, was ich in der Küche für Sie hinterlassen habe.«

Er verbeugte sich erneut, dann öffnete Mephy die Tür, und sie traten auf den Flur.

»Kann ich dir einen Koffer abnehmen?«, fragte Mephy.

Azazel schaute schon wieder verwirrt. »Danke, Sir, aber das kriege ich schon hin.«

Klaus schloss die Tür und wandte sich an Suse. »Ich kann jetzt wirklich sagen, dass der Teufel das letzte Mal durch meine Tür gegangen ist.«

Suse entgegnete nichts. Einen Moment später kam ein »Hm« über ihre Lippen.

Die Krankenschwestern auf Isas Station waren nicht sehr glücklich darüber, dass die beiden Männer, die sie schon wegen der Burritos ermahnt hatten, erneut unangenehm auffielen. Mephy machte ihnen klar, dass sie in Kürze nichts mehr von ihnen oder ihren Koffern sehen würden. Die Oberschwester war zwar immer noch nicht begeistert, wollte es aber durchgehen lassen, sofern sie sich daran hielten.

»Das kann ich Ihnen leider versprechen«, sagte Mephy.

Mephy ließ Azazel mit den Koffern durch die Tür, und Isa wunderte sich nicht schlecht.

»Umzug?«, fragte sie.

»Wir nehmen nur die Sachen mit, mit denen wir gekommen sind. Auch wenn ich zugeben muss, dass es mir vorkommt, als wäre es mehr.«

Azazel räusperte sich. »Weil ich ein paar Souvenirs eingepackt habe, Sir. Ich gehe davon aus, dass ich nicht so schnell wieder auf die Erde komme.« Er atmete tief aus.

Mephy kratzte sich durch den Hut am Horn. »Ich schätze nicht.«

»Also ist heute der letzte Tag?«, fragte Isa. Sie hielt sich den Bauch und sah aus, als hätte sie Schmerzen.

»Ja«, antwortete Mephy. »Irgendwann in der nächsten Stunde werden wir wohl plötzlich verschwinden.«

Isa sah traurig aus. »Es klingt komisch, wenn ich das zum Teufel sage, aber ich hätte dich gerne näher kennengelernt.«

Mephy schaute ihr in die Augen. »Wenn ich noch einmal Selbstmord vorschlagen dürfte?«

Isa schüttelte den Kopf.

»Du könntest zur Kinderkrebsstation gehen und denen die Stofftiere klauen.«

Wieder schüttelte sie den Kopf, wurde aber durch das Schmatzen der Zimmergenossin unterbrochen.

»Alternativ dazu könntest du auch die da umbringen«, sagte Mephy.

»Nein. Ich will mein Leben so beenden, wie ich es geführt habe. Ich habe die ganze Zeit nicht an Gott oder den Teufel geglaubt, da werde ich jetzt, da ich weiß, dass es sie gibt, nicht einfach alles über den Haufen werfen und nach eurer Pfeife tanzen.«

Mephy verzog das Gesicht. »Andere würden vermutlich genau das tun.«

»Ich bin aber nicht andere. Und ich schätze, das ist einer der Gründe, weshalb du mich so magst.«

Mephy musste zugeben, dass das stimmte. Sie griff nach seiner Hand und zog ihn näher zu sich heran.

»Ich hoffe, du findest eine nette Frau.«

»Äh«, machte Mephy. »Die habe ich schon gefunden. Das ist ja der Punkt. Ich will keine andere. Ich will dich.«

Isa schüttelte den Kopf. »Jetzt willst du mich vielleicht. Du hast eine romantische Vorstellung davon. Aber wenn wir zusammen wären, tagein, tagaus, dann würde dieses Gefühl verblassen. Liebe ist nichts für immer.«

Mephy schüttelte den Kopf. »Da bin ich entschieden anderer Meinung.«

»Ja, das habe ich schon mitbekommen. Aber glaubst du wirklich, dass Liebe nicht nur ein Leben lang, sondern auch die Ewigkeit hält?«

Mephy nickte.

Isa lehnte sich zurück. »Vielleicht hast du ja bessere Erfahrungen gemacht. Bei mir haben Beziehungen maximal zwei Jahre gehalten.«

»Und woran hat das gelegen? Immer an den anderen oder an dir?«

»Willst du mir in deinen letzten Minuten auf Erden noch Vorhaltungen machen, dass ich vielleicht nicht die beste Partnerin sein könnte?«

»Nein, ich möchte lediglich sagen, dass du der Liebe nie eine Chance gegeben hast. Oder vielleicht nie richtig verliebt gewesen bist.«

Isa schaute amüsiert. »Und du denkst, dass ich so sehr in dich verliebt bin, dass das für die Ewigkeit hält?«

Mephy atmete kurz durch. »Ich weiß nicht, ob du derartig verliebt bist. Ich weiß aber, dass ich es bin. Und ich hätte gerne erfahren, ob du es sein könntest.«

Azazel stand in der Ecke und schüttelte schnaufend den Kopf. Mephy nahm das durchaus wahr, entschied sich aber, es zu ignorieren.

Isa schaute zu ihm herüber und lächelte. »Selbst dein Diener kann das kaum glauben.«

»Aber mein Diener denkt auch, dass dein Pyjama völlig aus der Mode ist.«

Beide schauten Azazel an, der sich etwas überrumpelt fühlte, dann aber schulterzuckend nickte.

Isa lachte. »Ihr Typen aus der Hölle seid alle etwas merkwürdig. Man könnte fast den Eindruck bekommen, dass es da Spaß macht.«

Mephy wollte noch etwas sagen, aber Azazel räusperte sich und deutete auf seine Armbanduhr. »Sir.«

Der Höllenfürst nickte und wandte sich wieder Isa zu. »Ich schätze, dass wir jetzt Abschied nehmen müssen. Falls du es dir doch noch anders überlegen solltest: Ich warte auf dich.«

»Das ist irgendwie echt gruselig, wenn man bedenkt, dass du der Teufel bist.«

Die Zimmergenossin schmatzte wieder im Schlaf.

Isa runzelte die Stirn. »Aber dann gibt es wieder solche Momente«, sie deutete auf ihre Zimmergenossin, »und das Gruseln ist vergangen. Oder es beginnt erst richtig. Das ist auch etwas, bei dem ich noch unsicher bin.«

Mephy trat näher. »Kann ich dir einen Kuss geben?«

»Da habe ich, ehrlich gesagt, schon seit Tagen drauf gewartet.« Sie zog ihn an sich heran und drückte ihm einen dicken Schmatzer auf die Lippen.

Als sie sich lösten, lächelte Mephy, Isa aber nicht.

»Was ist los?«, fragte der Höllenfürst.

»Ich habe Angst«, antwortete sie.

»Vor dem Tod?«

Sie nickte.

»Musst du nicht. Das Leben ist schmerzhafter.«

Sie runzelte die Stirn. »Soll mich das beruhigen? Hat nicht geklappt. Erzähl das denen, die bei dir in der Hölle sind.«

»Ja, aber für dich gilt etwas anderes. Du kommst in den Himmel. Oder du entscheidest dich, zu mir zu kommen, wo es dir auch gut gehen wird.«

Azazel räusperte sich noch einmal. »Sir, es sollte jetzt jede Sekunde …«

»Ja, Azazel.«

Isa zog ihn noch mal an sich. Sie küssten sich, die Augen geschlossen, bis plötzlich nur noch eine Wolke mit leichtem Schwefelgeruch in der Luft hing und Isa allein mit ihrer schmatzenden Zimmergenossin war.

KAPITEL 30

ZURÜCK IN HIMMEL UND HÖLLE

Mephy fiel mit gespitzten Lippen aus der schweflig riechenden Wolke, die sich in seinem Wohnzimmer langsam auflöste. Fast wäre er über seine Couch gestolpert, konnte sich aber gerade noch fangen. Als er sich umdrehte, sah er Azazel, der an sich selbst hinuntersah. Er hatte seine alte Größe wieder und flatterte in der Luft. Der Diener verzog das Gesicht und wandte sich an seinen Herrn.

»Sir, ich werde Euer Gepäck verstauen und mich dann eine Weile zurückziehen. Solltet Ihr etwas benötigen, zögert bitte nicht zu rufen.« Er schwebte langsam mit einem Koffer davon.

»Azazel, warte … ich …«, rief ihm der Teufel hinterher, aber als sich der Diener noch einmal umdrehte, wusste Mephy nicht so recht, was er sagen sollte. »Es tut mir leid«, war alles, was er hervorbrachte.

Azazel nickte und setzte seine Tätigkeit fort. Mephy ließ sich auf die Couch fallen und nahm den Hut ab. Die Hörner brauchte er nun wirklich nicht mehr zu verstecken.

Er schaute sich um. Die dunklen Möbel, die vielen Bücher, die Gemälde und Kunstgegenstände, der viele Platz in seiner Wohnung ließen nur das Gefühl von Leere aufkommen. Er allein würde diese Bücher lesen. Er allein würde auf diesen Möbeln sitzen. Nur er würde die Kunst bewundern. Zum ersten Mal kam ihm sein Refugium nicht wie ein Rückzugsort vor, sondern wie sein Gefängnis. Sein einsames Gefängnis.

Azazel kam ein paarmal in den Raum geflattert und wirkte niedergeschlagen. Mephy war klar, dass es dem Diener ähnlich erging wie ihm selbst.

Mephy dachte darüber nach, wie er ihm helfen könnte. Aber er sah sich außerstande, etwas anderes zu tun, als ihm einen aufmunternden Klaps zu geben, der die Stimmung nicht wirklich hob.

Nach längerer Grübelei stand er auf und öffnete die Türen zum Balkon. Als er hinaustrat, hörte er nicht den vertrauten Klang der Maschinen oder das Flehen der Seelen, sondern nur vereinzeltes Stöhnen, das weniger nach Anstrengung als nach Langeweile klang.

»Was zum Teufel?«, fragte sich der Teufel und machte sich auf Inspektion.

Während seines Spaziergangs durch die Hölle entdeckte er immer wieder Dämonen, die mit den Verdammten Karten spielten. Andere schienen einfach nur zu schlafen, während die ihnen zugeteilten Seelen sich irgendwo hingesetzt hatten und gelangweilt in die Gegend starrten. Nachdem ihn die ersten Seelen und Dämonen entdeckt hatten, kam wieder etwas Leben in die Hölle, aber Mephy hatte den Eindruck, dass niemand mit Eifer bei der Sache war.

Schließlich erreichte er das Podium vor dem Toaster, das zu seiner Überraschung noch nicht abgebaut worden war. Auf dem Boden direkt vor dem Toaster lag Behemoth und schnarchte. An seine baumstammartigen Beine angelehnt, saß der Aufpasser-Dämon und lutschte ein Bonbon. Die Seelen, die eigentlich in den Toaster sollten, saßen ebenfalls auf dem Boden und begannen zu tuscheln, als der Höllenfürst auftauchte und ohne ein Wort hinter dem Aufpasser stehen blieb.

»Ach, seid doch ruhig«, sagte der Aufpasser-Dämon. »Wenn der Boss wieder da ist, muss alles seinen Gang gehen. So lange genießt doch einfach die Zeit.«

Mephy räusperte sich, und der Dämon sah sich erschrocken um. Als er seinen Vorgesetzten erblickte, rollte ihm ein Riesenbonbon aus dem übergroßen Mund und fiel mit einem kräftigen »Plopp« auf den Boden. »Ich, äh, ich, äh, ich, äh …«, stammelte der Dämon, als wäre er in einer Schleife gefangen.

»Ganz ruhig«, sagte Mephy. »Warum ist es so still? Warum macht keiner was?«

»Nun, äh, nun, äh, nun, äh …«, stammelte der Dämon weiter, während Mephy beruhigend mit den Händen wippte. »Nun, äh, die meisten Dämonen haben gedacht, dass sie auch etwas Urlaub machen könnten, während Ihr im Urlaub seid, Herr.«

»So, haben sie das, ja?« Mephy trat gegen Behemoths Bein, der kurz zusammenzuckte, aber weiterschlief.

Eine der Seelen, die am Toaster gewartet hatten, pirschte sich vorsichtig heran. »Herr Satan, bitte sorgen Sie dafür, dass wieder irgendwas passiert. Die Langeweile ist nicht auszuhalten.«

Ein paar andere Seelen warfen kleine Steine nach ihm und riefen »Buuuuuh!«. Wieder andere nickten zustimmend, während sie gähnten.

Mephy runzelte die Stirn. »Tja, Pech. Solange wir noch nicht alles geklärt haben, wird es wohl langweilig bleiben.« Er trat noch einmal gegen Behemoths Bein, diesmal kräftiger, und endlich wachte der schlafende Riese auf.

»Gnnrh?«, machte der hässliche Dämon, als er über die Schulter Mephy erblickte und sich langsam aufrichtete.

»Kannst du mir erklären, was hier los ist, Behemoth? Ich dachte, ich hätte dich zu meinem Stellvertreter ernannt. Stattdessen schläfst du, und alle machen … nichts?«

»Krhmm«, kam es aus der Kehle des Riesendämons, während er sich gedankenverloren am Kopf kratzte. »Marhmmm hrrrm?«

Mephy sah ihn verständnislos an. Er blickte kurz zum Aufpasser-Dämon, der allerdings auch nur mit den Schultern zuckte. Auch die Seelen sahen so aus, als wüssten sie nicht, was los war.

»Ich glaube, dass Azazel recht hatte, als er meinte, ich solle jemand anderen auswählen.« Er seufzte. Dann rief er laut: »Azazel!«

Der kleine Dämon erschien mit einem leisen »Plopp« in einer kleinen Wolke neben ihm. »Sir?« Es klang eher genervt als erfreut.

»Azazel, ich werde eine Rede an die gesamte Höllenmannschaft halten. Bitte informiere alle darüber, dass sie sich einfinden sollen.«

Azazel stutzte kurz, als er das »Bitte« hörte. Dann bestätigte er die Order.

»Außerdem muss ich dich noch um etwas anderes bitten.«

»Sicher, Sir.«

»Du gehst zu den Dämonen bei der Ankunft und sagst ihnen, dass sie nach Isa Ausschau halten sollen. Ich möchte darüber informiert werden, wenn sie womöglich doch hier erscheint.«

Der Diener deutete eine kleine Verbeugung an.

»Ich muss zuvor noch etwas anderes erledigen.«

»Sir?«

»Ich muss zum Chef.«

Mephy atmete tief durch, nachdem er beinahe gegen den Tresen gefallen wäre, hinter dem Petra sich gerade schminkte.

Sie sah zu ihm auf. »Mephy, du bist also zurück. Du siehst merkwürdig aus.« Sie musterte ihn argwöhnisch, als wären die Kleider, die er trug, irgendwie unschicklich.

»Wasserspender«, keuchte Mephy. »Wasserspender auf dem Weg vom Fahrstuhl bis hierher wären echt hilfreich.«

»Möchtest du etwas trinken?«

Mephy nickte, und Petra goss ihm ein wenig Wasser in einen kleinen Holzbecher, das Mephy sofort hinunterstürzte. Als er ausgetrunken hatte, nahm sie den Holzbecher und warf ihn in den Müll.

»Der ist aus Holz. Ich würde ihn vielleicht nicht wegschmeißen«, meinte Mephy.

Petra zuckte mit den Schultern. »Der Chef hat gesagt, dass das Einmalbecher sind. Manchmal glaube ich, dass er eine Vendetta gegen Bäume führt.«

Mephy überlegte kurz. »Das stimmt sogar sehr wahrscheinlich.«

»Also«, fragte Petra, »was kann ich für dich tun?«

»Zwei Dinge«, sagte Mephy. »Erstens: Ich muss zum Chef.«

Petra musterte ihn noch einmal von oben bis unten und wollte gerade den Mund öffnen, aber Mephy hob den Zeigefinger und unterbrach sie.

»Nein, ich habe keinen Termin. Ja, ich will trotzdem zu ihm. Ja, er hat Zeit für mich. Ich bin der Teufel, nicht wahr?«

Petra machte ein zerknirschtes Gesicht. »Aber in diesem Aufzug? Willst du dir nicht was Angemesseneres anziehen?«

»Das hatte ich auf der Erde an. Es ist völlig in Ordnung.«

Petra schaute skeptisch, ließ das Thema aber fallen.

»Zweitens«, fuhr Mephy fort, »bitte ich dich um einen persönlichen Gefallen.«

Petra horchte auf. »Soso.«

»Ich muss wissen, sobald beziehungsweise ob eine bestimmte Person nach ihrem Tod in den Himmel gekommen ist.«

Petra lehnte sich zurück, schlug die Beine übereinander und verschränkte die Arme. »Und was springt dabei für mich raus?«

Mephy atmete tief durch. »Mit was könnte ich dir denn eine Freude machen? Make-up? Schokolade? Einen Rasierer für die Beine?«

Petra nahm die Beine herunter und zupfte an ihrem Kleid, sodass die Beine verdeckt waren. Leicht pikiert sagte sie: »Nein, ich brauche nichts davon.«

Mephy lächelte, wollte ihr aber entgegenkommen. »Wenn du mal irgendeine bedeutende Persönlichkeit näher kennenlernen möchtest, könnte ich da vielleicht was arrangieren.«

Das schien Petra zu interessieren, denn sie wischte sich nervös durch die Haare und wedelte mit den Fingern.

»Also, wenn ich mir mal Marlon Brando für ein paar Stunden ausleihen könnte ...«

Mephy verzog das Gesicht.

»Ich meine natürlich den 50er-Jahre-Brando, nicht den ... das ... was später war«, schob sie gleich hinterher.

Mephy nickte zustimmend. »Da ließe sich bestimmt was arrangieren.«

Aufgeregt schob Petra die Hand über den Tresen, und Mephy schlug ein. Er nannte ihr Isas Namen und ging dann durch die Tür in Gottes Büro.

Als er Gott hinter einem der baumlosen Hügel entdeckte, schlug der gerade einen seiner Golfschläger auf den Boden, bis er völlig verbogen war.

»Läuft nicht so?«, fragte Mephy.

Gott fuhr erschrocken herum. »Ah, Mephy. Nein, es läuft nicht. Manchmal glaube ich, dass ich nach dem zweiten Tag der Schöpfung hätte aufhören sollen.«

Mephy zuckte mit den Schultern.

»Also, was willst du schon wieder hier? Dich beschweren, dass es mit der Kleinen nicht geklappt hat? Und wie läufst du überhaupt rum?«

»Das ist mein ... ich hatte noch keine Zeit, mich umzuziehen, okay?«

Gott sagte nichts.

»Ja, wie auch immer. Offenbar hast du mich beobachtet. Hätte ich mir ja eigentlich denken können.«

Gott zeigte auf eines seiner Augen. »Das allsehende Auge.«

»Hm-mh«, machte Mephy. »Aber ich bin gar nicht gekommen, um mich zu beschweren«, sagte er. »Auch wenn ich das mit den Hörnern eher lästig fand.«

Gott kicherte. »Ich fand's lustig.«

»Ja, aber du findest auch Überschwemmungen, Heuschreckenplagen und Flüsse, die sich in Blut verwandeln, lustig. Also muss man das in Relation betrachten, und dann war es nicht wirklich lustig.«

Gott wurde wieder ernst. »Sag einfach, was du willst. Ich habe nämlich noch zu tun.«

Mephy warf einen Blick auf die Tasche mit den Schlägern. »Ja, die anderen sind ja noch heil.«

Gott schnaubte und machte eine Handbewegung, die andeutete, dass er sich beeilen sollte.

»Also zum einen will ich sagen, dass ich wieder da bin. Und mich bedanken, dass du mir das ermöglicht hast.«

Gott stutzte, nickte dann aber anerkennend. Er wollte sich auf den Golfschläger stützen, den er immer noch in der Hand hielt, aber da der völlig verbogen war, fiel er beinahe hin. Es gelang ihm, sich zu fangen, und er tat so, als wäre nichts geschehen.

Mephy ignorierte es geflissentlich, denn wenn er ihn darauf angesprochen hätte, wäre der Chef seinem Anliegen gegenüber vermutlich weniger offen. »Ich will in der Hölle etwas verändern und wollte dich darüber …«

Der Chef winkte ab. »Wenn du irgendwas zu besprechen hast, was mit der Hölle zu tun hat, wende dich an den Aufsichtsrat. Wenn es wirklich wichtig ist, melden die sich schon bei mir, ansonsten will ich davon nichts hören.«

Mephy wusste nicht so recht, was er davon halten sollte, nahm das aber so hin. »Abgesehen davon wollte ich dich um etwas bitten.«

Gott sah genervt aus. Er hob den Golfschläger und fuhr mit einer Hand darüber, woraufhin sich der Schläger wieder in seine normale Form bog. »Immer wollen alle was. Und du willst sicherlich, dass die Frau, die du kennengelernt hast, zu dir in die Hölle kommt. Aber so läuft das nicht. Entweder sie kommt durch ihre Handlungen in die Hölle oder eben nicht. Ich rühre da keinen Finger.«

Mephy wiegte den Kopf. »Ja, schon gut. Das habe ich mir schon gedacht. Eigentlich wollte ich aber was ganz anderes, das nichts mit mir zu tun hat. Na ja, zumindest nicht direkt.«

»Du bittest um etwas für jemand anderen?«

Mephy schaute, als würde er nicht verstehen, was daran so ungewöhnlich war. »Ja, und?«

Gott schüttelte den Kopf. »Interessant. Nun denn, ich bin ganz Ohr.«

KAPITEL 31

EINE NEUE TAGESORDNUNG

Nachdem Mephy in die Hölle zurückgekehrt war, zog er sich den normalen schwarzen Anzug mit der roten Krawatte an. Er brauchte eine Weile, bis er das mit der Krawatte richtig hinbekommen hatte, weil sich normalerweise Azazel darum kümmerte. Er hatte aber das Gefühl, dass er es selbst einmal versuchen sollte. Das Ergebnis war nicht ganz so schick, wie er es von seinem Diener gewohnt war, aber durchaus passabel.

Azazel kam irgendwann ins Zimmer geflattert und sah ihn fertig angezogen vor dem Spiegel stehen. »Sir, soll ich Euch helfen?«

»Nein, ich denke, ich habe das ganz gut hinbekommen.«

Irritiert schwebte der Diener im Zimmer, als er an ihm vorbeiging. »Ja, den Eindruck habe ich auch.«

»Ist alles für die Ansprache vorbereitet?«, fragte Mephy.

»Sir, ich habe alle informiert. Da während unserer Abwesenheit offenbar kaum etwas weggeräumt wurde, sollte die Tonanlage beim Toaster noch funktionieren.«

»Gut, lass uns gehen.«

»Sehr wohl, Sir.«

Ein gleißendes Licht erschien auf der freien Fläche direkt vor dem Tor. Eine laute Stimme ertönte: »Betrachtet die Herrlichkeit der Seraphim! Betrachtet die Herrlichkeit der Seraphim! Betrachtet die Herrlichkeit der Seraphim!«

Mephy und Azazel rollten mit den Augen, bis das Licht nachließ und die drei in Weiß gekleideten Gestalten zu ihnen traten.

Wieder erklang unisono ihre Stimme: »Wir grüßen dich, Luzifer, der Gefallene, Geißel über die verbannten ...«

»Ja, ja, ja, ja, ist ja gut. Außerdem: Ich heiße Mephy. Nicht mehr Luzifer. Wir hatten das doch schon.« Er wandte sich an den ersten Engel und nickte ihm zu. »Samuel.« Er wandte sich an den zweiten. »Manuel.« Beim dritten Engel seufzte er kurz, bevor er ihr zunickte. »Seraphina.«

»Weswegen hast du uns so früh wieder hergerufen?«, fragte Samuel.

»Weil ich etwas anzukündigen habe und dachte, dass ihr das vielleicht hören solltet.«

»Wir folgen dir zum Konferenzraum«, sagte Manuel.

»Nein«, erwiderte Mephy. »Diesmal kommt ihr mit zur Bühne, weil ich die Ankündigung gleich für alle machen will.«

Die Engel schauten sich verunsichert an.

Das Gros der Dämonen hatte sich vor dem Podium am Toaster eingefunden und brachte so etwas wie ein Grundmurmeln mit, das die Luft erfüllte. Azazel flatterte beim Dämon herum, der für die Lautsprecheranlage zuständig war und an irgendwelchen Reglern spielte. Mephy stand ganz vorne am Mikrofon und räusperte sich, während sich Behemoth und ein paar andere Dämonen hinter ihm befanden und wie Rehe im Scheinwerferlicht in die Gegend glotzten. Die Seraphim standen etwas abseits und wurden argwöhnisch von Dämonenaugen betrachtet.

»Liebe Mitdämonen und Mitdämoninnen, liebe Verdammten«, sagte Mephy, und nach einem anfänglichen Fiepen, das durch die

Lautsprecher hallte, hatte der Dämon an der Soundanlage alles eingestellt. Das allgemeine Gemurmel ebbte ab.

»Die Reise, die mein Diener Azazel und ich auf die Erde unternommen haben, ist zu Ende. Bei unserer Rückkehr habe ich feststellen müssen, dass die täglichen Aufgaben nicht so umgesetzt wurden, wie ich mir das ursprünglich dachte.«

Erneut wurde gemurmelt, aber die allgemeine Stimmung schien eher in Richtung peinlich berührt statt teilnahmsvoll aufgeregt zu gehen. Auch die Seraphim schauten unsicher. Lediglich eine Gruppe von ungefähr 100 Dämonen, die sich schon bei seiner letzten Ansprache besonders laut hervorgetan hatten, knurrten die anderen Dämonen um sie herum an.

»Aber keine Sorge. Ich gebe daran nicht euch die Schuld. Oder dem Dämon, der mich vertreten sollte.«

Behemoth, der sich gerade an seinem Lendenschurz gekratzt hatte, lächelte plötzlich, als hätte ihm jemand einen Witz erzählt. Dann hob er eine Hand und winkte in die Menge.

»Ich habe auf der Erde viele neue Eindrücke gewonnen, die meine Ansichten darüber, wohin sich die Hölle in Zukunft bewegen soll, gänzlich verändert haben.«

Ein Dämon aus den vorderen Reihen, der einer Kreuzung aus einem Stein und einer Schnecke glich, machte plötzlich große Augen. »Die Hölle soll sich bewegen? Wie schnell denn? Neeeeeein!«

Bevor er weiterbrüllen konnte, hatten ihn ein paar andere zum Schweigen gebracht.

»Während meiner Abwesenheit habe ich festgestellt, dass die Maßnahmen, die wir hier seit Jahrhunderten getroffen haben, nicht dem entsprechen, was ursprünglich angedacht war. Wie wir mit den Verdammten umgehen, ist zu ausufernd und unzeitgemäß.«

Die Dämonen schauten ihn gespannt an, während die Seraphim untereinander tuschelten.

»Mir wurde ferner zugetragen, dass viele unserer Mitdämonen und Mitdämoninnen derselben Meinung sind. Dass nicht nur die

Verdammten genug von der Folterei haben, sondern auch die Folternden.«

Das Gemurmel wurde lauter. Die Gruppe um den Dämon mit dem Dreizack und dem gewundenen Horn schien entschieden anderer Meinung zu sein. Der Anführer hob den Dreizack über den Kopf und schüttelte ihn, sehr zum Unwohlsein der Seele, die auf dem mittleren Zacken steckte. Mephy sah sich gezwungen, mit erhobenen Armen um Ruhe zu bitten.

»Die Tatsache, dass ich nach meiner Abwesenheit viele Dämonen vorgefunden habe, die ihre Aufgabe nicht erfüllten oder sich sogar mit den Verdammten verbrüderten, lässt darauf schließen, dass diese Behauptung zutreffend ist.«

Er machte eine kleine Pause, in der man eine Nadel hätte fallen hören. Ein wütendes Schnauben kam aus der lauten Gruppe, aber noch blieben sie friedlich. Stattdessen fiel nur ein Bonbon des Aufpasser-Dämons auf die Bühne, dessen Geräusch von allen Lautsprechern übertragen wurde.

Seraphina trat an Mephy heran und flüsterte ihm ins Ohr. »Ich denke, wir sollten das noch einmal unter acht Augen besprechen.«

Mephy bedachte sie mit einem Blick, der ihr sagte, sie solle sich zu ihren Kollegen gesellen.

»Aus diesem Grund habe ich beschlossen, dass die Foltereien mit sofortiger Wirkung einzustellen und die entsprechenden Maschinen nach einer gewissen Findungsphase abzureißen sind.«

Nun stand Behemoth irritiert da und rief laut: »Toasta?«

»Ja, auch der Toaster wird abgerissen.«

Vereinzelt kam Beifall auf. Ein paar der Verdammten, die am Toaster warteten, klatschten spontan.

Die Lautstärke des Tuschelns und Gemurmels stieg rasant an, und für gut eine Minute machte Mephy keinen Versuch, es zu unterbinden.

Die Seraphim stürmten auf ihn zu und redeten auf ihn ein, aber er wollte davon nichts hören.

In der separat stehenden Gruppe machte sich Ärger breit. Der Anführer mit dem Dreizack stieß ein wütendes Gebrüll aus und warf den Dreizack mit aller Kraft über die Köpfe der anderen Dämonen Richtung Bühne. Azazel wollte seinen Herrn warnen, aber der hatte bereits das anfliegende Geschoss bemerkt. Der Dreizack landete etwa einen Meter neben ihm, direkt zu Füßen von Seraphina, die erschrocken aufsah.

Die Seele auf dem mittleren Zacken stöhnte: »Womit habe ich das verdient?«

Mephy blickte zu dem Mann auf dem Dreizack. »Kinderschänder, oder?«

Der Mann nickte verängstigt.

»Da hast du deine Antwort.«

Azazel, der noch immer beim Tontechnik-Dämon herumflatterte, starrte seinen Herrn mit großen Augen an. Schließlich flog er zur Bühne und sprach ihn von der Seite an. »Sir, sosehr ich Euch in dieser Sache unterstütze, habt Ihr Euch das gut überlegt? Soll es keine Übergangsphase geben, während der sich alle daran gewöhnen können?«

Mephy lächelte und hielt mit einer Hand das Mikro zu. »Tja, darüber habe ich auch schon nachgedacht. Und darüber, wer das Ganze vielleicht koordinieren könnte. Hättest du denn Lust dazu?«

Azazel schaute noch überraschter drein. »*Ich* soll die Höllenreform auf den Weg bringen?«

Mephy nickte. »Immerhin hast du ja gesagt, dass ich etwas die Perspektive verloren habe. Außerdem machst du doch im Grunde eh schon die ganze Organisationsarbeit. Wer sollte also besser geeignet sein als du?«

Mephy konnte sich nicht erinnern, wann er seinen Diener jemals hatte lächeln sehen. Natürlich hatte Azazel hin und wieder ein freundliches Gesicht gemacht, aber ein Ausdruck, der wirklich Freude ausstrahlte, war ihm noch nicht untergekommen. Doch genau das war nun auf seinem Gesicht zu erkennen. Zumindest so lange, bis Azazel in Richtung der aufgebrachten Gruppe schaute, die so aussah, als würde sie am liebsten die Bühne stürmen.

Auch die Seraphim schienen genug zu haben.

Samuel kam auf Mephy zu und herrschte ihn an. »Luzifer, offenbar hast du die Kontrolle verloren. Das ist so nicht hinnehmbar.«

Der Höllenfürst sah ihn fest entschlossen an. »Nein, ich habe die Kontrolle nicht verloren. Und ich heiße Mephy, nicht Luzifer.«

»Der Herr wird davon erfahren«, sagte Manuel.

»Davon gehe ich fest aus.«

Seraphina sah ihn flehend an. »Der Herr wird dich nur noch mehr bestrafen.«

»Was will er denn machen?«, fragte Mephy. »Mich noch tiefer in die Hölle stecken? Außerdem hat er doch gar kein Interesse an der Hölle, weil es ihn beim Golfspiel stört. Wenn er wirklich dazu eine Meinung hat, kann er sich ja selbst herbemühen. Das könnt ihr ihm ausrichten. Mit bestem Gruß.«

Die Seraphim wirkten verstört.

»Übrigens, Seraphina«, sagte Mephy. »Lass dich hier nicht mehr blicken, ja? Du siehst ja, wie schnell plötzlich so ein Dreizack angeflogen kommt.«

Mephy wandte sich wieder dem Publikum zu. »Aufmerksamkeit, bitte!«, sprach er ins Mikro, und langsam verstummte das allgemeine Gemurmel. »Die Abschaffung der Folterei bedeutet natürlich nicht, dass die Bestrafung der Verdammten abgeschafft wird.«

Die Wartenden am Toaster stießen ein kollektives »Ach, Mann« aus. Die Dämonen, die gerade noch ausgesehen hatten, als wären sie auf Krawall gebürstet, hielten sich zurück.

»Vielmehr werden wir in Zukunft die Bestrafung auf subtilere Art und Weise durchführen. Alle Verdammten werden so etwas wie einen normalen Tagesablauf haben, werden dabei aber feststellen, dass manche Dinge unglücklich für sie verlaufen oder sie Unannehmlichkeiten hinnehmen müssen.«

Wieder erhob sich Gemurmel, aber man konnte dem allgemeinen Kopfnicken entnehmen, dass die Idee auf Zuspruch stieß. In einigen Ecken wurde allerdings heftig diskutiert, nicht zuletzt in der aufgebrachten Gruppe.

»Natürlich werden sich einige von euch fragen, ob das wirklich für alle Verdammten gelten soll. Ich möchte hiermit die Einschränkung vorbringen, dass Personen, die während ihres Erdenlebens großes physisches oder psychisches Leid verursacht haben, nicht unter diese Regelung fallen. Die Dämonen, die sich um diese Fälle kümmern möchten, dürfen mit ihnen so verfahren, wie es ihnen beliebt.«

Mephy blickte den Anführer mit dem gewundenen Horn durchdringend an, der etwas in sich zusammensackte und dann nickend zustimmte. Die Mitglieder seiner Schar taten es ihm gleich.

»Eine solche Umstellung ist natürlich nicht von einem auf den nächsten Tag vollbracht. Aus diesem Grund wird ein Koordinator Ideen und Anregungen sowie Wünsche für die zukünftigen Arbeitsplätze entgegennehmen. Entsprechende Ankündigungen werden von ihm zu gegebener Zeit bekannt gegeben. Dieser Koordinator wird mein treuer Diener Azazel sein.«

Mephy zog Azazel an seinen Flügeln etwas näher. Der schaute erst pikiert, bis ihm die Dämonenschar zujubelte. Dann lächelte er und winkte zaghaft der Menge entgegen. Die Seraphim hatten sich derweil davongemacht.

»Sir?«, fragte Azazel, nachdem sie wieder Mephys Wohnung betreten hatten. »Ich bin mir nicht ganz im Klaren darüber, wie ich mich als Koordinator auch noch um Eure Belange kümmern könnte.«

»Das brauchst du nicht«, sagte Mephy. »Auf der Erde habe ich gelernt, etwas selbstständiger zu sein.«

Azazel hob eine Augenbraue und wirkte generell skeptisch. »Sir, ich möchte Euch nicht zu nahe treten, aber das Essen habe immer ich zubereitet.«

»Jaja, das ergibt sich schon. Außerdem habe ich einen neuen Diener.«

Azazel schaute unglücklich. »Sir, muss ich davon ausgehen, dass ich Euch auf irgendeine Weise nicht korrekt zu Diensten gewesen bin und Ihr mich deswegen ersetzen wollt?«

»Schnackelschnick!«, rief Mephy. »Ich glaube, du brauchst eine wichtigere Aufgabe. In der Tat bereue ich es sehr, dass du nicht mehr mein Diener sein wirst. Aber dein Ersatz wird dich hoffentlich adäquat vertreten. Und ich hoffe, dass du ihr zeigst, was zu beachten ist.«

»Ihr, Sir?«

Mephy lächelte. »Ach ja ... Peymakalir!«

Eine kleine Rauchwolke erschien, in der sich so etwas wie das weibliche Pendant zu Azazel befand: ein kleiner, etwa 50 Zentimeter großer Dämon mit ledernen Flügeln auf dem Rücken, der deutlich weibliche Formen zeigte und das Kleid eines Zimmermädchens trug.

Mephy trat an seine neue Dienerin heran, die verstohlen lächelte und sich die Hände rieb. »Peymakalir, das ist Azazel. Azazel, das ist meine neue Dienerin Peymakalir.«

Die Dienerin streckte ihm ihre kleine Hand entgegen. Er schüttelte sie verblüfft.

»Freut mich«, sagte sie, während Azazel sie mit offenem Mund anstarrte.

»Azazel?«, fragte Mephy, als dieser die Hand nicht mehr losließ.

Der kleine Dämon erwachte aus seiner Trance. »Freut mich auch. Freut mich außerordentlich.« Er ließ die Hand der Dämonin los.

»Vielleicht führst du sie ein wenig herum, zeigst ihr alles, und wir sehen uns dann später zum Tee.«

»Natürlich, Sir«, sagte Azazel aufgeregt.

Die kleine Dämonin schaute schelmisch. »Am liebsten möchte ich die Küche sehen, wo ich aus den Leichnamen der toten Tiere etwas kochen kann.«

Mephy und Azazel wechselten kurz einen Blick. Beide schienen über ihre Wortwahl irritiert zu sein.

»Ja, ich denke, eine kleine Eingewöhnung ist wohl für uns alle vonnöten«, kommentierte Mephy.

Azazel nickte, lächelte aber weiter selig, während er einen Arm um die neue Dienerin legte und mit ihr aus dem Raum flog.

KAPITEL 32

DAS ENDE

Wochen vergingen. Mephy wurde immer rastloser, aber weder hörte er von seinen Leuten noch von Petra aus dem Himmel, dass Isa im Jenseits angekommen war. *Zumindest ist sie nicht tot,* dachte er sich.

Peymakalir, seine neue Dienerin, machte sich recht gut als Ersatz für Azazel. Allerdings hatte sie die Tendenz, ab und an Dinge zu sagen, die Mephy gruselig vorkamen. Wenn sie Mahlzeiten zubereitete, die Fleisch enthielten, sprach sie davon, dass »die Gefallenen ja verzehrt werden mussten«. Er hatte keine Ahnung, auf was sie sich bezog, machte sich aber für ein paar Tage Gedanken darüber, woher das Fleisch wohl kam, das sie ihm da servierte. Azazel konnte ihm allerdings auf Nachfrage versichern, dass Peymakalir die Toten jeder Art, ob Mensch oder Tier, als Gefallene bezeichnete und das Essen nicht aus fragwürdiger Quelle stammte. Mephy war hoffnungsvoll, dass Azazel ihr diese Formulierung noch abgewöhnen könnte, denn er hatte sich nicht nur mit ihr angefreundet, sondern schien regelrecht verliebt zu sein. Mephy beglückwünschte sich selbst dazu, den Chef dazu überredet zu haben, die neue Dämonin in die Welt zu setzen, auch wenn er sich wünschte, sie würde nicht so schauderhafte Sachen sagen.

Azazel hatte alle Hände voll zu tun mit der Umstellung der Hölle, wobei es in der Anfangszeit hauptsächlich um die Planung ging. Selbst ein paar der verdammten Seelen wirkten mit, weil sich etliche darüber beklagten, dass es zu langweilig in der Hölle geworden war.

Es war wieder Abend geworden, und Mephy hatte bereits seinen Pyjama an, als er aus dem Bad ins Schlafzimmer ging, um sich auf Hellflix noch einen Film anzusehen. Er setzte sich gerade aufs Bett, als er jenes komische Gefühl in der Bauchgegend spürte, das auf eine Beschwörung auf der Erde hinwies.

»Nein, nein, nein«, murmelte der Höllenfürst noch vor sich hin, als er auch schon in einer Rauchwolke verschwand.

Das Zimmer, in dem er hustend aus der Wolke fiel, kam ihm vertraut vor. Es war allerdings weniger aufgeräumt als zuletzt.

»Wow, es hat geklappt«, sagte Klaus und wedelte mit der Hand Rauch und Gestank weg.

Suse ging zu Mephy und schlug ihm kurz zwischen die Schulterblätter, um seinen Husten zu lindern.

»Au!«, sagte der Teufel. »Ich huste doch nur, ich hab mich nicht verschluckt.«

»Ich wollte nur helfen, Brummbär«, sagte Suse.

»Danke, aber … geht gleich wieder.«

Mephy schaute sich um. Suse und Klaus hatten im Wohnzimmer die Möbel auseinandergestellt und ein Pentagramm vor den Fernseher gemalt. Kerzen waren überall verteilt, aber diesmal waren die beiden allein.

»Wie«, Mephy hustete, »wie habt ihr das gemacht? Ich hatte doch das Buch mitgenommen. Außerdem … wo kommt das Jungfrauenblut her?«

Klaus antwortete: »Ich habe mich ziemlich gut an das Ritual erinnern können, aber wir haben eine Weile probieren müssen. Deswegen ist es auch so spät geworden.«

Suse beantwortete den Rest der Frage. »Und was das Jungfrauenblut angeht: Ich hab meine kleine Schwester gefragt. Ich schulde ihr jetzt irgendwelche teuren Lippenstifte und anderes Make-up, aber immerhin hat sie sich dafür anschneiden lassen.«

Mephy nickte anerkennend. »Ich hoffe wirklich für euch, dass das wieder abwaschbar ist«, sagte er und deutete auf das Pentagramm auf dem Boden.

»Wir haben dich aus einem ganz einfachen Grund hergeholt«, sagte Suse. »Als du weg warst, dachten wir, dass wir deine Freundin ausfindig machen und dich über ihren Zustand informieren sollten.«

Mephy horchte auf. »Und? Was habt ihr herausgefunden?«

Klaus und Suse sahen sich beschämt an. Schließlich erzählte Klaus weiter.

»Wir hatten erst Probleme, sie zu besuchen, aber dann haben wir ihr erklärt, wer wir sind, und dann ging es. Eigentlich wollten wir dich bei ihr im Krankenhauszimmer beschwören, damit du dort noch einmal mit ihr sprechen kannst, aber die Krankenschwestern haben uns erwischt und uns nicht wieder hereingelassen.«

»Aber immerhin haben wir erfahren«, setzte Suse fort, »dass sie seit gestern bewusstlos ist. Wahrscheinlich stirbt sie heute oder morgen.«

Mephy konnte sich nicht über diese Nachricht freuen. Er schaute bedrückt. »Wisst ihr, ob sie noch irgendwas unternommen hat, damit sie ... ihr wisst schon.«

Suse und Klaus schüttelten den Kopf.

»Soweit wir wissen, hat sie nichts Schlimmes angestellt«, sagte der Student.

Mephy nickte. »Das habe ich mir schon gedacht.«

Für eine Weile herrschte eine unbehagliche Stille im Raum. Niemand sagte etwas, Suse und Klaus beobachteten, wie Mephy die Schultern hängen ließ.

»Sollen wir dich vielleicht hinfahren? Willst du sie noch einmal sehen?«, fragte Suse.

Mephy schüttelte den Kopf. »Nein, ich will sie so in Erinnerung behalten, wie sie war. Nicht als Schatten ihrer selbst. Außerdem käme ich außerhalb dieses Raums ohnehin nicht weit. Blöde Beschwörungsregeln und so.«

»Tja, hm ...«, machte Klaus.

Wieder herrschte Stille.

»Willst du vielleicht irgendwas trinken?«

Mephy dachte kurz nach. »Ja.«

»Und was?«

»Was ihr so dahabt.«

Klaus verschwand in der Küche. Mephy und Suse setzten sich auf die Couch.

»Und? Wie ist es, wieder zurück in der Hölle zu sein?«, fragte Suse.

Während Klaus ihm ein Getränk reichte, erzählte Mephy, dass sie mit der Reform begonnen hatten und Azazel die Federführung übernommen hatte.

»Übrigens, schönen Gruß von deinen Eltern«, sagte Mephy.

Auf Klaus' Gesicht spielte sich eine Achterbahn der Gefühle ab.

»Bevor du gleich durchdrehst«, beruhigte ihn Mephy. »Ja, sie sind in der Hölle. Nein, sie werden nicht gefoltert. Ja, es geht ihnen gut.«

Klaus stieß die die angehaltene Luft aus und lächelte. »Danke.«

Mephy lächelte zurück. »Gern geschehen.« Dann wurde er wieder ernst. »Aber kommt jetzt nicht auf die Idee, mich alle zwei Minuten zu beschwören, damit ich irgendwelche Nachrichten hin- und herschicken kann, sonst hole ich den Hai aus seinem neuen Becken.«

Schließlich sagte Klaus: »Wir beide haben da noch etwas zu erledigen, oder?«

Mephy wusste erst nicht, auf was er sich bezog, aber dann drückte Klaus ihm einen Controller in die Hand, und sie spielten das letzte Level.

Sie brauchten ein paar Versuche, aber im Endeffekt schafften sie es und klopften sich erleichtert auf die Schultern, als der Abspann des Spiels über den Bildschirm lief.

»Ich bin froh, dass wir das durchhaben«, sagte Mephy.
»Vielleicht sollte ich dir dann was sagen«, meinte Klaus.
Mephy schaute ihn gespannt an.
»In sechs Wochen erscheint der zweite Teil des Spiels.«
Mephy machte große Augen, und Klaus wippte freudig mit dem Kopf. Sie schlugen ein und verabredeten sich, auch diese Kampagne in Angriff zu nehmen.
Suse saß die ganze Zeit nur daneben und schüttelte den Kopf. »Kerle«, murmelte sie.

Kaum war Mephy in die Hölle zurückgekehrt, erschien Peymakalir in seinem Schlafzimmer, um mitzuteilen, dass Petra ihm eine Nachricht geschickt hatte.
»Was hat sie gesagt?«
»Alles, was sie sagte, war: Sie ist angekommen.«
Mephy plumpste mit dem Hintern aufs Bett.
»Mein Herr, ist alles in Ordnung mit Euch?«
Mephy nickte. »Schon gut. Vielen Dank, Peymakalir.«
Die kleine Dämonin verschwand und ließ ihn allein zurück. Mephy rollte sich in Fötusstellung auf dem Bett zusammen und bewegte sich nicht mehr. Isa war also wirklich in den Himmel gekommen.

Nachdem er fast zwei Tage lang nahezu bewegungslos verharrt hatte und nicht auf Peymakalirs Fragen eingegangen war, hatte die Dämonin genug. Sie schilderte ihrem Freund, was los war, und der machte sich Sorgen. Aber auch Azazel wusste nicht, wie er den Teufel aufheitern sollte. Nachrichten über den Fortschritt der Umbauarbeiten ließen Mephy lediglich seufzen.
Es vergingen fast zwei Wochen, bis Peymakalir ihren Herrn für einen kurzen Moment aus dem Schlafzimmer kommen sah. Er hatte sich die Bettdecke um die Schultern gelegt, ging kurz auf den Balkon und blickte hinunter zum Toaster, der gerade abgebaut

wurde. Dann drehte er sich um und ging zurück ins Schlafzimmer. Die kleine Dämonin vernahm lediglich so etwas wie: »Ich wünschte, Isa könnte das sehen.«

Zwei Tage später tönte aus seinem Zimmer das Lied *All By Myself*. Zunächst lief nur die Originalversion in Dauerschleife, aber als dann auch noch Cover-Versionen, eine davon in Spanisch und eine in mongolischem Kehlkopfgesang, dazukamen, rief Peymakalir erneut Azazel um Hilfe, der aber ebenfalls keine Idee hatte, wie er seinen Herrn trösten konnte.

In der ganzen Zeit hatte Mephy kaum etwas gegessen, nur ein Drittel der von Peymakalir zubereiteten Gerichte hatte er überhaupt gekostet. Sie fürchtete schon, etwas falsch zu machen, aber Azazel konnte sie beruhigen, dass mit dem Essen alles in Ordnung war. Mephy schien lediglich keinen Appetit zu haben. Zumindest glaubten sie das, bis er irgendwann in die Küche gestürmt kam, das ganze Eis aus dem Gefrierfach mitnahm und zurück ins Schlafzimmer verschwand. Zehn Minuten später hörten sie ihn schluchzen und fluchen, weil die Hölle zu warm war für das Eis, das einfach geschmolzen war.

Aber dann, nach einigen Wochen, hatte Azazel doch endlich die Gelegenheit, seinen Herrn aus der Starre zu befreien. Er verzog ein wenig das Gesicht, als er durch einen fast betthohen Berg von Tüchern watete, mit denen der Teufel sich offenbar die Tränen abgewischt hatte, riss mit überdurchschnittlich guter Laune die Vorhänge im Schlafzimmer auf, und ein warmes Licht blendete Mephy.

»Mach das wieder zu.«

»Nein, Sir, das wäre nicht angemessen. Immerhin habt Ihr einen Besucher.«

»Ich will niemanden sehen«, sagte Mephy und vergrub sich wieder unter der Bettdecke.

»Sir, ich bin mir ziemlich sicher, dass Ihr diesen Besucher doch sehen wollt.«

Mephy wurschtelte weiter an der Decke herum und ignorierte Azazels Worte.

»Ist schon gut, Azazel. Ich denke, ich kann ab hier übernehmen.«

Die Stimme klang vertraut. Weiblich. Sanft. Freundlich. Mephy hörte nur noch das leise Flattern von Azazels Flügeln, als er sich aus dem Raum entfernte, dann Schritte, die auf das Bett zukamen. Schließlich spürte er das Gewicht der Besucherin, als sie sich aufs Bett setzte.

»Kommst du unter der Decke auch mal wieder vor, oder ist meine Strafe in der Hölle, hier ewig warten zu müssen?«

Mephy zappelte sich frei und richtete sich auf. Sein Mund stand offen, als er Isa am Ende des Bettes sitzen sah. Sie lächelte ihn an, dieses schiefe Grinsen, das er an ihr von Anfang an gemocht hatte. Er sprang förmlich nach vorne und fiel ihr um den Hals. Nach einer kurzen Umarmung nahm er ihren Kopf zwischen beide Hände und gab ihr einen langen Kuss.

»Ich dachte, ich würde dich nie wiedersehen.«

Sie lächelte wieder schief. Dann küssten sie sich gleich noch einmal.

»Aber wie ... ich dachte ...«

»Offenbar ist es nicht gern gesehen, wenn man einem Engel mit der Faust ins Gesicht schlägt.«

»Du hast was?« Mephy musste lachen.

»Wie sich herausstellte, ist es im Paradies sterbenslangweilig. Die ganze Zeit auf einer Wiese rumliegen und sich in der Liebe Gottes sonnen, oder was auch immer das sein soll ... nichts für mich. Und diese Engel, die fast nichts anderes als Hosianna von sich geben, sind mir schon nach fünf Minuten auf den Geist gegangen.«

»Und nur deswegen hast du ...«

»Nein, natürlich nicht. Wie sich herausstellte, habe ich jeden Augenblick an dich gedacht. Ich hab dann nicht lange gebraucht, um zu merken, dass sich die Ewigkeit auch wirklich wie die Ewigkeit anfühlen kann.«

Mephy lächelte.

»Aber noch viel entscheidender war eigentlich, dass ich ein paar Engel habe reden hören. Sie haben sich darüber aufgeregt, dass die Hölle komplett umorganisiert und die Folter abgeschafft werden soll.«

Mephy verzog das Gesicht. »Das stimmt nicht hundertprozentig.«

»Ich weiß«, sagte Isa. »Aber so wusste ich, dass du es ernst meintest, als du mir davon im Krankenhaus erzählt hast. Und da konnte ich dann erst recht nicht mehr aufhören, an dich zu denken. Also dachte ich, dass ich lieber zu dir komme. Das Paradies hat sich ohne dich wie die Hölle angefühlt.«

Mephy grinste. »Wenn ich du wäre, müsste ich jetzt sagen, dass das ganz schön kitschig ist.«

»Ja, ich schätze, das stimmt.«

Mephy sprang auf. »Ich ... ich muss dir alles zeigen. Dir alle vorstellen. Azazel muss ...«

»Aufräumen, schätze ich.« Sie sah auf den Boden mit den benutzten Tüchern und schüttelte den Kopf. »Ohne Azazel wäre ich vermutlich gar nicht hier.«

Mephy stutzte. »Wie meinst du das?«

»Als ich in der Hölle ankam, wollte mich ein Dämon in irgendein Säurefass stecken. Offenbar ist das Schlagen von Engeln eine schlimme Sünde. Hätte ein Kollege ihm nicht gesagt, dass Azazel nach mir suchte, würde ich jetzt vermutlich irgendwo gefoltert. Und ich dachte, ihr wolltet das abschaffen.«

Mephy winkte mit dem Finger. »Die Folterstrafen sind abgeschafft, aber natürlich nicht für die ganz besonders schweren Delikte. Allerdings wusste ich bisher auch nicht, dass das Schlagen von Engeln dazugehört. Das ist einfach noch nicht vorgekommen.«

»Okay«, sagte Isa. »Auf jeden Fall hat man mich dann zu Azazel gebracht, der mich hierherbegleitete.«

Mephy rief Azazel herbei, der geruhsam durch die Tür schwebte, als hätte er davor gewartet.

»Womit kann ich dienen, Sir?«

Mephy sprang vom Bett auf, zog ihn zu sich heran und umarmte ihn, wobei er den kleinen Körper fast zerquetschte. »Danke. Vielen Dank.«

Die kleinen Flügel des Dieners flatterten erst wie wild, aber als er merkte, dass er sicher auf Mephys Arm lag, beruhigte er sich und erlaubte sich ein Lächeln. »Das bedeutet mir sehr viel, Sir.«

Mephy ließ ihn los, und Azazel flatterte wieder in die Luft. »Wenn ich dich trotzdem bitten könnte, Peymakalir zu sagen, dass sie mir meine Sachen bringt, damit ich Isa alles zeigen kann.«

»Oder«, unterbrach Isa, »wir verschieben das um eine Stunde.« Sie warf Mephy ein schiefes Lächeln zu. »Sagen wir, zwei.«

»Was hast du denn vor?«, fragte Mephy.

Sie griff sein Pyjamaoberteil und zog ihn zum Bett. »Mir scheint, als wäre da noch etwas, zu dem wir nie gekommen sind.«

Mephy lächelte, als er auf die Matratze fiel.

Isa setzte sich auf ihn und begann, ihm das Hemd aufzuknöpfen. »Und du enttäuschst mich besser nicht, denn ich bin extra wegen dir in die Hölle gekommen.«

»Bisher hat sich noch keine beschwert.«

Isa hielt inne. »Du bist der Höllenfürst. Meinst du wirklich, eine hätte sich beschwert?«

»Na ja, bei den ganzen Frauen hätte doch sicherlich mal eine was gesagt.«

»Was genau meinst du mit ›den ganzen Frauen‹? Von wie vielen reden wir hier?«

Mephy zuckte mit einem Augenlid. »Ähm, das tut doch nicht wirklich was zur Sache, oder?«

Isa schaute ihn ernst an. »Wie viele?«

Mephy biss sich auf die Unterlippe, aber Isa verschränkte die Arme. »Ist ja nicht so, dass ich Buch führen würde.«

»Na, so Pi mal Daumen.«

»Was, wenn die Zahl hoch ist? Du musst verstehen, Frauen werfen sich mir hier förmlich an den Hals. Ich bin eben der Teufel.«

»Wie viele?«

Mephy zog eine Grimasse und wollte nicht mit der Sprache rausrücken, aber Isa ließ ihm keine Wahl.

»43.956.«

Isa riss die Augen auf. »Wie bitte?«

»So ungefähr. Du musst verstehen, ich bin schon eine Weile hier der Chef und …«

»Heilige Scheiße!«

Mephy hob nur beide Daumen in Richtung seines Gesichts und sagte: »Teufel.«

»Dir ist schon klar, dass das von jetzt an ausfällt? Ich meine, das hier hat dir zu genügen.« Sie zeigte mit den Händen ihren Körper hinunter.

Mephy lächelte. »Ich glaube, das ließe sich einrichten.«

»Es sei denn, ich habe vielleicht doch mal Lust auf einen Dreier. Dann kann ich das vielleicht verzeihen.«

Azazel räusperte sich.

»Was machst du denn noch hier?«, fragte Mephy.

»Ich war noch nicht entlassen, als die Lady plötzlich anfing … nun ja. Und ich war mir nicht sicher, ob …«

»Apropos Dreier«, sagte Isa. »Obwohl ich mich frage, wie das bei der Größe …«

»Ich will von einem Dreier nichts mehr hören!«, sagte Mephy, und Isa setzte wieder ihr schiefes Grinsen auf.

»Dann werde ich mich wieder meinen Aufgaben widmen.« Azazel verneigte sich. »Lady. Sir.«

»Du brauchst mich doch nicht Lady zu nennen, Azazel.«

»Ich denke schon, Lady.« Er lächelte und löste sich dann in einer Rauchwolke auf.

Isa hustete. »Ist das immer so?«

»Mit dem Rauch?«, fragte Mephy. »Ja. Und man gewöhnt sich nur schwer daran.«

Sie schauten sich an. Isa lächelte. »Also, wo waren wir?«

NACHWORT

So, da wären wir wieder mal am Ende eines Buches. Traditionsgemäß müsste ich im Nachwort den Lesern danken, dass sie das Buch nicht geklaut haben. Das habe ich nämlich in den letzten beiden Romanen auch schon gemacht. Aber wenn ich das wieder tun würde, wäre es langweilig, oder? Stattdessen könnte ich über was ganz anderes reden.

Zum Beispiel über Schuppentiere! Kennen Sie Schuppentiere? Im Englischen haben die den schönen Namen Pangolin. Sehen ein wenig aus wie eine Mischung aus Gürteltier und Tannenzapfen. Sind vom Aussterben bedroht, weil die wohl einerseits lecker sind und andererseits in der chinesischen Medizin verwurstet ... na ja, verwendet werden. Vermutlich weil irgendwer denkt, dass die ordentlich Tinte auf den Füller geben, falls Sie verstehen, was ich meine. Um mal die Brücke zum Buch zu schlagen: Leute, die gefährdete Tiere jagen, nur weil sie irgendwelche Potenzmittelchen daraus machen wollen, haben mit Sicherheit auch einen Platz in der Hölle verdient. Genauso wie Leute, die Bücher aus dem Laden stehlen oder illegal herunterladen.

Verdammt, jetzt habe ich es wieder getan.

Nun denn ... Danke, dass Sie das Buch gekauft oder geliehen haben. Sie helfen mir dabei, meinen extravaganten Lebensstil zu erhalten, der im Wesentlichen daraus besteht, vor dem Rechner zu sitzen und merkwürdige Geschichten zu ersinnen.

Im Folgenden will ich noch ein paar anderen Leuten danken, aber wenn Sie Otto Normalleser sind, interessiert Sie das vielleicht gar nicht. Also können Sie ruhig weiterblättern und sich die Werbung für die anderen Bücher ansehen. Die sind alle total super! Bestimmt! Die Autoren haben sich die Finger blutig geschrieben, um Ihnen echte Kracher zu liefern! Versprochen!

DANKSAGUNG

Mein Dank geht an die Verlage dotbooks und Schwarzkopf & Schwarzkopf, die meine Merkwürdigkeiten verlegen.

Vielen Dank an Ilona und Jeannette, die irgendwie mit mir als Klienten klarkommen.

Besten Dank an Tim, meinen Hauptansprechpartner bei dotbooks, bei dem ich mich auch für die grauen Haare entschuldigen möchte, die ich ihm bestimmt schon beschert habe.

Großen Dank an Ralf, der es irgendwie schafft, dass mein Geschreibsel Sinn ergibt, und mich manchmal darüber wundern lässt, was für Sätze ich da eigentlich gebaut habe.

Zuletzt noch ganz besonderer Dank an Bianca, die bei Erscheinen dieses Buchs hoffentlich »Ja, ich will« gesagt hat und damit nicht die Ente süßsauer beim Chinesen gemeint hat. Danke für die offenen Ohren und den Austausch, der mich vor den allzu überdrehten Ideen rettet.

Und vielen Dank natürlich an die Fans, die mir auf Facebook folgen. Sollten auch Sie dort mit mir in Kontakt treten wollen, schauen Sie gerne vorbei:
www.facebook.com/SebastianNiedlich.Autor/
Ansonsten können Sie natürlich auch gerne mal auf meiner Website vorbeischauen: www.sebastianniedlich.de

Macht's jut,
Sebastian Niedlich

SCHWARZKOPF & SCHWARZKOPF

DER TOD UND ANDERE HÖHEPUNKTE …

EINE UNGEWÖHNLICHE KOMÖDIE MIT VIEL HERZ, DIE EINFACH SPASS MACHT
BEIM LESEN KURZWEILIG IST UND FESSELT.

DER TOD UND ANDERE HÖHEPUNKTE MEINES LEBENS
ROMAN
Von Sebastian Niedlich
328 Seiten, Taschenbuch
ISBN 978-3-86265-483-3 | Preis 9,99 €

»Eine sehr fantasievolle und alles andere als langweilige und vor allem sehr amüsante Geschichte, in der der Tod nicht nur Angst und Schrecken verbreitet. Ganz im Gegenteil, ist er durchaus sympathisch, wenn man ihn so als Typ betrachtet. Schwarzer Humor mit vielen Momenten zum Lachen, aber auch mit nachdenklichen Situationen, die zeigen wie vergänglich das Leben doch ist.«
Eichsfelder Nachrichten

»Spätestens seit dem Spielfilm ›Rendezvous mit Joe Black‹ aus dem Jahre 1998 wissen wir, dass Menschen im Angesicht des Todes eine andere Sichtweise auf Dinge bekommen – viele Dinge, die bislang für wichtig gehalten wurden, sind es plötzlich nicht mehr – andere umso mehr. Ein junger deutscher Schriftsteller namens Sebastian Niedlich nahm sich jetzt auf ungewöhnliche Weise des Themas an – Ein gelungenes Debüt!« Fuldaer Zeitung

WWW.SCHWARZKOPF-SCHWARZKOPF.DE

SCHWARZKOPF & SCHWARZKOPF

UND GOTT SPRACH: ES WERDE JONAS

DAS KANN JA HEILIG WERDEN ... NACH »DER TOD UND ANDERE HÖHEPUNKTE MEINES LEBENS« DER NEUE ROMAN DES BESTSELLERAUTORS SEBASTIAN NIEDLICH!

UND GOTT SPRACH: ES WERDE JONAS
ROMAN
Von Sebastian Niedlich
304 Seiten, Taschenbuch
ISBN 978-3-86265-499-4 | Preis 9,99 €

Manchmal hat man einen schlechten Tag. Manchmal hat man auch einen SEHR schlechten Tag. Und manchmal wird man von einer herabstürzenden Kirchturmspitze zerquetscht. Das genau passiert Jonas, und damit könnte diese Geschichte nun auch schon wieder vorbei sein. Aber Gott (die Älteren unter uns werden sich erinnern: der Allmächtige) hat andere Pläne – denn Jonas ist der neue Messias. Und so wird er von den Toten erweckt. Die Ärzte, die Medien und eine stetig wachsende Zahl begeisterter Gläubiger drehen durch. Und Jonas? Der will eigentlich nur seine Ruhe haben. Und auf gar keinen Fall will er irgendein Wunder wirken! Aber es kommt anders ...

Eine rabenschwarze Komödie mit Herz und leicht lädiertem Heiligenschein – vom Autor des Bestsellers DER TOD UND ANDERE HÖHEPUNKTE MEINES LEBENS.

WWW.SCHWARZKOPF-SCHWARZKOPF.DE

SEBASTIAN NIEDLICH, 1975 in Berlin-Spandau geboren, ist Autor aus Überzeugung und schrieb zahlreiche Drehbücher. Er lebt in Potsdam. Bei Schwarzkopf & Schwarzkopf veröffentlichte Sebastian Niedlich bereits die Romane »Der Tod und andere Höhepunkte meines Lebens« und »Und Gott sprach: Es werde Jonas« sowie die Kurzgeschichtensammlung »Am Ende der Welt gibt es Kaffee und Kuchen«.

Sebastian Niedlich
DICKER TEUFEL UMSTÄNDEHALBER
IN LIEBEVOLLE HÄNDE ABZUGEBEN
Roman

Genehmigte Lizenzausgabe | © der Printausgabe
Schwarzkopf & Schwarzkopf Verlag GmbH, Berlin 2017
ISBN 978-3-86265-651-6
Die Originalausgabe erschien als E-Book bei dotbooks (www.dotbooks.de)
© 2017 dotbooks GmbH, München | Alle Rechte vorbehalten. Dieses Werk ist urheberrechtlich geschützt. Jede Verwendung, die über den Rahmen des Zitatrechtes bei korrekter und vollständiger Quellenangabe hinausgeht, ist honorarpflichtig und bedarf der schriftlichen Genehmigung des Verlages.
Redaktion: Ralf Reiter | Titelbildgestaltung: Nele Schütz Design, München, unter Verwendung von Bildmotiven von shutterstock/drwkman, shutterstock/Boguslav Mazur, shutterstock/Studio Barcelona, shutterstock/Lisa Kolbasa, shutterstock/Peter Hermes Furian

KATALOG
Wir senden Ihnen gern kostenlos unseren Katalog.
Schwarzkopf & Schwarzkopf Verlag GmbH
Kastanienallee 32, 10435 Berlin
Telefon: 030 – 44 33 63 00
Fax: 030 – 44 33 63 044

INTERNET | E-MAIL
www.schwarzkopf-schwarzkopf.de
www.facebook.com/schwarzkopfverlag
info@schwarzkopf-schwarzkopf.de

mir als Bestes und zugleich als Schlechtes eine Zunge bringst?" „Von der Zunge", erwiderte er, „kommt das Beste wie das Schlechteste"[1]). Der Tabita, die naturgemäss mehr in den Hintergrund tritt, wird ihre sorgsame Achtsamkeit auf religiöse Vorschriften nicht minder nachgerühmt, als dass sie sich treulich bedacht zeigte, ihrem Herrn keinen unnöthigen Schaden zu bereiten[2]).

Ebenso ehrend für Tabi wie bezeichnend für die unbefangene Gerechtigkeit, welche der Talmud dem Sklavenstande widerfahren lässt, ist der Ausspruch: „Viele Nachkommen des Kanaan waren würdig, Lehrer in Israel zu sein, wie Tabi der Sklave des R. Gamaliel; nur die Schuld ihres Stammvaters[3]) bildete das Hinderniss."

---

[1]) Vgl. Sprüche 18, 21; J. Nidda 49b; J. Sukka 52d. Berachot 16b. Semachot I, 8 bis Schluss, Leviticus Rabba 33.

[2]) Nidda 6b, J. Nidda 49d; Leviticus Rabba 19.

[3]) Kanaan cf. S. 5.

nahm, betete sie mit erhabener Resignation: „Möge es Gottes Wille sein, dass die Engel obsiegen[1]".

Würdig schliesst sich dieser Sklavin des Rabbi das edle Sklavenpaar des R. Gamaliel an, Tabi und Tabita. Sie erfreuten sich allgemeiner Achtung und Beliebtheit in so hohem Maasse, dass man sie Abba (Vater) und Imma (Mutter) nannte, Ehrennamen, welche gemeiniglich nur Freien beigelegt wurden. Ihre ausgezeichnete Treue und ihre edle Natur lässt sich aus dem Verhalten ihres Herrn gegen sie erschliessen. Als Tabi starb, betrauerte ihn R. Gamaliel in derselben Weise, wie man einen Freien betrauert, obgleich gewisse Formen der Trauer bei dem Tode von Sklaven untersagt waren, damit man sie nicht für Israeliten halte und mit ihren Nackommen eheliche Verbindungen schliesse[2]).

Anerkannt und hervorgehoben wird Tabi's Lerneifer, welcher ihn keine Unannehmlichkeit scheuen liess, wenn er nur den gelehrten Gesprächen seines Herrn mit anwohnen konnte; ebenso gerühmt wird seine Religiosität: er habe sich auch solchen religiösen Pflichten unterzogen, die ihm als Sklaven nicht oblagen. R. Gamaliel liess dies gern geschehen. Auf den Vorwurf aber, dass er ja den Sklaven dem Israeliten gleichstelle, erwiderte er: „Mein Sklave Tabi ist nicht wie andere Sklaven. Er ist ein frommer Mann." Er nennt ihn auch einen Gelehrten. Und von dessen edlem, sinnigen Humor berichtet folgende Anekdote: Sein Herr[3]) schickte ihn auf den Markt mit dem Auftrage, ihm das Beste zu kaufen. Da brachte er ihm eine Zunge. Dann erhielt er den Auftrag, das Schlechteste zu kaufen. Er brachte wieder eine Zunge. „Wie kommt es, dass du

---

[1]) Ketubot 104a.
[2]) S. Berachot 16b. Tosafot ד"ה אין שימד. —
[3]) Dort ist R Simeon bei Gamaliel genannt, dessen Sklave auch Tabi genannt worden sein mag, sowie man überhaupt, wie es scheint, einen braven Sklaven Tabi zu nennen pflegte. cf. Semachot I 8, J. Gittin 43d.

bleiben anregen wollte, sprach sie: „Man hole einen zweiten Krug, damit Alat in demselben dahinschwimme, wie ein Schiff, das ins Meer hinaussegelt¹). Und ganz der matronenhaften Würde ihrer Persönlichkeit entspricht es wiederum, wenn sie einem Manne, der zuviel Sorgfalt auf die Frisur verwendet, kühnlich seine Eitelkeit verweist²). Ihr tiefes Verständniss für die Aussprüche der Gesetzeslehrer und zugleich ihre sinnige Auffassung von dem rechten Verhalten der Eltern gegen ihre Kinder bekundete sie bei folgendem Vorfalle. Sie sah einen Mann, der seinen erwachsenen Sohn mit Schlägen züchtigte. Dieses ist von den Tanaiten auf Grund des Satzes: „Du sollst dem Blinden keinen Anstoss in den Weg legen³)", verboten, weil der Sohn hierdurch zur Verletzung der dem Vater schuldigen Ehrfurcht gereizt wird. Daher war sie auch über das Verfahren des harten Mannes empört und rief entrüstet aus: „Der Mann sei im Banne!" Und ihr Wort hatte solches Gewicht, dass, wie R. Samuel ben Nachmani erzählt, die Rabbinen diesen Mann drei Jahre lang als mit dem Bann belegt erachteten⁴). Ihren frommen Sinn, hohen Geist und zugleich ihre Verehrung und begeisterte Anhänglichkeit an ihren Herrn offenbarte sie, als dieser sterbenskrank war und darob unter seinen Jüngern die höchste Bestürzung herrschte. Voll Gottvertrauen betete sie also: „Die Engel verlangen meinen Herrn und die Menschen verlangen meinen Herrn. Möge es Gottes Wille sein, dass die Menschen obsiegen." Als sie aber darauf die grossen Schmerzen ihres Herrn wahr-

---

[1] Erubin 53b.
[2] Rosch-haschana l. c.
[3] 3. Mos. 19, 14.
[4] Moëd katon 17a. J. Moëd katon 81d findet sich eine ähnliche Erzählung: Eine Sklavin aus dem Hause des Bar Bata ging an einem Lehrhause vorbei und sah, wie ein Lehrer eines der Kinder mehr als billig schlug. Da rief sie ihm zu: „Der Mann sei im Banne!" Und R. Acha erklärte das Wort der Sklavin für verbindlich.

bürtige. Die Frau des R. Jose schalt ihre Sklavin. R. Jose kam dazu und verwies es seiner Frau. Diese machte ihm darüber Vorwürfe, dass er sie in den Augen ihrer Sklavin erniedrige. Er aber sprach: „Hat nicht Hiob gesprochen: „Wenn ich das Recht meines Sklaven und meiner Sklavin verachtete, so sie einen Streit mit mir haben — was thäte ich, wenn Gott sich erhübe, und wenn er ahndete, was würde ich ihm erwidern"[1])?

Geradezu verherrlicht wird von der Tradition die Sklavin des Rabbi. Sie tritt uns als eine matronenhafte Gestalt voll Würde entgegen, der es aber auch an Zügen liebenswürdiger Anmuth nicht gebricht. Die Art, wie ihr Herr und dessen Jünger mit ihr verkehren, gemahnt an nichts weniger als an ein Sklavenverhältniss. In familiär vertraulicher Weise sehen wir den Fürsten ihr darüber Belehrung ertheilen, dass man auch die Thiere schonend und mit Liebe zu behandeln habe. Gottes Erbarmen erstrecke sich über alle seine Geschöpfe[2]). Mit einem Behagen, welches Achtung voraussetzt, wird berichtet, wie die gelehrten Schüler des Rabbi aus ihren Gesprächen über Worte Aufklärung schöpfen, die ihnen in Bibel und Gesetzeskunde entgegentreten und deren Bedeutung ihnen bis dahin unbekannt geblieben war[3]). Sie nimmt die ehrenhafte und vertrauensvolle Stellung einer treuen und geachteten Hausverwalterin ein und schaltet im Hauswesen mit grosser Selbständigkeit. Durch wohlwollenden Humor und anmuthigen Witz weiss sie auch ihre unliebsamen Anordnungen gefällig zu machen. Wenn sie bei einem Gelage die Jünger bedeuten wollte, es sei des Guten genug geschehen, pflegte sie witzig zu sagen: „Alat (das Schöpfgefäss) klopft bereits am Boden des Kruges, die Adler mögen in ihre Nester heimfliegen." Wenn sie dagegen dieselben zu längerem Ver-

---

[1]) Genesis Rabba c. 48.
[2]) Baba mezia 85.
[3]) Rosch-haschana 26b.

nicht zu entziehen brauche. Insbesondere wird berichtet, dass man von Garmana, dem Sklaven des R. Jehuda, Techelet zur Anfertigung der Schaufäden kaufte, obgleich die Händler betrügerischer Weise unter diesem Namen קלא אילן (Indigoblau) zu verkaufen pflegten¹). R. Jochanan erlaubte, von dem Sklaven des R. Levi nach dem Tode des letzteren Asant zu kaufen, welches von einem Heiden zu kaufen nach der Mischna verboten ist. Aber man ging noch weiter. Es ist bekannt, dass die Chaberim („Genossen", in religiösen Dingen besonders peinliche Personen) sich insbesondere durch strenge Beobachtung der Reinheitsgesetze und Gewissenhaftigkeit in der Ablieferung der von Früchten zu entrichtenden Abgaben auszeichneten. Ihr Verkehr mit Nichtgenossen (עמי הארץ) wurde dadurch vielfach beschränkt. Der Sklave eines Chaber genoss nun dasselbe Vertrauen, wie sein Herr, und dieses behielt er selbst dann noch, wenn er in den Besitz eines Nichtgenossen überging, zumal wenn er ausdrücklich erklärte, er wolle die Strenge seiner früheren Lebensweise beibehalten. So konnte es vorkommen, dass man im Hause des Herrn gewisse Speisen nur dann geniessen und Früchte, welche der Entrichtung von Abgaben unterlagen, nur dann von ihm kaufen durfte, wenn der Sklave für deren religiöse Integrität mit seinem Worte einstand. Ein Sklave im Range eines Chaber! Gewiss ein Beweis weitgehenden Vertrauens²).

Die Religion, welche Gerechtigkeit und Milde gegen alle Menschen in gleichem Maasse gebietet, bewahrte die Juden vor dem Glauben, der Stand der Sklaven rechtfertige ein gegen sie begangenes Unrecht. Der Untergebene und Schwächere wird von Edeldenkenden und Zartfühlenden stets noch schonungsvoller behandelt werden, als der Eben-

---

¹) Aboda sara 39 a, Salomo Jizchaki sub voce מאנשי ביתיה, cf. Sachs, Beiträge, 1. Heft 1852, S. 132.

²) Aboda sara 39 a. J. ibid. 42 b. Tos. Demai II, 16, 17. Maim. Hilch. Maaser X, 2, 3, 4.

Sklaven hat die Sünde so tief Wurzel geschlagen, dass ihm noch im sechzehnten Geschlecht nicht zu trauen ist[1]). Hat er sich ja so sehr an ein zügelloses und unzüchtiges Treiben gewöhnt, dass ihm selbst die Freiheit verhasst ist, weil sie ihm so viele Gelegenheiten zur Befriedigung seiner Leidenschaften abschneidet. Und die so motivirte Abneigung des Sklaven gegen die Freiheit wird sogar zur Basis einer gesetzlichen Bestimmung gemacht[2]).

Auch Fleiss und Arbeitslust wird den Sklaven abgesprochen. Ihre seltsame Trägheit wird in launiger Weise durch folgenden Ausspruch gegeisselt: „Die Welt hat zehn Maass Schlaf erhalten. Davon haben die Sklaven für sich allein neun Mass genommen"[3]). Nicht gross dachte daher auch R. Nachman von den Leistungen seines Sklaven Dare. Er sagt von ihm, er sei das Brot nicht werth, das er verzehre. Freilich wird diesem auch nichts Gutes nachgesagt. Er soll ein grosser Schlemmer gewesen sein und sich viel in Wirthshäusern herumgetrieben haben[4]).

Dass man aber nicht den Stand als solchen blindlings verurtheilte, sondern nur seine lasterhaften Auswüchse geisselte, beweist die Bereitwilligkeit, mit welcher derjenigen Sklaven zu Ehren des Standes Erwähnung geschieht, die sich durch Rechtschaffenheit und ein würdiges Verhalten vor ihren Standesgenossen auszeichneten; beweist insbesondere die Thatsache, dass edle Sklaven sogar Gegenstand idealisirender Volkssagen wurden.

Man brachte vertrauenswürdigen Sklaven gebührendes Vertrauen entgegen und setzte sogar allgemein fest, dass der Sklave eines in religiösen Dingen zuverlässigen Herrn selbst als zuverlässig anzusehen sei, und man ihm selbst nach dem Tode seines frommen Herrn das Vertrauen

---

[1]) J. Ibid. אל האמין בעבד עד שטה עשר דור.
[2]) Gittin 13a.
[3]) Kidd. 49b.
[4]) Baba mezia 64b.

ein angesehener Priester zur Zeit des Jeremia[1]), soll vierhundert (viertausend) Sklaven gehabt haben, und ein Priester, der ein unbescheidenes Wesen an den Tag legt, stamme sicher von diesen ab[2]).

Mehr aber als jede andere Untugend wird ihre sexuelle Ausgelassenheit gegeisselt. „Wo viel Sklavinnen, da ist viel Unzucht[3]). Wenn du eine erwachsene Tochter hast, so schenke deinem Sklaven die Freiheit und gieb ihn ihr zum Gatten[4])." Indessen wird es damit seine guten Wege gehabt haben, und dieser gute Rath wird wohl nicht zu oft befolgt worden sein, da man auch noch mit Freigelassenen eine eheliche Verbindung scheute. Rechtlich war der Freigelassene zwar ganz und gar dem Israeliten gleichgestellt. Mit seiner Freilassung war jede Beziehung zu seinem früheren Herrn abgebrochen. Von einem Patronatsverhältniss, wie bei den Römern, ist bei den Juden keine Rede. Auch im Punkte der Ehe wird er, wie jeder andere Proselyt, behandelt. Aber die Ehe hat ja auch eine ethische Seite. Und in diesem Punkte waren die Juden stets peinlich. Da konnte man bei aller Toleranz den Freigelassenen doch ihre frühere Stellung nicht vergessen; nicht weil sie social eine niedrige war, sondern weil sie zu allen möglichen Lastern Gelegenheit und Anreiz bot. Sie stehen noch unter den Nachwirkungen des Fluches, den ihr Stammvater sich durch die Verletzung der Pietät gegen seinen Vater zugezogen hat. Darum wurden sie mehr gemieden, als der bekehrte freie Heide[5]). Die Heidin steht unter dem Schutze ihrer Angehörigen, die Sklavin nicht[6]). Und auch im Herzen des

---

[1]) Jer. 20, 1.
[2]) Kidd. 70b.
[3]) Abot l. c.
[4]) Pesachim 113a.
[5]) Horajot 13a: זו היתה בכלל ארור וזו לא היתה בכלל ארור cf. 1. Mos. 9, 25.
[6]) Babli l. c. J. Horajot 48b הגיורת בחזקת משתמרת ומשוחררת בחזקת הבקר.

es viele andere Aussprüche, welche ein beredtes Zeugniss für die Geringschätzung und das Misstrauen der öffentlichen Meinung gegen den Sklavenstand ablegen.

Die Sklaven werden der Unredlichkeit und besonders des Stehlens bezichtigt: „Wo viel Sklaven, da ist viel Diebstahl[1]." Man soll daher kein Depositum von ihnen übernehmen und nichts von ihnen kaufen. Denn was sie haben, ist gewöhnlich gestohlenes Gut. Nur wenn sie öffentlich einen Handel betreiben, darf man annehmen, dies geschehe im Auftrage und zu Gunsten des Herrn[2]). In Palästina war die Unzuverlässigkeit und Unglaubwürdigkeit der Sklaven sprichwörtlich (לית הימנותא בעבדא)[3]). „Fünf Dinge hat Kanaan seinen Söhnen aufgetragen: Liebet einander, liebet den Raub, liebet die Unzucht, hasset euren Herrn und redet nicht die Wahrheit"[4]). Und diese ihre mangelhafte sittliche Qualification ist auch der ursprüngliche Grund, warum man ihrer Aussage vor Gericht, in allen Fällen, wo ein vollgiltiges Zeugniss erforderlich war, keine Beweiskraft einräumte[5]). Später wurde noch nach dialectischen Gründen für die Ungiltigkeit ihrer Aussagen als Zeugen gesucht[6]). Ihren schlechten sittlichen Eigenschaften entspricht auch ihr äusseres Benehmen, ihr Betragen. Sie sind unbescheiden und dreist. Ein Sprichwort sagt: רוב עבדים גאים „Die meisten Sklaven sind frech"[7]). Paschur, Sohn Immers,

---

sprochenen Danksagung: „Dass du mich nicht unwissend hast sein lassen" שלא עשני בור Menachot 43b.

[1]) Abot 2, 8.
[2]) Tosefta Baba kama XI, 1, 5, 7.
[3]) B. Mezia 86b.
[4]) Pesachim 113b.
[5]) Rosch-haschana 22a, wo dies gesetzlich bestimmt wird, werden sie denjenigen angereiht, deren Zeugniss deshalb als ungiltig erklärt wird, weil sie ein unredliches Gewerbe betreiben.
[6]) Baba kama 88a.
[7]) J. Kidd. 66c.

erhielten ihren Bedarf für eine Woche oder gar für ein ganzes Jahr auf ein Mal geliefert, so dass sie eine eigene Wirthschaft führten. Dies wird wohl bei verheiratheten Sklaven gewöhnlich geschehen sein [1]). Das Maass dieser Lieferungen war natürlich je nach den Vermögensverhältnissen des Herrn verschieden. Die Sklaven reicher Leute hatten es besser als die armen Leute, besser als ein Freier, der sich mühsam ernährte. Daher betrachtet R. Jochanan die Freilassung eines Sklaven seitens eines reichen Herrn als einen Verlust und nicht als einen Gewinn für den Sklaven und will diese Anschauung auch in der Gesetzgebung berücksichtigt wissen [2])· Dieses humane und leutselige Verhalten gegen die Sklaven ist um so mehr zu schätzen, als man deren Sittlichkeit und Würdigkeit im Allgemeinen nicht sehr hoch anschlug.

Der Sklavenstand erfreute sich nämlich keines guten Rufes [3]). Wir wollen jedoch vorweg bemerken, dass die Einfügung der Danksagung שלא עשני עבד, dass wir nicht Sklaven sind, in das Gebet keineswegs als Zeichen der Verachtung des Standes wegen seiner sittlichen Gebrechen aufgefasst werden muss. Dieser Segensspruch hat vielmehr einen religiösen Ursprung und bezieht sich auf die Thatsache, dass der Sklave nicht so viele religiöse Gebote zu erfüllen in der Lage ist, wie ein Freier [4]). Indessen giebt

---

[1]) Taanit 19b.
[2]) J. Gittin 39d.
[3]) Der Ausspruch הקורא לחברו עבד יהא בנדוי „Wer einen Freien Sklave nennt, thut ihm einen Schimpf an und verdient, in den Bann gethan zu werden" (Kidd. 28a) zeigt, dass man die Sklaven, wie natürlich, als eine inferiore Klasse betrachtete. — Der ausgesprochene Verdacht, dass ein Sklave, der an seiner heidnischen Religion festhält, bei feindlichen Nachbarn Angeberei treiben werde (weshalb solche Sklaven in Grenzstädten auch nicht gehalten werden dürfen, Jebamot 48b), lässt vermuthen, dass man zu der politischen Treue der Sklaven überhaupt kein volles Vertrauen hatte.
[4]) Die Tanaim kennen diesen Segensspruch noch nicht; erst Acha bei Jakob empfiehlt ihn seinem Sohne an Stelle der von R. Meïr ge-

Verpflichtung hierzu jemals auch nur in Frage gestellt worden wäre. Im Gegentheil. Sie wurde zu allen Zeiten ganz besonders betont. Wir begegnen hier wiederum dem willkommenen Widerspruche zwischen Jurisprudenz und praktischer Humanität[1]). Wenn der Herr auch von Seiten des Rechts zu seinem Sklaven sagen kann: „Du hast den Tag über gearbeitet, Abends gehe betteln"[2]), so spricht die Moral und Humanität: „Wer des Mitleids gegen einen Freien fähig ist, der erweist sich auch gegen einen Sklaven mildthätig"[3]). Auch war die öffentliche Mildthätigkeit eben so gehalten, sich eines verunglückten Sklaven anzunehmen, wie jedes anderen Nothleidenden[4]). Natürlich hatte der Herr volle Freiheit, die Verpflegung des Sklaven nach Belieben zu bemessen. Noth liess man die Sklaven nicht leiden. Gewöhnlich hatten sie sogar mehr als sie brauchten. Sie durften, was sie von der vom Herrn empfangenen Kost nicht selbst verzehrten, auch verschenken. Das hiess nicht Diebstahl am Gute des Herrn begehen, weil dieser es stillschweigend erlaubte und es auch üblich war[5]). Manche Herren bekundeten in der Art der Verpflegung ihrer Sklaven eine mustergültige Zartheit und Munificenz. R. Jochanan gab von Allem, was er selbst genoss, auch seinem Sklaven. Er hielt sich das Wort des Hiob gegenwärtig: „Der mich im Mutterleibe geschaffen, hat auch ihn geschaffen und uns gebildet in gleichem Schosse"[6]). Doch geschah die Verpflegung nicht immer auf die Weise, dass der Sklave an den Mahlzeiten des Herrn Theil nahm. Manche Sklaven

---

[1]) Vgl. J. Baba kama 6c. תמן במידת הדין ברם הכא במידת הרחמים. Auch sei hier auf die herrlichen Worte des Maim. am Schlusse von Hilcot Abadim hingewiesen. cf. L. Lazarus: Zur Charakteristik der talmudischen Ethik. Breslau 1877. S. 37.
[2]) Baba kama 87b.
[3]) Gittin 12a.
[4]) Gittin 12b.
[5]) Tosefta Baba kama XI. 4.
[6]) J. Baba kama 6c u. J. Ketubot 38a.

die Pflicht habe, für den Unterhalt seines Sklaven aufzukommen[1]). Dies bewirkte jedoch nicht, dass die moralische Sklaven, nicht der Herr, sondern die öffentliche Wohlthätigkeitskasse für die Differenz aufzukommen.

Auf Grund des l. c. vorliegenden Textes sind J. B. K. 6c in dem Ausspruch des R. J. die Worte ריפוי שבתו nicht zu lesen. Bei der Gewohnheit, die 5 in Frage kommenden Punkte stets zusammen zu nennen, ist es nicht zu verwundern, dass beim Memoriren auch die beiden nicht hergehörigen Worte mit untergelaufen und so in den schriftlichen Text hineingekommen sind.

Im Babli (Gittin 12b) betonte man aber gerade diese beiden Worte, erklärte in Folge dessen ריפוי auf eine wenig einleuchtende Weise und kam natürlich zu dem entgegengesetzten Resultate. Und hierauf ist es zurückzuführen, wenn dann auch an anderen Stellen im Talmud babli von Einem (Ungenannten) die Rede ist, der behauptet hätte, der Herr brauche seinen Sklaven von Rechtswegen nicht zu verpflegen. B. K. 87b; Ketubot 23a u. 58b.

Dass diese unsere Interpretation des Satzes von R. J. richtig ist, geht unwiderleglich daraus hervor, dass R. J. den sub c) citirten Satz acceptirt, oder gar wie es scheint, selbständig ausgesprochen hat. J. B. k. l. c.*)

e) Der uns vorliegende Wortlaut der Mischna Gittin I, 5 macht den Eindruck, als ob die Chachamim an die Nutzniessung der Arbeit des Sklaven nicht die Pflicht seiner Verpflegung geknüpft hätten. Die Gemara z. St. findet jedoch in den Worten nur, der Herr brauche auf die Verpflegung des Sklaven nicht mehr als den Ertrag seiner Arbeit aufzuwenden. Wir können uns der Ansicht der Gemara anschliessen, obgleich sie mit dem vorliegenden Wortlaut nicht leicht in Einklang zu bringen ist, da derselbe nicht authentisch zu sein scheint. Die Tos. I, 5 (citirt Gittin 12b) giebt der Discussion zwischen R. Meïr und dem Chachamim eine andere Wendung, so dass die Worte der letzteren nur besagen, der Sklave eines Priesters darf, wie jeder andere Nichtpriester nicht Teruma essen, sobald der Herr dessen Verpflegung nicht aus den Eigenen bestreitet, sondern ihn anweist, sich seinen Bedarf durch seiner Hände Arbeit selbst zu verschaffen.

[1]) Tosafot Ketubot 28a sub voce ודילמא nehmen an, der Herr sei auch rechtlich zur Verpflegung seines Sklaven verpflichtet. Maimonides ist in diesem Punkte inconsequent. Vrgl. Hilch. Abadim IX, 7 u. Hil. Nedarim VI, 4 ganz im Einklang mit der Quelle Nedarim 38b; Salomo Jizchaki erklärt die Stelle jedoch anders.

*) Das hier sub d angeführte verdanke ich der mündlichen Mittheilung meines Lehrers, Herrn Seminarrabbiner Dr. J. Lewy zu Breslau, dem ich an dieser Stelle für noch manche andere Anregung und Förderung bei meiner Arbeit aufrichtigen Dank ausspreche.

Auffassung war aber eben nicht vorhanden¹). Erst in ganz späterer Zeit hat sich auf dialektischem Wege auch die Auffassung herausgebildet, dass der Herr gesetzlich nicht

---

¹) Zur näheren Begründung unserer Darstellung mögen folgende Stellen besprochen werden:

a) „Wenn ein Sklave (unabsichtlich den Tod eines Menschen herbeigeführt hat, und infolge dessen von seinem Herrn weg) in eine Zufluchtsstadt geflohen ist, so ist der Herr nicht verpflichtet, ihn zu verpflegen, gleichwohl gehört der Ueberschuss seines Verdienstes über seinen Bedarf dem Herrn." Tos. Makkot II, 8, Gittin 12a. Diese Rechtsbestimmung hat nur dann einen Sinn, wenn der Herr unter normalen Verhältnissen zur Verpflegung seines Sklaven gesetzlich verpflichtet ist.

b) „R. Simeon b. Gamaliel behauptet: Während einer Hungersnoth (wo der Herr nicht die Mittel hat, seinen Sklaven zu verpflegen) kann der Sklave zu seinem Herrn sprechen: „Entweder ernähre mich oder gieb mir die Freiheit. — Die Chachamim behaupten: das bleibt dem Herrn freigestellt." Gittin 12a. Die Voraussetzung, wie oben, liegt auf der Hand.

c) „Wenn Jemand die Arbeitskraft seines Sklaven dem Heiligthum weiht, so ist nur der Ueberschuss des Arbeitsertrages nach Abzug der Verpflegungskosten für den Sklaven „heilig". Tos. Arachin III, 8. Wäre mit der Nutzniessung der Arbeit des Sklaven nicht die Pflicht seiner Unterhaltung verknüpft, so müsste der ganze Arbeitsertrag heilig sein und der Sklave wäre auf die Wohlthätigkeit angewiesen. Denselben Satz spricht Rab aus. Gittin 12a u. b. Die dort gegebenen 2 Versionen sind wohl dem Sinne nach identisch.

d) „R. Jochanan behauptet: Wenn Jemand dem Sklaven eines Anderen die Hand abhaut, so kommt der Entgelt für den Schaden (um wie viel der Sklave weniger werth geworden), für den Schmerz und die damit verbundene Beschämung des Sklaven dem Herrn zu; die Verpflegung des Sklaven wird aus der Kasse für öffentliche Wohlthätigkeit besorgt." J. Ketubot 30a. (בשם als gleichbedeutend mit שקנו ist zu streichen). Dem Sinne nach ist zu ergänzen: Die Heilungskosten und der Entgelt für Zeitversäumniss kommen dem Sklaven zugute. R. Jochanan hebt nur hervor, was dem Herrn zufällt, obgleich der Sklave der Leidende ist. Hätte nun der Herr überhaupt nicht die Pflicht, seinen Sklaven zu beköstigen, so müsste der Ersatz für die Zeitversäumniss ihm zufallen, ohne dass ihm daraus irgend eine Verpflichtung erwüchse. Thatsächlich braucht aber der Herr blos nicht mehr auf die Beköstigung seines Sklaven zu verwenden, als dieser durch Arbeit verdient. Und da im gegebenen Falle der Arbeitsertrag eben in dem Ersatz für Zeitversäumniss besteht, so hat, wenn letzterer geringer ist als der Bedarf des

An- und Auskleiden behülflich zu sein, trug ihm die Kleider ins Bad u. dgl. m.¹). Vornehmen Herren pflegte, wenn sie ausgingen, ein Sklave vorauszugehen²). Zur Tafel pflegten die Sklaven Speisen und Getränke aufzutragen und assen selbst stehend³). Die Sklaven der Priester pflegten sich auch am Tempelgesange zu betheiligen⁴).

Die Sklavinnen mussten die Haushaltung besorgen: auf der Handmühle mahlen, backen, kochen, waschen, aufräumen. Auch pflegten sie Handarbeiten anzufertigen, Wolle und Flachs zu spinnen. Und endlich wurden sie auch als Ammen verwendet⁵).

Man pflegte die Sklaven auch zu vermiethen⁶). Die männlichen Sklaven liess man auch in einem Handwerk unterrichten und dieses dann öffentlich betreiben. Sie waren Schneider, Fleischer, Bäcker, Barbiere und Bademeister⁷), aber auch Kaufleute. Sie schlossen Handelsgeschäfte im Namen ihres Herrn ab. Das pflegten namentlich die Vornehmen geschehen zu lassen, die ihren Kleinhandel selbst nicht betreiben wollten⁸).

Für die mannigfachen Dienstleistungen musste der Herr seinen Sklaven verpflegen. Hierzu war er nicht nur moralisch, sondern auch gesetzlich verpflichtet. Die moralische Pflicht ist augenfällig; die gesetzliche enthält, streng genommen, einen juridischen Widerspruch, wenn man den Sklaven als ein sachliches Eigenthumsobjekt auffasst. Diese

---

¹) Mechilta zu 2. Mos. 21; 2 u. a. O.

²) Ketubot 67b.

³) Sukka 28b; J. Pesachim 37b.

⁴) Arakin 10a; Sukka 51a; Tos. Arakin I, 15, doch ist die Relation nicht sicher.

⁵) Ketubot 59b; ibid. 30a.

⁶) Baba mezia 93a.

⁷) Mechilta zu 2. Mos. 21, 2; T. K. zu 3. Mos. 25, 39.

⁸) Baba Kama Tosefta XI, 7.

Natürlich genoss er, um die für ihn verbindlichen Religionsgesetze kennen zu lernen, auch Unterricht. Musste er ja schon bei seinem Eintritt in den Kreis der Glaubensgenossen solchen gesetzlich empfangen. Ueberdies wurde das Studium des Gesetzes bei den Israeliten stets als eine der höchsten religiösen Pflichten angesehen, und das Wissen genoss zu allen Zeiten die höchste Achtung, so dass selbst ein Bastard, der mit reichem Wissen ausgestattet ist, einem unwissenden Hohenpriester vorgezogen wird[1]). Wenn sich aber der Ausspruch findet, man dürfe seinem Sklaven keinen Unterricht ertheilen[2]), so wird hierin blos eine Warnung, sie nicht im Lehrhause unter die Zahl der Jünger aufzunehmen, zu finden sein[3]). Und den Grund hierfür bildet die Befürchtung, man könnte sie in Folge ihres Aufenthaltes im Lehrhause für freie Israeliten halten und mit ihnen eine Ehe eingehen. Aehnliche Besorgnisse gaben auch zu anderen Beschränkungen der Sklaven Anlass. So z. B. durfte man dem Sklaven eines Priesters nicht in Abwesenheit des Herrn die bestimmten Abgaben übergeben, damit er nicht das Ansehen eines Priesters gewinne[4]).

Natürlich wurden durch die Gemeinsamkeit der Religion auch die persönlichen Beziehungen des Herrn zu seinem Sklaven milder und freundlicher. Erschien ja dieser durch die Theilnahme an den Familienopfern als Mitglied der Familie.

Gewöhnlich war die Stellung des Sklaven im Hause seines Herrn die eines Leibdieners. Er pflegte diesem beim

---

[1]) Horajot 13a. Vgl. Kinjan Tora 6.
[2]) Ketubot 28a. J. ibid. 26d. J. Megilla 75a.
[3]) Diese Auffassung giebt Zadoc Kahn l. c. S. 164. En combinant les données du Talmud de Babylone avec celles du Talmud de Jérusalem, on peut conclure, ce nous semble, que l'infériorité des esclaves consistait uniquement en ce qu'ils n'étaient pas admis dans les écoles publiques destinées aux enfants (בית הספר) ce qui s'accorde, du reste, parfaitement avec les termes de la Mischna (Ketoub. II, 10).
[4]) Ketubot 28b.

Die Thatsache, dass manche Sklaven über eigenes Vermögen verfügten, dass sie also mit zu den „Besitzenden" gehörten, muss wohl ihre bürgerliche Stellung einigermassen gehoben haben. Nichts aber hat sie gesellschaftlich dem freien Manne so nahe gebracht, wie ihre Zugehörigkeit zur Volksreligion.

Zunächst war der Sabbat ebenso für den Sklaven ein Tag der Ruhe wie für den Herrn[1]). Aber auch die Mitfeier der übrigen Feste war ihm gesichert. An den Wallfahrtsfesten zog er mit nach Jerusalem und nahm Theil an den Opferfreuden des Herrn[2]). Er konnte aber auch selbständig Opfer darbringen[3]), wie für ihn überhaupt alle diejenigen religiösen Obliegenheiten verbindlich waren, welchen sich die Frauen zu unterziehen hatten. Er durfte somit kein religiöses Verbot übertreten und musste alle Gebote üben, deren Erfüllung nicht an eine bestimmte Zeit geknüpft ist[4]).

---

[1]) Dabei wurde kein Unterschied gemacht zwischen Sklaven, die zum Judenthum übergetreten waren und solchen, die am Heidenthum festhielten. cf. Mechilta zu 2. Mos. 12, 44 u. 48. 20, 10. 23. 13. Maimonides äussert sich über die Sabbatruhe des Sklaven folgendermassen: „Wer die Absicht der Schrift begreift und sie zu erfüllen strebt, der wird sie (sc. die Sklaven am Sabbat) selbst mit einer an sich erlaubten Thätigkeit nicht anstrengen. So wird er sie nicht viel Wasser schöpfen und keinerlei grosse Arbeit verrichten lassen, die Mühe und Anstrengung bereitet; auch wird er sie nicht aus dem Schlafe wecken u. dergl., weil Gott, gepriesen sei er, gesprochen hat: „auf dass ruhen möge dein Knecht und deine Magd, wie du". Und achte auf das Wort „wie du", welches bei dem Gebot der Ruhe steht. Nun aber gar den Sklaven oder die Sklavin am Sabbat zu schlagen und zu züchtigen, das ist die Handlungsweise der Thoren, die von der Absicht der Schrift nur das begreifen, was ganz offenkundig ist. Es ist aber ein wichtiges Verbot in den Augen dessen, der die volle Absicht der Schrift begreift." R. G. A. קובץ תשובות הרמב״ם ed. Lichtenberg, Leipzig 1859.

[2]) 2. Mos. 12, 24; 5. Mos. 12, 12 u. 18; 16, 11—14.

[3]) cf. Maim. Hilchot Maaseh hakkorbanot III, 2 u. Josef Karo in seinem Commentar Keseph Mischne z. St.

[4]) Chagiga 4a u. a. O. Ein ausdrücklicher Auftrag des Herrn, ein religiöses Gebot zu erfüllen, dessen Erfüllung nur einem freien Manne obliegt, wird als Freiheitserklärung betrachtet. (Gittin 40a).

Wir gehen zu einem anderen Punkte über. Der Sklave hat kein Eigenthumsrecht, kann also keinen Besitz haben. Dieser Grundsatz wird, wie oben gezeigt wurde, theoretisch mit ausgezeichneter Exaktheit bis in seine letzten Consequenzen durchdacht und verfolgt. Plötzlich stossen wir dann auf folgende Bestimmung: Nicht allein die Frau und der Sklave eines Priesters selbst, sondern auch ihre Sklaven dürfen von den seitens der Israeliten ihrem Herrn (dem Priester) gelieferten Abgaben (תרומה) essen[1]. Es wird also stillschweigend vorausgesetzt, dass ein Sklave, wie eine Frau, im Besitz von Sklaven ist. Ebenso begegnen wir der Voraussetzung, dass ein Sklave eigenes Vermögen hat, in der Bestimmung, dass er den Werth einer Person dem Heiligthum weihen kann[2]), sowie in der Bestimmung, dass er sich an der Entrichtung der Tempelsteuer, welche jährlich im Monat Adar in der Höhe eines halben Sekel von jedem Israeliten zu zahlen war, betheiligen kann[3]). Wenn endlich die Rede von einem Herrn ist, der von seinem Sklaven Geld leiht, so kann ja weiter kein Zweifel darüber herrschen, dass die Sklaven thatsächlich eigenes Vermögen zu haben pflegten[4]). Man würde aber fehl gehen, wollte man in den angeführten Bestimmungen eine abweichende Rechtspraxis erblicken. Es dokumentirt sich hierin nichts anderes als ein Widerspruch zwischen Wirklichkeit und Theorie, zwischen dem Leben und juristischem Formalismus. Sehen wir ja, dass auch Samuel seiner Sklavin Geld gegeben hat, und das doch wohl zu freier selbständiger Verwendung. Sie hatte es ja auch durch die erlittene Beschämung persönlich verdient.

---

[1]) Jebamot 66a u. Jeruschalmi Parallelstelle. T. K. zu 3. Mos. 22, 12 ist danach zu ergänzen.

[2]) Arakin 2a, s. das. Tosafot s. v. נשים u. Tosefta I. 2, wo es ausdrücklich heisst: Wenn sie schon jetzt im Besitz des Werthes sind, haben sie sofort zu zahlen.

[3]) Schekalim I, 5.

[4]) Baba batra 51a. Vgl. auch Baba batra 51b, wo hinsichtlich der Uebernahme eines Depositums Sklave und Frau gleich behandelt werden.

testen menschlichen Empfindungen zu schonen. Samuel trug überhaupt Sorge für die Reinheit des geschlechtlichen Lebens seiner Sklaven. Jeder Sklavin bestimmte er einen seiner Sklaven zum Gatten und beugte so den misslichen Folgen der Ehelosigkeit vor. Und wenn sich auch nicht alle Herren gleich edel verhielten, so waren sie doch gehalten, dafür zu sorgen, dass mit ihren Sklavinnen kein verbotener Umgang seitens eines Israeliten gepflogen, insbesondere, dass kein öffentliches Aergerniss gegeben werde. Denn wenn ein Herr letzteres nicht verhindern konnte, war er gesetzlich verpflichtet, seiner Sklavin die Freiheit zu geben. Aus diesem Grunde wird man wohl gewöhnlich jeder Sklavin einen Sklaven zugewiesen haben, der dann ihr Behüter war[1]).

Selbstverständlich durfte kein Israelit seine Sklavin für Bezahlung zur Unzucht hingeben. Solches Geld hatte den Charakter von „Buhlerlohn" und war verpönt; es durfte zu keinem heiligen Zwecke verwendet werden[2]). Aber selbst die Vereinigung seiner Sklavin mit einem Sklaven gegen Empfang einer Bezahlung von dem Herrn des letzteren war nicht erlaubt, obgleich die Verbindung zwischen Sklaven ohne vorher abgeschlossenen Ehepakt religionsgesetzlich gestattet war[3]). Um Gewinnes willen durfte der Herr seine Sklavin nicht prostituiren.

als herrenloses Gut הפקר erklärt", die authentische, wie sich aus Gitin 38a ergiebt, wo erzählt wird, Samuel habe auch für seine Sklavin, auf deren Besitz er, nachdem sie in die Gefangenschaft geführt worden war, schon verzichtet hatte, nach deren Auslösung durch Andere eine Freiheitsurkunde nicht für nöthig gehalten. Die Authenticität dieser Erklärung geht auch daraus hervor, dass nicht nur „ein späterer Zusatz der talmudischen Diskussion", sondern auch verschiedene Amoraim denselben Wortlaut bei Rab u. R. Jochanan in demselben Sinn nahmen. cf. Gittin 38b, 39a.

[1]) Nidda 47a, Gittin 38a u. b. Es ist wahrscheinlich, dass einer solchen Vereinigung irgend eine Ceremonie oder sonstige Festlichkeit vorausging. Eine bezügliche Tradition ist mir aber nicht bekannt.

[2]) 5. Mos. 23, 19.

[3]) Temura 29a u. ibid. Tosefta IV, 6. Die Begründung, welche R. Jose in der Tosefta für seine Behauptung giebt, beweist, dass es sich hier um einen heidnischen Sklaven handelt. Vgl. Temura 30a.

wirklichen Leben, oft selbst im Widerspruch zum Gesetz, eine seltsame Milde walten. Der Einzelmensch folgt in seinem nichtjuristischen Verhalten, wo er von den freien Regungen des Gemüthes sich bestimmen zu lassen in der Lage ist, dem eigenen Gesetze liebender Menschlichkeit. Daher sind bei einer Betrachtung der gesellschaftlichen Stellung der Sklaven bei den Juden, d. h. bei einer Untersuchung der Frage nach ihrer thatsächlichen Geltung in der Gesellschaft, oft den Sklaven günstige Ausnahmen von den feststehenden Rechtslehren zu constatiren. Die wirklichen Zustände geben ein anderes, günstigeres Bild als die Summe der vorhandenen Rechtssätze.

Dies zeigt sich gleich bezüglich der Ehe. Wenn rechtsbegrifflich festgestellt ist, dass weder Sklave noch Sklavin eine verbindliche Ehe schliessen können, sollte man glauben, man habe in diesem Punkte dem Sklaven gegenüber keinerlei zarte Rücksichten zu beobachten. Wie ganz anders die Wirklichkeit! Samuel, so wird erzählt[1]), habe, als er zu wissenschaftlichem Zwecke die Brust seiner eigenen Sklavin untersucht hatte, dieselbe für die erlittene Verletzung ihrer Schamhaftigkeit durch ein Geldgeschenk zu besänftigen gesucht, obgleich er hierzu keineswegs rechtlich verpflichtet war[2]). Er stellte es als allgemein sittlichen Grundsatz hin, dass man das Schamgefühl der Sklaven nicht verletzen dürfe. Sie seien zwar Eigenthum, doch dürfe man sie nur zur Arbeit verwenden, keineswegs aber zu willkürlicher Befriedigung gemeiner Lust[3]). Auch bei ihnen sind die zar-

---

[1]) Nidda 47a.

[2]) Nidda 47a, Tosafot sub voce בדק

[3]) Nach dieser Anschauung des Samuel ist es unzweifelhaft, dass er es nicht für erlaubt hält, seinen Sklaven der Unzucht zu widmen. Wenn aber Grünebaum (Jüd. Zeitschrift, herausgegeben von Abraham Geiger, 10. Jahrg. Breslau 1872. S. 33 ff.) dieses in dem Satze des Samuel המפקיר עבדו יצא לחרות ואין צריך גט שחרור Jebamot 48a wiederfindet, so müssen wir das entschieden bestreiten. Vielmehr ist die „persönliche Erklärung, dass der Knecht ohne Freiheitsurkunde frei wird, den sein Herr

b. Die Stellung der Sklaven in gesellschaftlicher Beziehung.

Die verschiedenen Rechtsbestimmungen, welche den Personencharakter des Sklaven vor dem Gesetze konstituiren, zeigen, dass der Talmud selbst juridisch weit entfernt ist von der unmenschlichen Auffassung eines Menschen als Sache. Nichtsdestoweniger stossen wir mitunter in dem talmudischen Sklavenrecht auch auf nicht zu billigende Härten. Es wäre jedoch von vornherein falsch, an Institutionen des Alterthums die entwickelten humanen Vorstellungen unserer Zeit von der Gleichberechtigung aller Menschen, die übrigens auch noch einer weiteren Entwickelung fähig sind, als Maassstab anzulegen; insbesondere aber an talmudische Rechtsinstitutionen, die bekanntermassen nicht unwesentlich von dem römischen Rechte abhängig sind. Nur ein Vergleich mit diesem, den augenblicklich anzustellen uns versagt ist und welchen wir noch nachträglich in ausführlicherer Weise zu geben hoffen, würde dieselben ins rechte Licht setzen.

Aber noch ein Anderes ist bei Rechtsbestimmungen ins Auge zu fassen. Sie sind zwar der Ausfluss von Principien wesentlich sittlicher Natur. Bei ihrer Entwickelung aber sind, jemehr sie sich von der Quelle entfernen, desto mehr rein juristische Momente wirksam: Erwägungen formaler Art, logische Consequenzsucht. Es waltet der reine Verstand mit seinen unerbittlichen Folgerungen, die kaltblütige Theorie. Auch die Rechtspraxis steht, von diesem Gesichtspunkte aus betrachtet, nicht höher als die Theorie des Rechts. Denn sie ist allgemein, für alle gleich und darum prinzipiell. Man muss die nicht juristische Praxis, das von aller Theorie losgelöste „Leben" betrachten, um sich von den in den einzelnen Individuen wirksamen sittlichen Anschauungen, deren Summe die Volksanschauung ausmacht, eine richtige Vorstellung zu bilden.

Thun wir das für unsern Gegenstand, so sehen wir im

Danach wären die Kinder keine Bastarde. Die Entscheidung hierüber ist von der gesetzlichen Feststellung des Begriffes Bastard abhängig, wie sie Jebamot 49a gegeben ist. Die mildeste Ansicht ist die des R. Josua, welcher nur die Kinder zu Bastarden stempelt, welche einer Verbindung entsprossen, auf die der Tod durch das irdische Gericht steht. Die Amoraim sind hierüber gleichfalls getheilter Ansicht[1]). Aber selbst diejenigen, welche die Kinder einer Israelitin von einem Sklaven nicht für Bastarde erklären, stellen sie jedenfalls nicht einem ganz reinen Israeliten gleich. Ist das Kind ein Mädchen, haftet ihm doch insoweit ein Makel an, als kein Priester es heirathen darf[2]). Es könnte auffallen, dass man den Sklaven, der ja in vielen Punkten als Glaubensgenosse galt, in Ehesachen ganz wie einen Heiden behandelte. Doch gereicht diese Thatsache den sittlichen Anschauungen des jüdischen Volkes mehr zum Lobe als zum Tadel. Sie ist ein Beweis, mit welcher Umsicht und Peinlichkeit man die Reinheit des ehelichen Lebens zu wahren bemüht war. Man liess in diesem Punkte mit Recht die grösste Strenge walten und stellte die höchsten Forderungen an die Reinheit und Tugendhaftigkeit derjenigen, die man zu ehelichen Verbindungen mit den Volksgenossen zuliess. Uebte man ja diese Strenge gegen Proselyten auch nur deshalb, weil man zu der Sittlichkeit der Heiden kein rechtes Vertrauen hatte und man die Gefahr eines schädlichen Einflusses auf die Keuschheit des Familienlebens durch fremde Elemente mehr scheute, als man den Gewinn einer äusserlichen Vermehrung der Glaubensgenossenschaft durch Aufnahme von Proselyten erstrebte.

---

[1]) Vgl. Jebamot 45a u. J. Kidd. 64c u. d.
[2]) Jebamot 45a u. J. Kidd. 64d. Nur Rab. R. Jehuda und R. Matna erklären die Kinder als vollständig rein.

zu schliessen¹). Demgemäss ist auch der erste Sohn in der folgenden legitimen Ehe als Erstgeborener anzusehen²). Dieselben Bestimmungen gelten für die Kinder der Sklavin von ihrem eigenen Herrn³).

Für die Kinder einer Israelitin von einem Sklaven gilt dasselbe Gesetz, wie für deren Kinder von einem Heiden. Sie folgen der Mutter, sind also frei⁴). Welchen Charakter haben sie aber als Freie? Nach dem allgemeinen Grundsatze, dass bei Verbindungen, deren weiblicher Theil zwar nicht mit ihrem gegenwärtigen Buhlen, aber doch mit einem anderen Israeliten eine gültige Ehe schliessen kann, die Kinder Bastarde sind, müssten auch diese Kinder Bastarde sein, d. h. sie könnten mit einem Israeliten beziehungsweise mit einer Israelitin keine Ehe schliessen. Allein die Mischna⁵) beschränkt diesen Grundsatz in der Exemplificirung ausdrücklich auf Verbindungen, welche Incestvergehen bilden⁶).

---

¹) Jebamot 22a.
²) Bechorot 46a, Maim. tr. Nachlot II. 12.
³) Mechilta zu 2. Mos. 21, 4 u. Torat Kohanim zu 3. Mos. 20, 44. Doch wurde die Gültigkeit dieses Gesetzes von einigen Gaonen in Frage gestellt, indem man im Vertrauen auf die Sittlichkeit des Herrn präsumirte, er habe — da es doch in seiner Gewalt sei — vorher seine Sklavin befreit und sie zu seinem rechtmässigen Weibe gemacht. Dies geschah, als der Exilarch Bostanai (c. 660) starb und einen Sohn von einer Sklavin hinterliess, welchen die Söhne anderer Frauen als Sklaven behandeln wollten. Nichtsdestoweniger betrachtete man dieses Ereigniss als einen Makel an dem Exilarchenhause, so dass der Gaon Scherira der Zumuthung, er sei ein Verwandter Bostanai's, ausdrücklich vorzubeugen sich bemüssigt fühlt. R. G. A. Schaare Zedek S. 3a; cf. Graetz, Gesch. d. Juden, Bd. V, Note 11 u. 12.
⁴) Unmöglich ist die Behauptung, dass das Kind einer Freigelassenen von einem Sklaven Sklave sei. Tos. Kidd. V, 12, wo dieses behauptet wird, ist der Text corrumpirt. הרי זה עבד gehört zu dem vorhergehenden Passus, während das oben stehende הרי זה ממזר hier zu lesen ist. cf. Samuel Abigdor in seinem Commentar Minchat Bikkurim z. St. Danach befindet sich die Tosefta aber in Widerspruch mit der Mischna Kidd. 66b, nach welcher das Kind nicht als Bastard anzusehen ist.
⁵) Kidd. 66b.
⁶) 3. Mos. 18.

giebt es keine Kindespflicht, keine Elternpflicht, keine Ehepflicht der Gatten untereinander. Das Kind, welches seinen (Sklaven-) Vater schlägt oder schilt, wird nicht mit dem Tode bestraft[1]). Desgleichen giebt es für den Sklaven kein Incestvergehen, welches aus einem Verwandtschaftsgrade resultirt. Sein geschlechtlicher Umgang selbst mit seiner Mutter und seiner Schwester von derselben Mutter, deren Ehelichung, als unter die sieben noachidischen Gebote fallend, dem Heiden nach talmudischem Recht verboten ist, ist nicht strafbar. Dagegen wird er für Ehebruch mit einer jüdischen Frau, für Päderastie und Sodomie mit dem Tode bestraft[2]). Wenn der Sklave frei wird, muss er, da seine Kinder aus seiner Sklavenzeit gesetzlich nicht als seine Kinder angesehen werden, noch einmal heirathen[3]).

Die Kinder einer Sklavin von einem Freien sind gleichfalls Sklaven und natürlich Eigenthum des Herrn der Mutter[4]). Denn bei Verbindungen, wo die Frau überhaupt keine gültige Ehe schliessen kann, richten sich die Kinder nach der Mutter. Ist sie Heidin, sind auch die Kinder Heiden[5]). Diesen Kindern wird jede Verwandtschaft mit ihrem Vater abgesprochen. Sie haben keine Erbansprüche auf sein Vermögen, wiewohl andere illegitime Kinder ihren Vater wohl beerben. Auch durfte sich der Vater, wenn er Priester war, an der Leiche eines solchen Kindes nicht verunreinigen[6]). Blieb eine legitime Ehe dieses Vaters kinderlos, so ist seine Wittwe verpflichtet, die Schwagerehe

---

[1]) Vgl. 2. Mos. 21, 16 und 18.
[2]) Synh. 58b. cf. Josef Karo in seinem Commentar Keseph Mischne zu Mam. Hilchot Issure Bia 14. 18.
[3]) Jebamot 62a.
[4]) 2. Mos. 21. 4 wird nicht nur auf das Kind einer Sklavin von einem israelitischen Ebed, sondern auf jedes Kind der Sklavin bezogen. Jebamot 69b. רש"י ד"ה הרי זה עבד Mechilta zu 2. Mos. 21. 4 שפחה כנענית שאין לה קידושין מכל מקום ילדיה במיה
[5]) Kidd. 66b.
[6]) Jebamot 22b; vgl. 3. Mos. 21, 2.

3. Die Sklavenehe.

Für den Sklaven ebensowohl wie für die Skavin giebt es nach talmudischem Recht überhaupt keine gesetzlich bindende und gültige Ehe. Weder ihre Verbindung unter einander, noch mit Israeliten[1]), noch mit Heiden wird als legal anerkannt. Und weil sie nicht in den Kreis derjenigen gehören, die eine Ehe zu schliessen vermögen, können sie auch bei Eheacten in Vertretung eines Andern keinerlei rechtsgültige Handlung vornehmen[2]).

Die aus der Verbindung eines Sklaven und einer Sklavin desselben Herrn hervorgehenden Kinder sind Sklaven und als solche unbedingtes Eigenthum des Herrn. Diese Verbindung hat keinerlei gesetzliche Basis und darum auch keinerlei gesetzliche Consequenz. Kein verwandtschaftliches Band verknüpft vor dem Gesetz Eltern und Kinder oder die Geschwister von Sklaveneltern untereinander[3]). Hier

---

[1]) Kidd. 66b. Onkelos zu 5. Mos. 23. 18. Und weil die Ehe zwischen einem Sklaven und einer Israelitin verboten ist, darum ist der Sklave, dem sein Herr die Erlaubniss ertheilt hat, mit einer Israelitin einen Ehebund zu schliessen, frei. Die Ertheilung dieser Erlaubniss wird als Willenserklärung, dem Sklaven die Freiheit zu schenken, betrachtet. (Gittin 40a).

[2]) Kidd. 41b, Gittin 23b u. Kidd. 66b Mischna.

[3]) Jeruschalmi Gittin 45d findet sich folgende Stelle: „Die Kinder des Sklaven, der in Folge einer erlittenen Körperverletzung frei wird, bleiben Sklaven; die Kinder des Sklaven aber, der in Folge eines mentalen Verzichts des Herrn frei wird, sind mit ihm frei." R. Jose, Sohn Bun's, behauptet das Gegentheil; weil im ersten Falle der Grund zur Befreiung ein biblisch-sittlicher, im zweiten ein rein juridischer ist. Jedenfalls wird nach beiden Ansichten das Schicksal der Kinder mit dem des Vaters verknüpft. Demnach hätte der Herr kein unbedingtes, vom Vater unabhängiges Eigenthumsrecht auf die Kinder des Sklaven, und dieses lässt auf die Anerkennung auch weiterer Familienbande im Eheleben des Sklaven, also auf einen weitgehenden Gegensatz zu den Anschauungen des babyl. Talmud schliessen. Allein es ist aus der Stelle nicht klar, ob es sich um Kinder, die einer Verbindung mit einer Sklavin des gegenwärtigen Herrn entsprossen sind, handelt und nicht vielmehr um solche Kinder des Sklaven, die er schon, als er noch frei war, hatte und in das Haus des Herrn mitgebracht hat.

ständigen Befreiungsact der Loskaufung durch Geld gegenüber, hält also, wenn letztere geschehen, keinen Freibrief weiter für erforderlich; und gewiss auch nicht bei Befreiung in Folge Verletzung, wie dies R. Mëir ausdrücklich ausspricht[1]). Nach der Mischna ist also ein Freibrief nur dann nöthig, wenn der Herr seinem Sklaven die Freiheit schenkt, und wohl auch immer da, wo kein materieller Act, wie Verletzung und Loskaufung, die Freiheit bewirkt. Die Amoräer schliessen sich der Mischna an[2]). Der wesentliche Inhalt des Freibriefes sind die Worte: Du bist frei (הרי את בן חורין), du gehörst dir selbst an (הרי את לעצמך), oder auch: ich habe nichts mit dir zu schaffen (אין לי עסק בך)[3]).

Der gesetzliche Schutz von Leib und Leben des Sklaven gegen die Gewalt des Herrn, seine volle Gleichstellung mit einem Freien in jeder strafrechtlichen Beziehung, die ihm gewährte Gewissensfreiheit, die zarte Rücksichtnahme auf sein seelisches Innenleben, die Beachtung und Schonung seiner religiösen Bedürfnisse und Pflichten, sowie die mannigfache Förderung seiner Befreiung geben uns ein deutliches Bild von dem Sklaven als Person, wie sie vom Gesetz anerkannt wurde. Und dieses Bild wird selbst von den rigoroseren Anschauungen, welche innerhalb des talmudischen Rechtes betreffs der Sklavenehe vorwalten, nicht verdunkelt.

---

[1]) Gittin 42b.
[2]) Gittin 39b. 40a und b. u. a. O. R. Jochanan hält zwar das blosse Wort des Herrn für bindend, aber er scheint darin noch keinen Abschluss der Befreiung zu erblicken. Ebenso scharfsinnig als seltsam ist der Ausspruch des Amemar daselbst.
[3]) Gittin 85b. Vgl. Gittin 40b. Ueber weitere Einzelbestimmungen betreffs des Freibriefs s. Gittin 9 und 20. — Aus dem ersten Jahrhundert sind noch zwei Freibriefe vorhanden, einer aus dem Ende des zweiten oder dem Anfang des dritten Jahrhunderts und einer aus unbekannter Zeit; sämmtliche als Inschriften auf Marmortafeln in griechischer Sprache in Südrussland aufgefunden. Sie werden ausführlich besprochen von A. Harkawy, die Juden und die slavischen Sprachen, Wilna 1867, S. 77—96. Mit den talmudischen Bestimmungen stehen sie nicht in Einklang.

Nachdem wir nun einzeln die verschiedenen Veranlassungen zur Befreiung der Sklaven erwähnt haben, bemerken wir zusammenfassend, dass trotz der Grundanschauung, der Herr brauche, ausser bei erfolgter Verletzung, den Sklaven wider seinen Willen nicht frei zu geben, die spätere Rechtsentwickelung doch Fälle schuf, in denen aus rein sittlichen oder juridischen Gründen der Herr von Seiten des Gerichts gezwungen wurde, seinen Sklaven frei zu lassen[1]).

Wir fügen auch hier in Kürze das Wichtigste über die Form der Befreiung an. In der Bibel ist von einem schriftlichen Act bei der Befreiung ausdrücklich nicht die Rede. Nach dem Talmud dagegen besteht das Wesentliche des Befreiungsactes in der Ueberreichung eines schriftlichen Documents, des Freibriefes. Damit sei aber nicht gesagt, dass eine mündliche Freiheitserklärung nicht bindend ist; vielmehr haben die angeführten Fälle gezeigt, dass selbst eine anderweitige, indirecte Bekundung der Bereitschaft zur Befreiung, ja selbst ein mentaler Verzicht, der kaum als freier Willensact anzusehen ist, schon materielle Geltung hat. Wir sprechen hier bloss von dem formellen Abschluss des Befreiungsactes, welcher selbst dann nöthig ist, wenn der Sklave bereits vorher materiell im Besitz seiner Freiheit sich befindet, damit er auch dem Namen nach ganz und gar alles Sklaventhums ledig sei. Ein solcher formeller Abschluss in Form eines Freibriefes war nach R. Akiba stets nöthig, selbst bei Verletzung oder Loskaufung[2]). Ihm schliessen sich bezüglich der Befreiung in Folge Verletzung R. Ismaël (Simeon) und R. Eleasar ausdrücklich an, und man kann daraus folgern, dass sie auch bei geschehener Loskaufung einen Freibrief für unerlässlich halten. Die Mischna[3]) stellt die Uebergabe eines Freibriefes als selb-

---

[1]) Vgl. S. 27, 30, 33, 36, 39 ff., 44 Anm. 1, 50 u. 52 Anm. 4.
[2]) Gittin 39b, 42b; T. K. zu 3. Mos. 19, 20.
[3]) Kidd. 22a.

welche er nicht einem Sklaven zum ehelichen Umgang bestimmt hat, der sie vor fremden Männern beschützte, und welche durch ihr Leben in Folge dessen ein öffentliches Aergerniss geben könnte, in Freiheit setzen, damit ihre Tugend in Verbindung mit einem freien Manne Schutz finde[1]).

Die angeführten Beispiele gesetzlich gebotener Freilassung der Sklaven sind übrigens gleichzeitig Beweise, wie wenig streng man es mit der Behauptung des R. Akiba genommen hat, dass einen Sklaven zu befreien Sünde sei. Man konnte das Verbot nicht aufheben und liess darum theoretisch die Härte des Gesetzes bestehen. Durch die harte Schale bricht aber immer wieder der edle Kern humaner Gesinnung durch, welche die Sklavenbefreiung auf jede Weise begünstigt. Wahrlich, es brauchte nicht erst die Reinheit der Sitten, die öffentliche Moral und die weibliche Tugend in Frage zu kommen, damit man die Befreiung gestattete und forderte. Es bedurfte hierzu auch nicht erst einer Collision mit sonst einer allgemein menschlichen, rein sittlichen Pflicht, wie in Folgendem. Der Sklave, dessen Befreiung der Herr auf seinem Sterbelager gewünscht hat, musste von dessen Erben freigegeben werden, obgleich das Wort des Herrn die Befreiung des Sklaven, zu der ja ein Freibrief gehört, noch nicht vollendet hat, weil die Pietät es zur Pflicht macht, das Wort eines Sterbenden zu erfüllen[2]). Schon die Erfüllung eines Ceremonialgebotes war ein ausreichender Grund für die Befreiung. R. Elieser, der gleicher Meinung ist wie R. Akiba[3]), wollte beten. Es waren aber die zu einem Gemeindegottesdienste religionsgesetzlich erforderlichen zehn Personen nicht anwesend. Da befreite er einen seiner Sklaven, um die Zehnzahl zu ergänzen[4]).

---

[1]) Gittin 38a.
[2]) Gittin 42a. cf. Tosefta B. Batra IX, 10 ff.
[3]) Gittin 38b. cfr. auch oben S. 28.
[4]) Berachot 47b.

Nur war der Sklave verpflichtet, nach seiner Befreiung dem Herrn seinen Werth zu zahlen[1]).

Die Rücksicht auf die Person und Religion des Sklaven war auch das Motiv zu folgendem Gesetz: Wenn zwei Herrn einen Sklaven gemeinschaftlich besitzen, und einer von ihnen für seinen Theil dem Sklaven die Freiheit schenkt, muss dieses der zweite Herr gleichfalls thun. Damit er aber keinen Schaden leide, verpflichtet sich der Sklave zur Zahlung des halben Werthes. Die Fortpflanzung ist nämlich nach der Anschauung des Judenthums ein religiöses Gebot. Der Halbsklave aber kann eine Freie nicht ehelichen, weil die Ehe zwischen einem Sklaven und einer Freien nicht gestattet ist; er kann auch mit einer Sklavin keinen ehelichen Umgang pflegen, weil die Verbindung eines Freien mit einer Sklavin untersagt ist. Das angeführte Gesetz befreit nun den Halbsklaven aus diesem Zustande und setzt ihn in den Stand, eine Freie zu heirathen und so die religiöse Pflicht der Fortpflanzung zu erfüllen. Aus demselben Grunde hat auch die halbe Befreiung eines Sklaven, den man ganz besitzt, keine Geltung, gleichviel, ob man selbst in dem Besitz der anderen Hälfte des Sklaven bleibt, oder ob man diese durch Verkauf oder Schenkung einem Anderen zu eigne macht[2]).

Das Gericht hat, nach einem Berichte des R. Isak, den Herrn auch gezwungen, selbst einer Sklavin, die bereits zur Hälfte frei war, die volle Freiheit zu schenken. Für eine Frau ist zwar die Verehelichung kein religiöses Gebot. Da sie jedoch in diesem Zustande des Halbsklaventhums, in welchem sie sich weder mit einem Freien noch mit einem Sklaven verbinden kann, schutzlos dasteht und dem Uebermuth der Männer ausgesetzt ist, muss man sie in den Stand setzen, sich durch Verehelichung in den Schutz eines Gatten zu begeben. Daher muss der Herr auch eine Sklavin,

---

[1]) l. c.
[2]) Gittin 41a und b. S. Gittin 42a Rabba's Ausspruch.

Israelit zu werden, so erlangt er damit zugleich die Freiheit. Im jerusalemischen Talmud geschieht dieses Gesetzes nicht Erwähnung, woraus sich schliessen lässt, es habe in Palästina nicht in Geltung gestanden. Es involvirt auch eine weitgehende Beschränkung des Eigenthumsrechtes. Dieses Bedenken trat aber in Babylonien zurück gegen die höhere Rücksicht, dass man keinen Menschen behindern dürfe, die jüdische Religion anzunehmen. Die Annahme derselben schliesst aber das weitere Beharren im Sklaventhum absolut aus[1]). Dasselbe gilt von einem Sklaven, der Eigenthum eines Proselyten war, ehe dieser zum Judenthum überging, und der nun selber gleichfalls Jude wird[2]).

Auch durch die Eigenschaft des Sklaven als Glaubensbruder erlitt das Eigenthumsrecht des Herrn manche Einschränkung. Es durfte ein Israelit seinen Sklaven nicht an einen Heiden verkaufen. Geschah es dennoch, so zwang die Behörde den Verkäufer, den Sklaven selbst bei sehr hohen Forderungen von Seiten des Käufers auszulösen, und nach der Auslösung war der Sklave frei. Dasselbe geschah, wenn der Herr ihn auch nur einem Heiden als Hypothek gegeben hatte. Aber auch nicht einmal an einen Israeliten, der ausserhalb Palästinas wohnte, durfte man ihn verkaufen. Und der Herr selbst konnte, wenn er von Palästina nach ausserhalb übersiedelte, den Sklaven nicht zwingen, ihm dahin zu folgen. Im Uebertretungsfalle erhielt der Sklave gleichfalls die Freiheit[3]). In Palästina, dem heiligen Lande, zu wohnen, wurde nämlich als religiöse Pflicht angesehen. Daher musste auch einem Sklaven, der seinem ausserhalb Palästinas wohnenden Herrn entflohen war und in Palästina Zuflucht suchte, die Freiheit gegeben werden.

---

[1]) Jebamot 48a. Vgl. das., auf welche Weise der Herr die Selbstbefreiung durch das Tauchbad doch verhindern kann.
[2]) Jebamot 48a. Mechilta zu 2. Mos. 12. 48. Gerim II. Maimon. Hilchot Abad. VIII. 19.
[3]) Gittin 43b ff.

werden¹); den Wein, den er berührt, durfte man nicht trinken²). Aber gleichwohl muss der Herr den Uebertritt zur Religion dem freien Entschlusse des Sklaven anheimstellen³).

Erklärte sich der Sklave zur Annahme des Judenthums bereit, so theilte man ihm einige wichtige und weniger wichtige Gebote mit, sowie den Lohn und die Strafe, welche auf deren Erfüllung und Uebertretung gesetzt sind, damit er nicht blindlings Pflichten auf sich nehme, die er nicht kennt⁴). Durch die Beschneidung und das Tauchbad wurde er dann in den Kreis des Judenthums eingeführt und fortan als Glaubensbruder behandelt⁵), aber natürlich nicht vollständig wie ein freier Israelit; denn dann hätte er ja nicht Sklave bleiben dürfen.

Durch den Empfang des Tauchbades konnte der Sklave sich in Freiheit setzen, wenn er erklärte, er nehme dasselbe nicht, um Sklave des Israeliten zu werden (לשם עבדות), sondern um Proselyt zu werden (לשם גרות). Sein früherer Herr, der Heide, ist nämlich nicht Besitzer der Person des Sklaven, sondern nur seiner Arbeitskraft. Sein Recht auf letztere allein konnte er verkaufen. Das Tauchbad und nicht der Kauf soll den israelitischen Käufer in den Besitz der Person des Sklaven setzen. Der Sklave, als Empfänger des Tauchbades, kann dasselbe nun nach seinem Sinne deuten und nützen. Und hat er die Absicht, durch dasselbe

---

¹) מפני הפסד טהרות B. l. c.

²) Aboda zara 57a.

³) Nur R. Simeon ben Eleasar vindicirt dem Herrn in allen Fällen das Recht, seinen Sklaven zur Annahme des Judenthums zu zwingen; hält es aber für rathsamer, einen Sklaven, der nicht freiwillig übertreten will, an einen Heiden zu verkaufen. Jebamot 48a und b. cf. das. Tosafot sub voce אלא gegen Ende.

⁴) Maim. Issure bia XIV. 9.

⁵) אחיו הוא במצוות Sanh. 86a. Man legt den übergetretenen Sklaven auch die ehrenvolle Bezeichnung בני ברית bei. Mechilta zu 2. Mos. 20, 10 und 23, 12.

diese Fälle sich gehäuft zu haben, und man accommodirte sich bereitwillig den neuen Verhältnissen. Indem man die von R. Ismaël und R. Elieser ausgehende Bestimmung acceptirte und auch der Autorität ihrer Gegner gerecht zu werden suchte, stützte man sich auf Distinctionen unter Bezugnahme auf die beim Kaufe gemachten Bedingungen und setzte Folgendes fest: Man darf nur den Sklaven nicht als Heiden behalten, bei dessen Ankauf hinsichtlich seiner künftigen Religion keinerlei Abmachung getroffen wurde; denn es gilt als stillschweigende Voraussetzung, der Sklave werde zur Religion seines Herrn übergehen. Wird er unter der ausdrücklichen Bedingung gekauft, ihn beim Heidenthum zu belassen, dann darf der Herr ihn für immer auch als Heiden behalten. Hat der Sklave aber ausdrücklich erklärt, er werde die Religion seines neuen Herrn annehmen, und weigert sich nun, nachdem er in den Besitz desselben übergegangen ist, sein Wort zu erfüllen, dann darf der Herr ihn versuchsweise 12 Monate halten. Beharrt der Sklave noch länger bei seiner Weigerung, so darf der Herr ihn zwar nicht länger halten, darf ihn aber auch auf keine Weise zur Annahme des Judenthums zwingen, er muss ihn an einen Heiden verkaufen[1]). In manchen Gegenden pflegte man selbst in diesem Falle den Sklaven weiter zu behalten[2]). Das Festhalten am Heidenthum seitens des Sklaven hatte für den Herrn manches Missliche. Der Sklave blieb dadurch zu manchen Dienstleistungen unfähig: die Speisen, die er berührte, durften unter Umständen nicht gegessen

---

[1]) Jebamot 48b. Wir acceptiren die erste von Salomo Jizchaki angeführte Erklärung zu den Worten: הני מילי היכא דלא פסקא למילתיה אבל היכא דפסקא למילתיה אפסקא, da J. Jebamot 8d bei dem hier erwogenen Falle ausdrücklich steht כל בית למיהתל. Dort ist R. Jochanan als Autor genannt. Daselbst findet sich auch die Meinung vertreten, dem Herrn stehe wohl das Recht zu, die Erfüllung seiner beim Kaufe gestellten Bedingung sich zu erzwingen.

[2]) הכל כמנהג המדינה J. l. c.

selbst wenn der Herr auf dem Krankenlager seinen Sklaven zum Erben seines ganzen Vermögens eingesetzt hat, wodurch der Sklave selbstverständlich seine Freiheit implicite erlangt, und dann genas, so kann er zwar sein Wort bezüglich seines sonstigen Vermögens zurückziehen, nicht aber betreffs des Sklaven. Dieser bleibt frei. Und der Grund? Der Sklave hat sich bereits als Freier gefühlt, hat seine Seele mit der Vorstellung seiner Selbständigkeit und Unabhängigkeit erfüllt, auch in den Augen Anderer genoss er bereits das Ansehen und die Achtung eines freien Mannes[1]). Und nun sollte er wieder in die Knechtschaft zurückkehren müssen? Diese bittere Enttäuschung, dieser Seelenschmerz darf ihm nicht bereitet werden.

Die Stellung des Sklaven zur Religion zeigt vollends, wie sehr man seine geistige Persönlichkeit achtete. Man erlaubte sich keinen gewaltsamen Eingriff in seine Gewissensangelegenheiten und liess ihm in Sachen der Religion freie Selbstbestimmung. Das Tauchbad und bei männlichen Personen noch die Beschneidung waren die äusseren Mittel zum Uebertritt aus dem Heidenthum in die jüdisch-religiöse Gemeinschaft. Gewöhnlich geschah es nun, dass der Sklave sich freiwillig der Religion seines Herrn anschloss. Ob man aber einen Sklaven, der sich dies zu thun weigert, halten dürfe, darüber stehen die Ansichten des R. Ismaël und R. Elieser einerseits und des R. Akiba und R. Josua andererseits einander schroff gegenüber. Die ersteren halten es auf Grund der Bibel für erlaubt, die letzteren nicht. Der einfache Wortsinn der Bibel (2. Mos. 22, 44) spricht für die erste Ansicht[2]). Dieser schroffe Gegensatz in den Ansichten konnte aber nur so lange bestehen, als die Fälle der Weigerung eines Sklaven, die Religion seines Herrn anzunehmen, nur vereinzelt vorkamen. Später scheinen

---

[1]) Gittin 9a.
[2]) Mechilta 2. Mos. 12, 44 und 48; ibid. zu 20, 10 und 23, 12. cfr. die Anmerkungen von M. Friedmann zu diesen Stellen. Jebamot 48b.

Tode bestraft; wer es unabsichtlich gethan, muss in eine der Zufluchtsstädte fliehen. Wer einen Sklaven verwundet hat, muss, wie bereits gezeigt, dem Herrn die auch für Verwundung eines Freien festgesetzte Geldzahlung leisten; wer ihn so geschlagen, dass eine Geldentschädigung nicht zu entrichten ist, erhält Geiselhiebe[1]). Hat der Sklave sich mit einem der genannten Verbrechen oder Vergehen belastet, so unterliegt er derselben Strafe wie der Freie. Der Schaden, der dem Herrn hieraus erwächst, wird weiter nicht berücksichtigt[2]). In dem einen Falle, wo die Strafe in einer Geldzahlung besteht, die ja der Sklave nicht leisten kann, bleibt er Schuldner des Geschädigten und hat nach seiner eventuellen Befreiung die Zahlung zu leisten[3])." Wenn nun Zeugen einen Sklaven fälschlich eines Mordes bezichtigt haben, so werden sie mit dem Tode bestraft[4]).

Die Rücksicht auf die Persönlichkeit des Sklaven, auf sein Innenleben und sein Gemüth gab auch die Veranlassung zu folgender Abweichung von einem allgemeinen Gesetz. Wenn Jemand auf seinem Krankenlager in dem Glauben, er werde nicht genesen, eine Schenkung macht, kann er, wenn er wider Erwarten dennoch genas, seine Schenkung ohne Weiteres zurücknehmen. Wenn aber ein Herr in solchem Zustande dem Sklaven die Freiheit geschenkt hat, so kann er diesen Act nicht mehr ungiltig machen. Ja

---

[1]) Dieses Gesetz ist nur im Verfolge der Discussion (Makkot 8b) aufgestellt worden und es bleibt zweifelhaft, ob der Autor desselben es auch in der Rechtspraxis aufrecht erhalten hätte. Allein wir können uns nicht versagen, aus demselben die augenfällige Folgerung zu ziehen, dass der Herr, da er doch seinem Sklaven niemals eine Geldentschädigung zu leisten hat, für jeden Schlag, den er ihm versetzt, mit Geiselhieben bestraft werden müsste.

[2]) Doch fällt das Gericht sein Urtheil nur in Gegenwart des Herrn, weil es sich um ein Eigenthumsobject des letzteren handelt (Sanh. 19a).

[3]) Die Sadducäer verpflichten den Herrn zur Erlegung der Strafsumme.

[4]) Baba kama 87a und 88a, Makkot 8b, Tos. ibid. II. 7, Jadajim IV 7.

rührung eines der 24 Körpertheile zum Zwecke der Heilung den Sklaven verletzte[1]).

Der Sklave erhält jedoch nur dann die Freiheit, wenn die Verletzung vor Zeugen geschah[2]). Ein talmudischer Grundsatz lautet nämlich: Selbstgeständniss verpflichtet nicht zu einer Strafzahlung. Wenn aber der Herr vom Gesetz verpflichtet wird, dem Sklaven wegen Verletzung eines seiner Körpertheile die Freiheit zu geben, so soll hierdurch der Sklave nicht etwa ein Aequivalent für den erlittenen Verlust oder Schmerz empfangen, sondern der Herr soll hierdurch für seine Grausamkeit eine Geldstrafe erleiden. Durch Aussage des Sklaven allein kann aber der Herr zu dieser Strafzahlung schon darum nicht verpflichtet werden, weil dieser überhaupt kein rechtsgiltiges Zeugniss ablegen kann. Die Consequenz des angeführten Grundsatzes in Verbindung mit dem von R. Akiba aufgestellten Verbote, einen Sklaven ohne Grund zu befreien, führt dahin, dass der Herr bei der Verletzung des Sklaven ohne Zeugen nicht nur nicht verpflichtet, sondern nicht einmal berechtigt ist, ihm die Freiheit zu geben. Es ist rührend, mit welchem Widerstreben sich R. Gamaliel dieser harten Consequenz fügte. Er hatte einmal seinen treuen Sklaven Tabi am Auge verletzt und wollte die Gelegenheit benützen, um ihm die wohlverdiente Freiheit zu schenken. Voller Freude kam er zu R. Josua: „Weisst du nicht, dass mein Sklave Tabi die Freiheit erlangt hat? Ich habe ihn am Auge verletzt." „Du kannst ihn nicht freilassen, sprach R. Josua, denn du hast es ja nicht in Gegenwart von Zeugen gethan." Dritten Personen gegenüber geniesst der Sklave von Seiten des Gesetzes in strafrechtlicher Beziehung denselben Schutz wie ein freier Mann und gilt auch als mit der vollen Selbstverantwortlichkeit einer freien Persönlichkeit ausgestattet. Wer einen Sklaven absichtlich getödtet hat, wird mit dem

---

[1]) Kidd. 24b; Baba kama 26b und Tosefta das.
[2]) Tos. Baba kama IX, 21.

2. Der Sklave als Person.

Das Eigenthumsrecht des Herrn ist, wie gezeigt, ein sehr weitgehendes, aber kein unumschränktes. Es findet seine Schranke an der Persönlichkeit des Sklaven mit ihren natürlichen Menschenrechten. Das erste und einfachste Naturrecht eines Menschen ist aber das Recht auf sein Leben und dieses wird dem Sklaven vom talmudischen Recht aufs Entschiedenste gewahrt. Der Herr hat somit in erster Reihe nicht Gewalt über Leben und Tod seines Sklaven. „Wenn Jemand seinen Knecht oder seine Magd mit der Ruthe schlägt und er stirbt unter seiner Hand, so soll er bestraft werden" (2. Mos. 21, 20). Die Strafe ist dieselbe wie die, mit welcher die Ermordung eines freien Mannes belegt ist. Allerdings geht der Herr frei aus, wenn der Sklave nach den erhaltenen Schlägen noch einen oder zwei Tage lebt, so dass der Tod nicht als unmittelbare Folge der Schläge erscheint (ibid.). Indessen war der Sklave doch schon durch die biblische Bestimmung, dass er frei wird, wenn der Herr ihm ein Auge oder einen Zahn herausgeschlagen hat, gegen Misshandlung geschützt. Natürlich sind Auge und Zahn nur beispielsweise genannt und gilt dasselbe auch bei Verletzung anderer Körpertheile. Der Talmud zählt nach Analogie mit Auge und Zahn 24 Körpertheile auf, deren Verletzung die Freiheit des Sklaven zur Folge hat[1]). Dieses tritt selbst dann ein, wenn die Verletzung unbeabsichtigt und nur die Berührung absichtlich geschah, wenn beispielsweise der Herr als Arzt bei Be-

---

nicht mit Sicherheit zu behaupten, da er vielleicht bei der Befreiung durch Dazwischentreten einer dritten Person die Anwesenheit des Sklaven verlangt.

[1]) Kidd. 25a. Hat der Herr seinen Sklaven an zwei der in Frage kommenden Körpertheile verletzt, so bewirkt die erste Verletzung die Freiheit, die zweite muss durch eine entsprechende Geldstrafe gesühnt werden. Tosefta Baba kama IX. 23.

besitzen — denn dann gehörte es dem Herrn —, sondern nur das eine Verfügungsrecht, sich damit auszulösen[1]). R. Meïr behauptet, dass das Geld dann nicht Eigenthum des Sklaven ist, und dass er sich auf diese Weise nicht direct die Freiheit erkaufen kann. Soll der Sklave aber seine Freiheit durch persönlichen Empfang eines Freibriefes erlangen, dann müsste er ja, ehe er frei wird, von dem Freibrief Besitz ergreifen. Und das kann der Sklave nicht. Denn seine Uebernahme des Freibriefes bedeutet nichts mehr, als wenn der Herr denselben aus der rechten in die linke Hand genommen hätte. Und dennoch wird unbestritten anerkannt, dass der Sklave, auch wenn er seinen Freibrief selbst übernimmt, dadurch seine Freiheit erlangt. Der Grund hierfür ist die Annahme, dass dem Sklaven zugleich mit der Ergreifung des Freibriefes das Eigenthumsrecht entstehe[2]). Indess ist es unerfindlich, wie die Ursache die Wirkung, die Freiheit, anticipiren soll. Und in der That tradirt R. Simeon ben Elasar im Namen des R. Meïr, dass der Sklave seinen Freibrief nicht persönlich in Empfang nehmen kann. Nach dieser Tradition hält R. Meïr eine Freilassung überhaupt nur durch Dazwischentreten einer dritten Person für möglich[3]).

---

[1]) Tosefta Kidd. Ib ist der Text der dem Alfasi, Wilna 1865, bei-gedruckten Ausgabe בו לפדות אלא רשות לך שאין מנת על statt לפדות בו אלא, der richtige.

[2]) Kidd. 22b, 23a. Abadim III. J. Kidd. I. 3. wo die Ansicht der Chachamim mit dem Worte אף angeführt wird, ist ein Beleg für unsere Auffassung, dass dieselben alle 4 in Frage kommenden Formen der Befreiung als giltig anerkennen. Dieses Wort befindet sich zwar selbst in מתניתא דתלמידא דבני מערבא (ed. W. H. Lowe, M. A. Cambridge 1883) nicht, muss aber dennoch als authentisch angesehen werden.

[3]) Tosefta Kidd. I, 6 sind die Worte: מפני שהוא כנותנו מימיו לשמאלו wohl am besten an den Schluss des ganzen Passus hinter die Worte des R. S. ben Elasar zu setzen. Doch kann man sie auch als Begründung der in den Worten קונה את עצמו בכסף על ידי אחרים implicite enthaltenen Behauptung ואינו קונה את עצמו בכסף על ידי עצמו auffassen. Dass R. S. ben Elasar sich in Widerspruch mit Mischna Gittin 11a befindet, ist

aus der Gefangenschaft entkommt, braucht er das Joch der Sklaverei nicht wieder auf sich zu nehmen. In dem Moment der Resignation des Herrn ergreift er so zu sagen auch ohne sein Wissen Besitz von sich selbst. Der Herr wird in solchem Falle sogar gerichtlich gezwungen, ihm einen Freibrief zu geben[1]). Ebenso ist der Sklave eines Proselyten, der gestorben ist, ohne Kinder zu hinterlassen, die ihm nach Annahme des Judenthums geboren wurden, frei. Der Sklave selbst kommt nämlich in der Besitzergreifung von seiner Person jedem Anderen, der nicht unmittelbar Erbe ist, zuvor.

Wenn nun eine dritte Person dem Herrn eine Geldsumme zu dem Zweck übergiebt, er möge seinen Sklaven in Freiheit setzen, so bekundet der Herr durch die Annahme dieses Geldes, er begebe sich seines Eigenthumsrechtes auf den Sklaven, und dieser ist dann frei. Dasselbe ist der Fall, wenn der Herr dieses durch die Uebergabe eines Freibriefes für den Sklaven an eine dritte Person bekundet. Ob der Sklave bei der Uebergabe des Freibriefes zugegen sein muss oder nicht, unterliegt einer Controverse, deren Kernpunkt die Frage ist, ob die Freiheit für den Sklaven immer ein Vortheil ist. Nach einem talmudischen Grundsatz hat nämlich ein eine dritte Person betreffender Rechtsact in deren Abwesenheit nur dann Geltung, wenn er für dieselbe einen Nutzen, nicht aber, wenn er für dieselbe einen Schaden involvirt[2]).

Verwickelter und schwieriger wird der Vorgang, wenn der Sklave direct und persönlich von dem Herrn seine Freiheit empfangen soll. Um sich die Freiheit durch Geld erkaufen zu können, müsste der Sklave, ehe er frei ist, Besitz haben. Dieses ist aber nur in dem einen Falle denkbar, wenn Jemand dem Sklaven Geld gegeben hat unter der Bedingung, er solle auf dasselbe kein volles Eigenthumsrecht

---

[1]) Gittin 38a.
[2]) Gittin 11b.

gleichfalls keine juridische Geltung, der Gegenstand tritt nicht aus dem Besitz des Herrn heraus. Dem Sklaven fehlt als solchem jedes Eigenthumsvermögen. Demnach kann er niemals eigene Mittel erwerben, um sich von seinem Herrn loszukaufen. Es macht überhaupt juristisch Schwierigkeiten, wie der Sklave in den Besitz seiner Freiheit gelangen kann. Die Freiheit, die Person des Sklaven, ist ja als Werthobjekt selbst Gegenstand des Besitzes. Wie kann nun der Sklave diese erwerben, da er doch sonst nichts erwerben kann? Diese Schwierigkeit könnte ein juristischer Grund für die Ansicht R. Akiba's sein, dass man einen Sklaven nicht befreien könne. Allein R. Akiba selbst war von solchen juristischen Spitzfindigkeiten weit entfernt, und ist nicht daran zu denken, dass er auf Grund solcher Erwägung ein so weitgehendes Gesetz aufgestellt haben soll, zumal da in der Bibel selbst vorausgesetzt wird, dass ein Sklave seine Freiheit erlangen kann (3. Mos. 19, 20). Thatsächlich ist es falsch, den Sklaven selbst bezüglich seines Eigenthumsrechtes ganz als Sache zu behandeln. Man darf auch hierbei nicht vergessen, dass der Sklave Mensch, Persönlichkeit im juristischen Sinne ist. Diese ist nur durch das Besitzrecht des Herrn gewissermassen latent und tritt hervor, sobald dieses aufhört. Demnach ist der Vorgang bei der Freilassung eines Sklaven so zu denken: der Herr begiebt sich aus irgend einem Grunde des Eigenthumsrechtes auf den Sklaven. Dieser ist dann herrenloses Gut, also nicht mehr Sklave, und kann nun, als Person, ebenso selbst von sich, als Werthobjekt, Besitz ergreifen, wie es jede dritte Person thun könnte. Dieser Anschauung gemäss ist auch derjenige Sklave in Wirklichkeit frei, den sein Herr als herrenloses Gut erklärt hat. Ja selbst der mentale Verzicht des Herrn auf den Sklaven, der ihm irgendwie abhanden gekommen, auf Grund des Glaubens, er werde ihn nicht wiederbekommen, hat bindende Kraft. Wenn der Sklave in Gefangenschaft gerathen ist und der Herr sich mit dem Gedanken vertraut gemacht hat, er sei für ihn verloren, jener aber

Wir berufen uns nicht allein darauf, dass ja in Wirklichkeit ein Befreiungsakt rechtliche Geltung hat, obwohl derselbe eine Verletzung des in Frage stehenden recipirten Gesetzes ist, sondern auf die wichtigere Thatsache, dass die Befreiung der Sklaven vielfach gefördert, unter Umständen der Herr sogar gezwungen wurde, seinen Sklaven freizulassen. Man finde aber nicht in dem Ausspruch des Rabba, der unter den drei Dingen, welche den Verlust des Vermögens zur Folge haben sollen, auch die Freilassung des Sklaven nennt[1]), einen Beweis, dass das allgemeine Volksbewusstsein der Freilassung der Sklaven abgeneigt war. Denn die Verarmung wird nicht als die Strafe für die Freilassung hingestellt, sondern es wird, in der Absicht gegen eine zu grosse Geringschätzung und leichtsinnige Verschwendung irdischer Güter zu warnen, die einfache Thatsache ausgesprochen: wer seinen Sklaven die Freiheit schenkt, beraubt sich eines Theils seines Vermögens.

Als Eigenthum seines Herrn kann der Sklave natürlich nicht Eigenthümer sein. Es ist folgerichtig, dass, wenn, was er ist, dem Herrn gehört, diesem auch, was er hat, gehört. Wenn der Sklave Vermögen erwirbt, so geht es in den Besitz desjenigen über, in dessen Besitz er sich selbst befindet[2]). Findet der Sklave z. B. einen herrenlosen Gegenstand, wobei er ja ohne Aufbietung der seinem Herrn gehörigen Arbeitskraft einen Gegenstand erwirbt, so wird der Herr Besitzer des Fundes[3]). Ebenso geht ein Geschenk, das der Sklave erhält, sofort in den Besitz des Herrn über, selbst, wenn dasselbe ihm unter der ausdrücklichen Bedingung gegeben wurde, dass der Herr kein Anrecht darauf haben solle[4]). Wenn demgemäss der Herr selbst seinem Sklaven ein Geschenk macht, so hat die Schenkung

---

[1]) Gittin 38b.
[2]) Sanh. 91a.
[3]) Baba mezia 12a.
[4]) Zu ersehen besonders aus Tosefta Kidd. I. 6. Vgl. S. 32.

wichtige und so rigorose Gesetz der eigentliche Grund in thatsächlichen Verhältnissen, in den derzeitigen politischen oder socialen Zuständen zu suchen sei[1]). R. Ismael vertritt den natürlichen Sinn des Bibelwortes, welches dem Herrn blos das Recht einräumt, aber nicht die Pflicht auferlegt, den heidnischen Sklaven in ewiger Knechtschaft zu erhalten[2]). Auch die Mischna scheint die Befreiung eines Sklaven für keine Gesetzesübertretung zu halten. Wenn nämlich die Mittel angegeben werden, wodurch ein Sklave seine Freiheit erlangt, so macht es nicht den Eindruck, als ob ein solcher Befreiungsakt mit einer Gesetzesverletzung verbunden sein müsste. Allein Samuel that den Ausspruch: „Wer seinen Sklaven befreit, übertritt ein biblisches Gebot", und gestützt auf die Autorität dieses angesehenen Rechtslehrers drang die rigorose Ansicht des R. Akiba durch.

Und dennoch macht sich auch diesem von so massgebenden Autoritäten vertretenen Gesetze gegenüber ein edles Rechtsbewusstsein und eine echt humane Gesinnung geltend. Man sucht die Consequenzen desselben auf alle mögliche Weise, soweit die juristische Logik es gestattet und beinahe im Widerspruch mit derselben, abzuschwächen.

---

[1]) Zadoc Kahn (L'esclavage selon la bible et le talmud. Paris 1867 S. 180) spricht die Vermuthung aus, das Gesetz sei den Juden von den Römern aufoktroyirt worden: Avait ou défendu également aux Juifs d'affranchir leurs esclaves, c'est-à-dire d'exercer un pouvoir que les empereurs romains crurent devoir limiter quelquefois à Rome même? Cela est au moins probable. Parmi les griefs formulés contre R. 'Hanina-ben-Teradion ... figure l'accusation remarquable d'avoir affranchi un esclave. (Aboda Zara 17b; cf. le commentaire de Raschi). L'empereur Adrian ou l'un de ses prédécesseurs l'avait donc defendu; et R. Akiba . . ne faisait que céder à la pression des événements, en cherchant, dans la Bible, un défense dont il n'eût peut-être jamais soupçonné l'existence sans cela. — (Ich muss bemerken, dass der Vorwurf nicht dem R. Hanina b. Teradjon, sondern dem R. Eleasar b. Perata gemacht wurde.) Dieselbe Auffassung hat auch Weiss: Zur Geschichte der jüdischen Tradition. II. Theil. S. 25.

[2]) Sota 3b.

haupt ungestraft schlagen kann, soll noch weiter besprochen werden. Hier handelt es sich blos um die Geldfrage und kein weiteres strafrechtliches Moment.

Eine weitere Consequenz des Eigenthumscharakters des Sklaven ist die, dass alles, was er producirt, dem Herrn zu Gute kommt. Hierzu werden auch die Kinder gezählt, so dass die von einer Sklavin geborenen Kinder unter allen Umständen Eigenthum des Herrn bleiben, mögen sie von einem Sklaven oder von einem freien Manne gezeugt sein. Doch gehören die von einem Sklaven mit einer Freien gezeugten Kinder nach einem Prinzip des talmudischen Eherechts nicht dem Herrn.

Sein Eigenthumsrecht auf den Sklaven aufzugeben kann den Herrn — bis auf besondere Fälle — Niemand zwingen. Es ist ewig. „Ihr sollt sie (die heidnischen Sklaven) vererben euren Kindern nach euch zum erblichen Besitz. Ewig könnt ihr sie als Sklaven halten" (3. Mos. 25, 46). Aber umgekehrt den Herrn wider seinen Willen zu zwingen, sein Eigenthumsrecht auf den Sklaven nicht aufzugeben, ihm also die Freilassung seines Sklaven zu verbieten, ist sonderbar. Und merkwürdigerweise wird ein solches Gesetz im Talmud vertreten. Wir sagen: merkwürdig, weil weder ein juridischer, noch ein biblischer Grund dafür vorhanden ist. Juridisch ist das Gesetz ein unbegründeter Eingriff in das freie Verfügungsrecht des Herrn über sein Eigenthum. Die biblische Stütze aber, welche für das Gesetz in der Deutung des Satzes: לעולם בהם תעבודו, dass es Pflicht sei, sie ewig in Sklaverei zu halten, gesucht wird, ist eine künstliche. Nach dem Zusammenhange, in welchem das Gesetz überliefert wird, hat es den Anschein, als ob blos die erwähnte Auffassung des Bibelwortes der Grund zur Creirung desselben sei. Allein die Vermuthung liegt nahe, dass für dieses so

---

um nicht eine so starke Divergenz zwischen Tosefta und Mischnah bestehen zu lassen, der Text mit Samuel Abigdor zu corrigiren. Siehe dessen Commentar Minchat Bikkurim z. St.

wird er wie eine Sache behandelt. Er ist wie ein Grundstück Gebiet des Herrn. Was der Sklave in der Hand hat, gilt als im Gebiet des Herrn befindlich. „Die Hand des Sklaven ist wie die Hand des Herrn"[1]). Wenn ein Herr einem seiner Sklaven einen Freibrief zukommen lassen will, und denselben einem zweiten seiner Sklaven übergeben hat, ist der zu befreiende Sklave dadurch nicht frei, weil ja der Freibrief aus dem Gebiet des Herrn noch nicht herausgekommen ist. Uebergab der Herr aber den Freibrief einem fremden Sklaven, so ist sein Sklave dadurch frei, weil der Freibrief in fremde Hände übergegangen ist[2]).

Als Eigenthumsobjekt kann der Herr seinen Sklaven an einen Anderen verkaufen, verschenken oder als Hypothek geben; er schaltet über ihn wie über anderes Besitzthum, soweit nicht seine Persönlichkeit in Frage kommt. Er hat das Recht zu verhindern, dass sein Sklave sich selbst beschädigt. Hat dieser daher ein Nasiräergelübde gethan, so kann der Herr dasselbe lösen, weil die Erfüllung dieses Gelübdes den Sklaven an seiner Kraft und Gesundheit schädigen würde[3]). Als Eigenthumsbeschädigung wird es auch aufgefasst, wenn eine dritte Person den Sklaven geschlagen hat. Die Geldstrafe, welche für dieses Vergehen gegen einen freien Mann zu entrichten ist, erhält der Herr[4]). Auch wer einen Sklaven gestohlen hat, muss den Werth desselben dem Herrn ersetzen[5]). Wenn aber der Herr seinen eigenen Sklaven schlägt, fällt natürlich die entsprechende Strafsumme ihm selbst zu, d. h. er braucht sie nicht zu zahlen[6]). Ob nun nach talmudischem Recht der Herr seinen Sklaven über-

---

[1]) Baba mezia 99a.
[2]) Gittin 23b.
[3]) Nasir 62b.
[4]) Baba kama 87a.
[5]) Baba kama 96b; Baba mezia 56a Mischnah. vrgl. Raschi s. v. לא
[6]) B. k. 87a; Tosefta Baba kama IX, 10 nach den vorhandenen Texten verpflichtet den Herrn zur Zahlung an den Sklaven. Doch ist,

Mobilien nimmt man durch Tausch und Ansichziehen Besitz.
In Wirklichkeit will auch eine Boraita und der Amora
Samuel auch letztere Formen der Besitzergreifung für Sklaven
gelten lassen[1]). Allein die meisten Mischnajot und Baraitot
behandeln die Sklaven als Immobilien. Wenn sich nach Abschluss des Kaufes herausstellt, dass die Kaufsumme zu hoch
bemessen war, kann deshalb der Kauf nicht für ungültig
erklärt werden. Derselbe Umstand würde aber den Kauf
von Mobilien rückgängig machen[2]). Wenn ein Privatmann
einen Sklaven, der Tempelgut ist, irgendwie benützt, so
übertritt er damit nicht das Gesetz, welches Tempelgut zu
Privatzwecken zu verwenden verbietet, weil dieses Gesetz
sich nur auf Mobilien bezieht[3]).

Die genannten Formen des Kaufabschlusses, welche den
Sklaven als immobiles Gut erscheinen lassen und somit
sicherlich nicht blos die Arbeitskraft, sondern auch den Leib
des Sklaven als Gegenstand des Kaufes voraussetzen, sind
auch nothwendig, wenn der Käufer ein Nichtisraelit ist,
obgleich das talmudische Recht diesem den Leib des Sklaven
nicht als Eigenthum zuerkennt, wie dem Israeliten, welchem
der Leib des Sklaven, unbeschadet seines Personencharakters,
insofern er Werthobjekt ist, wohl gehört. Als Werthobjekt

---

[1]) Kidd. 22b.

[2]) Baba mezia 56a u. b. Das Nähere zu ersehen l. c. 50 ff u. 57;
ferner Kidd. 42b.

[3]) Gittin 39a. Baba kama 12a sind noch andere Momente genannt,
welche den Sklaven als immobiles Gut kennzeichnen. Nur eine von Abima
tradirte Boraita widerspricht dieser Auffassung. Dass man indessen von
der natürlichen Auffassung des Sklaven als mobiles Gut nicht ganz abgewichen ist, beweist der Umstand, dass der Sklave im Jobeljahre nicht
in den Besitz seines ursprünglichen isr. Herrn zurückkehrte. In Specialfällen richtet mane sich auch weniger nach dem Princip als nach der
Natur der vorliegenden Frage. Vgl. J. Baba kama 5d: Der Dieb
braucht bei der Wiedererstattung eines Feldes oder eines Sklaven nur
das Doppelte zu zahlen, denn das erstere gehört zur Kategorie der
Immobilien, der letztere aber „ist nur bezüglich seiner Arbeitskraft dein
Eigenthum".

B. Die Heiden.

a. Die Stellung der Sklaven in rechtlicher Beziehung.

1) Der Sklave als Besitzthum.

Die Art, wie der Sklave erworben wurde, war ohne Einfluss auf sein rechtliches Verhältniss zu seinem Herrn. Ob er als Kriegsgefangener in die Gewalt seines Herrn gerieth, ob er in dessen Hause von einer Sklavin geboren wurde, ob er sich selbst aus freien Stücken durch Vertrag in Knechtschaft begeben hatte, oder ob er von einem früheren Herrn gekauft wurde: vor dem Gesetz bildete dies keinen Unterschied. Er war Eigenthum seines Herrn[1]).

Die Formen der Besitzergreifung, welche beim Kaufe eines Sklaven in Betracht kommen, sind dieselben, welche für den Erwerb von Sachen gelten. Nachdem Käufer und Verkäufer sich geeinigt, wird der Kauf durch Auszahlung der Kaufsumme, durch Ueberreichung eines Kaufbriefes, oder durch faktische Besitzergreifung derartig zu rechtsgültigem Abschlusse gebracht, dass keiner der Contrahenten den Kauf mehr einseitig auflösen kann. Die faktische Besitzergreifung besteht darin, dass der Kaufherr sich von dem Sklaven irgend einen charakteristischen Sklavendienst verrichten lässt.

Die genannten Formen der Besitzergreifung sind nach talmudischem Recht nur bei Immobilien anwendbar; von

---

[1]) אחזה 3. Mos. 25, 45 u. 46; כספו 2. Mos. 21, 21.

Welches war aber die Lage eines Israeliten im Dienste eines Nichtisraeliten? Eine Israelitin konnte schon darum auf gesetzlichem Wege nicht an einen Nichtisraeliten verkauft werden, weil zwischen ihnen keine Ehe möglich ist. Auch durfte das Gericht den Dieb nicht an einen Nichtisraeliten verkaufen[1]). Der verarmte Israelit, der nur noch im Dienste eines Anderen seinen Lebensunterhalt erwerben zu können glaubte, sollte gleichfalls nur bei einem Israeliten in Dienst treten[2]). Verkaufte er sich aber an einen Nichtisraeliten, so hatte der Verkauf zwar gesetzliche Geltung, die Anverwandten aber hatten die Pflicht, ihn sofort loszukaufen, damit er im Hause des Nichtisraeliten nicht seiner Religion untreu werde. Der Herr seinerseits musste auf das Verlangen der Verwandten, ihn auszulösen, eingehen. Die Höhe der Auslösungssumme richtete sich nach dem Kaufpreise und den noch zu dienenden Jahren[3]) (3. Mos. 25, 47—53). Die Rechte des nichtisraelitischen Herrn sind dieselben wie die des israelitischen. Die Dienstzeit aber dauert bis zum Jobeljahr (l. c. V. 54), doch nur der Kaufherr selbst hat Ansprüche auf den Dienst des Israeliten, sein Sohn nicht. Stirbt der Herr, so ist der Israelit frei[4]). Auch bezüglich der Behandlung seines Untergebenen ist der Nichtisraelit denselben Vorschriften unterworfen, wie der Israelit. Verstösst er öffentlich gegen dieselben, so hat die Behörde — sofern er im Lande wohnt und somit der jüdischen Gerichtsbarkeit unterworfen ist — die Pflicht, Remedur zu schaffen; doch ohne die Befugniss, das Verhalten des heidnischen Herrn gegen seinen Untergebenen auch innerhalb seines Hauses ihrer Aufsicht zu unterziehen[5]).

[1]) Sifre zu 5. Mos. 15. 12.
[2]) T. K. zu 3. Mos. 25, 39.
[3]) Ob Derjenige, welcher den Ebed auslöste, Anspruch auf dessen Dienst hatte, lassen wir unerörtert. cf. Kidd. 15b.
[4]) Kidd. 17b.
[5]) T. K. 3. Mos. 25, 53.

einen solchen Mann verkaufen kann, der in der Lage ist, mit derselben eine vor dem Gesetz gültige Ehe zu schliessen[1]). Sowohl die vom Gesetz bestimmte Zeitdauer für die Dienstbarkeit der Stammesgenossen, als auch das Recht derselben, dieses Dienstverhältniss innerhalb der gesetzten Zeit auch wider den Willen des Herrn zu lösen, ferner die Thatsache, dass sie in keiner gesetzlichen Bestimmung als Leibeigene behandelt werden, insbesondere aber die Forderung, im Umgange mit ihnen stets mild zu sein und die Gefühle eines „Bruders" gegen sie zu hegen, erweisen zur Evidenz, dass das talmudische Recht das von der Bibel nur in Beziehung auf den durch Armuth in Dienstbarkeit gerathenen Israelisen gebrauchte schöne Wort: כשכיר כתושב יהיה עמך „wie ein Miethling, wie ein Beisasse soll er bei Dir sein" verallgemeinerte und auch für den wegen Diebstahls vom Gericht Verkauften gelten liess. Und die Ama war ja insofern in einer noch günstigeren Lage, als sie eigentlich zur Gattin des Herrn bestimmt war.

Und nicht allein während ihrer Dienstzeit suchte das Gesetz die Lage des Ebed und der Ama so günstig als möglich zu gestalten, sondern es trug auch für ihre Zukunft Sorge. Bei der Entlassung musste ihnen ein Entlassungsgeschenk an Schafen, Getreide und Wein von beträchtlichem Werthe gegeben werden, damit sie in ihr neues, freies Leben nicht ohne allen Besitz einträten. Die Höhe des Entlassungsgeschenkes betrug nach R. Meïr 15, nach R. Jehuda 30, nach R. Simon 50 Selaim[2]).

---

[1]) Kidd. 18b; ibid. 20a.

[2]) Da der ganze Abschnitt 5. Mos. 15, 12—18 von manchen Tanaim nur auf den vom Gerichte wegen Diebstahls Verkauften bezogen wird, so bleibt es fraglich, ob auch derjenige Ebed, der sich aus Noth selbst verkauft hatte, das Entlassungsgeschenk erhalten hat. cf. Kidd. 14b. Wenn der Ebed seinem Herrn davongelaufen ist und der Eintritt des Jobeljahres während seiner Entfernung seine Freiheit bewirkt, erhält er das Entlassungsgeschenk nicht. Ob derjenige Ebed, der sich durch eigene Mittel selbst auslöst, auf das Entlassungsgeschenk Anspruch hat, ist Gegenstand der Controverse. Kidd. 16 b, Sifre zu 5. Mos. 15, 14.

ausgestellt worden — an den Vater zu entrichtenden „Verlobungsgeldes" (כסף קידושין) tritt[1]).

Ist der Herr nicht Willens, die Ama für sich selbst zu bestimmen, so muss er sie seinem Sohne zur Frau geben. Und auch in dem Falle bedarf es keines besonderen „Verlobungsgeldes".

Ob die Einwilligung der Ama zu diesen Verbindungen erforderlich ist, ist nach den talmudischen Quellen selbst zweifelhaft, ja unwahrscheinlich, da ja jeder Vater das Recht hat, für seine minderjährige Tochter auch ohne ihre Willenserklärung eine vollgiltige Ehe abzuschliessen. Maimonides will jedoch der Ama gegenüber mehr Rücksicht walten lassen, als gegenüber einer Freien. Welches feine Gefühl für die bedrängte Lage, in der die Ama sich befindet![2])

Will sie aber weder der Herr selbst noch sein Sohn zur Gattin nehmen, so muss sie gegen Entgelt sofort freigelassen werden. Kann sie aber der Vater nicht loskaufen, ehe sie die Pubertät erlangt, so wird sie, sobald diese eintritt, schon eo ipso frei, ohne dass der Herr irgend welche Geldansprüche hat[3]). Es wird nämlich angenommen, der Vater habe sie in der Voraussetzung verkauft, dass der Herr sie zur Frau nehmen würde. Daher findet auch die nachträgliche Weigerung des Vaters, sie dem Herrn zum Weibe zu geben, keine Berücksichtigung. Der Verkauf ist nach talmudischer Auffassung überhaupt nur in diesem Sinne denkbar. Und wenn beim Verkauf vom Vater ausdrücklich die Bedingung gestellt wurde, der Herr dürfe sie nicht ehelichen, so ist der Verkauf giltig, die Bedingung aber nichtig, weil sie als gegen das Gesetz verstossend nicht bindend sein kann[4]). Aus diesem Gesichtspunkt ist es auch verständlich, warum ein Vater seine Tochter nur an

---

[1] Maim. Hilch. Ischut III. 11
[2]) M. Hilchot Abad. IV. 8; siehe daselbst Mischne lemelech.
[3]) Mechilta zu 2. Mos. 21, 11; Kidd. 4a.
[4]) Kiddnschin 19b.

Gefühl ist um so höher zu schätzen, als die Polygamie, welche um jene Zeit noch gestattet war, die Verbindung mit einem Nebenweibe in einem milderen Lichte erscheinen lässt. Es war wohl auch weniger das polygamische Moment dieser Verbindung, warum man sich gegen sie so sträubte und sie, soweit nur möglich, zu verhindern suchte, als vielmehr der Umstand, dass die aus dieser Verbindung hervorgehenden Kinder dem Vater entfremdet und Eigenthum des Herrn werden sollten. So recht menschlich es nun auch ist, sich gegen ein Gesetz verwahren zu wollen, welches dem Erzeuger alle Vaterrechte abspricht — eine gerechte juridische Prüfung kann dem Herrn das Eigenthumsrecht an den Kindern nicht absprechen. Die Mutter ist ihm leibeigen. Der Vater kann keine Thätigkeit ausüben, die nicht ihm, dem Herrn, zu Gute kommt, und die Zeugung wird als Dienst aufgefasst[1]).

Die Ama war einer Verletzung ihrer zartesten Gefühle in keiner Weise ausgesetzt. Die weibliche Keuschheit wurde durch das Gesetz mit allen Mitteln geschützt. Wer eine Ama, die Tochter eines verarmten Israeliten, welche noch nicht die Pubertät erlangt hatte, kaufte, ging die stillschweigende Verpflichtung ein, sie beim Eintritte der Pubertät zum Weibe zu nehmen. Seine Bereitwilligkeit hierzu giebt er kund, indem er sie zu seiner Verlobten macht. Zu diesem Behufe sagt er vor zwei Zeugen zu ihr: „Du seiest mir angelobt."[2]) Ist dieses geschehen, so tritt sie in dieselben Rechte und Pflichten ein, wie eine andere Israelitin, welche gegen Ueberreichung von Geld oder einer Verlobungsurkunde zur Verlobten gemacht worden ist. Bei ihr ist beides überflüssig, weil der vom Vater empfangene Kaufpreis an die Stelle des sonst bei der Verlobung mit einem unerwachsenen Mädchen (קטנה) — sofern eine Verlobungsurkunde nicht

---

[1]) Kidduschin 15a; J. Kidd. 59d und Siphre zu 5. Mos. 15, 18.
[2]) Kidd. 19b. הרי את מקודשת לי. הרי את מאורסת ל׳.

Doch erlitt die Familie des wegen Diebstahls Verkauften eine moralische Schädigung. Der Herr hatte nämlich das Recht, diesem eine nichtisraelitische Sklavin zum Kebsweibe zu geben. Die Verbindung hatte gesetzlich nicht den Charakter der Ehe, doch musste der Herr aus sittlichen Gründen die Sklavin für den Ebed allein zu ehelichem Umgange bestimmen[1]). Die Kinder, welche aus dieser Verbindung hervorgingen, waren Eigenthum des Herrn, Sklaven. War die Dienstzeit des Ebed zu Ende, so war diese Verbindung von selbst aufgelöst. Es bedurfte keiner formellen Scheidung. Jede Beziehung des Ebed zu seinem ehemaligen Kebsweibe und zu seinen Kindern hörte auf. Er kehrte zurück zu seiner Familie, mit der ja die Verbindung nie aufgehört hatte. Fiel dem Ebed die Trennung von seinem Kebsweibe und den mit dieser gezeugten Kindern schwer, dann konnte er seine Dienstzeit mit Einwilligung seines Herrn verlängern (2. Mos. 21, 5—6).

War der Ebed bei seinem Dienstantritt unverheirathet, so hatte der Herr nicht das Recht, ihm ein Kebsweib zu geben und ihn so durch eheliche Bande an sein Haus zu fesseln[2]). Auch hatte er dieses Recht nicht gegenüber demjenigen Ebed, der sich aus Armuth freiwillig in seinen Dienst begeben hatte[3]). Diese Einschränkungen des Rechtes des Herrn, durch Verbindung seiner Sklavin mit seinem Ebed seinen Hausstand zu vermehren, beweisen, wie lebhaft man die misslichen Folgen desselben empfand. Und dieses

---

[1]) Mechilta zu 2. Mos. 21, 3.

[2]) R. Nachmann b. Jizchak, der Autor dieses Gesetzes, stützt dasselbe auf eine Interpretation der Worte des R. Elieser b. Jacob יחיד בכם יחיד יצא Kidd. 20a. Ein Beleg dafür, dass das Gesetz allgemein acceptirt wurde, ist der Umstand, dass es Temura 30a unter dem Titel einer Boraita angezogen wird. Nichts destoweniger lassen die Worte noch eine andere Deutung zu, nach welcher sie sich mit den Worten des R. Ismael, Mechilta zu 2. Mos. 21, 3 decken, cf. Weiss z. St.

[3]) Kidd. 14b. R. Elieser spricht ihm auch diesem gegenüber das Recht zu.

gebenen an den Tag legen. „Auch wenn er dir verkauft worden, ist er dein Bruder[1]). Du darfst ihn auch nicht, um ihm einen Schimpf anzuthun, „Sklave" nennen[2]). Es ist natürlich, dass der Herr für den Bedarf des Ebed an Speise, Trank und Kleidung während seiner Dienstzeit aufkommen muss, da dieser ihm ja seine ganze Kraft und Zeit widmet. Ein Zeichen hoher Humanität und eines feinen Zartgefühls ist es aber, wenn das Gesetz den Herrn verpflichtet, den Ebed an jedem Genuss theilnehmen zu lassen, den er sich selbst bereitet. Dieselben Gerichte, dieselbe Kleidung für Herrn und Diener. „Wie ein Tagelöhner, wie ein Beisass soll er bei dir sein." (3. Mos. 24, 40.) Daran wird die Bemerkung geknüpft: „Dir gleich soll er sein in Speise, Trank und Kleidung. Du sollst nicht weisses Brot essen und er gewöhnliches Brot, du sollst nicht alten Wein trinken und er neuen, du sollst nicht auf Polstern schlafen und er auf Stroh." Daher musste der Herr auch den Ebed in seinem Hause behalten, damit er die Wohnung mit ihm theile[3]). Aber noch mehr. Wenn der Ebed zur Zeit, als er in den Dienst trat, Frau und Kinder hatte und den Herrn davon in Kenntniss setzte, musste dieser auch für ihren Unterhalt aufkommen, ohne dass er von ihnen irgend eine Gegenleistung beanspruchen konnte. Was Frau und Kinder erwarben, gehörte dem Gatten, beziehungsweise dem Vater, also dem Ebed und nicht dem Herrn. Ob nun ein Israelit aus Armuth sich selbst in den Dienst eines anderen begab, oder ob er wegen Diebstahls vom Gerichte verkauft wurde — seine Familie blieb von diesem seinem immerhin harten Lose frei. Sie behielten ihre Selbstständigkeit und ihren Ernährer[4]).

---

[1]) T. K. zu 3. Mos. 25, 39.
[2]) T. K. und Mechilta ll. cc.
[3]) Mechilta zu 2. Mos. 21, 4; T. K. l. c. 41.
[4]) Mechilta zu 2. Mos. 21, 2.

dieselbe Entschädigung, welche auch jeder Freie in gleichem Falle erhält¹).

Damit ist einer rohen Behandlungsweise vorgebeugt. Das Gesetz berücksichtigt, wo es sich um den Schutz der Untergebenen handelt, die Autorität des Dienstherrn ebenso wenig, wie die Autorität des Arbeitgebers gegenüber dem freien Arbeiter, dem Tagelöhner, welch letzterem Ebed und Ama ja im Range gleichstehen. Diese sind sogar noch rücksichtsvoller und mit mehr Schonung zu behandeln als jener. Weil bei der grösseren Dauer ihrer Dienstzeit ihre Dienstpflicht leicht den Anschein sklavischer Unterthänigkeit gewinnen könnte, sind sie von jeder erniedrigenden Arbeit fern zu halten. „Du darfst dir von einem freien Tagelöhner gegen Entgelt auch Sklavenarbeit verrichten lassen, nicht aber von deinem Ebed"²). So hatte der Herr auch über seine Arbeitskraft und seine Fähigkeiten nur ein beschränktes Verfügungsrecht. Er konnte ihn nur zu häuslichen Dienstleistungen heranziehen, durfte ihm aber keine Thätigkeit aufbürden, die ihn öffentlich als seinen Diener erscheinen liess. So durfte er ihn kein Handwerk lernen und dann erwerbsmässig öffentlich betreiben lassen, wiewohl solche Thätigkeit des Ebed grösseren Ertrag gebracht hätte, als dessen häusliche Verrichtungen. Selbst wenn der Ebed vorher als freier Mann ein Handwerk erwerbsmässig betrieben hatte, brauchte er als Diener zu Gunsten seines Herrn dasselbe nicht fortzusetzen. Doch hält ihn R. Jose in diesem Falle hierzu für verpflichtet. Da er nämlich sein Handwerk auch früher auf eigene Hand betrieb, sei der weitere Betrieb desselben keine Erniedrigung für ihn³).

Wenn der Ebed seiner seits auch dem Herrn gegenüber sich stets bescheiden als Diener zu betragen hat, so soll dieser hinwiederum ein brüderliches Verhalten gegen seinen Unter-

---

¹) Baba Kama 87a, Mechilta zu 2. Mos. 21. 3.
²) T. K. zu 3. Mos. 25, 39.
³) T. K. zu 3. Mos. 25. 40. Mechilta zu 2. Mos. 21. 2.

Solchen Anspruch hat aber nach talmudischem Recht auch der Gatte bezüglich seiner Gattin. Demgemäss haben sie selbstverständlich Eigenthumsrecht[1]). Allerdings können sie nichts durch Arbeit erwerben, da der Ertrag ihrer Arbeit ganz und gar ihrem Herrn gehört, ebenso wie der Ertrag jeder Art Arbeit eines Tagelöhners, der nicht gerade für eine bestimmte Arbeit gemiethet ist, innerhalb der Zeit, für welche er sich verdingt hat, dem Arbeitgeber gehört. Sie können jedoch Schenkungen empfangen, der Ebed zumal ergreift Besitz von dem Arbeitsertrag seiner Frau und seiner Kinder. Haben sie einen herrenlosen Gegenstand gefunden, so gehört er ihnen, wiewohl dieses bei einem Tagelöhner oben bezeichneter Art und auch bei der Frau, die ja ihrem Manne auch nicht leibeigen ist, nicht der Fall ist. Der Ebed und die Ama haben also noch mehr Selbstständigkeit, als die Gattin und der einfache Arbeiter[2]).

Abgesehen von ihrer Pflicht, für den Herrn zu arbeiten, stehen sie ihm als ganz selbständige, im Besitz aller Rechte eines Freien befindliche Personen gegenüber. Ein Beispiel möge dies beleuchten. Hat ein Herr seinen Ebed oder seine Ama geschlagen, so ist er derselben Strafe unterworfen, wie wenn er einen Freien geschlagen hätte. Und hat er sie an einem (wichtigen) Körpertheile verletzt, so erlangen sie hierdurch nicht wie der nichtisraelitische Sklave die Freiheit, sondern sie bleiben im Dienst und erhalten — natürlich mit Ausnahme des Ersatzes für Zeitversäumniss —

---

[1]) Dieses bestreitet Raba selbst nicht (Baba mezia 12b). Daraus ergiebt sich klar, dass Raba unter קנין כספו nicht Leibeigenschaft versteht. Zu diesem Satze scheint er durch das Wort משתכר in der l. c. angeführten, übrigens weiter nicht belegten Boraita veranlasst worden zu sein, welches Wort jedoch die Erklärung zulässt, der Herr sei auch verpflichtet, einen Wechsel über die Auslösungssumme von dem Ebed entgegenzunehmen (Gemara z. St.).

[2]) Baba mezia 12a Mischna und 12b Boraita.

verkürzt werden. Vor Allem brachte das Jobeljahr, welches ja auch in allen Grundbesitzverhältnissen den status quo ante wiederherstellte, dem Ebed und der Ama ihre Freiheit wieder. Ueberdies hatten sie zu jeder Zeit Kündigungsrecht. Machten sie hiervon Gebrauch, so brauchten sie nur dem Herrn den Verlust, den er durch Einbusse ihrer Arbeit erlitt, zu ersetzen. Die Höhe dieser Summe richtete sich nach dem Einkaufspreise, welcher gleichmässig auf sechs Jahre vertheilt wurde. Der Betrag, welcher auf Grund solcher Berechnung auf die noch zu dienende Zeit entfiel, bildete die Auslösungssumme. Der Herr war verpflichtet, eine solche Kündigung zu acceptiren und gegen entsprechenden Entgelt seinen Bediensteten in Freiheit zu setzen[1]. Die Ama wurde auch ohne Lösegeld frei, sobald sie ihre Pubertät erlangte und der Herr sie weder selbst heirathete, noch seinem Sohne zur Frau gab[2].

c. Das Abhängigkeitsverhältniss.

Die Art, wie der Ebed und die Ama ihre Selbstständigkeit erlangen, und namentlich der Umstand, dass sie bei der Entlassung einen Freibrief nicht gebrauchen und ein solcher allein auch nichts nützt[3], erweisen, dass ihre Dienstbarkeit nicht den Verlust ihrer Freiheit involvirt. Durch eine Betrachtung der gegenseitigen Rechte und Pflichten von Herrn und Bediensteten wird dieses noch deutlicher werden.

Der Sklave ist leibeigen, der Ebed und die Ama sind es nicht[4]. Der Herr hat nur Anspruch auf ihre Arbeit.

---

[1] בעל בחטה Kidd. 18a, welches, wenn es sich auf den Herrn bezöge, ergeben würde, dass der Herr nur betreffs der Ama verpflichtet wäre, die Kündigung zu acceptiren, ist jedenfalls unrichtig. Dafür ist nach Siphre zu 5. Mos. 15, 12 בעל בחטה zu lesen.

[2] Kidduschin 14b.

[3] Zu ersehen aus Mischnajot, Kidd. 14b und 22b.

[4] Der Ausspruch des Rabba עבד עברי גופו קנוי ist in einem sehr eingeschränkten Sinne zu verstehen (Kidd. 16a). Vrgl. f. Anm.

es gab auch eine Möglichkeit, dass der Ebed vor Eintritt des Jobeljahrs seine Selbstständigkeit erlangte. Zwar war er des Kündigungsrechtes, welches er innerhalb der ersten sechs Jahre besass, verlustig; aber er war doch immerhin nur an seinen gegenwärtigen Herrn gebunden, dessen freundliche und rücksichtsvolle Behandlung ihn zu seinem Entschlusse bewogen hatte, und nicht an seinen Sohn, dem gegenüber er sich ja zu nichts verpflichtet hatte. Starb daher der Herr vor dem Jobeljahre, so ging dessen Recht auf den Ebed nicht auf seinen Sohn über. Denn dieses Recht war ihm ja gewissermaassen nur als ein freiwilliges Geschenk von dem Ebed eingeräumt worden unter der stillschweigenden Bedingung, dass es nur ihm gelte und nicht seinem Sohne und noch viel weniger irgend einem andern Erben[1]).

Anders war es allerdings innerhalb der ersten sechs Jahre. Da brachte der Tod des Herrn, wenn er einen Sohn hinterliess, dem Ebed nicht die Freiheit. Und mit Recht. Denn die Ansprüche des Herrn waren da durch Kauf erworben und standen auf gleicher Stufe mit seinen sonstigen Eigenthumsrechten. Daher gingen sie auf den Sohn über. Doch wird auch hier noch ein Unterschied gemacht zwischen Sohn und Tochter. Letztere erbt einen Ebed nicht. Stirbt also der Herr, ohne einen Sohn zu hinterlassen, so ist der Ebed schon vor Ablauf der sechs Jahre frei[2]). Die Ama dagegen erlangt ihre Freiheit durch den Tod des Herrn, selbst wenn er einen Sohn hinterlässt[3]). Aber auch beim Leben des Herrn konnte die Dienstzeit

---

war; dass hier nicht eine einfach irrige. „talmudisch-rabbinische Deutung des לעלם" vorliegt, wie Keil, Handbuch der biblischen Archäologie. Frankfurt a. M. 1875, S. 553. meint; dass der einfache Wortsinn von עולם sehr geläufig war, beweist Kidd. 21b und a. St., wo עולם im einfachen Wortsinne genommen wird.

[1]) Mechilta l. c. Kidduschin 17b.
[2]) Mechilta l. c. In der Kidduschin 18a citirten Boraita ist wohl für הארז ובמיתת zu lesen ובנירעין כסף. Vgl. Siphre zu 5. Mos. 15, 12.
[3]) Kidd. 17b, Mechilta l. c.

Der wegen Diebstahls Verkaufte konnte, wenn es ihm im Hause seines Herrn gefiel, seine Dienstzeit aus freiem Entschluss verlängern. Aber solcher Entschluss, der ja den Herrn ehrte, galt für den Sklaven als entehrend. Wer sich seiner Freiheit und Selbstständigkeit, aus welchen Gründen auch immer, länger als nöthig zu Gunsten eines Anderen begiebt, der entehrt sich selbst. Der Israelit ist Unterthan Gottes und soll nicht Unterthan eines Menschen sein. Wer sich aber einen Menschen zum Herrn macht, dem fehlt das Bewusstsein der Gleichheit Aller vor Gott. Daher war die freiwillige Unterthanenschaft verpönt, und wer sie herbeiführte, wurde durch Durchbohrung des Ohres gebrandmarkt[1]). War dieses nun, nachdem der Ebed seinen freiwilligen Entschluss, weiter im Hause des Herrn zu verbleiben, vor Gericht kund gegeben hatte, geschehen, so war er bis zum Jobeljahre an seinen Herrn gebunden: nur bis zum Jobeljahre und nicht für immer. Ewige Unterthanenschaft gab es für den Israeliten überhaupt nicht. „Ein Jobeljahr sei es für Euch und ihr sollt zurückkehren ein Jeder zu seinem Besitzthum, und ein Jeder sollt ihr zu Euerer Familie zurückkehren." (3. Mos. 25, 10[2]). Aber

---

[1]) 2. Mos. 21, 5-6, Kidduschin 22b. Tosefta Baba kama VII 5. Nur nach R. Elieser (cf. vorangehende Anmerkung), kommt die Frage in Betracht, ob auch Derjenige, welcher sich aus Noth verkauft hat, wenn er länger als 6 Jahre Ebed bleiben will, sich dieser Procedur unterziehen muss. cf. Mechilta Nesikin c. 2 zu 2. Mos. 21, 6 ed. M. Friedmann. Anmerkung 25 und 26, J. Kidd. 59c.

[2]) Auf diesen Satz stützte sich die Halacha bei ihrem Bestreben, dem allgemeinen Bewusstsein, welchem die ewige Knechtschaft eines Stammes- oder Glaubensbruders widerstrebte, in einem Gesetze auf biblischer Grundlage gerecht zu werden. Den Widerspruch zu 2. Mos. 21, 6 und 5. Mos. 15, 17 löste man dadurch, dass man das Wort עולם in diesen Stellen in der Bedeutung eines Zeitraums von fünfzig Jahren auffasste. Mechilta und Siphre zu der ang. Stelle. Dass nur das Bestreben, das öffentliche Bewusstsein mit der Bibel und die Bibel mit sich selbst im Einklange zu erhalten, der Beweggrund zu dieser Auffassung

hinwegsah. Man würde angesichts der Klarheit des biblischen Gesetzes diese Ansicht eines Tanna für unmöglich halten, wenn sie nicht schon Raba tradirte. Natürlich findet auch die Ansicht ihre Vertreter, dass, wenn der Diebstahl den Dieb an Werth übertrifft, dieser verkauft werden dürfe. Ob der Dieb aber, wenn sein Werth nur die Hälfte des Diebstahls ausmacht, nach Absolvirung seiner ersten Dienstzeit ein zweites Mal verkauft werden dürfe, ist wiederum Gegenstand der Controverse[1]). Beim Verkauf hat die Behörde alles zu vermeiden, was den Israeliten auch nur dem Anschein nach einem Sklaven gleichstellen würde[2]).

Noch mehr aber als die Freiheit des Mannes wird die Freiheit der Frau geachtet und geschützt, sogar gegen die Frau selbst. Auch wenn sie in höchste Noth gerieth, durfte sie sich nicht verkaufen[3]). Sie sollte sich durch freie Arbeit ihr Brot verdienen. Auch wegen Diebstahls wurde die Frau nicht wie der Mann gerichtlich verkauft[4]). Nur der Vater konnte, wenn er in Noth gerieth, seine Tochter, so lange sie die Pubertät noch nicht erlangt hatte, verkaufen[5]).

b. Dauer des Abhängigkeitsverhältnisses.

Die Abhängigkeit des Ebed und der Ama war auf eine bestimmte Zeit beschränkt. Auf länger als sechs Jahre konnte das Gericht nicht den Dieb, der Vater nicht seine Tochter verkaufen. Nur wer sich aus Noth selbst verkaufte, war an keine Zeit gebunden[6]).

---

[1]) Kidduschin 18a. cf. Mechilta zu 2. Mos. 22, 2. woselbst die Relation von der der Boraita in Kidduschin abweicht. cf. Jalkut zur Stelle.
[2]) Torat Kohanim zu 3. Mos. 25. 42.
[3]) Mechilta zu 2. Mos. 21, 7.
[4]) Mechilta l. c. Sota 23a.
[5]) 2. Mos. 21. 7; Ketubot 40b; Mechilta l. c. 21.
[6]) R. Elieser ist jedoch der Ansicht, dass auch dieser sich nur auf 6 Jahre verkaufen kann (Kidd. 14b).

weniger durfte man dieses aus blosser Sparsamkeit oder Gewinnsucht thun. Nur die höchste Noth, der Hunger, galt als genügender Grund zum Eingehen eines Abhängigkeitsverhältnisses.[1])
 Der Schuldner brauchte also nicht mit seiner Freiheit zu zahlen.[2]) Wer aber auf unredlichem Wege Schuldner geworden, ging seiner Freiheit verlustig. Der Dieb, der entdeckt nicht die Mittel hatte, das gestohlene Gut zu ersetzen, wurde vom Gerichte verkauft (2. Mos. 22, 2). Sein Werth durfte aber die Höhe des Diebstahls nicht übertreffen. War dieses der Fall, so blieb der Dieb auf freiem Fusse. In Betracht kam hierbei nur der reelle Werth des Diebstahls, nicht aber der doppelte, vierfache oder fünffache Werth, welchen ein Dieb nach 2. Mos. 22, 3 und 6, und 21, 37 unter Umständen zu zahlen hatte[3]). Aber selbst wenn der Werth des Gestohlenen den des Diebes überstieg, durfte man diesen nach der Ansicht des R. Elieser nicht verkaufen, sondern nur, wenn der Werth des Gestohlenen und des Diebes sich genau deckten. Es ist klar, dass diese Einschränkung das biblische Gesetz nahezu aufhebt, wenn auch eine etwas gezwungene Exegese den Einklang zwischen dieser Bestimmung und der Bibel wiederherstellt. Und das ist wohl auch die unbewusste Absicht des R. Elieser gewesen. So gross war seine Achtung vor der Freiheit, dass er über den materiellen Widerspruch zwischen der von ihm vertretenen Bestimmung und dem biblischen Gesetz, der sich bei jedem konkreten Falle sofort fühlbar machen musste,

---

[1]) T. Kohanim zu 3. Mos. 25, 39; Maim. Hilchot Abadim I, 1 und 2.

[2]) Das gilt schon für das biblische Gesetz. Ewald's Worte, l. c. S. 165: „........ ja sogar den Leib des Schuldners selbst oder den seines Kindes und Weibes konnte er (sc. der Gläubiger) gefangen davonführen und zu seinem Dienste verwenden...." sind dahin zu berichtigen, dass dieses wohl thatsächlich geschehen sein mag, aber stets im Widerspruch mit dem biblischen Gesetz. Das gilt auch für Jahn. Biblische Archäologie 1. Theil, II. Band. Wien 1797. S. 295. cf. Keil. Handbuch der biblischen Archäologie. Frankfurt a. M. 1875, S. 552.

[3]) Kidduschin 18a Boraita.

A. Die Stammesgenossen.

a. Entstehung des Abhängigkeitsverhältnisses.

Die theokratische Anschauung des israelitischen Volkes, auf Grund deren jeder einzelne Israelit sich lebhaft und unmittelbar als Diener Gottes fühlte, verlieh wie dem Volke so dem Individuum ein edles, religiöses, stolzes Selbstbewusstsein. Aus diesem religiösen Selbstbewusstsein heraus musste sich eine Rechtsanschauung bilden und daraus ein Gesetz entwickeln, nach welchem das Aufgeben oder der Verlust der persönlichen Freiheit zur Unmöglichkeit wurde. Die persönliche Freiheit und Unabhängigkeit wurde über alles geschätzt. Sklave konnte ein Israelit überhaupt nicht werden. Er durfte aber nicht einmal seine Arbeitskraft auf eine unbestimmte oder auch nur einigermassen ausgedehnte Zeitdauer freiwillig verkaufen, weil ein solches Unabhängigkeitsverhältniss den Schein des Sklaventhums erweckt. Die freie, unabhängige Arbeit sei für ihn die Quelle des Erwerbes. Der Grundbesitz war gewiss bei den Israeliten, wie bei keinem anderen Volke geweiht. Die Selbständigkeit der Person stand noch höher. Wer sich verschuldet hatte, sollte den Gläubiger mit seinem Grundbesitz befriedigen oder als Tagelöhner durch freie Arbeit die Schuld allmählich abtragen; er sollte und durfte aber weder bei dem Gläubiger selbst, noch bei Anderen sich in ein Abhängigkeitsverhältniss setzen, um auf Kosten seiner Freiheit seinen Besitzstand zu erhalten oder selbst seine Schuld zu bezahlen. Noch viel

werden, wie das talmudische Recht in Einzelbestimmungen beiden im Wesen des Sklaven vereinten Begriffen Rechnung trägt.

Die milde Rechtsanschauung hinsichtlich der Sklaverei konnte nicht ohne günstigen Einfluss auf die gesellschaftliche Stellung des Sklaven bleiben; oder vielmehr derselbe sittliche Grundzug des jüdischen Volkes, welcher eine so milde Rechtsanschauung hinsichtlich der Sklaverei schuf, musste sich auch in der gesellschaftlichen Würdigung der Sklaven ausprägen; der edle, feste Rechtssinn, welcher sich selbst der Weltherrschaft des römischen Rechts nicht beugte, musste auch gesellschaftliche Anschauungen reifen und Institutionen schaffen, welche seiner nicht unwürdig waren. Eine Schilderung der gesellschaftlichen Stellung der Sklaven bei den Juden wird zur Evidenz darthun, dass dies thatsächlich der Fall war.

schaft betreffs der Sklaverei herrschte. Wenn das römische Recht den Sklaven thatsächlich ganz und gar aus der Reihe der Menschen streicht, ihm jedes Recht abspricht (servile caput nullum ius habet), ihn wie eine Sache, wie ein Thier zum uneingeschränkten Eigenthum des Herrn macht, diesem Gewalt über Leben und Tod zuerkennt, so ist das talmudische Recht hiervon weit entfernt. Es wird berichtet, dass die Römer missliebige Sklaven in ihren Fischreihern festgebunden und so den Muränen und Hechten lebendig zum Frasse überlassen haben. Friedrich Kapp nennt das amerikanische Sklavengesetz ein Gesetz, welches den Menschen zum Thiere macht[1]). Das jüdische Sklavengesetz macht zwar den Sklaven gleichfalls zum Eigenthum seines Herrn, vergisst aber nie, dass er auch Mensch, Person ist. Und der Personencharakter des Sklaven alterirt in hohem Maasse auch das Eigenthumsrecht des Herrn. Denn das Eigenthumsrecht auf eine Sache kennt keinerlei Einschränkung, man kann natürlich mit der eigenen Sache nach Willkür verfahren. Nicht so mit einem Menschen, mit einer Person. Die hat gewisse natürliche Rechte, welche berücksichtigt werden müssen, welche ihr in keinem Falle genommen werden können, ja welche die sittliche Weltanschauung, die Humanität so fest mit ihr verknüpft hat, dass sie sich derselben sogar selbst, wollte sie auch, nicht entäussern kann. Dem Heidenthum war diese Humanität, die unbedingte Anerkennung des Menschen als Menschen, fremd. Das Judenthum half sie schaffen und stützte sie. Und darum lässt das jüdische Recht keine Leibeigenschaft zu, welche das Aufhören aller Persönlichkeit bei einem Menschen bedeutete. Der Sklave ist nach jüdischem Recht nicht mit seinem Leibe und Leben seinem Herrn eigen, und doch ist er sein Eigenthum. In Folgendem soll nun der Sklave bei den Juden in diesem seinem doppelten Charakter als Eigenthumsobject und als Person betrachtet werden und gezeigt

---

[1]) Geschichte der Sklaverei. Hamburg 1861.

erzählt, dass dem R. Elieser sechzig Sklaven geschenkt wurden; im Allgemeinen wurde jedoch das Sklavenwesen nicht begünstigt. Als ein Heide sich dem Raba zum Sklaven anbot, wies er ihn mit den Worten ab: ויהיו עניים בני ביתך „Und die Armen sollen deine Hausgenossen sein". Man liess sich lieber von armen Stammesgenossen die nöthige Arbeit gegen Entgelt verrichten, indem man diesen dadurch Gelegenheit zu einem ehrenhaften Erwerb ihres Unterhalts bot[1]).

Auch machte der Israelit bei seiner Nüchternheit und Einfachheit überhaupt nur mässige Ansprüche auf fremde Dienstleistung. Er griff selbst zu und legte selbst Hand ans Werk. Er war weit entfernt von der übermüthigen Bequemlichkeit und vornehmen Trägheit eines üppigen Römers. Die gelehrtesten und angesehensten Rabbinen hielten es für keine Erniedrigung, ein öffentliches Handwerk zu betreiben. Ein talmudischer Spruch lautet: פשוט נבילתא בשוק ושקיל אגרא „Ziehe auf offener Strasse einem Aas die Haut ab und empfange den Lohn"[2]). Wenn der vielbewunderte Spinoza es nicht verschmäht hat, um seine Unabhängigkeit zu wahren, durch Glasschleifen sein Brot zu verdienen, so hat es ihm an ebenbürtigen Vorbildern unter seinen Stammesgenossen nicht gefehlt. Achtung vor der Arbeit ist ein charakteristischer Zug des jüdischen Volkes. Wer aber die Arbeit achtet, achtet auch den Arbeiter jeder Art. Und das ist mit ein Hauptgrund, warum selbst der Sklave bei den Juden keine so verachtete Stellung einnahm, wie bei anderen Völkern.

Das talmudische Recht, so sehr es auch von dem römischen beeinflusst und abhängig sein mag, verleugnet doch niemals die humane Anschauung, welche innerhalb des Judenthums als Volksindividualität und als Religionsgenossen-

---

[1]) Baba mezia 60b; cf. Salomo Jizchaki z. St. Jalkut zu den Sprüchen 11, 8; vgl. Abot 1, 5.
[2]) Pesachim 113a; vgl. das. עשה שבתך חול ואל תצטרך לבריות

hat ihren Ursprung in dem Umstande, dass die ersten Sklaven der Israeliten Angehörige des kanaanitischen Volksstammes waren¹). Denn dass das Gebot: „Du sollst keine Seele am Leben lassen" (5. Mos. 20, 16) nicht wörtlich aufgefasst und erfüllt wurde, geht ja aus dem biblischen Berichte über das weitere Schicksal der Kanaaniten selbst hervor²).

Da die Sklaven zumeist nicht als Kriegsbeute erobert wurden, sondern gekauft werden mussten, werden sie wohl auch nicht sehr zahlreich gewesen sein, den Bedarf nicht überstiegen haben. Der Luxus, wie er bei den Römern herrschte und der auch eine immense Zahl von Sklaven beanspruchte, war ja den Juden ohnehin fremd.

Ueberdies herrschte im Allgemeinen eine grosse Abneigung gegen das Sklavenhalten schon wegen der nachtheiligen Folgen, die ein ausgebreitetes Sklavenwesen für die Sittlichkeit hat. Eine Frau durfte überhaupt keinen Sklaven kaufen, wenn sie auch einen ererbten Sklaven nicht zu verkaufen brauchte³). Und wenn auch besonders reiche Männer mehr Sklaven gehalten haben, als der Haushalt ererforderte, so stehen diese doch vereinzelt da. So wird zwar

---

Vermittelung dieser Bezeichnung für einen Sklaven, im Mittelalter bei jüdischen Schriftstellern ארץ כנען als Benennung für die slavischen Länder. כנען שפת als Benennung für die slavische Sprache in Gebrauch kam. Viele Slaven wurden nämlich nach deren Besiegung durch Karl d. Gr. als Sklaven verkauft, so dass die meisten Sklaven der deutschen und französischen Juden Slaven waren. Da man nun einen Sklaven traditionell כנעני nannte, übertrug man diese Bezeichnung auf die Slaven überhaupt. Da ferner die slavischen Sklaven christlicher Religion waren, diente עבד כנעני auch als Bezeichnung für einen christlichen Sklaven ohne Rücksicht auf dessen Nationalität im Gegensatz zum עבד ישמעאלי, dem Sklaven mohamedanischer Religion; cf. S. D. Luzatto's hebräische Briefe ed. Gräber. Przemysl 1882, Bd. IV S. 567 u. 588. Ferner A. Harkawy, die Juden und die slavischen Sprachen. Wilna 1867. S. 20 ff.

¹) Vgl. Josua 9, 27.
²) Vgl. Josua l. c. Richter 1. 28 ff. II. Samuel 5. 6.
³) Baba mezia 71.

zu machen; und dieses Völkerrecht konnte das israelitische Volk für sich nicht einseitig[1]) aufgeben, ohne sich für den Fall einer Kriegführung dem Feinde gegenüber in Nachtheil zu setzen. Wenn dem Israeliten bei eventueller Gefangennahme die Sklaverei sicher bevorstand, der Feind aber seinerseits gegen dieses harte Loos gesichert gewesen wäre, so wären die Folgen einer Niederlage zu ungleich bemessen gewesen. Die Israeliten konnten darum auf das Recht, die Kriegsgefangenen zu Sklaven zu machen, nicht verzichten[2]). Aus der talmudischen Zeit wird von Sklaven, die durch Kriegführung gewonnen worden wären, nichts berichtet. Möge nun aber auch in den Kriegen mit den Syrern und später mit den Römern Sklaven erbeutet worden sein, im Ganzen hat das israelitische Volk überhaupt nicht viele Kriege, zumal keine siegreichen geführt. Ihren Bedarf an Sklaven haben die Israeliten durch Kauf erworben und zwar sowohl von den umwohnenden heidnischen Nachbarn, als auch von den heidnischen Insassen[3]). Auch Sklaven wurden wie andere Waaren an den Markttagen öffentlich feilgeboten. Es gab einen besonderen erhöhten Platz, auf welchem die zum Verkauf stehenden Sklaven aufgestellt wurden[4]).

Der Talmud hat für den heidnischen Sklaven im Gegensatz zu dem israelitischen Diener die Bezeichnung עבד כנעני „Kanaanitischer Sklave". Diese Bezeichnung ist entweder mit Beziehung auf 1. Mos. 9, 25[5]) gebildet, oder sie

---

[1]) Thatsächlich waltete in den Bruderkriegen zwischen den Reichen Israel und Juda grössere Milde: die Kriegsgefangenen wurden nach beendetem Kriege wieder in Freiheit gesetzt. cf. II Chr. 28. 8—16.

[2]) Dass die Bibel die Kriegsgefangenen jedoch milde behandelt wissen will. zeigen die humanen Vorschriften betreffs der weiblichen Gefangenen 5. Mos. 21. 10—14.

[3]) Nach Ezechiel 27, 13 und Joël 4, 6 unterhielten die Phönizier einen ausgedehnten Sklavenhandel selbst mit den entferntesten Gegenden; sie werden wohl auch nach Palästina Sklaven geliefert haben.

[4]) T. Kohanim XXV. 42. Baba mezia 100a.

[5]) Cf. Pesachim 113b und Horajot 13a. wo die Sklaven als Nachkommen des Kanaan bezeichnet werden. — Merkwürdig ist. wie. durch

mosaischen Bestimmungen und namentlich in der Art, wie
diese Bestimmungen durch das talmudische Recht umgestaltet
wurden, dass der Verlust der Freiheit seitens eines Israeliten
zur Seltenheit werden musste.

Für die Heiden musste die Bibel die Sklaverei fortbestehen lassen. Die Sklaverei war nämlich unter den
Völkern des Alterthums zu sehr verbreitet, als dass das
israelitische Volk eine Ausnahme bilden konnte. Es war
allgemeines Völkerrecht, die Kriegsgefangenen zu Sklaven

בטלו היובלות (Torat Kohanim XXV. 10. Arakin 32b, Abadim 1. c. und
j. Gitin 45d). Demnach hätte es bereits vor der Zerstörung des Reiches
Israel keine Abadim gegeben.

Diesen Stellen gegenüber finden sich aber andere, welche auf das
Vorhandensein von Abadim in noch viel späterer Zeit hinweisen. Wir
wollen nicht aus den Jeremia 34 und Nehemia 5 berichteten Vorgängen
weitergehende Folgerungen ziehen; denn dort wird vielleicht das Halten
von Abadim überhaupt als ungesetzlich betrachtet (wiewohl Jeremia 24. 14
dies nicht vermuthen lässt). Wenn aber Hillel (Arakin 31b) eine gesetzliche Bestimmung trifft, welche die Feier des Jobeljahres zu seiner Zeit
voraussetzt, und andererseits die Geltung der Gesetze hinsichtlich der
Abadim von der Feier des Jobeljahres abhängig gemacht wird, so kann
man sich nicht gut dagegen verschliessen, dass wenigstens diese Gesetze
zur Zeit Hillel's noch in Kraft bestanden. Und wenn R. Akiba שפחה
חרופה (3. Mos. 19. 20) als eine Sklavin deutet, welche zur Hälfte frei
und mit einem Ebed verlobt war (Siphra zu 3. Mos. l. c., Keritot 11a
und Tosephta Keritot I [wir citiren nach der neusten Ausgabe der
Tosephta von Zuckermandel, Pasewalk 1880]), so muss es doch wohl —
will man dem R. Akiba nicht die Annahme supponiren, dass die Dar-
bringung des Opfers, welches nach seiner Auffassung 3. Mos. 19. 20 bezeichnet wird, zur Zeit des 2. Tempels unmöglich war — zu seiner Zeit,
sicherlich aber zur Zeit des 2. Tempels, auch thatsächlich israelitische
Abadim gegeben haben. Derselbe Schluss lässt sich aus dem Ausspruch
ziehen הקונה עבד עברי כקונה אדון לעצמו „Wer sich einen Ebed kauft, kauft
sich einen Herrn". (Arakin 30b). Denn dieser Ausspruch in seiner
sprüchwörtlichen Form scheint nicht auf Grund der Vorstellung von dem
abstrakten Gesetz, sondern nach dem Leben gebildet zu sein. Ebenso
lässt die Klage des Josephus, Herodes habe die Diebe extra regni terminos
verkauft, erkennen, dass die Diebe im Inlande an Israeliten zu verkaufen,
zu seiner Zeit noch gesetzlich war. Antiquitates XVI. 1. 1.

Eine Darstellung ihres Dienstverhältnisses zu ihrem Herrn wird aber zeigen, dass sie auch diesem gegenüber keineswegs die Stellung von Sklaven einnahmen. Es bestand vielmehr ein einfaches Miethsverhältniss, das nur in einem Punkte einen etwas härteren Charakter annahm [1]). Wir behalten daher für unsere Darstellung die hebräischen, nicht übertragbaren Bezeichnungen Ebed und Ama [2]) für die in ein Dienstverhältniss gerathenen Israeliten bei.

Indessen wurde selbst diesem eigenartigen, vom Sklaventhum weit abstehenden Dienstverhältnisse in späterer Zeit die gesetzliche Basis entzogen, und man liess hinsichtlich der Israeliten nur noch das einfache Tagelöhnerverhältniss bestehen. Genau lässt sich zwar der Zeitpunkt nicht bestimmen, wann die hinsichtlich des Ebed und der Ama geltenden Gesetze aufgehoben wurden, wie es überhaupt unwahrscheinlich ist, dass dies durch einen directen Akt der Gesetzgebung geschehen sei. Thatsächlich aber gab es in der späteren talmudischen Zeit und vielleicht schon seit der Zerstörung des ersten Tempels nur noch freie israelitische Arbeiter [3]). Es lag nämlich in der Natur der diesbezüglichen

---

[1]) Siehe S. 19.

[2]) Wenn Maaser scheni IV. 4; Erubin VII. 6 und Baba mezia I, 5 sich für אמה die Bezeichnung שפחה findet, so ist darin nichts weiter als eine Ungenauigkeit des Ausdrucks zu erblicken, herbeigeführt durch den Parallelismus zu dem folgenden, respective vorangehenden לעברו וּלשפחתי הכנענים. Doch dient Abad. c. 1. j. Kidd. 59 c und Babli ibid. 18 a das Abstractum שפחות zur Bezeichnung des Dienstverhältnisses der אמה. Mechilta zu 2. Mos. 21. 7 dafür אמהות. —

Die Citate aus dem Talmud beziehen sich sämmtlich auf den Talmud babli, sofern ihnen nicht der Buchstabe „j" vorangesetzt ist, in welchem Falle sie sich auf den Talmud jerschalmi beziehen.

[3]) Der Satz: אין עבד עברי נוהג אלא בזמן שהיובל נוהג. „Es gab einen israelitischen Ebed blos zur Zeit, da man das Jobeljahr feierte" (Abadim I, Arakin 29a, Kidschim 69a, Gitin 65a) stösst im Talmud auf keinen Widerspruch. Die Feier des Jobeljahrs soll aber nach der Vertreibung der Stämme Ruben, Gad und des halben Stammes Manasse durch Tiglat Pileser aufgehört haben, משגלו שבט ראובן ושבט גד וחצי שבט מנשה

Einleitung.

Die biblische Darstellung der Abstammung des Menschengeschlechts von Einem Menschenpaare ruht auf der Annahme der Gleichheit und führt zu dem Grundsatze der Gleichberechtigung aller Menschen: ein Grundsatz, zu dessen Anerkenntniss und Bethätigung die Menschheit nur allmälig heranreift. Das von der Bibel aufgestellte Ideal ist noch heute nicht erreicht, weil der Egoismus die unter Verletzung dieses sittlichen Ideals im Kampfe um's Dasein usurpirte Gewalt nicht aufgeben will. Ein Ausfluss der Usurpation der Gewalt seitens des Stärkeren über den Schwächeren, die bitterste Frucht, welche dieses erste Natur-Unrecht gezeitigt hat, ist die von der Sittlichkeit und der Religion gleich verabscheute Institution der Sklaverei, welche einen Menschen zum willenlosen Werkzeug eines anderen macht. Im Princip der biblischen Weltanschauung hat diese Institution keinen Raum. Und wenn die Bibel gleichwohl die Sklaverei fortbestehen lässt, so geräth sie in Widerspruch mit sich selbst, begeht, man möchte sagen, eine bewusste Inconsequenz, indem sie sich zu einer Konzession an die ihr widerstrebende, herrschende Anschauung genöthigt sieht. Aufgegeben aber hat die Bibel ihr Ideal nicht; vielmehr hat sie sowohl durch die völlige Aufhebung der Sklaverei für die Israeliten als durch die Milderung des Loses der heidnischen Sklaven bei den Israeliten dem von ihr vertretenen Prinzip der Humanität in hohem Maasse Geltung verschafft.[1]) Das

---

[1]) Cfr. Ewald: „Die Alterthümer des Volkes Israel." Göttingen 1848 S. 193: Es (sc. das Jahvathum) konnte nicht sogleich daran denken, sie

Inhalts-Verzeichniss.

	Seite
Einleitung	1— 9
A. Die Stammesgenossen	10—23
a. Entstehung des Abhängigkeitsverhältnisses	10—12
b. Dauer des Abhängigkeitsverhältnisses	12—15
c. Das Abhängigkeitsverhältniss	15—23
B. Die Heiden	24—66
a. Die Stellung der Sklaven in rechtlicher Beziehung	24—47
1) Der Sklave als Besitzthum	24—32
2) Der Sklave als Person .	33—43
3) Die Sklavenehe	44—47
b. Die Stellung der Sklaven in gesellschaftlicher Beziehung	48—66

Seinem hochgeehrten Gönner und Freunde

Herrn Ferdinand Meyer

Ritter hoher Orden

in Berlin.

Der Verfasser.

Die

Stellung der Sklaven

bei den Juden

in rechtlicher und gesellschaftlicher Beziehung

nach talmudischen Quellen.

Von

Dr. J. Winter.

BRESLAU

Druck von Th. Schatzky, Wallstrasse 11b.

1886.

J Winter

Die Stellung der Sklaven bei den Juden

J Winter

Die Stellung der Sklaven bei den Juden
in rechtlicher und gesellschaftlicher Beziehung nach talmudischen Quellen

ISBN/EAN: 9783743301566

Hergestellt in Europa, USA, Kanada, Australien, Japan

Cover: Foto ©ninafisch / pixelio.de

Manufactured and distributed by brebook publishing software (www.brebook.com)

J Winter

Die Stellung der Sklaven bei den Juden

in rechtlicher und gesellschaftlicher Beziehung nach talmudischen Quellen